빅토리아 시대 사람들은
어떻게 살았을까?

빅토리아 시대 사람들은 어떻게 살았을까?

1판 1쇄 발행 2024년 9월 4일

지은이 루스 굿먼 | 옮긴이 이영래

펴낸이 이수정 | 펴낸곳 북드림

교정교열 오컬트 & 스토리, 이자연

등록 제2020-000127호

주소 서울시 경기도 남양주시 다산순환로20 C동 4층 49호

전화 02-463-6613 | 팩스 070-5110-1274

도서 문의 및 출간 제안 suzie30@hanmail.net

ISBN 979-11-91509-51-9 (03920)

책값은 뒤표지에 있습니다.
잘못된 책은 구입처에서 교환해 드립니다.

나를 19세기로 한 걸음 들어서게 한
모든 이에게 바친다.

1860년대 런던 거리.

머리말

나는 보다 친밀하고, 사적이고, 실제적인 역사를 탐구하길 원한다. 역사를 탐구하되 안에서부터 밖으로 탐구하고 싶다. 평범한 것들을 세상에 알리고 평범한 남자, 평범한 여자, 평범한 아이들의 삶을 기록하고자 하는 것이다. 그들이야말로 세상의 실질적인 측면과 긴밀한 관계를 맺으며 살아가는 사람들이기 때문이다. 나는 우리 조상들의 마음속을 들여다보고 그들이 무엇을 바랐고, 무엇을 두려워했고, 무엇을 미루어 짐작했는지 확인하고 싶다. 아무리 작고 사소한 것이더라도 말이다. 간단히 말해 나는 일상을 이루는 것들의 역사를 찾아다닌다. 지금과는 다른 시대, 다른 장소에 산다는 것은 정말로 어떤 느낌일까?

내 인생에 '역사 탐험'이 들어온 것은 처음엔 취미로서였다. 하지만 불씨가 타오르자 곧 열정적으로 임하는 일이 되었고 결국은 직업이 되었다. 내가 역사를 이해하는 방법의 핵심은 과거의 것을 그대로, 실제적으로 실험해 보는 것이다. 나는 옛 사람들의 물건과 도구를 연구하는 데 시간과 노력을 쏟는 것을 좋아한다. 그리고 스스로 여러 방법을 즐겨 시도해 본다.

잉글랜드 웨스트서식스주의 작은 박물관 서랍에 들어 있는 짙은 색 모직 코트를 예로 들어보자. 심하게 닳고 여러 조각의 천으로 안감이 기워진 이 코트는 1880년대 만들어졌고 농장 노동자가 입었던 것으로 보인다. 땀으로 얼룩져 있는 이 코트는 추위에 떨던 남자와, 오른쪽 소매의 단추 옆에 보이는 찢어진 부분을 몇 시간 동안 꼼꼼하고 깔끔하게 꿰맸을 그의 아내 모습을 떠올리게 한다. 꼼꼼하게 수선된 부분을 보면서 나는 노동자 계층의 아이들을 위해 빅토리아 시대¹ 학교에서 사용하던 재봉 교과서를 상상해 본다.

재봉 교과서의 책장을 훑으면 일련의 지침이 아름답게 그려진 도해가 나온다. 바늘과 실을 손에 들고 내 옷의 찢어진 부분에 이 지침을 적용해 본다. 그의 아내는 바느질에 무척 숙련된 사람이었음에 틀림없다(나의 고투를 생각한다면 특히 더). 갑자기 의문이 생긴다. 그런 바느질 교육은 얼마나 광범위하게 이루어졌을까? 주로 수선을 담당

---

1. 빅토리아 시대(Victorian Age): 1837년부터 1901년까지 영국의 빅토리아 여왕이 다스리던 시대.

한 사람은 여성일 가능성이 높을까? 내가 이 작업을 하는 데 한 시간 이상이 걸린다면 빅토리아 시대의 선조들은 더 빨리 작업했을까? 그들은 그런 일거리를 하루 일과에 어떻게 끼워 넣었을까?

삶의 이런 세세한 사적 부분들은 우리가 과거의 사람들과 연결되었다는 느낌이 들게 하며 역사의 더 큰 주제로 들어가는 길을 제시한다. 한 남자의 코트에 있는 찢어진 자국이 대중 교육의 성격에 의문을 갖거나 섬유 산업의 글로벌한 본질을 살피는 일로 이어지는 것처럼, 정치적·경제적 삶의 큰 흐름은 우리를 다시 개인의 삶으로 돌려보낸다. 세계적인 노예제 반대 운동에 남북전쟁까지 발발하면서 면화 무역은 몰락했고 이에 직공들은 다시 굶주림에 시달리게 되었다. 그에 따라 노동자의 코트 가격이 올랐고 수선이 더 필요해졌을 것이다.

빅토리아 여왕의 통치 기간은 60년이 넘었고 그동안 엄청난 사회적·정치적·경제적 변화가 일어났다. 여러 산업이 어려움을 겪었고 과학 혁명이 세상이 돌아가는 방식에 대한 기존의 이해를 완전히 뒤집어 놓았다. 사람들은 옳고 그름에 대한 지금까지의 생각에 이의를 제기했고, 그 결과로 서서히 여러 새로운 법들이 제정되었다. 이런 모든 일이 진행되는 상황 속에서 빅토리아 시대 사람들의 삶은 어떤 모습이었을까?

이 책은 내 나름의 시도다. 내가 매력을 느끼거나, 의문을 품거나,

관심을 갖는 것들을 따라가는 개인적인 탐구의 여정이다. 내가 놓친 것이 무척 많을 것이다. 이 시기의 정치·경제·제도의 변화에 대해서 더 상세히 서술한 뛰어난 책도 많이 있을 것이다. 나의 목표는 빅토리아 시대 영국인의 일상을 들여다보고 내가 그 시대 사람들을 찾아 헤맨 곳으로 여러분을 이끄는 것이다.

나는 그들이 아침에 일어나는 것으로 시작해서 마침내 방문이 닫히고 침실에서 벌어지는 일까지, 하루 리듬을 따라 움직이기로 했다. 일기, 편지, 자서전을 통해 그곳에 있었던 사람들의 생각과 느낌을 전달하는 것으로 시작해, 대중에게 영향을 미치고 여론을 형성하고자 한 잡지와 신문, 광고와 지침서 등으로 내 연구의 범위를 확장해 나가려 했다. 옷에서부터 면도솔, 장난감, 버스표, 소스팬에 이르기까지 사람들이 남긴 물건에서도 일상을 엿볼 수 있다. 보다 공식적인 규칙과 규제는 축구 경기장을 표시하는 흰 선부터 학교의 졸업 요건까지 삶의 경험에 형태를 부여한다.

일상적인 것과 평범한 것을 찾아다니는 과정에서 나는 이런 삶의 형태들을 직접 경험하고자 노력했다. 이런 경험의 대부분은 여러 텔레비전 시리즈를 통해 빅토리아 시대의 농장에서 1년을, 이후에는 한동안 빅토리아 시대 약국에서 시간을 보내면서 얻은 것들이다. 그 시대의 요리법으로 음식을 만들어보고, 옷을 짓고, 위생 관습을 따르고, 나무를 깎아 장난감 병정을 만드는 등 지금도 지속하고 있는 나만의 탐색에서 비롯된 것들도 있다. 항상 성공적이지는 않았지만 이런 모든 경험이 유용했다. 이런 경험들은 의문을 이끌어 내고 이런 증거가 말하는 것에 대해서 더 비판적으로 생각하는 데 도움을 주었다. 그러려면 어느 정도의 공감과 상상력이 필요하다.

빅토리아 시대의 어느 날, 밤이 끝나고 잠에서 깨어나는 우리를 상상하는 데서부터 시작해 보자.

# chapter 1
# 오한과 함께 시작하는 하루

빅토리아 시대 사람들은 오한과 함께 하루를 시작했다. 부자든 가난뱅이든, 도시의 주택에 살든 농장의 오두막에 살든, 침대에서 일어나 바닥에 첫발을 내디뎠을 때 한기로 몸을 부르르 떨기 일쑤였다. 부유층에서는 침실에 석탄을 때는 벽난로와 쇠살대[1]를 두곤 했지만 아침까지 불이 살아 있는 경우는 거의 없었다. 스코틀랜드의 수필가 토머스 칼라일Thomas Carlyle의 아내인 제인 칼라일Jane Carlyle은 1850년대 상류층이 살던 런던의 타운 하우스[2]에서 지냈다(권말 도판 8 참조). 수입이 넉넉한 가정에서도 아픈 사람이 있을 때와

---

1. 쇠살대(iron grate): 난로 안의 연료를 받치는 도구.
2. 타운 하우스(town house): 높고 좁은 형태의 집이 줄지어 늘어서 있는 도시의 주택 단지.

같이 꼭 필요한 경우에만 벽난로에 불을 땠다. 제인 칼라일이 부유한 친구 집에 방문했을 때, 친구가 그녀를 위해 침실 벽난로에 불을 피우자 그녀는 건강한 사람에게 상당한 죄책감을 느끼게 만드는 "방자한 사치"라고 표현했다.

제인 칼라일의 하루는 오전 7시 30분에 시작되었지만, 하인들은 그보다 훨씬 일찍 일어났을 것이다. 『비튼 부인의 가정생활 백과』[3]에서는 가정부라면 여름철에는 오전 6시, 겨울철에는 오전 6시 30분이나 7시에 일어나야 한다고 권고한다.

해나 컬윅Hannah Cullwick은 평생 가정부로 일했던 여성이다. 그녀는 오랫동안 자신의 일상적인 일과를 일기에 기록했는데, 푸른색 잉크를 사용해 깔끔한 필체로 보통 오전 6시에 일어나지만 일이 좀 많을 때는 더 일찍 일어나기도 한다고 적고 있다. 봄맞이 대청소같이 며칠이 걸리는 작업이 있다면 오전 5시부터 일을 시작했고, 가끔은 늦잠을 자는 날도 있었다. 1863년 크리스마스 날에는 아침 8시까지 침대에 머무는 사치를 누리기도 했다. 그녀는 매일 아침 고용주 가족이 일어나기 전에 불을 피우고, 카펫을 털고, 식당 가구에 윤을 내고, 아침을 먹고, 부츠들을 닦고, 현관 계단을 청소했다.

---

3. 『비튼 부인의 가정생활 백과(Beeton's Book of Household Management)』: 영국의 언론인이자 편집자인 이저벨라 비튼(Isabella Beeton)이 당시 중산층 여성들의 가정생활에 필요한 지침들을 집대성해 1861년 처음 출간한 책이다. 130여 년 동안 거듭 개정 출간되며 영국 여성들의 가정 운영 입문서이자 베스트셀러로 자리매김했다.

대부분의 노동자에게는 동이 트는 것이 기상 신호였지만 정해진 시간에 일어나야 하는 사람들도 많았다. 공장 근로자처럼 매우 이른 시간에 정확히 일어나야 하는 사람들에게는 '노커어퍼knocker-upper'의 서비스가 대단히 요긴했다. 긴 막대기와 랜턴을 든 노커어퍼들은 시간을 가리지 않고 거리를 누비며 고객의 집 유리창을 두드려 기상 시간을 알렸다. 이런 특이한 직업이 존재했던 것은 시계와 손목시계가 값비싼 물건이어서 노동자 계층에서는 이를 마련할 수 있는 사람이 거의 없었기 때문이었다. 하지만 노커어퍼들은 생계의 기반으로 시계에 투자했다.

그들은 밤부터 이른 아침까지 일했고, 고객들은 서비스의 대가로 한 달에 1페니를 지불했다. 포츠머스에서 인버네스까지 영국 전역의 산업 도시는 물론이고 장이 서는 소도시 규모의 마을에도 노커어퍼들이 있었다. 하트퍼드셔주의 볼독 같은 소규모 마을에서도 맥주 양조장 세 곳 중 하나가 짐마차꾼을 새벽 3시에 깨우는 사람을 고용했다는 기록이 있다. 볼독은 인구가 2천 명에 불과했지만 철도, 양조장, 다수의 소규모 공방에 이른 아침부터 출근하는 노동자들이 많아 노커어퍼가 일을 계속할 수 있었다.

아침에 일어났을 때 차가운 맨 마룻바닥보다는 깔개를 딛는 편이 한기를 조금이라도 덜어줄 것이다. 귀족 가정이라면 부부 침실이나 필요한 곳에 근사한 카펫을 깔았겠지만, 상류층 가정만 하더라

그림 1. 작업 도구를 든 노커어퍼, 1900년경.

도 자녀들의 방에는 집 안의 더 눈에 띄는 곳에 깔다가 낡아진 깔개를 두는 정도로 만족해야 했다. 그렇기에 넉넉하지 못한 가정은 깔개를 깔 여유가 없었다. 깔개를 만들기는 어렵지 않았지만 만들려면 상당한 양의 직물이 필요했기 때문이다. 요크셔주의 일부 지역과 같은 섬유 산업 지구에 살고 있는 사람들 사이에서는 작은 천 조각으로 만든 깔개가 추위를 이기는 해법으로 인기를 끌었다. 공장 근처에 사는 사람들은 방직기에서 나온 천 조각이나 못 쓰게 된 마대 천 등을 싸게 구해 만든 깔개로 마룻바닥의 냉기를 막았다.

나는 당시의 두 가지 주요 기법을 따라 다양한 스타일로 깔개를 여러 개 만들었다. 코바늘을 이용해 마대 천으로 된 안감 사이로 천 조각을 끄집어 올리는 방법과 천 조각들을 땋아 길게 만든 뒤에 나선형으로 꿰매어 형태를 만드는 방식이었다. 가로 2피트(약 61cm),

세로 3피트(약 91.4cm) 크기의 깔개를 만드는 데에만 담요 세 장만 큼의 직물이 필요했으니 자투리 천을 구할 수 없었던 그 시기의 대부분 사람들에게는 사치품이었다. 따라서 노동자 계층 가정에서는 낡은 옷과 바느질을 하다 남은 천 조각으로 만든 가로세로 1피트(약 30.5cm)의 정사각형 깔개를 사용했을 가능성이 높다. 에드워드 시대[4] 이후의 깔개들과 비교하면 빅토리아 시대의 침실 깔개는 크기가 현저히 작다. 하지만 빅토리아 시대 사람들에게는 이런 작은 천 조각만으로도 하루를 시작할 용기를 내는 데 큰 도움이 될 수 있었다.

난방할 여유가 없고 바닥에 깔 깔개가 부족한 것 외에도, 당시 집 안이 추웠던 이유는 또 있었다. 신선한 공기가 흘러들어 오도록 침실의 창문을 밤새 열어놓는 경우가 많았기 때문이다. 환기에 대한 경고의 목소리가 높았던 탓에 생긴 상황이었다. 이 경고는 존경받는 과학자이자 영국 왕립 과학 연구소Royal Institution의 회원인 아놋Arnott 박사의 연구에서 비롯된 것이었다. 그는 다양한 대기 현상과 '위생' 문제에 관심이 많았는데 그의 실험 중 하나가 대중지에 다소 왜곡되어 보도되면서 실내 산소 부족에 대한 빅토리아 시대 사람들의 편집증적인 위기의식에 불을 붙였다. 보도된 기사에는 사람이 자고 있는 커튼이 쳐진 캐노피 침대 꼭대기에 카나리아 새장을 걸어

---

4. 에드워드 시대(Edwardian Age): 에드워드 7세가 다스리던 1901년에서 1910년까지, 또는 1차 세계 대전 발발 직전인 1914년까지의 시기.

놓으면 아침에 카나리아가 죽은 채로 발견되는 것이 일반적이라는 내용도 있었다.

아놋 박사를 비롯한 사람들은 환기가 잘되지 않는 공간에 이산화탄소(당시에는 '탄산'이라고 불렀다)가 축적되는 것을 우려했다. 물론 외부 공기가 차단된 환경에서 산소가 충분치 않으면 사람이 질식할 수 있는 것은 사실이다. 하지만 당시 사람들은 석탄 난로와 가스램프를 쓰는 보통의 실내 환경에서도 고농도 이산화탄소를 흡입해 중독되거나 (질식까지는 아니더라도) 건강을 해치게 될까 두려워했다.

사람들이 특히 걱정한 곳은 긴 시간을 보내는 침실이었다. 빅토리아 시대에 일반인을 위한 건강 안내서를 썼던 파이 헨리 체바스Pye Henry Chevasse 박사는 "환기가 되지 않는 방에서 자는 것은 독을 마시는 것과 다를 바가 없는 미친 짓이다. 탄산가스는 폐가 끊임없이 내보내는 땀의 찌꺼기이고 생명을 앗아가는 물질이다"라고 말할 정도였다. 19세기 말 무렵까지도 의학계의 어떤 권위자도 이 강력한 주장에 이의를 제기하지 못했다.

쇼몽Chaumont 박사는 필수 산소의 양을 파악해 정량화하고자 했다. 그는 건강하게 살기 위해서는 한 사람당 한 시간에 4,000세제곱피트(약 11만 3,267L)의 산소가 필요하다고 말했다. 하지만 그 정도는 높이와 가로가 10피트(약 3m), 세로가 40피트(약 12m)인 방에 해당하는 양이었다. 하지만 빅토리아 시대의 일반적인 침실은 그보다 작왔으므로 방 안의 사람들이 그 정도 양의 산소를 공급받을 수 없었다. 21세기의 분석에 따르자면 체바스 박사와 그의 동료들은 방과 건물을 드나드는 공기의 흐름을 매우 과소평가했다.

오늘날 우리들의 집은 빅토리아 시대의 어떤 실내보다 효과적으로 외부 공기를 차단하고 있지만 이산화탄소에 중독되는 사람은 찾아보기 힘들다. 현대의 집은 이중창이 달려 있는 데다 굴뚝도 없지만 현재의 추정에 근거하면 실내 공기는 2~3시간마다 완전히 바뀐다고 한다. 그렇지만 빅토리아 시대에는 난로에 불을 피우지 않을 때조차 굴뚝을 열어둘 뿐 아니라, 바깥 날씨가 어떻든 공기가 자유롭게 방 안으로 흘러들도록 위와 아래의 내리닫이창을 모두 열어두라고 조언했다. 굴뚝이 없는 집에서는 문 위에 환풍기를 설치해 창문을 열었을 때 공기가 원활히 순환하도록 했다.

창문을 도저히 열 수 없는 상황이라면 물 한 그릇으로 실내의 공기 질이 나아지길 기대해 볼 수도 있었다. 당시에는 "방 안에 물 한 주전자를 놓아두라"는 대중적 지침이 있었다. "몇 시간" 후면 사람이 호흡할 때 나온 나쁜 공기를 "물"이 모두 흡수해서 "공기는 더 맑아지고 물은 완전히 더러워진다"는 것이다. 학교의 교과서나 지침서에는 탄산이 얼마나 많은지 확인하는 또 다른 실험이 담겨 있다. 여학생들을 위해 쓰인 『가정생활의 과학The Science of Home Life』이라는 책은 "얕은 접시나 찻잔 받침에 깨끗한 석회수를 부어놓고 한 시간 동안 공기에 노출시키면, 액체 표면에 희끄무레한 층이나 찌꺼기가 생긴 것을 발견하게 된다. 이것이 공기 중에 탄산이 있다는 증거"라고 설명한다. 안타깝게도 이들 실험은 과학적으로 전혀 정확하지가 않다. 후자의 경우 물이 일부 증발하면서 석회 찌꺼기가 남았을 가능성이 높고, 전자의 경우 물이 "더러워졌다"는 것은 착각이었을 것이다. 어느 쪽이든 대중의 통념을 뒷받침하는 과학적 근거는 형편없었다.

그런데 정말로 1년 내내 창문을 열어두었을까? 가정마다 달랐던 것으로 보인다. 자선가, 연구자, 관리 등이 작성한 빈민 생활 환경 보고서에 따르면, 빈민 가정 아이들은 밤이 되면 낮에 입던 옷차림 그대로 항상 열려 있는 창문 아래에 시트도 없는 매트리스 위에서 서로 온기를 잃지 않기 위해 한데 모여 움츠리고 있었다고 한다. 창문을 열어두면 온기가 빠져나가는데도 아이들이 이산화탄소에 중독될까 겁을 먹었던 부모가 어쩔 수 없이 선택한 결과였다.

또 다른 보고서에는 그만큼이나 비참한 이야기가 있다. 창문을 꼭 닫은 방에서 사람들이 빽빽히 누워 자고 있었다는 것이다. 이 사람들은 독성이 있는 공기의 위험성을 알면서도 따뜻하게 지내는 것이 더 중요했기에 이산화탄소 중독까지 감수하려 했다고 볼 수 있다. 『모닝 크로니클The Morning Chronicle』의 기자 헨리 메이휴Henry Mayhew는 가난한 사람들과의 인터뷰 기사에서 "한밤에 환기가 되지 않는 방에서 많은 이들의 호흡이 합쳐져 방 안 공기는 숨이 막힐 것 같은 지독한 악취를 품고 있었다"고 회상했다.

하지만 대부분의 집에서는 하루를 상쾌하게 시작하기 위해 난방도 하지 못하고 창문까지 열어둔 방에서 잠을 잤다. 침대에서 일어난 사람들은 어떤 형태든 깔개라고 할 만한 것 위에 서서 한기를 조금이라도 덜려고 했다. 하지만 그 뒤에는 아침 목욕이라는 시련이 기다리고 있었다.

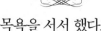

## 목욕을 서서 했다고?

빅토리아 시대의 대부분 동안, 입식 목욕은 개인위생의 주된 형태였고 대부분의 사람들이 일과를 시작하는 출발점이었다. 중상류층 남성이나 여성들에게 목욕은 침대에서 일어나자마자 길고 풍성한 나이트셔츠[5]나 나이트 드레스[6]를 입은 채로 하는 일이었다. 하지만 난로 안의 쇠살대를 치우고, 화덕을 닦고, 불을 피워야 하는 하인들은 이런 지저분한 일을 끝낸 후에야 세수를 했다. 해나 컬윅은 고

---

5. 나이트셔츠(nightshirt): 남성용 셔츠 모양의 길고 헐렁한 잠옷.
6. 나이트 드레스(night dress): 주로 어린이나 여성들이 입는 길고 헐거운 원피스형 잠옷.

용주 가족들의 아침 식사를 조리하기 직전에 아침 세수를 했고 이를 위해 주방 시설을 이용하곤 했다. 그녀는 1863년 8월 11일에 "싱크대에서 세수를 하고 아침 식사를 차리기 위해 테이블보를 깔았다"고 기록했다. 하지만 대부분의 입식 목욕은 모든 집기가 준비되어 있는 침실에서 이루어졌다.

필요한 것은 대야, 양동이, 목욕 수건, 비누와 주방에서 가져온 뜨거운 물 한 주전자가 전부였다(권말 도판 2 참조). 선택 사항으로 찬물도 있었다. 많은 사람들이 혈액 순환 개선을 위해 찬물을 사용했다. 물 한 주전자를 밤에 미리 방에 가져와 대야와 수건 옆에 두면 다음 날 아침에 일어나자마자 바로 사용할 수 있었다. 그렇지만 안타깝게도 빅토리아 시대의 비누는 찬물에서 녹지 않고 거품도 일지 않기 때문에 매일 찬물로 세수를 한다고 해도 기름기를 없애기 위해 보통 일주일에 한 번은 뜨거운 물로 비누 세안을 하라고 권장했다.

입식 목욕은 검약하고 간소한 시설에 머무를 때도 시도할 수 있는 매우 효율적이고 친환경적인 목욕 방법이다. 물 한 주전자면 몸 전체를 매우 쉽게 씻고 헹굴 수 있다. 대야에 물을 조금 붓고 목욕 수건을 담갔다가 물을 짜낸다. 이 수건으로 얼굴에 물기를 묻힌 뒤 비누를 조금 바르고 손으로 문질러 닦기 시작한다. 다시 대야의 물에 수건을 빨아 얼굴의 비누를 닦아낸다. 대야의 물이 탁해지면 양동이에 비우고 주전자의 물을 따라 새로 채운다. 얼굴 외에도 몸 전

그림 2. 세면대에서의 아침 목욕, 1850년.

체가 깨끗해질 때까지 이렇게 계속한다.

　바닥을 걸레질하는 것과 비슷하게 몸도 부위별로 닦을 수 있다. 한 부위를 문지르고, 헹구고, 말린 뒤 다른 부위로 옮겨서 같은 과정을 반복하는 것이다. 이렇게 하면 씻는 동안 옷을 거의 벗지 않아도 된다. 이런 식으로 각 부위의 옷을 내리고, 씻고, 다시 옷을 올린 후 다음 부위를 노출하면서 씻으면 1월의 침실에서도 심각한 추위를 느끼지 않을 수 있고, 한 공간을 다른 사람과 같이 쓸 때(대부분의 사람이 그랬듯이)도 품위를 지킬 수 있다.

　헐렁한 나이트가운이나 나이트셔츠를 입고 있기에 옷을 벗지 않은 상태에서 목욕 수건으로 몸 곳곳을 닦으면서 씻을 수 있는 것이다. 주전자의 물을 다 사용하면 마지막 목욕물로 대야를 헹구고, 더러운 물이 든 양동이는 아래층으로 가져가 치운다.

우아한 저택에 최고급 수제 도자기 목욕 세트를 두고 있는 부유한 여성부터 짝이 맞지 않고 이가 빠진 오지항아리와 대야를 사용하는 농부의 아내에 이르기까지 입식 목욕은 여성들에게 전형적인 빅토리아식 개인위생 관습이었다. 여성의 목욕은 물 한 주전자를 직접 데우거나 하인에게 이 일을 시키는 것으로 시작된다. 지하 저장고에 불을 땔 석탄이 충분히 쌓여 있고 물을 옮길 하녀를 부릴 수 있는 부유층이라면 아침마다 대야에 가득 담긴 따뜻한 물로 입식 목욕을 하는 것은 흔한 일이었다.

아이들이 많거나 하녀를 따로 부릴 수 없는 사람들은 매번 뜨거운 물을 한 주전자씩 쓸 수 없었기 때문에, 씻는 횟수를 줄이거나 차가운 물로 몸을 닦는 데 그쳤다. 여러 식구와 비좁은 방에 살면서 끼니 걱정을 하며 긴 시간 고된 일을 해야 하는 아주 가난한 사람들에게는 추운 집에서 물 주전자를 아래, 위층으로 나르는 것조차 에너지를 낭비하는 일이었다.

욕조를 갖추고 있는 집은 흔치 않았고, 있는 경우에도 일과를 마치고 저녁에 사용하는 것이 보통이었다(이에 대해서는 이후에 자세히 이야기할 것이다). 욕조는 대개 남성들이 사용했다. 부유한 남성들은 목욕 가운 차림으로 집 안의 복도를 돌아다니는 것을 행복하게 여겼을지 모르지만 그렇게 하는 여성은 거의 없었다. 품위가 없는 행동일 뿐

그림 3. 소녀가 대야와 뜨거운 물이 든 주전자,
선라이트(Sunlight) 비누 앞에 서 있는 광고, 1895년.

아니라 노출이 심해 비난받기 십상이라고 여겼기 때문이다. 주방의
불 앞에서 양철 욕조를 쓸 수 있는 소수의 노동 계급 가정에서도 욕
조는 주로 남성과 아이들이 사용했다. 집 안이더라도 주방에서 옷
을 벗는 여성은 극소수였고, 그렇게 여러 사람에게 노출된 공간에서
는 남성조차 얇은 면 소재의 속바지를 입은 채로 목욕하는 것을 선
호했다.

입식 목욕은 찬물을 사용하든 뜨거운 물을 사용하든, 비누가 있
든 없든 19세기 내내 가장 흔한 목욕 방식이었다. 이런 방식으로 아

침에 빠르게 몸을 씻고 하루를 시작할 수 있었다. 하지만 이렇게라도 사람들이 물로 몸을 씻게 된 것은 새로운 발전이었다.

빅토리아 시대 이전에는 피부의 모공을 통해서 질병이 몸으로 침투할 수 있다고 믿었다. 땀을 흘림으로써 몸속의 독소와 악취를 모공으로 배출시키는 것이 좋다고 여긴 반면, 피부는 감염원에 지나치게 노출되지 않도록 보호하는 것이 중요하다고 생각했다. 물이 피부에 닿으면 모공을 열기 때문에 피하는 것이 좋다고 여긴 것이다. 질병은 공기 중의 독기(수증기)로 전염되며, 냄새와 습기가 가장 진하고 위험한 독기의 뚜렷한 증거였다. 무두장이[7]의 작업장이나 배설물 더미가 쌓인 곳, 개방형 하수도, 표백 작업장이나 염색 작업장과 같이 냄새가 심하게 나는 곳을 지나면 주변에 있는 공기 중의 감염균이 코, 입, 피부로 들어갈 위험이 있다고 생각했다. 따라서 분별이 있는 사람은 이런 곳을 피하거나 어쩔 수 없이 지나야 할 때는 향수를 가지고 다니며 독기를 쫓았다. 그런 위협으로부터 몸을 지키려면 최대한 피부를 덮고 가려야 했다.

빅토리아 시대에는 과학이 발전하면서 피부와 그 기능에 관해 몇 가지 급진적인 과학 이론이 도입되었다. 모공을 밀봉하는 실험이 진행되었는데, 그중 말을 이용한 유명한 실험이 있었다. 말의 온

---

7. 무두장이: 짐승의 날가죽에서 털과 기름을 뽑아 가죽을 부드럽게 만드는 일을 직업으로 하는 사람.

몸에 셸락[8]을 여러 겹 꼼꼼히 발라 모공을 밀봉하자 말은 몇 시간 만에 죽었다. 원인은 질식사로 추정되었고, 이 실험은 피부가 호흡은 물론이고 발한에 중요한 역할을 하고 있음을 '증명'한 것으로 인정받았다. 21세기의 의학적 지식으로는 모공이 막힌 동물이 열사병으로 죽었다고 설명하겠지만, 당시에는 피부의 모공이 산소가 체내로 들어가는 부차적이지만 중요한 경로라는 잘못된 견해가 자리를 잡고 있었기에 질식사라는 추정을 한 것이다.

몸속의 독소와 노폐물이 피부를 통해 배출된다는 생각은 여전히 남아 있었지만 빅토리아 시대의 새로운 과학 이론은 그에 맞춰 새로운 피부 관리 방법의 도입이 시급하다는 인식을 갖게 했다.

이전에는 피부에 바로 닿는 옷은 세탁이 손쉬워 비교적 깨끗하게 관리할 수 있는 면이나 리넨으로 만들어서 몸을 잘 감싸는 것이 위생에 좋은 관행이었다. 남성은 셔츠와 드로어즈[9], 스타킹으로, 여성은 속치마와 스타킹으로 머리와 손을 제외한 전신을 감쌌다. 잠을 잘 때는 남성의 경우 긴 셔츠, 여성의 경우 긴소매에 발목까지 오는 길이의 잠옷을 입었고, 겨울에는 수면 양말과 수면 모자까지 착용했으며, 평상시와 비슷하게 온몸을 덮는 잠옷을 입었다.

---

8. 셸락(shellac): 가구에 광택을 내기 위해 사용하는 것과 같은 용액. (저자 주)
9. 드로어즈(drawers): 무릎 길이의 속바지.

또 청결과 건강을 위해서 가능한 한 옷을 자주 갈아입을 것을 권장했다. 시간적인 여유가 있고 여벌 옷이 많은 사람이라면 매일, 혹은 하루에도 여러 번 옷을 갈아입고 잠옷도 따로 갖춰 입었지만, 부유하지 않은 사람들은 가지고 있는 옷을 일상복과 잠옷으로 구분해 입는 것으로 이를 대신했다. 이렇게 하는 것만으로도 청결을 유지하는 데 도움이 되었다. 특히 몸의 땀과 노폐물을 흡수하는 속옷을 자주 갈아입을수록 청결함을 유지하는 데 효과적이었다.

깨끗한 마른 리넨 수건으로 몸을 문지르는 것 역시 피부의 먼지, 기름기, 땀을 제거하는 데 도움을 주며, 혈액 순환을 촉진하고 피부에 윤기를 더하고 온몸에 기운을 돋우는 효과도 있다. 물로 씻으면 오한을 유발하거나 모공이 열려 감염이 일어날 위험이 있다고 생각했기 때문에 이런 리넨 수건 목욕법은 물로 씻을 때의 위험에서 벗어날 수 있고 수건을 쉽게 세탁할 수 있으니 몸을 깨끗하고 건강하게 유지할 수 있는 좋은 방법이라 여겼다.

나 역시 상당 기간 리넨 수건 목욕법을 실천해 봤는데, 정말 효과가 있다. 피부가 건강하게 유지되고 체취도 나지 않는다. 마른 리넨 수건뿐 아니라 나무 등에 스웨이드[10]를 대어 만든 브러시로 매일 몸을 문지르면 각질을 제거해 줘 몸을 청결하게 관리할 수 있다. 내가

---

10. 스웨이드(suede): 새끼 양이나 새끼 소 등의 가죽을 보드랍게 보풀린 가죽. 또는 그것을 모방하여 짠 직물.

물로 씻지 않고 가장 오래 지내본 것은 4개월이다. 당시 아무도 이를 눈치채지 못했다. 나는 브러시보다는 수건을 쓰는 쪽을 훨씬 선호한다. 당연히 겨드랑이를 닦을 때는 특별히 주의를 기울여야 하며, 수건이 다소 낡아 부드러워졌을 때 가장 효과적이다.

현대의 많은 역사가들이나 관련 저자들은 물로 씻는 현대적인 목욕이 보편화되기 이전 시대의 사람들에게서 끔찍한 냄새가 났다는 의견을 꽤나 좋아하는 것 같다. 하지만 내 경험으로 볼 때 그들의 주장에 회의적인 입장이 될 수밖에 없다.

피부가 숨을 쉰다는 빅토리아 시대의 통념 덕분에 비누와 따뜻한 물을 이용한 목욕이 도입된 것도 사실이다. 의사들은 모공이 막히면 독소가 체내에 쌓여서 심신이 약해져 기력이 떨어지고, 결국 죽음에 이를 것이라고 우려했다. 물과 비누를 이용한 목욕은 건강하고 모공이 열린 피부를 선사하고, 이론상 귀중한 산소를 혈액으로 운반해 전신의 기능을 활성화한다. 또한 대사 과정에서 발생하는 노폐물을 몸 밖으로 배출하도록 돕는다.

목욕과 피부에 대한 빅토리아 시대의 건강 상식으로 인해 사람들은 옷, 특히 잠옷을 신중하게 고르게 되었다. 가볍고 통기성이 좋은 옷을 입고 겨울에도 지나치게 몸을 감싸지 말라는 조언 때문이었다. 상인들은 자신이 판매하는 잠옷은 물론이고 담요까지도 통기성을 장점으로 내세우며 손님을 끌었다. 이런 제품들이 스포츠웨어용

에어텍스와 성기게 짠 유아용 담요와 같이 가볍고 따뜻하면서도 통기성이 좋은 21세기 직물 개발로 이어진 것이다.

하지만 빅토리아 시대의 의류들은 통기성은 차치하고 대부분 입는 것이 고역이었다. 19세기 말의 '몸에 좋은' 코르셋이 대표적인 사례다. 새롭게 개선된 디자인으로 시장에 나온 코르셋들은 흉부 건강과 호흡 문제를 해결하기 위해 만들어졌지만 이전의 제품과 별다른 차이는 없었다. 1890년대의 '위생적'이고 '몸에 좋은' 코르셋 역시 이전의 코르셋만큼이나 몸매 보정을 위한 무거운 뼈대가 들어 있어 가슴을 꼭 조였기 때문이다. 그저 피부가 '호흡'을 할 수 있도록 구멍을 추가했을 뿐이었다.

## 몸 냄새로
## 계급을 구분했다고?

상업용 디오더런트는 20세기에야 등장했지만, 아침 목욕은 몸 냄새에 대한 빅토리아 시대 사람들의 생각을 변화시켰다. 점점 많은 사람들이(적어도 중산층은) 비누와 따뜻한 물로 몸을 씻으며 하루를 시작했다. 그러면서 체취 관리에도 관심이 높아져 냄새 안 나는 사람(씻는 사람)과 냄새 나는 사람(안 씻는 사람, 사실은 씻지 못하는 사람)으로 계층마저 분리시켰다. 윌리엄 새커리William Thackeray는 1850년 소설『펜데니스Pendennis』에서 "the great unwashed(씻지 않는 위대한 자들)"라는 표현을 만들어냈다. 얼마 되지 않아 이 단어는 노동 계급을 묘사하는 동시에 사회적으로 그보다 더 높은 위치에 있는 사람들과 노동자와의 거리를 강조하는 의미(가난한 사람, 무식한 사람, 보통 사람 등)로 쓰이기 시작했다.

중산층과 상류층은 퀴퀴한 땀 냄새 대신 강한 비누 냄새를 풍겼다. 동물성 지방과 가성 소다를 주재료로 만든 빅토리아 시대 비누에는 독특하고 선명한 냄새가 있어 대부분의 몸 냄새를 효과적으로 가려주었다. 19세기 말에는 라벤더, 제비꽃, 장미 등의 향이 나는 비누가 인기를 끌면서 개인의 씻는 습관에 더 많은 관심이 쏠렸다. 몸에서 비누 본연의 냄새를 유지한 채 꽃향기를 더한 이런 비누 향을 풍긴다는 것은 씻을 수 있는 사람, 즉 중산층과 상류층의 자부심이자 후각적 명예였다.

노동 계급은 육체노동을 많이 하는 탓에 옷이 더러워질 수밖에 없고 체취가 심한 상황이었는데도 물로 씻는 것에는 훨씬 더 보수적이었다. 그들은 목욕법을 알려주는 새로운 건강 지침서나 가정생활 안내서를 사서 읽을 여유도 없었으니 물로 씻는 것의 건강상 이점을 알 수도 없었을 것이다. 그러나 그들이 물로 씻지 않았던 가장 중요한 이유는 목욕이나 빨래를 할 수 있는 시설이 부족했기 때문이다.

그림 4. 소독용·약용 비누에서는 특이한 향이 났다.

최저한도의 생활 수준을 유지하는 사람들에게 비누와 뜨거운 물에 돈을 들이는 것은 엄청난 지출이었다. 세탁 장비의 비용은 말할 것도 없다. 빅토리아 시대가 시작될 무렵, 4온스(약 113.4g)짜리 비누(현재 영국에서 판매되는 것과 거의 같은 크기)는 같은 무게의 소고기의 가격과 같았다. 새로운 목욕 방법을 따르는 중산층 가정에서는 일주일에 3~4개의 비누를 사용했는데, 일반적인 가정에서는 그 비용을 감당할 수 없는 수준이었다.

빅토리아 시대 말에 일련의 주요한 기술적 발전으로 비누의 가격이 몇 분의 1로 줄어든 후에도, 노동 계급 가정에서 몸을 씻고 옷을 빨 수 있을 만큼 비누를 충분히 구입하려면 일주일 예산의 5퍼센트가 필요했다. 또 세탁을 위해 물을 끓이는 붙박이식 코퍼[11]를 갖춘다는 것은 노동자 계층 가정에서 절대 흔한 일이 아니었다. 링어[12]를 사용하면 대량 세탁을 할 때 노동력이 훨씬 줄어들었지만 여기에도 돈이 들었기 때문에 노동 계층의 대부분은 19세기 말에도 링어 없이 세탁을 해야 했다. 그러니 그 당시에는 노동 계급 사람들과 부유한 사람들의 체취가 다르다는 것이 그리 놀라운 일이 아니었다.

이후에 더 자세히 살펴보겠지만, 세탁은 이런 후각적 차별을 심화시키는 데 주된 역할을 했다. 땀을 비롯해 몸에서 나오는 다른 배출물이 남아 있는 옷은 박테리아가 번식해 냄새를 풍기기에 더없이 좋은 장소였다. 반면에 모직은 흡수한 땀을 빠르게 증발시키는 옷감이었다. 21세기의 아웃도어 브랜드에서는 빅토리아 시대의 교훈을 다시 배우기 시작했다. '냄새 없는' 양말과 메리노 울[13] 베이스 레이어[14]로 순모가 다시 이름을 떨치고 있다. 이런 측면에서 최첨단 인조 직물은 모직과 경쟁이 되지 않는다.

---

11. 코퍼(copper): 빅토리아 시대 세탁용 물을 끓이는 장치를 말한다. 열 전도율이 좋은 구리(copper) 또는 황동으로 만들었기 때문에 코퍼라고 불렀으며 주로 외양간이나 지하실에 설치했다.

12. 링어(wringer): 세탁물의 물기를 짜는 기계.

13. 메리노 울(merino wool): 메리노종(種)의 양에서 얻은 털. 가늘고 고와 품질이 좋다.

14. 베이스 레이어(base layer): 인체와 직접 접촉하는 의류를 말하는데 피부에 직접 닿기 때문에 원단의 편안함, 보온성, 통기성, 발수 조절 같은 특성이 중요하다. 특히 스포츠나 아웃도어 활동 시 많이 입는다.

옷을 만들 때 몸에 달라붙거나 땀이 많이 날 가능성이 높은 부위에는 떼어내서 쉽게 세탁할 수 있도록 옷감을 덧대는 것이 좋다. 빅토리아 시대 여성들의 경우 드레스의 꼭 맞는 몸통 부분, 소매, 겨드랑이 부분이 가장 문제였다. 속옷으로 입는 베스트[15]와 슈미즈[16]를 자주 세탁할 수도 있겠지만 드레스 프로텍터dress protector, 즉 떼었다 붙였다 할 수 있는 작은 패드를 드레스의 겨드랑이 안에 밀어 넣는 것이 더 현명한 방법이었다. 드레스 프로텍터는 별도로 세탁할 수 있을 뿐만 아니라 섬세하고 장식이 많은 의상이 망가지는 것도 막아줬다. 지금도 영국의 정통 양품점에서 드레스 프로텍터를 구할 수 있다.

더스트 파우더dusting powder는 호감이 가는 체취를 만드는 또 다른 보조물이었다. 전분이나 활석 가루를 주원료로 하는 무향 혹은 가향의 이 파우더는 땀을 흡수해 냄새를 쉽게 제거해 준다. 당시 더스트 파우더는 약국 선반에서 빠지지 않는 상품이었다. 가장 비싼 제품은 둥근 도자기 용기에 파우더와 함께 그것을 바를 수 있는 동그란 스펀지가 들어 있었다. 좀 더 저렴한 제품은 용기에 구멍 난 뚜

---

15. 베스트(vest): 일반적으로 상의를 가리키지만 빅토리아 시대나 그 이전 시대에서 베스트는 보온은 물론이고 겉옷과의 피부 마찰을 줄이기 위해 셔츠나 기타 상의 아래 입는 속옷을 의미한다. 우리나라의 러닝셔츠에 해당.

16. 슈미즈(chemise): 여성의 양장용 속옷 중 하나. 보온과 땀 흡수를 위해 입는다.

껑이 있어 용기째 흔들어 바로 피부에 가루를 뿌릴 수 있었다. 또한 소매업자들은 가격에 민감한 고객을 위해 용기 없이 일반 전분이나 활석 가루를 무게로 달아 판매했다.

저렴한 더스트 파우더 구입조차도 부담되는 사람들은 암모니아를 적신 천으로 겨드랑이와 기타 '냄새가 나기 쉬운 부위'를 닦았다. 암모니아는 몸 냄새를 유발하는 박테리아를 죽이는 데 매우 효과적인 디오더런트였다. 그보다는 효과가 덜하지만 식초로 닦기도 했다. 식초는 암모니아만큼 박테리아를 죽이지는 못하지만 피부가 민감한 사람들에게는 자극이 덜하다는 장점이 있었다.

## 개인위생 시대를 연
## 세균 이론

빅토리아 시대의 개인위생은 불쾌한 몸 냄새를 제거하는 것에서 더 나아가 건강을 위한 일이었다. 건강에 대한 이론은 어느 때보다 큰 혁명을 거치고 있었다.

세균(박테리아) 이론의 기본 개념은 이미 퍼져 있었지만 이 이론은 1860년대 초 루이 파스퇴르Louis Pasteur가 공기 중에 존재하는 생물체(박테리아)에 의해 부패가 발생한다는 것을 실험으로 입증하기 전에는 완벽한 것은 아니었다. 파스퇴르가 실시한 실험은 간단했다. 표본 하나는 공기에 노출시키고 다른 하나는 진공 상태로 두고 관찰했는데, 진공 상태의 표본은 용기에 공기가 들어갈 때까지 썩지 않았다. 그 이후 현미경으로만 볼 수 있는 작은 유기체가 부패의 근원이라는 것이 의심의 여지 없이 확실해졌다. 즉, 부패는 이전의 인식처럼 자연적으로 발생하는 것이 아니라 살아 있는 생물이 작용한 결과라는 것이다. 따라서 '세균'을 퇴치하는 물질을 이용하면 환자에게 피해를 주지 않고 치료할 수도 있다. 파스퇴르의 다음 연구는 석탄산(페놀)이 세균을 퇴치하는 역할을 하는 물질임을 확인한 것이다.

다른 사람들도 이런 생각을 받아들이기 시작하면서 그들이 발견한 미생물에 대한 정보가 더 많이 알려졌다. 당시의 수많은 연구들 중에서도 가장 기념비적인 것은 1854년 콜레라 발병 원인을 밝혀낸 (런던 역학협회 창립 회원 중 한 사람인) 존 스노John Snow 박사의 연구였다. 그는 런던의 모든 콜레라 발병 사례가 소호의 브로드가에 있는 수도 펌프 중 단 한 개가 감염된 것에서 비롯됐다는 사실을 알아냈고 그 펌프 손잡이를 제거함으로써 수백 명의 생명을 구할 수 있었다.

미아스마 이론Miasma theory은 나쁜 공기(미아스마)가 모든 질병의 원인이지만 발병의 형태는 사람에 따라 달라진다고 주장했다. 이 이론에 따르면, 같은 나쁜 공기에 노출되더라도 사람의 체질과 환경에 따라 폐 질환이나 위 질환으로 나타날 수 있다.

1876년이 되어서야 독일 의사 로베르트 코흐Robert Koch가 특정 박테리아가 특정 질병을 유발한다는 것을 증명했다. 1884년이 되자 장티푸스, 나병, 디프테리아, 결핵, 콜레라, 이질, 임질, 말라리아, 폐렴, 파상풍의 원인이 되는 각각의 박테리아를 규정할 수 있게 되었다. 질병 분석에서는 가히 혁명적인 변화로 질병의 연구와 치료에 엄청난 영향을 미쳤다. 하지만 청결의 관점에서 보면 세균에 대한 인식을 바꾸기는 했지만 개인위생을 위한 실질적인 행동 변화는 없었다.

공기, 물, 모든 것의 표면 등 어디에나 세균이 있다면 건강을 지키기 위해서는 청결이 무엇보다 중요하다. 불결한 것을 제거하는 일은 언제나 가족을 질병으로부터 보호하는 방법으로 여겨져 왔다. 하지만 과거에는 나쁜 공기, 즉 미아스마의 원인을 제거해야 했다면, 이제는 세균 자체를 제거해야 했다. 과거의 모든 일상적인 청결 관리 방법은 여전히 적절하고 유용했다. 따라서 세균 이론에서도 화장실 청소, 정기적인 오물 배출, 청소, 빨래, 설거지 등의 필요성을 강조했다. 질병의 원인이 어떤 이론에 기반하든 집 안을 청결하게 관리하는 일은 건강 유지에 도움이 되었다.

마을의 청결도 마찬가지였다. 세균 이론에서도 미아스마 이론을 따를 때처럼 마을의 쓰레기를 관리하고, 정기적으로 거리를 청소하고, 공공장소에 쓰레기를 버린 사람을 처벌하는 방법은 효과적으로 작용했다.

개인위생은 질병에 대한 세균 이론과 미아스마 이론 모두에서 중요했다. 깨끗한 몸은 나쁜 공기를 만들지도 않고 세균을 품지도 않았다. 해나 컬웍은 여전히 부엌 싱크대에서 아침 세수를 하고 있었겠지만, 세균 이론이 널리 받아들여진 이후에는 더운물로 씻는 것이 세균을 피부에 침투시키는 일이라고 걱정하지 않았을 테고 손을 씻는 데에서 끝나지 않고 소독까지 하려 했을 것이다.

소독제로서 석탄산의 인기는 계속되었다. 약국에서 액체나 가루 형태로 판매했고, 석탄산이 들어 있는 비누를 팔기도 했다. 석탄산을 이용해 목욕을 하면 외양을 깨끗이 하는 것은 물론이고 기분 좋은 냄새를 넘어서는 이점이 있었다. 석탄산 냄새를 풍기는 하녀는 청결할 것이라는 신뢰감을 주기에 여주인이 채용할 확률이 훨씬 높았다.

오늘날, 빅토리아 시대의 청결함을 느끼고 싶다면 매우 유사한 비누를 구입할 수 있다. 차나무 기름(티트리 오일)으로 만든 비누에 석탄산 냄새를 추가한 것이 그것이다. 제조업체들이 아직도 석탄산 냄새가 나는 비누를 만들고 있다는 것은 당시 석탄산이 살균의 역할을 한다는 믿음, 즉 문화적인 암시를 이어오고 있다는 뜻이다.

# 분홍색 치약을
# 선호한 이유

청결하고 좋은 냄새가 나도록 몸을 관리하기 위해서, 많은 사람이 치아 위생에도 관심을 뒀다. 칫솔의 경우 외형은 지금과 아주 흡사했지만 재료는 완전히 달랐다. 그 당시 칫솔은 손잡이는 동물 뼈나 나무로, 솔은 주로 말이나 조랑말의 털로 만들었다. 우리가 치약이라고 부르는 것은 보통 '치마제dentifrice(가루 치약)'라고 불렸다. 그런 치약은 주로 집에서 만들었는데, 검댕이나 소금처럼 간단하기 그지없는 것이었다. 물론 약국에서 살 수 있는 상업용 제품도 있었다.

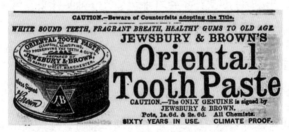

그림 5. 치약 광고, 1897년.

대부분의 치마제는 집에서 만든 것이든 약국에서 산 것이든 사실상 연마제, 즉 광택제에 향, 그리고 종종 색을 입힌 것이었다. 다음은 『영국 여성의 가정지Englishwoman's Domestic Magazine』 발간호에 실린 세 가지 치마제의 제조법이다.

- 장뇌 치마제: 장뇌camphor는 월계수과 나무의 추출물로, 장뇌 치마제는 백악 가루 1파운드(약 453.6g)와 장뇌 1~2드램[17]을 섞어 만든다. 약간의 주정(酒精)에 장뇌를 적셔 고운 가루로 만든 다음 백악 가루와 잘 섞는다.

- 몰약 치마제: 오징어 가루 1파운드와 몰약 가루 2온스(약 56.7g)를 섞어서 만든다.

- 미국 치마제: 산호, 오징어 뼈와 용혈 각각 8드램(약 31.1g), 태운 명반[18]과 자단나무 각각 4드램(약 15.6g), 흰붓꽃 뿌리 8드램, 정향과 계피 각각 0.5드램(약 1.9g), 분홍색 색소 8드램을 모두 가루로 만든 후 잘 섞는다.


백악 가루와 오징어 가루는 치아를 부드럽게 연마하는 광택제 역할을 했다. 이 두 가지는 치마제를 만들 때 가장 흔하게 사용되었던 재료로 검댕과 숯 이후에 등장했다. 검댕과 숯은 효과의 측면에서는 백악 가루, 오징어 가루와 동일했지만 매력적인 치약이 되기는 힘들었다. 장뇌, 몰약, 태운 명반은 치마제에 '약 같은' 맛을 내주었

---

17. 드램(dram): 초기 의학이나 제약에서 일반적으로 사용한 단위, 약 ⅛온스, 약 3.89g.
18. 명반(明礬): 정수, 염색, 탈취제에 사용되는 자연 광물. (저자 주)

다. 모두가 입안에 오래 남는 맛이었다. 아마 장뇌와 명반은 약간의 항균 효과도 있었을 것이다. 미국 치마제는 색이 진한 제품이었을 것이다. 산호 가루, 용혈, 분홍색 색소 모두 맛을 더하고 숨을 내쉴 때 향이 나도록 하는, 향신료가 첨가된 착색제다. 이런 제조법에 들어가는 재료들은 흔한 것이었고 약국에서 쉽게 구할 수 있었다. 모두가 오랫동안 사용되어 온, 대부분의 사람들에게 익숙한 물질이었다.

백악 가루는 백악이라는 암석 덩어리를 곱게 간 것으로 주로 싱크대나 욕조를 닦는 데 사용했다. 지금도 유명 주방용품 브랜드나 욕실 세제 브랜드에서 연마제의 기본 재료로 사용한다.

오징어 가루는 가끔 해안으로 밀려온 갑오징어의 딱딱한 뼈로 만드는데 현대 영국에서는 잉꼬의 사료에 첨가하는 재료로 잘 알려져 있다. 가루로 빻으면 백악보다 곱고 부드럽다.

숯가루는 오징어 가루만큼 고운 데다 디오더런트의 역할도 할 수 있는 것이 장점이다. 입 냄새를 제거해 주는 것이다. 숯가루는 내가 제일 선호하는 것으로 현대 치약의 대용품으로 추천할 만하다. 색상이 매력적이지 않기는 하지만 어떤 연마제보다 부드럽고, 치아와 잇몸을 손상시키지 않고 치태와 치석을 제거하는 데 도움이 된다. 가끔 소량씩이라면 섭취해도 안전하며 치아를 깨끗하게 해준다.

주의해서 사용해야 되는 재료들도 있다. 태운 명반은 부식성 물질로 입안과 같이 민감한 부위에는 소량만 사용해도 통증과 자극을 유발할 수 있다. 빅토리아 시대에 명반은 세정제와 표백제로 잘 알려져 있었다.

장뇌는 당시(지금도 그렇지만) 옷좀나방을 없애는 역할을 하는 것으로 널리 알려져 있었다. 한번 맡으면 절대 잊히지 않는 향이 난다. 꼭 불쾌하다고는 할 수 없지만 독특한 냄새다. 많은 현대 치약 브랜드의 강한 '민트 향'과 마찬가지로, 장뇌 냄새를 풍기는 것은 세상에 '나 오늘 이 닦았다'고 광고하는 것이나 다름없었다.

용혈은 용혈수라는 나무의 줄기에서 나오는 수지(樹脂)로 만드는 선홍색 염료인데 가끔 식용 색소로 쓰였다. 흰색 치약을 가장 선호하는 현대를 생각한다면, 분홍색과 빨간색 착색제가 이렇게 많다는 것이 이 시대의 치약 제조법에서 가장 놀라운 점이 아닌가 싶다. 빅토리아 시대의 취향에 따르려면 치약의 바람직한 색상은 치아와 같은 흰색이 아니라 건강한 잇몸의 색상을 모방해야 했나 보다.

나는 이 다양한 성분 모두를 완벽하게 이해하지 않는 한 빅토리아 시대의 치약 제조법을 시도하는 것을 지양하며, 여러분도 그렇게 하길 권한다. 앞에서 인용한 미국 치마제는 사용해 본 적이 없다. 하지만 숯가루와 오징어 가루를 이용한 실험은 만족스러웠다. 두 재료는 젖은 칫솔에 조금 얹어 사용하면 훌륭히 효과를 낸다. 나처럼 입안을 강한 맛의 거품으로 채우는 치약을 별로 좋아하지 않는 사람이라면 호감이 가는 대안이 될 수 있다.

# 멜빵식 생리대 vs.
# 벨트식 생리대

가임기 여성들에게는 아침 위생 의식에 한 가지 요소가 더 필요했다. 19세기 말에는 상점에서 생리대를 구입할 수 있었다. 이것이 쑥스러운 사람들은 우편 주문 서비스를 이용할 수도 있었다. 직접적인 표현보다는 의학적인 이미지를 이용한 이들 제품의 광고가 잡지에 은밀하게 게재되기 시작했다. 풀을 먹여 빳빳하게 다린 유니폼을 입은 쾌활한 간호사들이 장식이 없는 소포를 마치 붕대라도 되는 것처럼 들고 있는 광고였다.

20세기로 전환될 무렵의 한 바느질 잡지의 초기 광고에는 야단스럽지 않은 포장 위에 "사우스웰 생리대Southwell's Sanitary Towel"라는 문구가 선명히 새겨져 있었다. 그러나 이 잡지의 다음 호에서는 같은 광고인데 손이 글자의 대부분을 가리고 "사우스웰의 …대"만 보이도록 바뀌어 있었다. 당시에는 '생리'라는 단어를 드러내기에는 너무 사적이고 내밀하다고 생각했기 때문이었다. 생리대와 같은 제품이 상업적으로 판매된다는 것은 대단한 혁신이었다. 이전에는 그 누구도 이렇게 개인적인 물건을 집 밖에서 얻는다는 것을 상상하지 못했다.

그림 6. 초기의 생리대 광고 중 하나, 1898년.

그러나 이 주제에 대한 인쇄 매체의 정보와 설명은 여전히 부족했다. 그런 것은 자주 입 밖에 내는 주제가 아니었다. 여성들끼리도 말이다. 글로 쓰는 것은 말할 것도 없었다. 가장 실용적인 설명으로 19세기 말에 미국 작가 메리 앨런Mary Allan 박사가 쓴 글이 있다. 그녀는 멜빵을 어깨에 걸고 생리대 양 끝을 멜빵에 고정시키라고 제안했다. 따라서 생리대 양 끝에는 멜빵과 연결하는 단춧구멍이 있었다. 앨런 박사는 독자들에게 가로세로 16인치(약 40.6cm)의 정사각형 면직물을 사용해 생리대를 만들라고 조언했다.

한쪽 끝에서 약 3인치(약 7.6cm) 떨어진 지점에서 각 측면에 4인치(약 10.2cm) 길이의 절개선을 만든다. 이 부분을 세로 방향으로 반으로 길게 접고, 절개선까지 함께 꿰맨다. 이렇게 하면 중간에 주머니 같은 부분이 있는 띠가 만들어진다. 절단된 가장자리를 단 처리한다. 생리대를 접어서

각 측면을 절개선 깊이인 4인치 만큼 접는다. 그런 다음 생리대를 전체를 띠의 주머니 안에 넣을 수 있을 때까지 사방으로 접는다. 이렇게 하면 중앙은 두껍고 끝부분은 얇아져서 생리대를 멜빵에 부착할 수 있다.

어깨에 두른 멜빵에 생리대를 고정하는 것이 흔한 아이디어는 아니었던 것 같다. 그런 형태의 생리대에 대한 참고 문헌은 드물기 때문이다. 오히려 빅토리아 시대의 생리대와 함께 많이 남아 있는 것은 벨트다. 혼수함이나 서랍 깊숙이 정리해 두었던 생리용품은 당시 여성의 현실을 가늠할 수 있게 해준다. 생리대는 보통 허리에 두르는 벨트로 고정했다. 끈에 불과한 것도 있었지만 모양을 갖춘 훨씬 더 튼튼한 것들도 있었다. 아마도 가장 착용하기 편했던 것은 속치마에 현대의 멜빵과 비슷한 조임 장치가 달린 것들로 보인다. 스타킹을 고정하기 위한 네 개의 끈 대신 생리대를 고정하는 두 개의 끈이 달린 형태였다.

교묘하게 접은 앨런 박사 방식의 생리대(가운데는 두껍고 끝은 얇은)의 사용 사례는 본 적이 없다. 하지만 기발한 아이디어처럼 들리긴 한다. 실제로 사용되었고 현재 남아 있는 빅토리아 시대 생리대의 대부분은 납작한 면직 주머니 형태이고, 흡수력이 있는 재료를 채워넣게끔 한쪽 끝이 열려 있다. 벨트에 연결할 수 있도록 양 끝에 끈으로 된 고리가 달린 것이 보통이었다. 이 면 주머니는 사용 후 세탁했지만, 안에 든 흡수재는 세탁하지 않고 버리는 것이 일반적이었다.

흡수재로는 무엇이든 사용할 수 있었다. 많은 사람들이 자투리 천을 주로 사용했을 것이고 자원이 부족했던 시절에는 세탁해서 다시 썼을 수도 있다. 이끼와 같은 천연 재료를 사용했을 수도 있다. 메리 앨런 박사의 생리대에는 주머니가 없다. 멜빵에 생리대 모서리가 대각선으로 연결되어 있고 나머지 재료는 가장자리를 접어 두툼한 부분을 만들었다. 미국에서는 이것이 일반적인 관행이었을 가능성이 있지만, 영국에서 일반적으로 사용된 것은 지금까지 남아 내가 본 사례들이었다.

나는 벨트와 주머니를 이용하는 방식을 직접 시도해 봤다. 편안함이나 효과의 측면에서 지금의 생리대와 크게 다르지 않았다. 빅토리아 시대의 생리대는 피가 샐 위험이 있지만 그것은 현대의 생리대도 마찬가지다. 자주 바꾸지 않으면 축축하고 불쾌할 수 있지만 그 역시 현대의 생리대도 마찬가지다.

그러나 오늘날의 생리대와는 두 가지 뚜렷한 차이가 있다. 첫째, 빅토리아 시대의 생리대는 고정 장치에 매달려 있었다. 여성들이 니커[19]를 입는 것은 새로운 현상이었다. 19세기 동안 점차 많은 여성들이 니커를 입게 되었고 1900년에도 대부분의 여성들이 (전부는 아

---

19. 니커(knickers): 무릎까지 오는 여성용 속바지.

니더라도) 니커를 입었다. 그렇더라도 생리대를 제자리에 고정하기에는 적합하지 않았다. 1900년의 니커는 헐렁한 반바지에 가까웠다. 당시의 천은 신축성이 없어 옷을 입었을 때 몸을 자유롭게 움직일 수 있도록 하려면 크고 느슨하게 만들어야 했기 때문에 생리대를 몸에 붙도록 받쳐줄 수 없었다. 1880년 이전의 니커는 다리통이 허리띠에 연결되어 있고 가랑이는 벌어져 있었기 때문에 생리대를 받쳐주는 데에는 적합하지 않았다. 생리대를 고정시키는 벨트가 있어야 했다. 이 방식은 1970년대 후반까지도 사용되었다.

오늘날의 생리대와의 두 번째 큰 차이는 빅토리아 시대의 생리대는 재활용할 수 있었다는 점이다. 내 경험에 따르면 적응하기 힘든 아이디어다. 우리는 이제 일회용 생리대라는 개념에 너무 익숙해서 그런 물건을 세탁하는 것이 영 꺼림칙하게 느껴진다. 그러나 기저귀보다는 훨씬 덜 불쾌하다. 기저귀와 마찬가지로 양동이에 생리대와 함께 소금을 넣고 찬물을 붓고 나서 뚜껑을 덮어두었다가 세탁하는 것이 가장 좋다. 더러워진 옷감을 이렇게 불리면 때 같은 불순물이 불리는 동안 씻겨 나간다. 이후 남은 일은 더러워진 물을 버리고 헹구는 것뿐이다. 손을 대기도 전에 대부분 세척될 것이다.

기초 위생을 돌보았으니 이제 옷을 입을 차례다.

## chapter 2
# 남성의 옷 입기

## 드로어즈 외에 베스트도
## 셔츠도 속옷이었다

추운 침실에서 잠을 깬 빅토리아 시대의 남성은 잠옷을 벗고 재빨리 베스트와 드로어즈를 입었을 것이다. 베스트는 소매가 없는 것도 있지만 대부분이 손목까지 내려와 팔 전체를 덮었다. 베스트는 무엇보다 따뜻해야 했다. 가족이나 세탁부 외에는 누구에게도 보일 의도가 없는 옷이었기 때문에 유행의 영향은 거의 받지 않았다. 드로어즈 역시 추위로부터 몸을 보호하기 위한 것이었다. 발목 길이에 허리와 다리 아래쪽을 조여 찬 바람이 들어가지 않게 했다.

단추로 잠그는 것도, 끈으로 여미는 것도 있었다. 두툼한 양말과 함께 다른 옷을 받쳐주는 기본 의상 역할을 했다.

토니 위저Tony Widger는 세기가 바뀔 무렵 사우스데번의 시턴에 살던 어부였다. 어느 안개 낀 아침, 토니 위저의 집에 머물던 하숙인은 아내에게 차 한 잔을 가져다주기 위해 "(이상한) 스타킹과 팬츠(드로어즈), 밝은색 체크무늬 상의를 입고 부엌을 돌아다니는" 토니 위저의 모습을 기록으로 남겼다. 토니 위저는 손과 얼굴을 제외하고는 전신을 속옷으로 가리고 있었다. 그런 차림으로 외출까지는 엄두를 못 냈겠지만 그는 집에 묵던 하숙인이나 가족에게 그런 모습을 보이는 것을 어색해하지 않았다.

남성들의 속옷은 여성 속옷에 비해 성적인 의미가 훨씬 적었다. 이렇게 속옷으로 몸 전체를 덮은 것은 또 다른 역할도 했다. 빅토리아 시대 남성은 속옷을 입지 않고 바지를 입는 것을 매우 비위생적인 행위로 생각하고 혐오했기 때문이다. 겉옷은 속옷만큼 자주 세탁할 수 없었으니 말이다.

영국에서는 선선하고 흐린 기후 때문인지 1년의 거의 대부분 동안 따뜻한 모직 속옷을 입는 것을 선호했다. 그래서 선택한 직물이 플란넬¹이었다. 플란넬은 가장 저렴한 축에 드는 모직물이었고, 부

---

1. 플란넬(flannel): 털실, 면, 레이온을 섞은 실로 짠 능직 또는 평직물.

드럽고 통기성이 좋으며 보온성이 있으면서도 무겁거나 딱딱하지 않았다.

1840년대 후반부터 금전적인 여유가 있는 사람들은 다른 형태의 모직 속옷을 구입할 수 있었다. 1851년 만국 박람회에는 기계로 제작한 편직물[2] 속옷이 많이 출품되었다. 업체들은 자기들의 제품이 착용감이 좋고 섬세하고 세탁하기 쉽다며 경쟁을 벌였다. 고급 브랜드들은 빗질한 긴 양모를 사용해 제품이 피부에 자극을 주지 않게 하는 데 공을 들였고, 옷을 몸매에 맞게 만들어 부피가 크거나 접히지 않으면서 따뜻하도록 했다. 하지만 가격이 비싸서 부유한 중산층 남성이나 사용할 수 있었다.

베스트는 스타일과 소재에 따라 편안하기도 했고 불편하기도 했다. 플란넬로 만든 제품은 따뜻하지만 가렵다는 사람들이 있었다. 면직인 스완즈다운swansdown은 잘 해지지 않고 가격도 저렴한 대체재였지만 신축성이나 '탄력성'이 거의 없어 몸을 자유로이 움직이기 불편했다.

모직물이 유발하는 가려움을 해결하는 가장 좋은 방법은 옷 가장자리에 다른 천으로 안감을 덧대는 것이다. 피부와 가장 많이 마찰

---

2. 편직물(編織物): 사람의 손으로 짠 것이든 기계로 만든 것이든 실로 뜨개질한 것처럼 직조한 천을 말한다. 편직은 니팅이라고도 하며, 메리야스도 편직물의 일종이며 우리가 흔히 니트라고 칭하는 의류는 모두 편직물을 뜻한다.

되는 부분인 옷깃 안쪽과 소맷단 아래에 부드러운 옷감을 대고 꿰매면 보통 문제가 해결되었다. 모직으로 짜서 만든 베스트에도 같은 기법을 적용할 수 있었다. 이 방법을 사용하면 다른 방법을 사용할 때보다 신축성이 훨씬 좋아서 허리 부분에 천을 덧대지 않아도 완전히 자유롭게 움직일 수 있었다.

드로어즈(토니 위저의 하숙인은 "팬츠"라고 불렀다) 역시 면, 플란넬, 양모로 만든 편직물로 만들었다. 이런 소재로 옷을 만들면 허리 쪽이 가장 불편했다. 당시에는 허리 부분에 신축성이 있는 소재를 사용한 속옷이 흔치 않았다. 신축성을 위해 의류에 사용하는 고무 밴드는 1820년 이미 특허를 받은 상태였지만, 19세기의 대부분 동안에는 장갑과 부츠에만 제한적으로 사용되었다. 그렇기 때문에 남은 선택지는 끈으로 졸라매거나 천으로 된 허리띠를 단추로 고정하는 두 가지 방법뿐이었다. 끈으로 허리를 묶으면 그 부분이 불룩해져서 불편했기 때문에 대부분의 드로어즈에는 면으로 안감을 덧댄 천 허리띠를 사용했다. 드로어즈의 다리통 아랫단 안쪽에도 폭이 넓은 면띠를 대어 살이 쓸리지 않도록 했다.

양말(토니의 경우 "스타킹")은 실크로 만들 때도 있었지만 대부분 모직으로 만들었다. 편직기를 이용해 품질이 좋고 가격도 적당한 양말이 상업적으로 생산되었지만, 계층을 막론하고 집에서 만든 수제 양말도 많이 신었다. 집에서 만든 것이든 공장에서 만든 것이든, 모

그림 7. 새로운 세기가 시작되면서 '콤비네이션'이 인기를 모으기 시작했다.

든 양말은 신다 보면 해지거나 구멍이 나는 등 수선을 해야 할 때가 온다. 바느질이 잘되면 꿰맨 부분이 거의 눈에 띄지 않고 매끄러워 편안했지만, 솜씨가 좋지 않으면 신었을 때 발이 아팠다. 바느질한 부분이 딱딱하고 울퉁불퉁해서 맞지 않는 신발을 신었을 때처럼 발에 물집이 생기기도 했다.

19세기 말, 속옷 상하의를 합친 콤비네이션combination이 등장했다. 베스트와 드로어즈를 결합시킨 이 속옷은 상체 앞면에는 여미는 부분이, 뒷면에는 여닫을 수 있는 덮개가 있었다. 서부 영화에서 자주 등장하는 속옷이다. 이 스타일의 속옷은 19세기에서 20세기로 전환되던 시기, 특히 미국에서 인기가 있었던 듯하다. 각각의 베스트와 드로어즈처럼, 콤비네이션도 몸을 감싸 체온을 유지시켜 주었으며 겉옷과 달리 자주 빨아 입을 수 있었다. 영국에서는 베스트와 드로어즈가 더 대중적이어서 콤비네이션은 이들을 대체하기보다는 스타일에 따른 선택지로 남았다.

베스트 위에 입는 경우, 남자는 항상 양복 조끼와 재킷을 챙겨 입어야 한다는 당시의 예법에 따라 어떤 의미에서는 '속옷'이고 또 어떤 의미에서는 '겉옷'이기도 했다. 현대 영국에서 셔츠는 격식을 차리는 자리에서도 드러나게 입을 수 있는 점잖은 옷이지만, 빅토리아 시대의 사람들은 그렇게 생각하지 않았다. 칼라와 커프스는 눈에 보이도록 드러냈지만, 셔츠에 통으로 붙어 있는 것이 아니라 탈착이 가능한 형태이며 단추와 스터드[3]로 고정하는 방식인 경우가 많았다. 셔츠 앞면은 재킷과 양복 조끼 아래로 드러나더라도 재킷을 벗고 셔츠 소매를 드러내는 것은 격식을 차리지 않을 때만 가능한 일이었다.

신문이나 잡지에 실린 사진, 그림, 판화와 같이 빅토리아 시대의 삶을 보여주는 이미지에서는 재킷을 입지 않은 남성을 찾기 힘들다. 재킷을 입지 않은 남성이 등장하는 것은 강조할 내용이 있을 때뿐이다. 일과를 마치고 가족들이 있는 집의 난로 앞에서는 재킷을 벗을 수도 있었다. 노동 계급인 경우는 특히 그랬다. 스포츠에 참여

---

3. 스터드(stud): 필요에 따라 떼었다 붙였다 할 수 있는 장식용 단추. 보석이나 금속 등으로 만들며, 턱시도용 드레스 셔츠에 많이 사용한다.

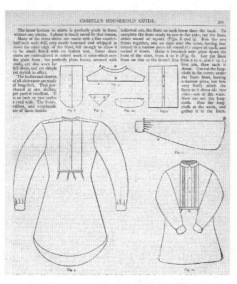

그림 8. 셔츠는 보통 집에서 만들어 입었다.

하거나 싸움을 벌일 때 남성은 종종 재킷을 입지 않았다. 거친 육체노동에 종사하는 남성도 마찬가지였다.

늘 재킷을 입어 셔츠를 드러낼 일이 없었는데도 놀라울 정도로 다양한 색상과 무늬의 셔츠가 있었던 것을 보면 셔츠는 패션 아이템 중 하나였음이 분명하다. 초기에는 부유한 엘리트 계층에서 체크무늬, 줄무늬, 물방울무늬 셔츠를 흔히 입었지만, 시간이 지나면서 사회 최상의 부유층에서는 이런 무늬 있는 셔츠들이 흰색 셔츠로 대체되기 시작되었다. 빳빳한 흰색 셔츠는 신사의 상징이 되었다.

한편 노동자의 셔츠 트렌드는 그와는 정반대였다. 빅토리아 여왕 통치 초기에는 흰색(최소한 크림색 또는 연한 색) 셔츠를 입었지만, 1870년대와 1880년대에 부유층이 화려한 옷감을 외면하기 시작하자 노동자 계층이 이를 받아들였다. 줄무늬나 체크무늬 셔츠는 흰 셔츠보다 깨끗해 보이게 관리하기가 쉬웠고, 칙칙한 옷장에 변화를 가져다주었다. 19세기 말에 이르러서는 체크무늬 셔츠가 토니 위저와 같은 어부들을 비롯한 육체노동자의 상징이 되었다.

셔츠보다 더 눈에 잘 띄는 칼라, 커프스, 넥타이가 남성복의 중심이었다. 칼라의 존재는 신분을 암시하는 단서가 되었으며, 정확한 형태와 청결 상태, 희고 빳빳하게 유지하기 위해 사용하는 전분의 양이 그 남성의 사회적 위치를 말해주었다. 농사를 짓거나 공장에서 일하는 노동자들은 보통 넥타이를 매지 않았기에 목둘레를 느슨하게 박기만 한, 칼라가 없는 셔츠를 입었다. 칼라를 단 셔츠는 상류계층 남성을 노동자 계층 남성과 구분하는 표식이었다. 단, 일요일에 교회를 가거나 모임에 참석할 때는 노동자들도 추가적인 비용과 수고를 감수하고 칼라를 단 셔츠를 입었다.

21세기에 널리 입는 턴다운 칼라⁴가 달린 셔츠는 빅토리아 시대에는 격식을 갖추지 않을 때 입는 옷으로 간주되어 부유층이 여가 활동을 할 때만 입었다. 반면에 풀을 잔뜩 먹인 스탠드 칼라(탈착 가

---

4. 턴다운 칼라(turned-down collar): 접어 젖히는 칼라.

늉)는 격식을 갖춰야 하는 자리나 비즈니스, 사무 업무를 볼 때 꼭 입어야 하는 공식 아이템이었다. 1840년대 격식 있는 남성들이 입는 셔츠의 칼라는 뒤쪽보다 앞쪽이 높았고, **빳빳한 칼라 끝이 턱선 바로 위 뺨에 닿았다.** 이후에는 보타이를 맬 때 입는 현대 정장 셔츠의 윙 칼라[5]와 유사하게 얼굴 바깥쪽으로 칼라를 접는 방식이 유행했다. 칼라의 높이는 이후 수십 년 동안 낮아지다가 1890년대의 마지막 몇 년 동안 다시 점점 높아졌다.

당시 사람들은 칼라에 풀을 먹여 빳빳하게 하기 위해 전분을 충격적일 정도로 많이 썼다. 그렇게 풀을 먹인 칼라는 빵을 자르는 칼로 사용할 수 있을 정도로 단단하고 날카로웠다. 이런 칼라는 입체감을 살린 모양대로 다림질을 해야 했다. 평평하게 다림질하면 목에 두르기 위해 구부렸을 때 금이 갈 위험이 있었기 때문이다. 집에서 이 정도로 풀을 먹이는 것은 거의 불가능했기 때문에 대부분은 전문 세탁소에 보냈다. 전문 세탁소에서는 원형 스팀 다리미 위로 칼라를 미끄러뜨리면서 모양을 잡았다. 경제적 여유가 없는 말단 사무직이라도 세탁은 집에서 하고 다림질은 세탁소에 맡기는 편이 나았다.

빅토리아 시대 남성 속옷의 모양이나 색상 외에도 속옷에 사용된

---

5. 윙 칼라(wing collar): 새의 날개처럼 넓게 벌어진 옷깃. 앞깃은 새의 날개 모양이고, 뒷깃은 목둘레선을 따라 세워져 있다.

양모의 품질에 대한 이야기가 많았는데 당시 영국은 물론이고 영국
이 진출한 먼 지역에서도 널리 논의되었다. 오리노코강 상류를 항
해하든 티베트에서 빙벽을 등반하든, 남성들은 양모를 피부에 충분
히 닿게 하라는 조언을 들었다. 19세기 말에 20년 동안 이런 주장을
내세우고 전도하는 데 앞장선 것은 예이거Jaeger 박사였다. 그가 자
랑스레 광고했듯이, 그의 회사는 1887년 탐험가 데이비드 리빙스턴
David Livingstone 박사를 찾아 적도 아프리카로 원정을 떠나는 헨리
모턴 스탠리Henry Morton Stanley에게 모직 속옷을 공급했다. 어니스
트 새클턴의 1907년부터 1909년까지의 모험[6]부터 로버트 스콧 선
장의 불운한 남극점 도달 시도[7]에 이르기까지 북극과 남극으로 향하
는 거의 모든 원정대에게 속옷을 공급한 것도 그의 회사였다.

하지만 양모 속옷이 좋다는 생각은 빅토리아 시대 이전에도 있
었다. 1823년 영국 군함 발로러스Valorous호의 제임스 머리James
Murray 함장은 빙산으로 뒤덮인 북래브라도 해안에서 2년간의 복무
를 마치고 영국으로 귀환했다. 그곳은 너무 추워서 옷의 실 한 오라
기에 감사해야 할 정도였다. 그리고 머리 함장과 수병들은 입항한 지
불과 몇 주 만에 다시 바다로 나가야 했다. 이번에는 지난 2년 동안

---

6 영국 탐험가 어니스트 새클턴(Ernest Shackleton)은 1907년부터 1909년까지 2년 동안
남극을 탐험했고, 지구 최남단인 남위 88도 23분에 인류 최초로 도달했다.

7. 영국의 탐험가 로버트 스콧(Robert Falcon Scott)은 2차 남극 탐험에서 남극점에 도달
했지만, 돌아오는 길에 탐사대원 모두와 함께 조난당해 목숨을 잃었다.

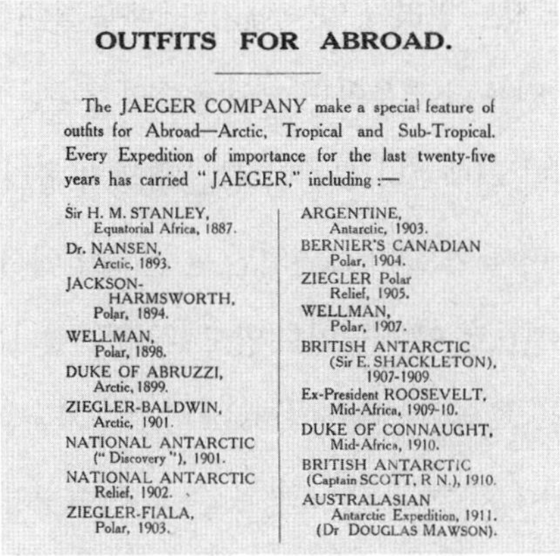

## OUTFITS FOR ABROAD.

The JAEGER COMPANY make a special feature of outfits for Abroad—Arctic, Tropical and Sub-Tropical. Every Expedition of importance for the last twenty-five years has carried "JAEGER," including :—

Sir H. M. STANLEY,
    Equatorial Africa, 1887.
Dr. NANSEN,
    Arctic, 1893.
JACKSON-
    HARMSWORTH,
    Polar, 1894.
WELLMAN,
    Polar, 1898.
DUKE OF ABRUZZI,
    Arctic, 1899.
ZIEGLER-BALDWIN,
    Arctic, 1901.
NATIONAL ANTARCTIC
    (" Discovery "), 1901.
NATIONAL ANTARCTIC
    Relief, 1902.
ZIEGLER-FIALA,
    Polar, 1903.

ARGENTINE,
    Antarctic, 1903.
BERNIER'S CANADIAN
    Polar, 1904.
ZIEGLER Polar
    Relief, 1905.
WELLMAN,
    Polar, 1907.
BRITISH ANTARCTIC
    (Sir E. SHACKLETON),
    1907-1909.
Ex-President ROOSEVELT,
    Mid-Africa, 1909-10.
DUKE OF CONNAUGHT,
    Mid-Africa, 1910.
BRITISH ANTARCTIC
    (Captain SCOTT, R N.), 1910.
AUSTRALASIAN
    Antarctic Expedition, 1911.
    (Dr DOUGLAS MAWSON).

그림 9. 예이거 박사의 모험가 고객 명단

경험했던 것과 전혀 다른 기후 조건을 가진 서인도 제도였다. 하지만 모직 속옷의 효능을 철석같이 믿게 된 머리 함장은 서인도 제도에 머무는 몇 주 동안 모든 승무원을 위해 플란넬 셔츠와 플란넬 드로어즈 두 벌씩을 나눠주고 이를 착용했는지를 매일 검사했다. 영국으로 돌아온 그는 급격한 기후 변화에도 불구하고 한 명의 승무원도 잃지 않았다고 자랑스럽게 보고했다. 그는 모직 의류 덕분에 열대 기후를 포함한 어떤 기후에서도 건강을 지킬 수 있었다고 믿었다.

모직 속옷을 선호하는 근본적인 이유는 단열성이었다. 이는 추운 기후에서 모직을 선택하는 당연한 이유였지만, 빅토리아 시대에는 단열 효과가 뛰어난 모직 속옷을 입으면 내부의 열을 외부에 빼앗기지 않고 유지할 수 있을 뿐 아니라 외부의 열을 차단할 수도 있다고 생각했다. 어느 정도 일리가 있는 얘기다. 예를 들어 뜨거운 불이나 용광로 앞에서 일을 할 경우라면 어떤 종류의 옷이든 단열재 역할을 하겠지만 면이나 리넨보다 모직이 훨씬 효과가 좋다. 모직은 강한 열기를 차단하며 불이 붙어도 연기만 날 뿐 표면에서 꺼진다. 마찬가지로 직사광선으로 인한 열기도 양모로 덜 수 있다(사막에 사는 사람들은 일반적으로 건조한 열과 강력한 태양 광선에 대처하는 가장 좋은 방법으로 몸을 가리는 것을 선택한다. 이 경우에도 면 소재 천보다 모직 천의 단열 효과가 더 뛰어나다는 것을 많은 사람이 알고 있다).

그러나 직접적인 열원으로 인해 온도가 높아지는 것이 아니라 공기의 온도가 전반적으로 올라가거나 습도도 높은 경우에는 단열재로 몸을 보호할 수가 없다. 이런 조건에서 모직 속옷을 지지하는 사람들이 주목한 양모의 또 다른 특성은 통기성이었다. 모직은 피부에서 땀을 없애서 체온을 서서히 식혀 갑작스럽게 오한이 들 위험을 줄일 수 있다. 갑작스러운 오한은 빅토리아 시대 사람들이 보편적으로 두려워하는 것이었다. 더위나 추위보다 둘 사이를 오가는 급격한 온도 변화가 건강에 더 해롭다는 것이 일반적인 인식이었다. 21세기의 상식과 달리 빅토리아 시대 사람들은 이런 온도 변화 때문에 사람들이 "감기에 걸린다"고 믿었다.

다시 영국의 얘기로 돌아와, 예이거 박사는 양모의 인기에 힘입어 '예이거 박사의 위생 모직 회사Dr. Jaeger's Sanitary Woollen System

그림 10. 양모 의류 개발의 선구자 예이거 박사의 초상, 1911년.

Co. Ltd'를 설립했다. 그리고 양모 속옷에는 해독과 체중 감량 효과도 있다는 인식을 퍼뜨렸다. 그는 모직으로 피부를 덮는 것이 면으로만 덮는 것보다 몸속의 지방과 수분, 독소를 더 많이 배출시켜 피부가 갖고 있는 천연의 기능을 활성화시킬 것이라고 믿었다. "조직에서 과도한 지방과 수분을 자동적으로 배출시키고 그 상태를 유지한다"고 말이다. 그는 이것이 식이 요법이나 운동보다 체중 감량의 수단으로 훨씬 더 효과적이라고 말했다. 그러나 이 방법을 제대로 활용하기 위해서는 양모 속옷만으로는 충분하지 않다는 것이 그의 주장이었다. 속옷, 겉옷, 침구류는 물론이고 시트나 셔츠(여성의 경우 코르셋)조차 면이 한 올도 들어가지 않은 양모로만 만들어야 했다. 그것이 완벽한 '의복 위생' 시스템이었다.

열의가 넘친 예이거 박사는 기사와 팸플릿을 써 발표하고, (발가락 양말을 비롯한) 의류와 침구를 디자인해 매장을 열었으며, 이후에는 자신이 승인한 제품을 판매하는 직판점 체인을 냈다. 현재 영국에는 예이거의 이름을 갖고 있는 패션 의류 체인이 남아 있다. 하지만 아쉽게도 매대에 순모 베스트를 진열하지는 않는 것 같다.

## 도시 사람들의 옷과
## 시골 사람들의 옷

레딩의 농촌 역사 센터Rural History Centre에서 보존하고 있는 농업 노동자의 재킷은 빅토리아 시대 특정 계층의 생활상을 잘 보여주는 옷이다. 이 재킷은 뻣뻣하고 견고하며 매우 질기다. 이 재킷의 색상을 가장 잘 묘사하는 단어는 '회갈색'이며, 많이 입었는지 여러 군데에 얼룩이 있다. 또 커프스, 주머니, 밑단 주변 등 마찰이 자주 일어나 해지기 쉬운 가장자리에는 면 바이어스테이프를 단단히 덧대 보완했다. 칼라 안쪽은 기름기와 땀으로 얼룩져 있고, 재킷의 팔 부분은 질긴 소재 때문에 주름이 생겼고, 그 상태로 수년간 햇빛과 비를 맞아 주름의 모양대로 색이 바랬다. 팔의 가장 바깥쪽 부분은 색이 바랜 반면 주름이 접힌 안쪽은 어두운 색이다. 재킷 앞면은 말(馬)

과의 마찰 때문인지 기름 얼룩이 더 많고, 날씨의 공격을 그대로 받아낸 어깨는 색이 가장 많이 바래 있다.

농부와 비슷한 계층인 어부 토니 위저는 일과를 시작하기 전에 바지와 건지 스웨터[8]를 입었다. 이 스웨터는 어부들 사이에서 유니폼에 가장 가까운 것으로, 빅토리아 시대 사회 내의 특유한 사회 집단인 그와 같은 직업군의 사람들을 표시했다.

빅토리아 시대 초반에는 도시에 살면서 일하는 사람들의 옷이 시골 사람들의 옷과 눈에 띄게 달랐다. 시골 사람들은 대부분 염색하지 않은 연한 색의 무겁고 튼튼한 면직으로 만든 옷을 입은 반면 도시 사람들은 진한 색의 모직으로 만든 옷을 입었다.

시골에서는 양복 조끼와 바지(모든 계층의 남성이 입는 옷) 위에 코트가 아닌 스모크[9]를 입기도 했다. 그것들 역시 염색되지 않은 질긴 면으로 만들어졌다. 스모크는 튜닉[10]처럼 머리 위로부터 아래로 당겨 입어 안에 입은 옷을 보호하기도 했다. 가장 두드러지는 특징은 목과 어깨에 주름을 완벽하게 잡아주는 바늘땀이었다. 코트나 재킷과

---

8. 건지 스웨터(Guernsey jumper): 특수 방수 처리된 진청색 털실로 짠 스웨터. 원래 뱃사람들이 입었음. 영국에서 '점퍼(jumper)'는 모직이나 면으로 된 스웨터를 뜻한다.

9. 스모크(smock): 농업 노동자들이 옷이 더러워지지 않도록 걸치는 넓은 소매와 헐렁한 품이 특징인 덧저고리. 현대에서 스모크는 옷의 오염을 방지하기 위한 기능적인 형태를 가진 작업복, 앞치마, 아이들의 놀이복을 통칭한다.

10. 튜닉(tunic): 엉덩이를 덮는 길이의 헐렁한 상의.

달리 작업복을 만들 때는 특별한 마름질 기술이 필요하지 않았다. 큰 직사각형 옷감을 몇 군데만 바느질하면 모양이 잡히므로 비교적 간단하게 꽤 멋진 옷을 만들 수 있었다고 한다. 따라서 스모크는 재봉 교육을 받지 않은 사람들도 집에서 만들 수 있는 저렴하고 실용적인 옷이었다. 하지만 1840년대쯤부터는 스모크가 영국에서 점점 사라졌다. 좀 더 보수적인 지역의 노인들은 스모크를 계속 입었지만, 젊은이들은 오늘날 레딩 농촌 역사 센터에 보존된 것과 같은 재킷을 입었다.

두꺼운 캔버스 스타일의 직물은 시골에서 일하는 남성들을 위한 품질 좋은 바지를 만드는 재료가 됐다. 이 바지는 신축성을 높이기 위해 능직[11]으로 제작되는 경향이 있었으며 미묘하게 다른 여러 가지 직조 방식으로 만들어졌다. 오늘날 우리에게 가장 친숙한 것은 '진jean'으로 알려진 직조 방식으로, 기후가 따뜻한 미국의 노동자들 사이에서 특히 인기가 있었다. 플란넬 바지나 코듀로이[12]처럼 진은 곧 직조 방식이 아닌 원단 이름으로 알려지게 되었다. 미국 노동자들은 진 또는 더 저렴한 데님[13] 원단(진짜 진 원단이 아닌 데님으로 만들어진

---

11. 능직(twill weave): 씨실이 한 올의 날실 위를 지나 두 올 이상의 날실 밑을 지나가도록 짜는 직조 방식. 능직으로 짠 직물은 부드럽고 신축성이 좋다.

12. 코듀로이(corduroy): 골이 지게 짠, 우단과 비슷한 옷감. 코르텐이라고도 한다.

13. 데님(denim): 두꺼운 무명실로 짠 능직 면직물. 질기고 잘 해지지 않아 가구 커버나 작업복에 쓴다.

그림 11. 노동자 계층의 두 남자, 1876년.
왼쪽 사람이 농촌 스타일의 스모크를 입고 있다.

진들이 '진'이라는 이름을 물려받았다)을 선호한 반면, 대부분의 영국 노동
자들은 보온이 더 잘되는 면바지를 선호했다. 이런 이유로 19세기
말에는 몰스킨moleskin이 가장 인기 있는 소재가 되었다. 몰스킨 역
시 평직[14] 순면 원단이었지만 기모[15] 처리가 되어 있었다. 이는 천의

---

14. 평직(single weave): 씨실과 날실을 한 올씩 엇바꾸어 짜는 방법.
15. 기모(起毛): 모직물이나 면직물의 표면을 긁어서 보풀이 일게 하는 일.

겉면은 부드럽고 펠트 같은 느낌이고 천 안쪽에서만 천의 짜임을 볼 수 있다는 것을 의미했다. 청바지보다 단열이 잘되고, 털이 있어 바람을 잘 막아주었으며, 내구성도 좋았다. 그리고 모든 면직물은 쉽게 젖었지만 건조도 빨랐다.

오늘날에도 몰스킨과 코듀로이 바지를 쉽게 구입할 수 있다. 하지만 지금의 바지와 19세기 노동자들이 입었던 바지의 가장 큰 차이점은 밑위길이다. 현대식 바지가 허리께까지만 올라오는 반면, 빅토리아 시대의 바지는 수년에 걸쳐 많이 변형되었음에도 항상 가슴까지 올라오는 길이였다. 밖에서 육체노동을 하는 동안 땅을 파거나 몸을 구부려도 허리가 드러나지 않고 보온이 되게끔 하기 위한 디자인이었다.

시골 노동자들은 다리와 바지를 보호하기 위해 옷 위에 각반을 찼다. 가장 단순한 형태의 각반은 종아리를 감쌀 수 있도록 마대 천을 직사각형으로 잘라 박은 것이었다. 무릎 바로 아래를 끈으로 묶고 발목은 다른 끈으로 묶었다. 이런 각반을 찬 시골 사람이 시내로 걸어 들어왔다면 그는 몹시 눈에 띄었을 것이다.

작가 토머스 하디Thomas Hardy는 19세기 초 시골의 독특한 패션 스타일이 사라지고 도시형 의복이 그 자리를 차지하는 것을 아쉬워했다. 그는 1883년에 쓴 에세이 「도싯셔의 노동자The Dorsetshire Labourer」에서 이들의 차이를 간결하면서도 함축적으로 요약했다.

그는 "20~30년 전만 해도 그들은 흰색이 간간이 섞인 회갈색을 띠고 있었다. 이제 그 사람들은 런던의 군중만큼이나 어둡다"고 말했다. 실제로 하디가 에세이를 쓴 1880년대에는 시골 사람들의 옷이 대부분 검은색 몰스킨 재킷과 바지, 중고 브로드클로스[16]와 트위드[17]로 바뀌었다.

이때까지 농업 노동자들의 복장은 산업 노동자들의 복장과 다를 것이 없었다. 표면적으로는 말이다. 그저 오래된 농촌의 의복이 종종 그 시대의 이미지로 남아 있을 뿐이다. 하지만 그런 이미지는 우리가 바라는 당시의 실생활을 제대로 반영하지 못한 것이라는 데 주의해야 한다. 일상적인 장면이라고 해도 사실은 신중하게 포즈를 취한 것이고, 화가나 사진작가가 자신이 머릿속에 품고 있던 전원의 이미지를 찾아 의도적으로 특정 옷을 가져와 입으라고 요청한 것이다. 그렇기 때문에 작업복과 햇볕을 가리는 모자가 등장하는 경우가 많았다.

어쨌든 1830년대와 1840년대의 시골 사람들이 연한 색상의 내구성이 강한 면직 옷을 입었을 가능성이 높은 반면, 도시 사람들은 다양한 품질의 옷들을 입었을 것으로 보인다. 특히 연령에 따라 다

---

16. 브로드클로스(broadcloth): 면사 또는 면사 형태의 화학 섬유로 평직으로 짠 직물.

17. 트위드(tweed): 비교적 굵은 양모를 사용해 직물을 짠 다음, 가공을 통해 표면에 거친 감촉을 나타낸 모직물.

른 종류의 모직 의류를 입었을 가능성이 훨씬 더 높다. 방적, 직조, 염색 기술이 엄청나게 발전했지만 실제 1830년대 옷의 바느질은 여전히 전적으로 수작업으로 이루어졌고, 당연하게도 이것이 제품의 가격과 품질에 영향을 미쳤다. 기성복이라도 모두 손바느질을 해야 했고 그 비용까지 치러야 한다면 품질이 떨어지는 원단을 사용해도 가격이 비쌀 수밖에 없었다. 가난한 도시 사람들의 입장에서는 좋은 품질의 중고 옷을 구입하는 것이 훨씬 경제적이었다. 19세기 후반까지 대부분의 남성들이 이런 식으로 옷을 마련했다. 재단사가 만든 고급 정장은 아주 오래도록, 유행이 지난 후까지 입을 수 있었다. 그런 중고 정장이 도시 노동자들의 일상복이 되었다.

나는 빅토리아 시대 남성복을 많이 만져보았다. 그 옷들은 우리가 지금 입는 옷이나 직물과는 전혀 다른 느낌이다. 빅토리아 시대 옷을 입은 사람들의 이미지를 볼 때 우리는 주로 패션에서 일어난 변화에 신경을 쓰는 경향이 있다. 그 옷의 재료가 된 옷감은 대개 관심 밖의 일이다. 1834년과 1901년의 남성 코트를 집어 들면 두 시대 사이에 유행은 변했지만 직물과 천 짜임의 특징들이 동일하다는 것을 바로 알아차릴 수 있다. 양모를 잔뜩 채워서(혹은 압축 처리해서) 직물의 짜임이 보이지 않고, 펠트 모자와 비슷하게 옷감의 밀도가 높으며 두께가 1mm 이상일 것이다. 그런 특징 때문에 그대로 세워둘 수 있을 정도이고, 짜임이 대단히 조밀하다. 그런 옷감은 우리 21세기의 사람들에게 익숙한 모직물과는 달리 쉽게 접히지 않고 신축성이 없으며 무겁다.

그런 직물로 만든 옷은 질기고, 견고하며, 바람을 막는다. 코트가 젖으려면 폭우 정도는 쏟아져야 할 것이다. 코트의 표면에 떨어진 물은 스며들기도 전에 바람에 마른다. 그런 소재의 코트를 20세기까지 계속 입었다. 2차 세계 대전 당시 군인들이 입은 롱 코트를 만져본다면 빅토리아 시대의 코트를 짐작할 수 있을 것이다. 경찰과 간호사들은 1960년대까지 비슷한 특성의 옷감으로 만들어진 망토를 계속 지급받았다. 모직은 고어텍스[18], 폴라 플리스[19] 등 폴리카보네이트 기반의 첨단 직물을 이용할 수 있게 되기 훨씬 전 시대에 집 밖에서 대자연으로부터 사람을 보호하기 위해 고안된 직물이었다.

빅토리아 시대 내내 영국의 실내와 실외 온도는 그리 크게 차이나지 않았다. 부유층을 비롯한 대부분의 사람들이 지금의 우리보다 훨씬 추운 방에서 살았다. 빅토리아 시대의 사람이라면 자신들이 입던 것보다 훨씬 가볍고 밀도와 내구성이 떨어지는 20세기 모직 정장은 식민지에 파견된 사람에게나 어울리는, 열대에서나 입을 만한 것으로 여겼을 것이다. 지금의 우리들 대부분이 섭씨 18도에

---

18. 고어텍스(Gore-tex): 방수와 방풍 기능을 하면서 습기가 잘 통하게 만든 소재.

19. 폴라 플리스(polar fleece): 옷감 표면의 털이 일어나도록 직조하거나 뜨개질해서 만든, 가볍고 따뜻한 옷감.

서 24도 정도의 난방이 되는 건물 안에서 하루를 보낸다. 하지만 빅토리아 시대의 사무실 내부 온도는 10도 정도였을 가능성이 높다. 겨울철에는 난방을 했어도 말이다. 학교는 물론이고 직장에서도 잉크병의 잉크가 얼었다는 이야기가 자주 등장한다. 따라서 빅토리아 시대의 정장은 현대의 정장보다 보온성이 훨씬 뛰어나야 했다.

## 남성도 코르셋을 입었다

패션과 섬유 기술의 변화는 빅토리아 시대의 모든 남성에게 영향을 미쳤다. 전반적인 외양에는 여성만큼 극적인 변동이 없었지만, 1901년에는 가난한 공장 노동자조차 1837년의 할아버지 세대와는 눈에 띄게 다른 모습을 하고 있었다. 그는 이전과는 전혀 다른 방식으로 생산되고 판매되는 옷을 입었다.

빅토리아 시대 초기에 유행한 부유한 남성의 겉옷은 트라우저[20], 웨이스트코트[21], 프록코트[22]였다. 프록코트는 거의 언제나 품질이 좋

---

20. 트라우저(trouser): 주로 18세기 유럽의 궁정에 출입한 남성들이 입던 반바지인 브리치스(breeches)를 대체한 남성용 하의.

21. 웨이스트코트(waistcoat): 셔츠 위에 덧입는 양복 조끼로 앞에 단추가 달려 있다.

22. 프록코트(frock coat): 남성용 예복의 하나로, 상의 길이가 무릎까지 내려온다.

그림 12. 1850년의 프록코트. 왼쪽의 남자가 입고 있는 겉옷이다.

은 브로드클로스로 만들었다. 브로드클로스는 영국에서 매우 긴 역사를 가진 옷감이며 재단사들은 이 옷감을 매우 익숙하게 다뤘다.

보 브러멜[23]을 비롯한 18세기 말과 19세기 초의 패션 리더들은 빈틈없이 멋들어지게 재단되어 몸에 꼭 맞는 브로드클로스 코트를 멋쟁이라면 갖춰야 할 아이템으로 만들었다. 정계에 진출하기 전의

---

23. 보 브러멜(Beau Brummell, 1778~1840년): 본명은 조지 브라이언 브러멜(George Bry-an Brummell). 19세기 초에 단순하면서도 세련된 새로운 남성 패션을 선도해 당대의 멋쟁이로 이름을 날렸다.

벤저민 디즈레일리[24]는 옷을 잘 입는 젊은이로 유명했는데, 날렵한 허리선을 매끄럽게 표현하기 위해 새롭게 개발된 다트[25]를 넣은 프록코트를 즐겨 입었다. 이 시대의 많은 젊은이들은 당시 남성들 사이에 유행하던 잘록한 허리를 구현하기 위해 기꺼이 코르셋을 입었다. 디즈레일리도 코르셋을 입었는지 여부는 추측만 할 수 있을 뿐이다. 1826년 22세 때의 그의 모습을 담은 담배 카드[26]를 보면 코르셋을 입은 것 같다. 밝은 오렌지색 웨이스트코트, 붉은색 트라우저, 짤막한 프록코트를 입고 지팡이를 든 카드 속 그는 확실히 대담한 색상을 선택했다(권말 도판 19 참조). 일반 시민들의 프록코트는 좀 더 튼튼하고 따뜻하며, 몸에 잘 맞게 재단되었고 허리 솔기가 있었으며 (일부는 그런 형태가 아니었지만), 무릎 바로 위까지 내려왔다(권말 도판 14 참조).

이 초기 스타일의 트라우저는 앞 주름이 없이 무릎 위까지 몸에 꼭 맞았다. 턴업[27]이 없고 발목에서 퍼져 구두 위까지 내려왔고 발끝만이 바지 밖으로 나왔다. 하지만 바짓단에 끈이 달려 있어서 구두

---

24. 벤저민 디즈레일리(Benjamin Disraeli, 1804~1881년): 영국의 정치가이자 소설가. 재무장관을 지내고 총리가 되어 제국주의적 대외 진출을 추진했고, 공중위생과 노동 조건의 개선에 힘썼다.

25. 다트(dart): 옷이 몸에 잘 맞게 하기 위해, 솔기가 드러나지 않도록 천에 주름을 잡아 꿰맨 부분.

26. 담배 카드(cigarette card): 담뱃갑 속에 들어 있는 그림 카드.

27. 턴업(turn-up): 바지 아랫단을 접어 올려 마무리한 것.

아래쪽에서 단추를 채울 수 있었다. 이것이 옷감을 팽팽하게 당겨서 발목 주위에서 펄럭이거나 발목 위로 올라가 날렵한 모습을 망치지 않도록 했다. 1830년대에는 다양한 직물과 색상으로 트라우저를 만들었다. 크림색과 담황색은 특히 젊고 대담한 색상으로 여겨졌고, 줄무늬와 체크무늬가 흔했다. 어두운 색상은 보통 옷을 오래 입어야 하는 사람들이 선호했다. 노동을 하는 시골 사람들과 달리 부유한 도시 남성들의 트라우저는 보통 모직으로 만든 것이었다. 플란넬은 서지[28]와 마찬가지로 큰 인기를 모았다. 이들 직물은 프록코트에 사용되는 브로드클로스보다 훨씬 가볍고 신축성이 좋았지만 현대의 기준으로는 여전히 무겁고 단단했다.

웨이스트코트는 남성이 자신의 취향을 진정으로 만족시킬 수 있는 옷이었다(권말 도판 12 참조). 자수가 놓여 있는 것은 비쌌지만, 염색, 직물 인쇄, 직조 분야에서 새로운 기술이 발전하면서 대단히 눈에 띄는 직물을 사용해 저렴하게 만들 수 있었다. 웨이스트코트를 만드는 데는 많은 양의 천이 필요하지 않았다. 아무리 대단한 디자인이라도 뒷면은 단순한 면을 사용했기 때문이다. 따라서 적은 돈으로도 큰 효과를 낼 수 있었다.

모직 웨이스트코트는 보온성이 뛰어났고 실크 웨이스트코트는

---

28. 서지(serge): 짜임이 튼튼한 모직물로, 교복 등에 사용된다.

호화로움과 세련미를 풍겼다. 반면 무늬가 들어간 면직 웨이스트
코트는 저렴한 비용으로 화려한 그래픽 디자인을 즐길 수 있는 방
법이었다. 웨이스트코트에 들어가는 이미지 중에서는 스포츠와 연
관된 이미지, 특히 질주하는 준마와 강렬한 옷차림의 기수 등 경마
와 관련된 이미지의 인기가 높았다. 현재 빅토리아 앤 앨버트 박물
관Victoria and Albert Museum이 소장하고 있는 모직 웨이스트코트에
는 마상 창 시합을 하는 기사와 전령이 수놓여 있다. 같은 박물관에
소장된 타탄²⁹ 벨벳 웨이스트코트는 강렬한 색상으로 사람들을 압
도한다. 이 웨이스트코트는 실용적이면서도 고가였을 것이다. 꽃무
늬 디자인도 인기가 많았는데, 대부분의 무늬가 분홍색이었다. 웨
이스트코트의 색과 장식은 무수히 다양했다. 웨이스트코트는 그 어
떤 것보다 밝고 요란하고 여성스러운 옷이었다.

## 재봉틀이 불러온 기성복과
## 중고 의복 시장의 활성화

　재봉틀이 등장하면서 남성복의 제작과 판매는 근본적인 변화를

---

29. 타탄(tartan): 직물에 굵기와 색깔이 다른 선을 서로 엇갈리게 해놓은 체크무늬. 스코
틀랜드에서 기원했다.

그림 13. 1850년대 패션의 극치. 젊은 남성이 높은 모자와
허리에 달라붙지 않는 재킷, 통이 약간 넓어 구두 위에서
펄럭이는 체크무늬 트라우저를 빼입고 있다.

겪었다. 이는 대부분의 빅토리아 시대 남성들이 입는 옷에 큰 영향을 미쳤다. 1845년 미국인 일라이어스 하우Elias Howe가 처음 발명한 재봉틀은 역시 미국인인 아이작 메릿 싱어Isaac Merritt Singer에 의해 대량 제조와 대량 판매가 가능한 제품으로 발전했다. 싱어는 1856년 영국에 여러 개의 매장을 열었고, 거의 하룻밤 사이에 기성복 가격이 폭락했다.

하지만 부유층은 계속해서 재단사가 몸의 치수에 맞춰 옷을 만들어주는 양복점을 찾았기 때문에 재봉틀은 이 사업에 거의 영향을 주지 못했다. 몸에 꼭 맞는 옷을 제작하는 복잡한 작업은 여전히 손으로 하는 편이 더 나았기 때문이다. 반면 부유하지 못한 사람들에게는 재봉틀이 완전히 새로운 쇼핑을 할 수 있게 해주었고, 완전히 다른 종류의 옷을 접할 수 있게 해주었다.

개인마다의 몸에 딱 맞지는 않지만 불편할 정도는 아니고 단순한 형태의 옷을 만드는 소규모 '기성복' 산업은 이미 수 세기 동안 이어져 왔다. 속옷은 물론이고 질긴 옷감으로 만든 값싼 트라우저와 코트가 단 세 가지 사이즈로 생산되고 있었다. 손바느질로 만든 옷은 전문 재단사가 만든 '맞춤복'보다 훨씬 쌌지만 그렇더라도 노동 계급 사람들의 형편으로는 살 수 없는 것들이었다. 1860년대까지 대부분의 노동자들은 여러 중고 시장을 돌며 옷을 구했다.

1850년 리버풀 공장에서 일하는 노동자라면 2층짜리 큰 건물에 가장 좋은 중고 의류를 구비하고 있는 '패디스 마켓'을 방문했을 것이다. 그곳에는 다양한 매대가 가득했다. 한 종류의 의류만 전문으로 취급하는 매대도 있었고 모든 의류를 다 판매하는 매대도 있었다. 엉덩이 부분이 약간 닳았을 뿐인 선박업계 실력자의 특상품 중고 옷에서부터 올이 다 드러나 넝마에 가까운 랭커셔 직조공의 헌 옷까지 어떤 예산에든 맞출 수 있는 다양한 종류의 옷이 있었다.

전 주인으로부터 바로 벗겨 온 것처럼 보이는 옷들도 있었지만 대부분은 세탁, 수선, 다림질을 거친 것이었다. 하지만 헌 옷이라고는 해도 대개 품질이 좋은 옷감으로 만든 옷을 판매했기에 장사가 잘됐다. 다른 도시에도 비슷한 상점들이 있었다. 맨체스터에는 노트 밀 페어, 벨파스트에는 오픈 코트, 버밍엄에는 브러머점 마켓, 런던에는 페티코트 레인이 있었다.

하지만 1870년이 되자 이 리버풀의 공장 노동자는 다른 사람들이 입던 옷에 등을 돌렸다. 기성복이 시장에 넘쳐났기 때문이다. 전국에서 거대한 의류 상점이 문을 열고 소박한 옷감을 기계로 바느질한 단순한 형태의 옷을 판매했다. 이제는 공장 노동자도 새 옷을 마련할 수 있었다. 일자리만 있다면 말이다.

이런 새롭고 값싼 의류와 함께 혁신적이고 공격적인 마케팅이 등장했다. 런던 이스트엔드에 있는 건물 외벽에는 "예술적 솜씨와 창의적 장식으로 세련되게 옆 선을 마무리한 코듀로이 바지, 10실링"이라는 글귀가 선명히 새겨져 있었다. 이를 대충 해석하면 유행하는 스타일로 재단된, 양쪽에 옆줄을 넣은 코듀로이 바지를 재단사에게 맞출 때 지불하는 가격의 40퍼센트에 살 수 있다는 뜻이다. 이런 디자인의 코듀로이 바지가 당시 최신 유행이긴 했지만 재단사에게 옷을 맞추는 진정한 신사는 저렴한 코듀로이 원단을 선호하지 않았을 것이다.

빠르게 늘어나는 사무직 종사자에게 이 새로운 상점들의 등장은 유행하는 옷을 더 많이 소유할 수 있다는 것을 의미했다. E. 모지스

그림 14. 1876년 무렵에는 코트와 트라우저가 튜브 같은 일자형이 되었다.

앤 선Moses & Son과 H. J. & D. 니컬스Nicholls는 이 시장의 수요에 부
합하는 가장 잘 알려진 체인들이었다. 그들은 매장의 인테리어를
매우 높은 기준에 맞추었다. 큰 거울과 유리 진열장, 윤이 나는 나무
카운터 등 패션 엘리트를 위한 매장을 흉내 낸 것이다. 그곳에서 파
는 옷은 양복점에서 청구하는 금액의 절반에도 못 미쳤지만 선택의
폭이 넓었으며, 매장 측에서는 상류층이 선도하는 유행을 따르는 데
주의를 기울였다. 그 덕분에 신분이 미천한 남성들도 이곳에서의
쇼핑을 통해 품위 있는 상류층 생활을 맛볼 수 있었다.

　재봉틀 보급이 남성복에 전환을 일으키고 있는 동안 화학 기술도

혁명을 겪고 있었다. 1860년대의 새로운 화학 염료는 이전의 어떤 염료보다 오래가고 빛에 강했다. 이런 염료가 개발되면서 여성복이 총천연색으로 화려해진 반면, 남성복은 검은색이 되었다. 이전에는 검은색이 염색하기 어렵고 빨리 바래는 까다로운 색상이었다. 하지만 빅토리아 시대의 도시인들에게는 검은색 옷을 선택할 수밖에 없는 절박한 이유가 있었다. 가정과 공장에서 사용하는 석탄에서 발생하는 검댕이 항상 공기 중에 소용돌이치면서 내려앉아 모든 것을 끈끈한 검은색으로 변신시켰기 때문이다. 이런 대기 상태에서 연한 색 옷을 입으면 바로 보기 흉하게 변했다. 따라서 부유한 사람들조차 '검댕'이 쉽게 눈에 띄지 않는 색상을 선택할 이유가 충분했다. 변색이 되지 않는 검은색은 곧바로 큰 성공을 거두었고 도시 사람들은 주로 어두운 색 옷을 입기 시작했다.

처음에는 1860년대에 유행한 옷을 모방했던 기성복은 이 시기가 끝날 무렵 허리를 강조하는 스타일을 버렸다. 코트는 이제 어깨부터 일자로 떨어졌고 허리선이 거의, 혹은 전혀 없었다. 대부분의 코트는 허리 솔기가 전혀 없이 재단되었고 허벅지 아래까지 통으로 이어졌다. 프록코트는 일상에서 점점 사라져 예복이 되었고, 소매가 넓은 헐렁한 스타일의 새로운 코트가 더 흔해졌다.

트라우저 역시 헐렁한 스타일이 유행했다. 더 이상은 구두 아래에 고정하는 끈을 바짓단에 달지 않아 바지가 자유롭게 움직였다.

그림 15. 1884년 중년 남성들은 헐렁한 트라우저와 코트를 즐겨 입었고
현대적인 라운지 슈트(lounge suit)가 젊은이들 사이에서 인기를 얻기 시작했다.

이런 스타일의 옷은 당연히 몸에 꼭 맞는 디자인보다 기성복 시장이
모방하기 훨씬 쉬웠다. 입기에도 편했다. 격식에 얽매이지 않는 것
이 유행했고 이 시대의 남성 패셔니스타들은 보통 편안한 자세로 묘
사되었다. 타탄 트라우저는 좀 더 대담한 사람들 사이에서 몇 년간
유행했다.

토머스 하디가 한탄하듯이 1890년경에는 시골 사람들도 검은색
을 택했다. 내광성 염료의 발명 덕분이기도 했지만, 더 결정적인 이
유는 도시, 특히 런던의 문화적 영향력 때문이었다. 도시 사람과 시

골 사람이 입는 옷의 특징이었던 면직과 모직의 구분이 사라지고 이제는 검은색 몰스킨 직물이 많은 공장 노동자들, 더 나아가서 농장 노동자들에게까지 전해졌다. 시골에도 값싼 모직 트라우저와 재킷이 도시만큼 많아졌다. 하지만 몇 가지 미묘한 차이가 남아 있었다.

예를 들어, 시골 남성들은 19세기 내내 바지에 진흙이 묻지 않도록 각반을 착용했지만 도시 사람들은 그럴 필요가 없었다. 시골에서는 한겨울에도 스카프를 두른 사람을 찾아보기 힘들었지만, 도시 사람들은 1년 내내 목을 감싸 보호하는 것을 좋아했다. 따라서 이런 특징만으로도 도시 남성인지 시골 남성인지를 구별할 수 있었지만, 군중 속에서는 크게 눈에 띄지 않고 섞여들 수 있었다.

1890년대의 부유한 남성이 입었던 복장을 보면 지금 우리 시대의 정장으로 인식할 만한 외양에 가까워지고 있었다. 라운지 슈트[30]가 지배적인 스타일이 되면서 프록코트, 테일 코트[31], 모닝코트[32]는 특별한 경우에만 입는 복장이 되었다. 오늘날에도 결혼식용 모닝코트는 여전히 애용하는 복장이다.

부유층과 노동자 모두 같은 종류의 옷을 입게 되면서 도시 사람

---

30. 라운지 슈트(lounge suit): 재킷, 베스트, 바지를 모두 동일한 소재로 만든 남성 정장 세트. 이전의 맞춤 정장보다 상의가 넉넉하고 헐렁해 편하게 입을 수 있다.

31. 테일 코트(tail coat): 남성용 예복으로, 보통 검은 옷감으로 만든다. 상의의 뒤는 두 갈래로 갈라진 채 길게 내려와 마치 제비의 꼬리처럼 보인다.

32. 모닝코트(morning coat): 남성이 낮 동안 입는 예복으로, 프록코트 대용으로 입는다.

과 농촌 사람만 구분하기 힘들어진 것이 아니었다. 특히 사진으로는, 자세히 살펴보지 않는다면, 좋은 옷을 차려입은 직장인과 여가를 즐기는 부유한 신사를 쉽게 구분할 수 없었다. 하지만 실제로 보면 스무 걸음만 걸어도 차이를 알 수 있다. 맞춤 양복은 몸에 꼭 맞고 체형의 결점을 보완해 주며 주름 하나 없이 매끈하게 떨어지지만 기성복은 훨씬 헐렁했기 때문이다. 몇 가지 사이즈로 미리 만들어 놓은 옷 중에서 선택해야 하는 기성복은 저마다의 몸에 꼭 맞지 않았다. 그리고 원단의 품질이 좋지 못해 몇 주만 지나도 해지기 시작했다.

빅토리아 시대에 유행했던 의상은 박물관에 보존되어 있어 오늘날에도 비교적 쉽게 접할 수 있지만, 그 시대 사회의 가장 밑바닥 계급이 입었던 옷은 찾기가 어렵다. 그들의 옷 대부분은 세월의 혹독함을 견디지 못했기 때문이다. 하지만 그들의 옷이 어떤 모습이었는지 정확하게 볼 수 있는 사진이 몇 장 있다.

1871년 이후 죄수들을 찍은 사진이 그 한 예다. 대부분의 다른 빅토리아 시대 사진들과 달리, 이 경우는 사진작가가 촬영을 위해 피사체의 옷을 갈아입힐 기회가 없었다. 이 사진들은 그들이 체포 당시 입고 있던 옷, 즉 주일에 차려입은 옷이나 특별한 옷이 아닌 일상복을 보여준다. 사진들에 등장하는 사람들은 거의 예외 없이 노동 계급이며, 보통 그 계급에서도 가장 가난한 이들이다.

그림 16. 범죄자의 초상.
체포 직후의 찰스 메이슨(Charles Mason), 1871년.

　사진의 인물들이 겹겹이 입은 옷은 몹시 낡았고 몸에 전혀 맞지 않는, 세 사이즈는 크거나 작은 옷이 대부분이다. 거의가 셔츠, 웨이스트코트, 재킷을 갖춰 입었고 목 쪽에는 안에 입은 베스트가 보이기도 한다. 웨이스트코트나 재킷을 두 개 이상 겹쳐 입은 데다 단추를 다 채우지 않고 몇 개씩 열어둔 모습도 많이 보인다. 그들은 질이 좋고 따뜻한 옷감을 고르기보다는 무엇이 되었든 구할 수 있는 옷들을 겹쳐 입었다. 모든 옷은 낡고 해진 데가 많아 수선하고, 옷감을 덧댄 상태라 대부분 더러워 보인다.

　찰스 메이슨을 예로 들어보자. 제화공이었던 그는 외투를 훔쳐

체포되었을 당시 서른 살이었다. 사진 속에서 그가 입고 있는 코트는 어두운 색상의 낡은 모직 코트다. 단추는 모두 열려 있고 안감은 떨어져 나갔다. 코트 아래의 짙은 색 재킷은 적어도 두 사이즈는 작아 보인다. 재킷 안에는 칼라가 없는 흰색 셔츠를 입었고 그 위에 커다란 줄무늬 스카프를 목에 감고 스카프 끝은 바지 속에 집어넣었다. 코트도 재킷도 제대로 잠기지 않은 상태에서 메이슨의 가슴과 배를 따뜻하게 해줄 수 있는 것은 스카프뿐이다. 그러나 전반적으로는 유행하는 옷차림을 그대로 따르고 있다. 그는 남루하긴 하지만 1830년대나 1850년대의 남자가 아니라 1870년대의 남자임을 확실히 드러내는 옷을 입고 있다. 자신이 값을 치를 수 있는 범위에서 가장 수선이 잘된 옷을 구입한 것이리라. 그가 추위를 막기 위해 무엇이든 기꺼이 입었다고 해서 자신의 외모나 주변 사람들과의 조화에 관심이 없었다는 것은 아님을 사진으로 알 수 있다.

## 남자는 함부로
## 모자를 벗지 않는다

재킷과 마찬가지로 모자도 공공장소에서 거의 벗지 않는 아이템이었다. 영국은 모자를 쓰는 사회였고, 남성들 사이에서 모자는 존중이나 존경의 표시로 잠시만 벗는 것이었다. 모자에는 분명 남성의 머리를 따뜻하고 건조하게 유지하는 기능도 있었지만, 독립성과 자존감이라는 강한 문화적 감정을 불러일으키는 역할도 있었다. 남자는 외출해 세상과 마주해야 할 때 모자를 썼다. 일부 여성에게 화장이 그런 것처럼 남성에게 모자는 갑옷과 다름없었다.

개인이 쓰는 모자는 패션과 사회적 지위는 물론이고 직업이나 선택한 활동에 따라 달라졌다. 톱 해트[33], 밀짚모자, 볼러bowler, 플랫 캡[34], 사냥 모자, 트릴비[35], 스포츠 캡, 베레모 등이 있었다.

빅토리아 여왕의 치세 동안 가장 유명한 모자는 톱 해트였다. 원래 톱 해트는 크라운crown(모자의 윗부분)이 대단히 높았다. 부유층의 아주 대담한 젊은 남성은 14인치 (약 35.6cm)에 달하는 톱 해트를 썼다. 하지만 10년 만에 현대인의 눈에 익숙한 높이인 10인치(약 25.4cm) 정도로 낮아졌다.

시장에서는 다양한 품질과 형태의 모자를 판매했다. 숙련된 장사꾼이라면 어떤 모자가 사업가의 모자인지, 어떤 모자가 귀족의 모자인지 구별할 수 있었다. 톱 해트는 절대 저렴하다고 할 수 없는 가격

---

33. 톱 해트(top hat): '실크해트(silk hat)'라고도 한다. 남자가 쓰는 정장용 서양 모자로, 높고 둥글며 딱딱한 원통 모양에 윤기가 있는 깁(거칠게 짠 비단)으로 싸여 있다.

34. 플랫 캡(flat cap): 노동자들이 쓰던 납작하고 테가 없는 모자.

35. 트릴비(trilby): 챙이 좁은 중절모.

그림 17. 1850년대의 톱 해트는 1839년의 톱 해트보다 낮았지만,
현대의 톱 해트보다는 약 2인치(약 5.1cm) 정도 더 높았다.

이었다. 가장 기본적인 톱 해트 하나를 구입하는 데도 공장 노동자
의 2주 치 임금을 지불해야 했다. 보관과 운반을 위한 특수 가죽 상
자가 딸린 최고급 실크 톱 해트의 가격은 공장 노동자의 3개월 치 임
금에 해당했다. 그만큼 톱 해트는 부를 상징하는 모자였다.

톱 해트는 오랫동안 상류층의 모자로 통용된 덕분에 예측 불허의
반짝 유행을 넘어선 품위를 선사하게 되었다. 1837년에 젊은 멋쟁
이들이 애용하던 톱 해트는 60년 후 점잖고 격식 있는 스타일이 되
었다. 하지만 오페라 해트opera hat는 여전히 본래의 초연함을 고수
했다. 오페라 해트는 보통 밝은 빨간색 실크로 안감을 덧댄 접을 수
있는 모자로, 장난기 넘치며 풍요롭고 심지어는 음란한 생활 방식을
대변했다.

볼러bowler는 꼭대기가 둥글고 높은 모자로, 1849년 장사꾼인 윌
리엄 볼러William Bowler와 토머스 볼러Thomas Bowler 형제의 고객이

그림 18. 부목사의 모자.

었던 윌리엄 코크William Coke가 튼튼하고 쓰기 편한 모자의 디자인을 의뢰하면서 세상에 나오게 되었다. 코크(윌리엄 코크 혹은 그의 친척인 에드워드 코크Edward Coke 둘 중 누구였는지에 대한 논란이 있음)는 사냥터지기들이 쓸 모자를 원했다. 톱 해트를 쓰고 야외에 나가면 낮은 나뭇가지에 걸려 자꾸 떨어졌기 때문이다. 그는 큰 흠이 생기지 않고 야외활동을 견딜 수 있도록 튼튼하면서도 쓰는 사람을 보호하는 실용적인 모자를 원했다.

윌리엄과 토머스 볼러 형제는 코크의 승인을 받기 위해 시제품을 만들었다. 코크는 모자의 내구성을 실험하기 위해 두 차례나 발로 밟았다고 한다.

볼러는 불과 몇 년 만에 사냥터지기들뿐 아니라 사냥 모임의 신사들까지 널리 착용하는 모자가 되었다. 톱 해트보다 저렴하고 내구성이 훨씬 좋은 이 모자는 점차 은행가와 사무원들이 선호하는 모자가 되었고, 나중에는 시골의 농업 노동자들과 도시의 공장 노동자

그림 19. 볼러.

들도 볼러를 썼다. 사무원, 은행원, 관리자가 볼러를 일상적으로 쓰고 다니기 시작하자 볼러는 시골과 도시에서 중산층의 지위를 상징하는 아이템이 되었다.

자신보다 지위가 높은 중산층 사람들과 같은 모자를 쓰는 만용을 부린 도시의 노동 계급 사람들은 가차 없이 매장당했다. 그런 사람들은 곧 직장을 잃었다. 그러나 시골에서 볼러를 쓰는 것은 그와는 다른 의미였다. 시골에서는 볼러가 스포츠와 연관되었고 상류층과 노동 계급 사이의 공통점을 가리켰다.

남성들은 밀짚모자straw hat를 쓸 수도 있었지만 밀짚모자는 도시에서 쓰기에는 적합하지 않았다. 농업 노동자들은 들에서 일할 때 얼굴과 목을 가리는 데 밀짚모자를 사용했고, 상류층은 강변, 해변에서 여가나 스포츠를 즐길 때 혹은 크리켓 경기를 할 때 썼다.

스트로 보터straw boater는 볼링공처럼 거리에서 굴려도 될 정도로 대단히 단단했다. 베드퍼드셔주 루턴 주변의 짚을 엮어 모자로

그림 20. 스트로 보터.

만드는 공장들은 남성과 여성 모두를 위해 다양한 스타일의 밀짚모
자를 만들었다. (내 조상 중 몇몇 여성이 짚을 엮는 일을 했다는 기록이 있다.) 그
러나 보터는 주로 남성들이 쓰는 모자였다. 이 모자는 밀짚을 길게
엮어 나선형으로 꿰매 만들었다. 다른 밀짚모자들과 달리 보터는
밀짚을 여러 겹으로 꼬아 만들었기 때문에 대단히 견고했다. 품질
이 좋은 보터는 한 사람이 거의 평생 동안 사용할 수 있을 정도였다.

19세기의 대부분 동안 밀짚모자는 사치품이었지만, 1880년경
중국으로부터 꼰 밀짚이 수입되기 시작하면서 국내산 밀짚모자의
가격이 크게 하락했다. 이처럼 저렴한 모자가 등장하자 가난한 사
무원들도 부유층처럼 공원에서 오후를 보내거나 주말에 여행을 갈
때 쓸 수 있는 휴일용 모자를 마련할 수 있게 되었다.

스트로 보터가 뱃놀이뿐 아니라 일반적인 야외 여가 활동에 쓰
인 것처럼 다른 스포츠들의 전용 모자도 생겼다. 작은 필박스 해
트pillbox hat는 육상 경기나 체조에 참가하는 사람들의 머리 위에서

그림 21. 스포팅 캡(sporting cap).

빛났고, 초기 사이클 클럽 역시 필박스 해트를 유니폼의 일부로 채택했다. 알약을 담아 파는 얇고 둥근 상자를 닮은 이 작고 가벼운 모자는 남성들이 격렬한 활동을 할 때도 머리 위에 안착해 있었다. 부드러운 옷감으로 만들어진 이 모자는 표장이나 휘장을 꿰매 붙이기 안성맞춤이었다. 19세기 말에는 상업 회사에서 신체 활동이 많은 배달 직원의 모자로 필박스 해트를 사용했다. 지금까지도 미국의 벨보이들은 필박스 해트를 쓴다.

피크트 캡peaked cap은 스포츠용 모자로 그 역사가 매우 길다. 18세기 기수들은 밝은색 모자를 썼고, 19세기 초 20년간 관중을 끌어모으며 돌풍을 일으킨 장거리 걷기 선수들도 밝은색 모자를 썼다. 럭비 스쿨Rugby School은 1837년부터 럭비 선수들에게 무료로 피크트 캡을 나눠주기 시작했다. 크리켓 선수들도 1850년경부터 피크트 캡을 쓰기 시작했고, 축구 선수들도 같은 스타일의 모자를 착

그림 22. 노동자들은 정해진 형태가 없는 둥근 모자를 썼다.
1880년대부터는 플랫 캡이 인기를 얻었다.

용하는 것이 보통이었다. 천으로 만든 피크트 캡이 19세기 말 노동
계급 남성들 사이에서 널리 인기를 끌었던 것도 아마 스포츠 분야에
서의 이런 오랜 전통 때문일 것이다.

1880년대까지는 도시에서든 시골에서든 노동자들은 펠트 모자
를 쓰는 경우가 훨씬 더 많았다. 꼭대기가 원형이고 챙이 둥근 펠트
모자는 비가 오면 곧 물러지면서 모양이 흐트러졌지만, 모양새는
헐렁해도 햇빛과 바람, 비가 얼굴에 들이치지 않게 막을 수 있었다.
그러나 1901년에 와서 도시 노동 계급의 많은 남성들이 펠트 모자
대신 플랫 캡을 쓰기 시작했다. 시골의 노동자들에게는 다양한 선
택지가 있었지만, 도시 남성들 사이에서는 플랫 캡은 가장 상징적인
모자가 되었다.

## chapter 3
# 여성의 옷 입기

## 슈미즈, 드로어즈, 니커, 스타킹
## 몸에 바로 닿는 속옷

빅토리아 시대의 포르노물은 소박하게 여성의 발목을 얼핏 보여
주는 것부터 코르셋과 드로어즈를 입은 여자가 등장하는 자극적인
것, 배우가 어떤 속옷도 입지 않은 매우 사실적인 것까지 다양했다.
그러나 성인 엔터테인먼트의 세계에서는 일반적으로 여성이 아침
에 가장 먼저 입는 옷인 슈미즈는 거의 등장하지 않았다. 여성의 슈
미즈는 속옷이긴 하지만 옷을 벗기는 데 방점이 있는 외설적인 아이
템이 아니라 순결이라는 문화적 함의를 담고 있는 옷이었다. 빅토

리아 시대 말의 한 비누 광고는 머리카락을 풀어 어깨 너머로 넘긴 젊은 여성이 슈미즈만 입고 있는 모습을 담아냈는데, 영국 문화에서 이런 이미지는 순수함의 상징이었다.

슈미즈는 거의 항상 면으로 제작했으며, 오랜 시간에 걸쳐 스타일에 조금씩 변화가 있기는 했지만 기본적으로 짧은 덮개 모양 소매가 달린 단순한 원통 형태가 유지되었다. 이 옷은 목선이 깊이 파여 가슴, 어깨, 등이 노출되고, 팔과 종아리가 드러나는 형태였다. 이런 형태의 잠옷은 지금도 영국의 고급 상점에서 쉽게 구할 수 있다(빅토리아 시대 여성이 입던 잠옷은 팔을 덮고 발목까지 내려오는 좀 더 풍성한 디자인이었지만).

냉기가 도는 침실에 선 빅토리아 시대의 여성은 드로어즈를 입었다. 우리가 현재 입는 드로어즈 혹은 니커는 빅토리아 시대에 주로 입었던 혁신적인 속옷이었다. 빅토리아 시대 이전의 영국에서는 그런 속옷이 아주 가끔 발견되지만 빅토리아 여왕의 치세 말에는 일상적인 속옷이 되었다. 초기의 드로어즈는 무릎까지 내려오는 반바지 형태의 속옷으로, 가랑이 쪽에 뚫린 부분이 있고 허리에서 묶는 형태였다.

처음에 사람들은 그런 속옷에 적대감을 보였다. 남성 속옷을 모방한 것에 지나지 않는 드로어즈를 입는 것은 여성의 미덕과 존엄성에 대한 공격이라고 생각했기 때문이다. 여성은 남성처럼 입어서는 안 된다(사실 남성들도 여자 옷을 입으면 안 된다)는 성경의 명령이 오랫동안 큰 영향력을 끼쳤다. 프랑스와 같은 일부 유럽 국가들에서 드로어즈를 일상적으로 입었다는 사실은 그들에 대한 저항감만 부추길 뿐이었다. 그럼에도 불구하고 드로어즈를 입은 이유는 실용적이었기 때문이다.

옷을 몇 겹 더 입는 것은 정말 성가신 일이다. 니커는 긴 스커트와 몇 개의 페티코트petticoat 아래 입는다. 허리부터 발목까지 감싸는 페티코트 안에 니커까지 입으면 옷을 빨리 입고 벗기가 힘들다. 여성이 배변을 해야 할 때는 특히 더 그렇다. 안타깝게도 나 역시 빅토리아 시대 옷을 입으면서 이런 문제를 직접 경험했다. 볼일을 봐야 할 때 여러 겹의 속옷을 벗는 것은 쉬운 일이 아니며 급하게 벗다 보면 옷끼리 엉킬 수도 있다.

크리놀린crinocline의 유행이 니커 착용에 자극제 역할을 했다. 크리놀린 혹은 후프 스커트hooped skirt는 강철과 면 테이프로 만든 버팀대로 치마를 몸에서 멀리 떨어지도록 고정하는 역할을 했다. 이제 겉옷을 올리기만 하면 화장실을 사용하는 데 문제가 없었다. 하지만 새로운 문제가 생겼다. 부주의하게 움직이거나 갑자기 돌풍이 불면 크리놀린과 치마가 젖혀져 다리가 노출될 수 있었다. 드로어즈는 보온성을 높여줄 뿐 아니라 크리놀린이 바람에 넘어갈 때 어느 정도 몸을 가려줄 수 있었다.

시간이 지나면서 점점 더 많은 사람들이 드로어즈 혹은 니커를 입기 시작했다. 빅토리아 여왕도 드로어즈를 애용했다고 한다. 오늘날 영국 전역의 역사 의상 컬렉션에는 정교하게 밑단 처리를 하고 이니셜을 합쳐 만든 모노그램을 섬세하게 새긴 여왕의 면 드로어즈가 남아 있다. 이 드로어즈를 보면 여왕이 두 다리 사이가 부분적으로 연결된 니커(1880년대까지 니커의 디자인이 발전하는 단계에서 흔히 발견되는 것이다)를 즐겨 입었고, 그 후에는 유행을 따르지 않고 19세기 말에 등장하기 시작한 완전히 꿰맨 드로어즈는 입지 않았다는 것을 알 수 있다.

내가 조사한 유물 중 가장 흥미로운 것은 1860년대 후반에 제작된 니커다. 노동 계급 여성이 입었던 파란색 면직으로 만든 니커는 가랑이 부분이 뚫린 상태로 능숙하게 바느질되어 있다. 길이는 이후의 다른 많은 니커들보다 약간 더 길고 무릎 아래를 작은 단추로 고정할 수 있어 다리를 최대한 가리고 옷이 올라가는 것을 막는다. 세탁이 잘되어 있으나 낡아서 부드러워진 상태이며 한 번 수선한 흔적이 있다. 무릎 부위에는 옷 조각을 덧대 세심하게 꿰매었는데 이 니커를 입었던 여성이 바닥을 걸레질하고 난로 안의 쇠살대를 청소하는 데 얼마나 많은 시간을 보냈는지를 드러내는 증표일 것이다.

드로어즈는 가정에서 만드는 것이 일반적이었다. 당시에도 몇 가지 사이즈로만 대량 생산하는 기성복으로 쉽게 만들어낼 수 있었겠지만 기성복 상인들은 수요가 많지 않을 것이 뻔한 드로어즈에 시간을 낭비할 만큼 어리석지 않았다. 빅토리아 시대의 드로어즈 모양이 이렇게 단순한 것은 주로 가정에서 만들었기 때문이다. 가족 구성원 모두에게 적합하고 만들기 쉬운 단순한 디자인을 선호했던 것이다. 셔츠와 같이 복잡한 옷을 만드는 데는 실제 치수를 바탕으로 만든 도안이 필요했겠지만, 드로어즈를 만드는 데에는 간단한 그림만으로 충분했다. 빅토리아 시대 후기의 드로어즈에는 종종 다양한 품질의 레이스가 추가되기도 했지만 대부분의 드로어즈는 장식이 없고 기능에만 충실했다. 골동품 상점에서 가끔 볼 수 있는 로맨틱하고 부드럽고 정교한 제품은 보통 빅토리아 시대가 아닌 에드워드 시대의 것이다.

슈미즈와 드로어즈가 여성의 몸의 대부분을 덮었다면, 옷의 '기본' 층을 완성하는 것은 스타킹이었다. 1837년경에는 편물 기계로 만들어진 면, 모직, 실크 스타킹이 다양한 색상으로 시장에 나왔다. 19세기 초에는 흰색 스타킹이 유행했지만, 1850년대부터는 젊고 대담한 사람들이 밝은색으로 염색된, 무늬 있는 스타킹을 착용했다. 녹색, 라일락색, 타탄, 페이즐리[1], 줄무늬, 물방울무늬, 체크무늬 등 다 열거하기 힘들 정도로 다양한 선택지가 있었다. 무늬 있는 스타킹은 젊은 구혼자에게 가끔 발목을 내보일 때 효과적이었다.

---

1. 페이즐리(paisley): 아메바와 비슷한 독특한 둥근 곡옥 모양의 무늬.

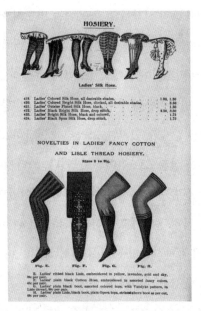

그림 23. '화려한' 숙녀용 스타킹.

  빅토리아 시대 후반에는 좀 더 보수적인 검은색 스타킹이 널리
보급되었다. 특히 짧은 치마를 주로 입어 종아리를 더 많이 드러내
는 10대 이전의 소녀들에게 권장되었다. 모직 스타킹은 따뜻하고
가격도 합리적이었을 뿐 아니라 단열성으로 인해 건강에 가장 좋은
것으로 여겨졌다. 실크 스타킹은 소수의 사람들만 감당할 수 있는
사치품이었다. 또한 올이 풀렸을 때에는 세심하게 주의를 기울여
힘들게 짜깁기를 해야 하는 등 관리하기도 어려웠다.

  1880년대에 들어서면서 여성들은 스타킹이 흘러내리지 않도록

서스펜더[2]를 사용하기 시작했다. 처음에는 별도의 서스펜더 벨트로 고정했고 나중에는 코르셋 밑단에 서스펜더를 꿰매어 고정하게 되었다. 그 전까지 빅토리아 시대의 스타킹은 무릎 바로 위에 두른 가터[3]로 고정하는 방식이었다. 가터가 너무 꽉 조여 혈액 순환을 방해하면 정맥류가 생길 수도 있지만, 스타킹을 단단히 고정하지 않으면 몹시 당황스러운 상황으로 이어질 수 있다. 스타킹이 가터와 함께 바닥에 떨어져 신발 주변에서 끌려다닐 수도 있었던 것이다. 스타킹과 가터 모두 극히 은밀하고 성적인 의복으로 여겨졌기 때문에 이런 사고는 두 배로 망신스러운 일이었다. 하지만 나는 많은 남성들이 이런 사고를 즐겼을 것이라 확신한다!

피부에 바로 닿는 슈미즈, 드로어즈, 스타킹은 정기적으로 갈아입어야 했다. 이상적인 것은 매일 갈아입는 것이었다. 겉옷은 여러모로 세탁이 어려웠기 때문에 피부와 맞닿는 속옷의 청결이 더욱더 중요했다.

---

2. 서스펜더(suspender): 허리나 가슴 윗부분의 천 조각에 연결하여 어깨에 걸치는 끈.

3. 가터(garter): 양말 또는 소매가 흘러내리지 않도록 착용하는 고무 밴드. 무릎이나 소매 양쪽에 버클이 달려 있어 조이도록 되어 있다.

# 코르셋 변천사

코르셋은 빅토리아 여왕의 치세 내내 모든 계층의 여성들이 입었다(권말 도판 9 참조). 심지어는 감옥, 정신 병원, 구빈원에서도 여성 수감자에게 코르셋을 제공했다는 기록이 있다. 빅토리아 시대에 코르셋은 단순한 패션 아이템을 넘어 자존감, 성적 매력, 사회적 관습에 부합하는 모습, 다양한 건강상의 이점을 제공하는 의복이었다.

여성의 내부 장기를 코르셋으로 지지해 줄 필요가 있다는 믿음은 강력하고 끈질지게 이어졌다. 남성은 여성에 비해 훨씬 더 강하기 때문에 이런 도움이 덜 필요하다고 생각되었지만, '플란넬 보디 벨트'의 인기가 널리 알려지면서 남성들도 이 문제를 걱정하게 되었다. 예이거 박사는 남성들이 "허리띠를 졸라매야gird one's loin" 한다고 조바심을 냈다. 여기에서 "loin"은 허벅지가 아니라 척추 양쪽을 따라 내려오는 근육을 뜻했고, "gird"는 근육을 긴장시키는 것이 아니라 감싸는 것을 의미했다. 여성은 혈관이 약하기 때문에 근육을 감싸야 할 필요성이 훨씬 더 높다고 생각했다.

빅토리아 시대 사람들은 여성의 몸통이 자궁을 비롯한 생식 기관을 품고 있기 때문에 외부의 충격에 더 취약하고 건강 문제가 생기기 쉽다고 여겼다. 아이러니하게도 실제로 건강 문제가 생긴 것은

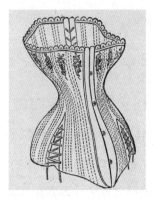

그림 24. 전형적인 코르셋, 1869년.

코르셋을 입은 여성(특히 어린 시절부터 코르셋을 입은 여성)이 근육의 탄력을 잃었기 때문이었다. 등과 복부 근육 대신 코르셋이 몸통을 지지하면서 이들 근육을 사용하지 않게 되었고, 이로 인해 근육은 약해지고 제 기능을 잃었다. 이런 상태에서는 하루만 코르셋을 착용하지 않아도 코르셋이 없다는 것 자체에 불안과 피로를 느낄 것이고, 몸통을 스스로 지탱하기도 어려울 것이다. 다시 코르셋을 입으면 안도감을 느끼고 코르셋이 꼭 필요하다는 것을 확인하게 될 것이다.

『피메일 뷰티Female Beauty』와 같은 잡지에는 "꼭 죄는 코르셋을 착용하는 여성들은 코르셋 없이는 똑바로 앉기도 힘들고 잘 때도 수면용 코르셋이 필요하다고 불평한다"는 내용이 등장한다. 남성과 여성 모두에게 바른 자세가 요구되는 상황 때문에 이런 느낌이 더욱 강하게 들었을 것이다. 21세기의 편견 없고 느긋한 문화와 달리, 빅토리아 시대 사람들에게 흐트러진 자세는 단정치 못한 행동과 도덕적 결함을 의미했다. 매력적이고 힘 있는, 성공한 상류 사회 사람들은 서 있거나 앉을 때 바른 자세를 취해야 한다고 생각했다.

코르셋을 입으면 코르셋을 입지 않았을 때보다 똑바로 앉고 서기 훨씬 쉽다. 나는 코르셋을 입으면 긴장을 다소 풀어도 나무랄 데 없는 바른 자세로 보인다는 것을 직접 경험했다. 의자에 앉을 때는 의자 앞쪽 모서리에 앉아 코르셋이 직각을 유지하도록 하는 것이 좋다. 이런 방식을 따르면 전혀 힘을 들이지 않고 몇 시간 동안 아름다운 자세를 유지할 수 있다.

코르셋은 지지 기능 외에도 여성의 취약한 내부 장기를 따뜻하게 하는 역할을 하는 것으로 여겨졌다. 이 시대 사람들은 신장을 비롯한 장기들을 차가워지게 두는 것이 어리석고 위험한 일이며 이는 다양한 질병과 장애로 이어질 수 있다고 생각했다. 여성들은 코르셋을 착용해 예측 불허한 영국 날씨로부터 자신을 보호했다. 코르셋이 바람을 막아준다는 점은 가장 큰 장점이었다.

이런 까닭으로 많은 의사들이 코르셋을 착용하는 여성들을 칭찬하고, 건강을 위해 코르셋을 입는 여성들과 몸을 노출시키는 일부 남성들을 대조했다. 대체로 의사들은 여성의 코르셋 착용을 적극 지지했다. 의사들이 우려한 것은 코르셋 착용 자체가 아니라 여성의 신체 형태를 극적으로 바꾸기 위해 코르셋을 사용하는 '타이트

레이싱tight lacing' 관행이었다. 코르셋을 지나치게 단단히 조이는 것은 코르셋을 착용하지 않는 것만큼이나 어리석은 짓이라는 것이 주류 의학계의 생각이었다. 반면 몸에 적절히 맞는 코르셋을 착용하면 자궁을 지탱하는 인대의 긴장을 완화할 수 있으며 방광 건강에 좋고, 허리 부상을 예방할 수 있으며 출산 후 회복을 돕고, 소화를 촉진하고, 여성이 활동적인 삶을 영위하는 데 전반적으로 도움이 된다고 여겼다.

코르셋을 착용한 정돈된 몸매는 궁극적으로 사회가 여성에게 기대하는 것이었다. 코르셋을 입는다는 것은 사회 규범을 따르는 행위이며 더 나아가서는 자존감을 매일 자신과 이웃에게 드러내는 일이었다. 코르셋을 입지 않은 여성은 자제력이 부족하다고 생각했고, 그런 여성은 사람들이 자신의 생활 방식에 반감을 갖고 멋대로 짐작하는 것을 견뎌야 했다. 인생의 낙오자가 될 각오를 한 사람만이 코르셋을 벗을 수 있는 시절이었다.

1840년대와 1850년대 초반에는 집에서 코르셋을 만드는 경우가 많았다. 코르셋은 드레스의 상체 부분보다 만들기 덜 복잡했으며 1860년대까지의 많은 여성 잡지에서 코르셋의 도안과 만드는 법을 찾을 수 있다. 따라 하기가 가장 쉬운 설명은 1838년『일하는 여성을 위한 안내서The Workwoman's Guide』에 실려 있다. 이 잡지가 보여주는 코르셋은 네 개의 면 조각을 꿰매고 거기에 덧대는 천인 거싯gusset을 붙인 것이다(거싯은 가슴에 두 개 붙였고, 때로는 엉덩이에 두 개 붙이기도 했다). 이 수제 코르셋에는 '버스크busk'라고 불리는 살대를 최소한으로 넣는 경우가 많았다. 끈을 조일 때 주름이 생기지 않게 끈 구멍 옆에 버스크 두어 개를 넣고 코르셋 앞쪽 면직 내부의 주머니에 자처럼 생긴 단단한 버스크 하나를 넣는 것이 전부였다. 중앙의 버스크가 몸을 받쳐주는 데 중심 역할을 한다. 버스크는 나무, 고래뼈, 뿔, 금속으로 만들어졌다. 나머지 형태는 촘촘하게 바느질된 자국을 따라 긴 끈을 엮는 코딩cording으로 완성된다. 그 후 코르셋을 뒤에서 묶는다.

이렇게 버스크가 적게 들어가고 줄로 묶는 코르셋은 컵 아랫부분에 와이어를 댄 21세기의 브래지어보다 오히려 더 편안하다(이건 내 의견이다). 가슴을 지지하고 울룩불룩한 살을 정리해 우아한 몸매를 만들어준다. 입으면 따뜻하고 압박감이 그리 심하지 않다. 끈으로 세게 당기더라도 오늘날 판매하는 보정 속옷 수준의 압박감은 느끼기 어렵다. 그러려면 버스크의 길이가 적절해서 몸 쪽으로 파고들지 않아야 한다(일반적인 생각과는 달리 길수록 더 좋다. 치골쯤에서 끝나는 것이 가장 편안하다). 한여름에 입기에는 너무 더웠겠지만 가슴을 끌어올려줌으로써 상체를 매끈하고 탄탄하게 만들어 겉옷을 입었을 때 매력적으로 보이게 한다.

전문가가 제작한 코르셋과 이 시기의 유행을 따르는 코르셋에는 보통 천 조각이 더 많아 8개가 일반적이었다. 중앙의 버스크 외에 앞과 뒤, 여덟 개의 조각을 연결하는 모든 솔기의 곡선에도 버스크를 끼웠다. 이런 코르셋은 끈을 훨씬 세게 조일 수 있었고 실제로 그렇게 사용했다. 나무 버스크는 더 유연한 고래 뼈나 강철로 대체되었다. 끈을 조일 때 버스크가 복부를 누를 수 있기 때문이었다.

1850년대를 지나 1860년대에 들어서면서 가는 허리를 드러내야 한다는 압박이 계속 커졌다. 점점 더 많은 여성이 유행에 맞는 몸매로 보정해 주는 전문가가 만든 코르셋으로 눈을 돌리면서, 과거에 가정에서 만든 코르셋은 점차 사라지기 시작했다. 바로 이때가 코르셋 괴담의 시대다.

자주 인용되는 한 여성 잡지의 독자 투고에는 이 과도한 관행이 잘 요약되어 있다. 이런 경험을 직접 했을 뿐 아니라 거기에 완벽하게 만족하고 있는 여성이 쓴 이 편지의 내용은 이렇다.

"나는 열다섯 살에 상류층이 다니는 런던의 한 학교에 입학했다. 거기에는 학생들의 허리를 여교장이 충분히 가늘다고 여기는 수준까지 매달 1인치씩 줄이는 관습이 있었다. 열일곱 살에 그 학교를 떠날 때 내 허리 사이즈는 13인치에 불과했다. 학교에 들어가기 전의 허리둘레는 23인치였는데 말이다."

이것이 과장이 아니라는 것은 몇 개 남아 있는 작은 사이즈의 코르셋이 증명한다. 이해를 돕기 위해 이야기하자면, 유아들의 평균

그림 25. 타이트 레이싱, 1863년.
어깨뼈가 어느 정도로 모여 있는지에 주목하라.

허리둘레는 20인치다. 열일곱 살인데 허리둘레 13인치가 되려면 일정 기간 동안 매일 밤낮으로 점점 작은 옷과 코르셋을 입고, 하루 세끼의 제대로 된 식사 대신 극소량의 식사를 자주 하는 극도로 통제된 식이 요법을 실천해야만 그렇게 극적으로 허리 사이즈를 줄일 수 있다.

상류층 학교의 관행에 대해 소개한 다른 문헌에는 일주일에 단한 시간, 소녀들이 씻을 때에만 코르셋을 벗었다고 적혀 있다. 타이트 레이싱으로 인한 "고통"도 여러 번 언급되지만 한동안만 참으면 지나간다고들 이야기한다. 소녀들은 더 가는 허리를 만들기 위해 서로 경쟁했고, 때로는 기절하고 두통에 시달렸다고 인정하면서도 그 경험에 대해서 긍정적인 태도로 일관한다. 일부 젊은 여성들에게는 약에 취한 듯한 "몽롱"한 상태를 경험하게 해준 것 같다. 고통스러운 성년 의식이나 통과 의례가 그렇듯, 소그룹의 젊은 여성들은 타이트 레이싱을 신나는 일로 여겼고 타이트 레이싱을 하면서 자부심과 소속감을 느꼈다.

하지만 이렇게 극단적으로 작은 코르셋을 착용한 것은 소수의 젊은 여성뿐이었다. 남아 있는 빅토리아 시대 코르셋과 겉옷의 대다수는 허리가 그렇게 가늘지 않다. 상류층 여성 의상의 일반적인 허리 사이즈는 19에서 24인치였고 나이 든 여성의 옷은 보통 이보다 몇 인치 더 컸다. 21세기의 기준에서 보자면 그것 역시 대단히 가는 허리지만 말이다. 현재 10사이즈(한국 사이즈로는 66 혹은 95)의 평균 허리둘레는 27인치다. 빅토리아 시대의 기준이라면 나는 '뚱뚱한' 체형으로 분류되어서 종이 옷본 상점에 쌓여 있는 대형 옷본이 필요했을 것이다. '통통한 아줌마' 체형이 되는 것을 방지해 준다고 광고하는 코르셋도 가슴 36인치, 허리 29인치인 몸매에는 맞지 않았을 것이다. 어쨌든 현재의 통계에 따르면 나는 지금의 평균적인 영국 여성보다 약간 날씬하다. 이런 모든 증거가 대부분의 빅토리아 시대 여성들이(가난하든 부유하든) 날씬했다는 것을 시사한다.

빅토리아 시대 기준으로 '아줌마' 체형의 '뚱뚱한' 여성인 나는 상당한 기간 동안 빅토리아 시대 스타일의 코르셋 여러 개를 입어보았다. 허리가 2인치 줄었지만 빠르게 적응했고 큰 문제를 겪지 않았다. 나의 경우에는 코르셋의 압박을 체지방이 어느 정도 완화시켰을 테지만 군살 없이 날씬한 여성이라면 코르셋을 착용할 때 허리를 졸라 더 불편했을 것이다. 그렇지만 허리 사이즈를 4인치 줄이자 확실히 더 힘겨워지기 시작했다.

코르셋을 입을 때는 몸이 코르셋에 적응할 시간을 주는 것이 중요하다. 코르셋을 입는 것이 습관이 된 사람들을 포함한 대부분의 사람들이 코르셋을 입을 때는 조인다고 느끼지만, 입고 나서 두어 시간 후면 몸이 코르셋에 적응해 처음보다 훨씬 더 세게 코르셋을 조일 수 있다. 더 큰 변화를 주려면 적응 기간이 훨씬 더 많이 필요하기 때문에 인내심을 가져야 하며 화를 내거나 불안해해서는 안 된다. 코르셋에 익숙하지 않은 사람이라면 허리를 조이는 느낌에 답답하고 숨을 쉬기 힘들 것이다. 가슴 통증 때문에 숨을 쉬기 어려워져 참기 힘든 상황에 처할 수도 있다.

나는 예전에 튜더 양식[4] 코르셋을 입어본 적이 있어 코르셋에 어느 정도 익숙한 상태였고 그런 상황에서 빅토리아 시대 코르셋을 입었기 때문에, (두 경험이 매우 다르기는 했지만) 적어도 적응할 시간이 필요하다는 것은 알고 있었다. 몸은 어떤 상황에도 적응하게 되어 있다.

---

4. 튜더 양식(Tudor style): 영국 튜더 왕조 시대(1485년~1603년)에 유행한 양식으로 초기에는 삼각형 실루엣 코르셋이, 후기에는 더 길고 뾰족한 보디스를 선호했다.

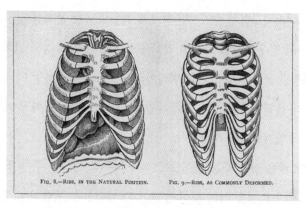

FIG. 8.—RIBS, IN THE NATURAL POSITION.　　FIG. 9.—RIBS, AS COMMONLY DEFORMED.

그림 26. 코르셋으로 교정되기 전(왼쪽)과 후(오른쪽)의 여성 흉곽.

며칠이 지나자 나는 코르셋을 입고도 활발하게 움직일 수 있었고 허리는 전보다 4인치 줄어 있었다. 나는 곧 전처럼 도망친 돼지를 잡으러 뛰어다니고 바닥을 닦을 수도 있었다.

　코르셋을 경험한 뒤 생긴 문제는 예상과는 다른 것이었다. 가장 즉각적인 문제는 피부에서 나타났다. 21세기의 속옷을 입을 때는 어깨끈이나 고무 밴드가 압박하는 부위에서만 통증이 느껴지지만, 코르셋은 고무 밴드와 닿는 부분에서 나타나는 것과 같은 문제를 상체 전반에 일으킨다. 몸이 더워졌다가 식었을 때 증상이 가장 심했다. 땀이 피부 위에 염분을 남기고 거기에 마찰이 일어나기 때문이다. 이것은 심한 통증을 유발할 수 있다. 코르셋을 입고 18시간 동안 열심히 일을 하고 나면 피부가 붉게 부풀어 올랐고 참을 수 없을 정도로 가려웠다. 내 경험에 따르면 코르셋으로 인한 가려움은 수두로 인한 가려움에 필적한다.

내가 직면한 또 다른 문제는 좀 더 시간이 지난 뒤에 드러났다. 목소리에 문제가 좀 생겼고 결국은 언어 치료사를 찾아야 했다. 언어 치료사는 내가 윗가슴으로만 호흡을 하고 횡격막을 거의 사용하지 않고 있었다는 것을 발견했다. 나는 코르셋을 입는 생활에 완벽히 적응했던 모양이다. 흉곽의 아랫부분이 압박된 상태에서 횡격막을 이용하지 않고 필요한 산소를 얻는 법을 배웠으니 말이다. 이전에는 다소 희한하다고 생각했던 빅토리아 시대의 건강 조언이 이해되는 순간이었다. 파이 체바스 박사는 저서 『숙녀들을 위한 조언Advice for Ladies』의 많은 부분을 노래가 좋은 운동이라고 극찬하는 데 할애하고 있다. 나는 그 이유를 이해하게 되었다. 나는 노래를 많이 불러 횡격막을 강하게 움직여야 했다.

코르셋으로 인한 압박과 허리 사이즈의 변화를 들은 대부분의 사람들은 엉덩이 위와 흉곽 아래의 부드러운 부분에 큰 영향이 있을 것이라고 생각한다. 이 생각은 일부는 맞고 일부는 틀리다. 흉곽의 하단도 굉장히 조인다. 꽉 조이는 코르셋을 입은 빅토리아 시대 여성들의 이미지를 보면, 허리둘레가 갈비뼈가 끝나는 곳에서 급격히 가늘어지는 것이 아니라 가슴 아래에서부터 자연스럽게 줄어드는 것을 볼 수 있다.

코르셋을 입어보면 이 점을 바로 이해할 수 있다. 호흡을 방해하는 것은 흉곽의 압박이다. 나는 이 부분이 가장 불편하다는 것을 확실히 느낄 수 있었다. 허리 주변의 부드러운 조직은 전혀 불편함이 없다. 코르셋이 조이면서 흉곽 하단이 아래와 안쪽으로 밀려난다. 동시에 상체 전체가 타원형에서 원형으로 변형된다. 처음 2인치의 압박이 주는 시각적 효과가 가장 큰 것도 이 때문이다. 같은 부피가 원통형으로 보이기 때문에 시각적으로 훨씬 작게 느껴지는 것이다.

하루 일과를 끝내고 코르셋을 벗을 때면 언제나 모든 것이 원래의 형태로 되돌아오려는 듯한 이상한 느낌이 들었다. 흉곽이 다시 부풀어 오르는 것이 느껴졌다. 5~6초 동안은 조금 어리둥절했다.

나는 거의 평생을 코르셋 없이 산 후에 코르셋을 입어보았다. 그러니 어린 시절부터 코르셋을 입어온 사람들과는 다를 수밖에 없다. 빅토리아 시대 여성들이 코르셋을 입고 실제로 어떤 느낌을 받았는지 이해하기는 어려울 것이다. 그들은 코르셋에 완전히 익숙한 상태였고 그들의 복부 근육과 등 근육은 코르셋을 감안해서 발달했을, 아니 발달하지 않았을 것이다. 또한 그들은 자신들이 입은 옷에 맞춰 움직이면서 성장했을 것이다.

빅토리아 시대 사람들도 코르셋 착용으로 발생하는 여러 부작용을 우려했다. 여러 문헌에서 코르셋으로 허리를 강하게 조이면 가슴, 소화 기관, 생식 기관에 문제가 생기고, 골격이 변형되고(이 관행을 멈추라고 여성들을 설득할 때 이 점이 결정적인 논거로 등장했다), 혈액 순환

FIG. 3.—FIGURE WITH WAIST OF NATURAL SIZE.

FIG. 3.—FIGURE WITH WAIST DEFORMED BY ARTIFICIAL COMPRESSION

그림 27, 28. '자연스러운 허리'의 윤곽(왼쪽)과
코르셋으로 교정된 여성의 모습(오른쪽), 1869년.

이 원활하지 못해 딸기코가 될 것이라고 경고했다. 그러나 문제는
'타이트 레이싱'의 정의에서부터 시작된다. 건강에 도움이 되는 지
지와 도덕적 통제에서 건강을 해치는 '타이트 레이싱'으로 바뀌는
지점은 어디인가? 대다수 사람들의 눈에는 원래의 허리둘레에서
1~2인치를 줄이는 정도는 건강에 크게 해가 되지 않는 것으로 보였
던 것이 분명하다. 사람들은 코르셋을 착용하는 데도, 어머니들이
허리를 조이는 것을 보는 데도 익숙했다.

여성에게 어떤 것이 건강하고 자연스러운 것인지에 대해 옳은 정
보를 주는 일은 쉽지 않은 문제였다. 코르셋 착용이 거의 보편화되
어 있고 그 결과 허리둘레가 실제로 줄었다면, 적절한 본보기를 찾

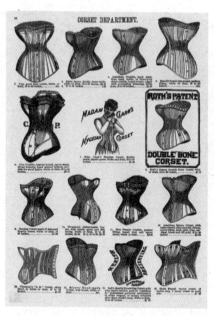

그림 29. '건강 코르셋' 광고.

기가 어려웠을 것이다. 대부분 사회적으로 수용되는 방식으로 여성
의 몸을 언급할 때 고대 그리스와 로마의 조각상에 의존했다.

고대 조각상들은 품위 있는 방식으로 여성의 벗은 몸을 보여주었
고 그런 바람직한 나체를 본보기로 코르셋을 입지 않았을 때의 이점
을 연결시켰다. 특히 높이 153센티미터, 허리둘레 26인치로 제작된
메디치의 비너스[5]는 여성들이 따라야 할 미의 표본으로 여겨졌다.

5. 메디치의 비너스(Venere de' Medici): 메디치 가가 소장했던 대리석제 비너스상. 기원
전 2세기경 헬레니즘 시대의 조각을 로마 시대에 모작한 것이다.

주류인 패션 코르셋 외에 '건강' 코르셋도 등장했다. 당연히 이런 코르셋(사람들의 코르셋 착용에 대한 강한 우려를 상업적으로 해석한 결과)은 그렇게 심하게 몸을 압박하지 않았으리라고 상상할 것이다. 하지만 광고와 남아 있는 사례들을 잠깐만 보아도 패션 코르셋 못지않게 딱딱한 버스크가 들어 있다는 것을 확인할 수 있다. 건강 코르셋이 몸에 좋다는 주장의 근거는 피부가 숨을 쉬게 해주는 공기 구멍과 같은 기능이 있다는 것뿐이다.

## 다양한 형태와 종류의
## 페티코트

코르셋 다음으로 이야기할 것은 페티코트다. 페티코트 역시 형태와 종류가 다양했다. 기본 세트는 플란넬 페티코트 하나와 면 페티코트 하나로 이루어지지만 여기에 더 추가할 수 있다. 흰색 면 페티코트를 가장 먼저 입는다. 그 이유는 세탁이 용이하기 때문이다. 생리 중의 사고를 고려하면 대단히 합리적인 방식이다.

페티코트는 실용적인 속옷이었기 때문에 보통 단순한 형태에 장식이 없었다. 플란넬 페티코트는 보온을 위해 입는 것이었고 형태가 단순한 것이 보통이었다. 종종 작은 장식을 달기도 했지만 말이다. 또한 길이가 짧아서 무릎 바로 아래까지만 왔다. 이런 페티코트들에는 면으로 된 허리띠가 달려 있었는데, 내가 가지고 있는 빅토리아 시대의 진품 페티코트에도 부피가 커지거나 코르셋의 효과를 떨어뜨리지 않도록 면으로 된 허리띠가 달려 있다.

플란넬 페티코트와 면 페티코트는 빅토리아 여왕의 치세 내내 모든 계층의 여성들이 입었던 기본적이고 실용적인 페티코트였다. 당시의 유행을 따르고 싶은 사람이라면 다른 속옷이 더 필요했다.

페티코트에 골을 내는 것은 가장 간단하고 가장 저렴하게 모양을 더하는 방법이었다. 흰 면 페티코트 단을 따라 여러 줄로 바늘땀을 만들고 바늘땀 사이의 공간에 끈을 꿴다. 이렇게 하면 세워놓을 수 있을 정도로 옷감에 힘이 생긴다. 하지만 여전히 세탁할 수 있다.

1840년대와 1850년대에 스커트를 더욱더 풍성해 보이도록 부풀리는 게 유행하자 점점 더 많은 페크코트를 겹쳐 입어야 했다. 그런 페티코트는 말총으로 짠 옷감을 사용하는 경우가 많았다. '크랭 오랭crin au lin'이라는 말총으로 짠 옷감은 대단히 빳빳하고, 탄력이 있고, 가볍고, 거칠었다. 이 옷감으로 주름을 잡으면 스커트의 무게로 뭉개지고 납작해지지 않을 만큼 강한 프릴을 만들 수 있었다.

하지만 1856년 가벼운 강철 크리놀린이 발명되면서 이런 페티코트들이 불필요해졌다. 크리놀린은 헝겊 테이프에 강철을 넣어 꿰맨 테를 새장처럼 둥글게 연결한 모양이었다(권말 도판 10 참조). 이런 새

그림 30. 『펀치』에 실린, 크리놀린을 그린 많은 만화 중 하나, 1856년.

장 구조 덕분에 여성들은 이전처럼 무겁게 여러 겹의 페티코트를 입을 필요가 없어졌다. 크리놀린은 유행에 따라 여러 형태와 조합으로 구입할 수 있었다. 크리놀린의 일반 소매가가 비슷한 품질의 드레스 가격의 3분의 1이어서 특별히 비싸지 않았기 때문에 집에서 만들기보다는 거의 항상 구입했다.

　19세기 후반에 앞과 옆은 날씬하지만 스커트 뒤쪽을 부풀리는 스커트가 유행하자 속을 깃털로 채운 버슬 패드bustle pad와 면과 강철로 만들어진 크리놀레트crinolette가 그 자리를 이어받았다. 적어도 버슬 패드는 집에서 만들 수 있었다. 하녀가 먼지떨이 여러 개를 치마 밑에 묶어 그런 효과를 내는 것을 발견한 여주인의 이야기도 있다.

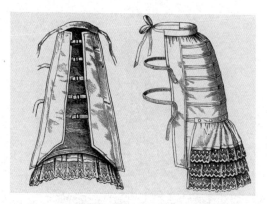

그림 31. 스커트 뒤쪽을 부풀리기 위해 착용하는 틀, 크리놀레트.

이런 지지용 의복이 그토록 인기를 끈 데에는 기존 드레스의 스타일을 바꾸는 데 사용할 수 있다는 점이 크게 작용했다. 전반적인 실루엣만 적절히 만든다면, 겉옷을 조금 고치는 것만으로 적은 비용으로 유행하는 디자인의 드레스를 만들 수 있었던 것이다.

물론 이런 드레스들은 입는 데 각기 나름의 어려움이 있었다. 가장 결정적인 문제는 자신의 몸집이 얼마나 큰지를 아는 것이었다. 이것을 알아야 좁은 공간에서 적절히 이동할 수 있기 때문이다.

페티코트와 드레스를 입은 채 의자에 앉는 기술은 예술에 가까웠다. 뒷면이 많이 부풀어 있는 드레스일 때는 의자에 대각선으로 다가가야 했다. 1870년대에 유행하는 옷을 입은 여성의 그림은 그녀가 의자 맨 끝에 약 45도의 각도로 앉아 몸을 앞으로 약간 기울이고 있는 것을 보여준다. 아주 우아한 모습일 뿐 아니라 버슬 패드

그림 32. 의자 끝에 걸터앉은 숙녀들, 1889년.

나 크리놀레트를 입었을 때는 대단히 분별 있는 자세이기도 하다. 1885년경 유행을 따르는 여성은 걷는 법뿐 아니라 앉는 법도 다시 배워야 했다. 페티코트와 스커트의 폭이 점점 좁아졌기 때문이다.

제대로 걷기도 힘든 이 패션의 목적 중 하나는 일하는 여성들이 상류층의 패션을 따라 하지 못하게 하는 데 있었다. 내가 발견한 요령은 원형에 가까운 걸음걸이를 택하는 것이다. 걸음을 걸을 때마다 발을 앞으로 내미는 것이 아니라 바깥쪽으로 움직이면서 반원을 그린다. 이런 방법을 사용하면 천이 주름이 지거나 접혀서 움직임을 방해할 가능성이 줄어든다. 또한 그런 걸음걸이는 엉덩이를 흔들어 폭이 좁은 치마를 과시하는 데 좋다. 폭이 좁은 페티코트와 스커트를 입고 이렇게 걷는 여성은 매력적으로 보일 수 있다. 비록 어디로도 빨리 가지는 못하지만 말이다.

여성 속옷의 마지막 층은 코르셋 위에 입는 다양한 베스트, 캐미솔[6], 코르셋 커버와 가슴 보호대였다. 보온을 위해 입는 것도 있었고, 가슴 쪽에서 눈에 보이는 코르셋 라인을 매끈하게 만들기 위해 입는 것도 있었다. 빅토리아 시대의 면 캐미솔과 코르셋 커버가 많이 남아 있고, 잠옷, 아기 옷과 함께 골동품상에서도 발견된다. 주로 자수, 레이스, 리본으로 이루어진 아름다운 속옷이다. 대개 보온을 위해 입는 일상용 캐미솔이 훨씬 흔했지만 지금까지 남아 있는 것은 얼마 없다. 반면 고급 옷은 이런 평범한 옷에 비해 보존될 가능성이 훨씬 높기 때문에 지금까지도 남아 있는 것이다.

1851년의 만국 박람회에는 편직 베스트 업체가 10개 이상 참가했다. 이런 편직 베스트는 집에서 쉽게 만들 수 있는 플란넬 베스트보다 더 비쌌다. 재정적으로 정말 어려운 사람들이나 플란넬 베스트조차 마련할 형편이 되지 않는 사람들에게는 단순한 가슴 보호대가 유용했다. 주로 납작한 플란넬, 무두질한 가죽으로 만들었는데, 가슴 보호대를 착용할 때는 먼저 천(또는 가죽) 부분을 가슴에 대고 아

---

6. 캐미솔(camisole): 가는 어깨끈이 달린 여성용 속옷 상의. 소매가 없고 길이는 허리 아래까지이며 페티코트와 같이 입거나 바지 차림일 때 상체에 입는다.

기 턱받이처럼 끈을 목 뒤로 묶고 또 다른 끈은 허리에 묶어 천(혹은 가죽)이 올라가지 않도록 했다. 더 부유하고 유행을 의식하는 여성들은 토끼 털로 만든 가슴 보호대를 선택했다. 이런 보호대는 보온이 되고 가슴을 보호해 주면서도 부피감이 없어 상체를 날씬하게 보이게 했기 때문이다. 그만큼 부유하지 못한 여성들이 걸치는 옷은 일반적인 숄이었고, 숄을 두른 채 하기에는 힘든 일이 많았기 때문에 상체와 코르셋 사이에 신문지를 끼워야 하는 경우도 있었다. 한겨울에 빅토리아 시대 옷을 입고 야외에서 일을 해본 경험이 있는 나는 이런 부가물이 더없이 소중하다고 증언할 수 있다.

## 스커트는 부풀수록 좋다

젊은 빅토리아 여왕이 즉위 첫날 입었던 드레스는 최신 유행하는 옷이 아니었고 이전 해 패션 플레이트[7]에 등장했던 요소들을 조합한 것이었다. 박물관에 소장돼 있는 이 드레스는 본래 검은색 실크로 만들어졌지만 지금은 색이 바래 진한 갈색이 되었다. 장식 술 한 쌍이 스커트 한쪽으로 길게 흘러내리고, 작은 주름이 아코디언 형태로

---

7. 패션 플레이트(fashion plate): 패션 디자인의 유행을 전달하는 용도로 쓰인, 서양의 옛날 패션 잡지의 복식 도판.

빽빽하게 잡힌 소매가 어깨에 고정되어 있으며 밴드들이 팔을 따라 이어진다. 따라 입기 어려운 드레스는 아니었다. 소재를 실크가 아닌 염색된 면으로 바꾼다면 대부분의 중산층 가정의 소녀들뿐 아니라 심지어는 하녀들도 입을 수 있을 만한 디자인이었다.

솜씨 좋은 침모나 재봉사가 최신 트렌드를 따라잡을 수 있게 해주는 패션 플레이트가 널리 퍼지면서 런던에서 멀리 떨어진 곳에 살지만 도시의 유행을 접하고 싶어 하는 사람들에게 큰 도움을 주었다. 지방의 재봉사들은 그 지역의 드레스 대부분을 생산했고, 이런 드레스는 개별 고객의 치수에 맞게 만들어졌다. 유행하는 옷을 만들 수 있다는 것은 재봉사들의 큰 장점이었다. 가정주부 중에도 의복 전체를 다 만들 수 있는 기술을 보유한 경우가 있었지만, 대개는 가족들이 필요로 하는 많은 속옷을 만드는 데 매달려야 했다. 보다 복잡한 겉옷은 만들다가 실수를 할 경우 비용이 많이 들 수 있기 때문에 전문가에게 맡기는 것이 훨씬 나았다. 수수료는 지불해야 하겠지만 그해에 장만할 수 있는 유일한 옷감을 망치는 위험은 피해갈 수 있었으니까.

집에서 손수 만드는 것과 전문가가 생산하는 것 외의 또 다른 방법은 방문 침모를 이용하는 것이었다. 침모가 집에 와서 재단과 가봉을 해주고, 주부와 딸들이 침모의 감독하에 바느질의 대부분을 소화한다. 여자 가족들의 드레스를 한 벌씩 만드는 식으로 한 번에 여

그림 33. 『숙녀의 캐비닛』에 실린 패션 플레이트, 1839년.

러 벌의 옷을 마련할 경우에는 이 방법이 대단히 경제적이었다. 이런 방법 대신 낡은 드레스의 바늘땀을 풀어서 새로운 옷을 재단하는 견본으로 사용할 수도 있었다. 재단의 어려움을 해결하는 경제적인 방법이었지만 유행에 뒤떨어진 옷을 다시 만들어야 한다는 아쉬움이 남는다.

이런 방법들 중 어떤 방법도 쓸 수 없는 형편이라면, 번성하는 중고 의류 시장으로 눈을 돌릴 수 있었다. 서비스업에 종사하는 젊은 여성은 여주인으로부터 옷을 얻는 경우가 많았고 이것은 계층 간 의류 이동의 주요한 경로였다. 일부 가정은 하인들에게 유니폼을 제공했고, 이것은 하인들에게 상당히 도움이 되었다. 여주인이 헌 옷을 하녀들에게 주는 것도 흔한 관행이었다. 하지만 여주인들이 하녀가 지나치게 (자신보다 더) 멋지게 보이는 것을 싫어했기 때문에 하녀들은 받은 옷을 팔거나 다른 사람에게 넘겼다. 그런 식으로 옷의 주인이 바뀌는 일이 매우 흔했기 때문에 사람들은 빈곤 계층이 낡은 옷을 입거나 유행에서 몇 년 뒤처진 옷을 입는 모습을 보는 것에 익숙했다. 이런 관행은 유행을 자극했다. 유행에 뒤처질 경우 하인처럼 보일 수 있었기 때문이다.

1830년대와 1840년대에는 지역마다 노동 계층의 패션이 달라 그들이 입은 옷을 보고 어느 지역에 사는지 쉽게 구별할 수 있었다. 북동쪽의 어촌에서는 일부 여성들이 1760년대에 유행했던 누비 페티코트를 입었다. 다른 대부분 지역의 여성들은 그런 옷을 입지 않은 지 오래였지만, 바닷가의 어부 아내들에게는 여전히 인기가 있었다. 누비 페티코트를 유행에 뒤떨어진 옷이 아닌 자신들만의 독특한 스타일로 여겼기 때문이다.

웨일스 여성들 역시 지역적 정체성을 지닌 옷을 입는 경우가 많았는데, 특히 검은색 높은 모자와 붉은색 숄로 널리 알려졌다. 또 웨일스 지역에서 생산되는 줄무늬 모직 천을 사용해 만든 스커트를 선호하는 것으로도 유명했다.

아일랜드 여성들의 패션은 맨발에 무릎 길이의 짧은 스커트를 입는 것이 특징이었다. 빠르게 성장하는 런던의 패션은 이런 모든 지역 사회의 전통 의상들과 공존했지만 지역적 색채를 잃지 않았다. 웨일스 론다 밸리에 사는 여성은 체셔와 하트퍼드셔에 그렇게나 많은 무늬 있는 값싼 면직물을 자신이 사는 지역에서는 조악한 줄무늬 모직 옷감만큼 쉽게 구할 수 없다는 것을 알고 있었다. 전통도 한몫을 했고, 비교적 좁은 지역에서 영향력을 발휘하는 지역의 패션 리더들도 있었다. 자신이 속한 공동체의 옷을 입으면 고향과 더 가까워진 느낌이 들었을 것이다.

잉글랜드 사람처럼 보이는 것이 항상 매력 있는 일은 아니었다. 철도가 영국 구석구석으로 파고들면서, 이런 지역적 색채의 일부가 영향력을 잃기 시작했다. 이용할 수 있는 소재가 균일해졌고 사람들의 이동이 잦아졌다. 1861년 종이에 대한 세금이 폐지되었고, 여기에 인쇄업계의 기술적 도약이 더해져 책, 잡지, 광고 전단, 카탈로그, 포스터의 제작비가 훨씬 저렴해진 덕분에 주변에서 흔하게 볼 수 있었다. 패션 정보를 다루는 매체는 인쇄가 호황을 누린 부문 중 하나였고 전국에 걸쳐 패션에 대한 열망을 표준화하는 역할을 했다.

1839년의 잡지 『숙녀의 캐비닛The Ladies' Cabinet』에 실린, 손으로 채색한 아름다운 패션 플레이트는 기껏해야 수천 명의 여성들이 보았겠지만, 1862년 발간된 『영국 여성의 가정지』에 실린 패션 플레

그림 34. 『영국 여성의 가정지』에 실린 패션 플레이트, 1862년.

이트는 그 10배가 넘는 여성들이 보았다.

최초의 실물 크기 종이 옷본이 영국에 등장한 것은 1830년대였다. 1858년 런던에는 매장에서 혹은 우편으로 옷본을 판매하는 옷본 상점이 10개 이상 있었다. 1860년 비튼 부부는 자신들이 만드는 잡지에 패션 플레이트와 함께 프랑스 고급 패션 브랜드의 실물 크기 종이 옷본을 포함시키기 시작했다. 1876년 미국 기업 버터릭 Butterick이 리젠트가에 매장을 열면서 그 대열에 합류했다. 그들의 옷본은 3펜스에서 시작해 2실링(24펜스)에 이르는 것도 있었고, 매달

40~60개의 디자인이 도착했다. 옷본 업계는 엄청난 성공을 거뒀고 종이 옷본은 여성을 공략하는 잡지의 필수적인 요소가 되었다.

1860년 잘록한 허리선과 거대한 스커트의 유행을 뒷받침한 것은 코르셋과 크리놀린이었다. 강철 크리놀린을 드레스로 덮으려면 크리놀린 표면에 많은 옷감을 세심히 배치해야 했다. 크리놀린이 도입되었을 즈음 10대 중반이었던 소녀들을 비롯해 그것을 입어본 여성들은 대부분 크리놀린을 긍정적으로 평가했다.

"정말 기분이 좋았어요. 외출했을 때 이렇게 편안했던 적이 없었어요. 페티코트가 다리에 달라붙지 않아서 가벼웠고 쉽게 걸을 수 있었어요."

하지만 단점도 있었다. 그런 거대하고 탄력 있는 스커트를 관리하는 것은 까다로운 일이었다. 몸을 많이 노출하지 않으려면 앉는 법을 다시 배워야 했다. 엉덩이를 튕겨 크리놀린이 올라가도록 한 뒤 조심스럽게 스커트 뒤를 들어 올리는 것이 효과적이었다. 이 방법이 어렵다면 뒤로 손을 뻗어서 몇 겹의 스커트 사이에서 가장 위에 있는 테를 찾아 몇 인치만 들어 올리는 방법도 있었다. 더 문제가 되는 것은 좁은 출입구였다. 출입구를 빠져나오는 도중에 스커트가 짓눌려 엉망이 되기 때문이었다. 또한 갑작스레 돌풍이 불어 날아올라간 스커트를 붙잡아 내려야 할 위험이 항상 존재했다.

만화가들은 크리놀린을 몹시 좋아했다. 그들의 손에서 엄청난 수의 풍자만화가 쏟아졌다. 풍자만화 잡지『펀치Punch』는 크리놀린을 주제로 온갖 농담을 실었다. 그뿐만 아니라 숙녀의 속옷과 연관된 그림을 게재하는 데 공을 들였는데, 합승 마차에 앉아 있는 여성의 그림, 스커트가 남성들을 창밖으로 밀어내는 그림, 풀밭에 앉은 여성들의 피크닉 파티를 그린 그림, 출입구에 끼인 여성의 그림, 여성의 스커트 때문에 포옹하지 못하는 연인 그림 등이 있었다.

UNDER THE MISTLETOE.
AUGUSTUS THINKS CRINOLINE A DETESTABLE INVENTION.

그림 35.『펀치』의 만화, 아연실색하게 하는 겨우살이 아래의 크리놀린.[8]

개인적으로 나는 크리놀린을 매우 좋아한다. 입는 재미가 있기 때문이다. 나는 크리놀린이 이리저리 흔들리고 튕기는 것을 즐긴

---

8. 크리스마스에 겨우살이 장식 아래서는 키스해도 된다는 풍습이 있는데, 만화 속 남성은 거대한 크리놀린 때문에 겨우살이 장식 아래에 있는 여성에게 다가가지 못하고 있다.

다. 하지만 빅토리아 시대의 일부 여성들은 이것이 유쾌하지 못하다고 생각하면서 요동치는 크리놀린이 눈에 거슬린다고 불평했다. 여성이라면 항상 부드럽고 우아한 자세를 갖춰야 한다고 생각했기 때문이다. 물론 크리놀린을 입고도 우아하게 움직일 수는 있었다. 하지만 모두가 그런 감각을 타고나는 것은 아니다.

나는 크리놀린이 주는 썰렁하고 허전한 느낌이 싫었고, 이것은 빅토리아 시대 여성들 사이에서도 공통적인 불만이었다. 여러 겹의 옷으로 하체를 감싸는 데 익숙해져 있었기에 면으로 된 헐렁한 여성용 속바지(판탈레츠pantalettes) 하나만 입는 것은 영 익숙하지 않았기 때문이다.

1862년에는 크리놀린을 만드는 데 매주 130톤에서 150톤의 강철이 소비됐다. 크리놀린 산업은 번창해 셰필드 전체 강철 산출량의 7분의 1을 소비했다. 크리놀린은 패션 엘리트뿐만 아니라 수많은 노동 계급 여성까지 아우르는 의복이 되었다.

지하에서 석탄 수레를 밀거나 들일을 하는 등 크리놀린을 입고는 할 수 없는 일이 많았지만, 재단이나 바느질 같은 일들은 크리놀린을 입은 채로도 할 수 있었다. 그래서 많은 여성들이 일요일에는 크리놀린을 입고 주중에는 입지 않는 중도적 입장을 취했다. 탄광에서 노동을 하면서 바지로 된 작업복을 입고 사진에 등장하던 젊은 여성들도 일요일에는 크리놀린에 제일 좋은 옷을 차려입은 모습으로 사진에 담겼다. 언론인 헨리 메이휴는 판매량을 감안할 때 영국의 모든 여성이 옷장에 크리놀린을 두 세트씩은 갖고 있었을 것이란 의견을 밝힌 적도 있다.

탄광에서 일하는 젊은 여성들이 입는 바지는 1860년대에 많은 주목을 받았다. 특정 지역 고유의 의상이라기보다는 직업에 관련된 의복이었기 때문이다. 많은 사진에서 남성용 바지를 입되 여성스러움을 살려 소화한 모습을 볼 수 있다.

여성들은 보통 남성이 캐놓은 석탄을 지상으로 옮기는 일을 했다. 이는 천장이 낮은 터널을 따라 석탄을 실은 수레를 밀거나 끄는 것을 의미했다. 석탄 수레를 밀거나 끌 때 가장 효율적인 방법은 몸을 크게 기울여서 체중을 싣는 것이었다. 관습에 따른 길이가 긴 스커트는 이런 자세를 취하기 불편하기 때문에 아주 짧은(허벅지 중간쯤까지 오는) 치마를 입거나 기존 치마를 그 정도까지 접어 올려야 했다. 후자가 훨씬 좋은 방법이었다. 탄광을 나와서는 보온을 하거나 품위를 지키기 위해 치마를 다시 내릴 수 있기 때문이었다. 하지만 맨다리를 계속 드러내는 짧은 치마를 입으면 일하는 동안 무릎이 긁혀 상처가 날 수도 있고 함께 일하는 다른 남성들에게 맨다리를 보인다는 것은 품위 없는 행동이기도 했다.

이 시대 어린아이들은 이미 짧은 치마 아래 발목까지 오는 판탈레츠나 드로어즈를 입고 있었는데 이것을 처음 착용한 것은 여성 탄

그림 36. 어촌의 여성, 1875년.

광 노동자였던 것으로 보인다. 하지만 일과 환경이 가혹하고 더러
웠기 때문에 결국 질긴 남성용 바지가 드로어즈를 대체하는 것이 당
연한 수순이었다. 그들의 바지는 유명세를 탔다. 그들은 일터에서
허벅지 중간까지 접은 치마 밑에 바지를 입었다. 독특한 복장이었
지만 남성적인 모습은 아니었다. 그것은 직업과 관련된 유니폼, 나
름의 지위와 위치를 상징하는 표지가 되었다.

빅토리아 시대 영국 전역에서는 의복으로 사람들의 직업을 구분
할 수 있었다. 스코틀랜드 동부 해안과 잉글랜드 북동부 해안의 어
부 아내들은 줄무늬 모직 스커트를 여러 겹 입고 접어 올려 무릎 아
래부터 발과 다리가 드러나도록 하는 것이 보통이었다. 이런 착장은

가슴 앞쪽에서 단단히 교차해 뒤에서 묶는 숄로 완성되었다. 많은 사람들이 치마를 접어 올리는 데 공을 들였는데 각양각색의 줄무늬가 보기 좋게 보이도록 접어 올리는 것이 포인트였다.

이렇게 옷을 입은 여성들은 바위 위와 해변에서 일을 하면서, 남성들이 배를 띄우고 끌어 올리는 일을 돕고, 잡아 온 물고기를 배에서 내려 판매할 수 있도록 손질했다. 부둣가에서 생선 내장을 빼고 소금을 뿌리는 일을 할 때면 치마를 접어 올리지 않고 기름천으로 만든 큰 앞치마를 둘렀다. 이는 옷을 매우 실용적으로 착용한 사례로 남성 사진작가, 삽화가들의 관심을 끌 만큼 눈에 띄었다. 심지어는 1876년 여성복 디자인과 스타일을 기반으로 다양한 아동복을 팔던 데벤햄 & 프리보디Debenham & Freebody라는 소매업체까지 이런 옷차림에 관심을 보였다.

옷의 색상 역시 빅토리아 시대 중반에 혁명을 겪었다. 이는 크리놀린 시대의 절정과 맞물렸다. 1856년 화학자이자 기업가인 윌리엄 퍼킨William Henry Perkin은 당시에는 산업 폐기물이었던 콜타르로 만들 수 있는 새로운 형태의 염료를 발견했다. 그는 이 새로운 색조에 '모브Mauve'라는 이름을 붙였다. 모브는 매우 선명한 보라색이었다. 모브의 뒤를 이어 더욱 생생하고 화려한 에메랄드그린[9], 마젠

---

9. 에메랄드그린(emerald green): 에메랄드처럼 맑고 아름다운 녹색을 내는 염료.

타[10], 솔페리노[11], 아줄린[12]이 개발되었는데 이 염료들은 특히 실크를 염색했을 때 더욱 효과적이었다. 1860년대의 패션에는 망설임이란 없었다. 미묘함이나 고상함은 내던진 생기 넘치는 시대였다. 크리놀린과 테두리 장식을 향한 애정이 합쳐진 결과 이 시기의 많은 드레스들은 장식이 가득한 램프 갓조차 무색케 했다(권말 도판 11 참조).

재봉틀이 도입되면서 패션 피라미드의 맨 꼭대기는 정교한 주름과 장식이 차지하게 되었다. 같은 양의 작업도 이제는 훨씬 효율적으로 할 수 있게 되었기 때문이었다. 패션 피라미드의 아래층에서는 재봉틀이 사람들의 의상 수를 조용히 늘려주었다. 재봉틀이 생산 속도를 높이고 수요를 진작시키면서 하청업자, 스웨트숍[13], 공장들은 옷 가격을 낮출 수 있었다. 단기적으로, 재봉틀은 바느질로 먹고사는 가난한 여성들에게 심각한 부담을 안겼다. 극히 적은 임금을 받던 그들은 재봉틀을 구입하거나 빌릴 여유가 없었으므로 손바느질로 재봉틀을 소유한 부유한 사람들과 경쟁해야 했다.

이 가혹한 적응 기간은 꽤 오래 지속됐다. 나는 오래전 빅토리아 시대의 잠옷을 구입한 적이 있는데, 이후 1889년의 우편 주문 카탈

---

10. 마젠타(magenta): 밝고 선명한 분홍색을 내는 합성염료.

11. 솔페리노(solferino): 선명한 보랏빛이 도는 분홍색을 내는 염료.

12. 아줄린(azuline): 콜타르를 원료로 하는 염료로 선명한 푸른색을 낸다.

13. 스웨트숍(sweatshop): 열악한 환경에서 저임금을 받으며 노동하는 작업장.

그림 37. 여성 패션의 활기 넘치는 순간. 풍성한 스커트와 대담한 장식.

로그에 그와 비슷한 제품이 실린 것을 발견했다. 물론 내가 갖고 있는 물건은 전적으로 노동자가 한 땀씩 손으로 바느질해서 만들었을 수공 제품이었다. 재봉틀이 도입되고 30년 이상이 지난 후에나 표준화된 의복이 만들어지고 상업적인 규모로 생산되었다는 의미다.

1860년대 말에 접어들면서 유행하는 스커트는 앞과 옆의 부피가 줄어들었고, 남은 천이 모두 뒤로 보내져 뒤쪽이 점점 높아졌다. 다행히 형편이 넉넉지 않은 유행 추종자도 새로운 크리놀린(혹은 크리놀레트)을 구입하고 기존의 스커트를 그 위로 겹쳐 올리기만 하면 이 유행 스타일을 연출할 수 있었다. 크리놀린은 점차 버슬[14]로 변화하

---

14. 버슬(bustle): 치마 뒷부분을 불룩하게 하기 위해 입던 치마받이 틀.

여 간소화되었고 전반적인 실루엣이 날렵해졌으며 상체는 더 길고 매끈해졌다.

1880년대 말 여성 기성복 시장은 남성 기성복 시장을 따라잡기 시작했다. 몸에 꼭 맞아야 하는 상의는 19세기 공장 방식으로는 대량 생산을 하기 어려웠지만, 기성복의 범위는 넓어지고 있었다. 과거에는 속옷과 잠옷을 가정에서 여성들이 만들었지만 1880년대에는 대부분이 상업적으로 생산되었다. 재봉틀과 레이스 기계의 보급 덕분에 슈미즈, 콤비네이션, 잠옷의 생산 속도가 훨씬 빨라졌고 제품의 품질도 더 좋아졌다. 그런 제품들은 사회 하위 계층 여성들 사이에서 큰 인기를 얻었다. 자신들이 직접 바느질해 만들어야 하는 수고를 덜 수 있었기 때문이다. 페티코트와 스커트도 기성복으로 구할 수 있었고, 다양한 망토, 코트, 기타 겉옷도 마찬가지였다.

기성복조차 살 경제력이 없고 직업이나 지역에 연관된 옷도 아무 의미가 없는 사람들에게도 옷은 중요한 문화적 메시지를 담고 있었다. "존중할 만한" 빈민인지 자포자기한 빈민인지를 보여주었던 것이다. 외모를 단정히 하는 한은 취업문을 열 수 있는 희망이 있었다. 하지만 입은 옷의 수준이 사회에서 수용되는 기준 아래로 내려가면 눈앞에서 문이 닫히고 기회는 주어지지 않았다. 옷매무새가 남 앞에 내놓을 정도만 되면 고용할 수 있었다. 하지만 이 보이지 않는 경계를 넘어선 옷차림이라면 받아들일 사람이 거의 없었다.

청결도 큰 몫을 했다. 낡았지만 손질이 잘된 옷은 더럽고 단정치 못한 옷보다 훨씬 좋은 인상을 주었다. 하지만 어쨌든 일정 수준에는 도달해야 했다. 옷차림은 거지들에게조차 중요한 문제였다. 낡았지만 "말쑥한" 옷을 입은 거지는 넝마와 누더기를 걸친 거지보다 훨씬 많은 돈을 얻었다. 사람들은 말쑥한 옷차림의 거지는 일시적으로 운이 나쁜 사람이라 이해하고 공감했지만 존중할 만한 옷차림을 하지 않은 거지는 무시했다.

똑같은 옷도 입은 사람에 따라 전달하는 의미가 달라졌다. 극빈자가 퀄리티 높은 최신 유행 드레스를 자선가로부터 얻어서 구두와 스타킹 없이 입었다면 그녀가 품위의 측면에서 합격점을 얻을 것이라고 여길 사람은 드물었다. 빅토리아 시대에 그런 착장을 한 사람을 보면 매춘부를 떠올렸을 것이다. 차라리 그 드레스를 팔아 그 돈으로 자신의 수준에 맞는 적절한 옷을 갖춰 입는 것이 훨씬 더 현명한 일이었다. 그런 적절한 복장이라면 일자리나 잠자리를 구하는 데 성공할 가능성이 높았다.

많은 사람들이 더 형편없다고 생각했던 것은 구빈원의 옷이었다. 각 구빈원마다 고유의 유니폼을 제공했는데 보온성은 있었지만 수치심을 유발했기 때문이다. 대부분의 유니폼은 당시 노동자 계층이 입는 일반적인 옷보다 더 구식이었다. 1843년 리버풀 조합은 성인 여성에게 표백하지 않은 옥양목 슈미즈 두 벌, 플란넬 페티코트 한 벌, 회색 린지[15] 스커트 한 벌, 보라색과 흰색 옥양목 목도리가 달린 푸른색과 흰색 물방울무늬의 튼튼한 옥양목 재킷 두 벌(당시에도 구식 표현인 '베드가운-bedgown'으로 묘사되었다), 앞치마 두 벌, 검은 양모 스타킹 두 켤레, 신발 한 켤레를 지급했다. 구빈원 여성들은 모두 같은 옷차림이었기 때문에 외부인들도 바로 알아볼 수 있었을 것이다. 옷감은 당시에 구할 수 있는 것 중 가장 저렴한 것을 사용했고, 상체를 덮는 것이 면직물뿐이었기 때문에 그리 따뜻하지 않았을 것이다. 슈미즈 두 벌, 재킷 두 벌, 스타킹 두 켤레였기 때문에 하나를 입는 동안 하나를 빨아서 적정한 수준의 청결을 유지할 수 있었을 것이다. 하지만 개성은 말할 것도 없고 계절의 변화에 대비할 수도 없었다.

구빈원 여성들은 보통 직접 옷을 만들어 입었다. 그러면 최소한 자기 몸에 맞게 만들었을 것이라고 생각할 수 있다. 그러나 실제로는 정해진 사이즈로 옷을 만들어서 같은 사이즈를 가진 누구라도 입을 수 있도록 했기 때문에 실상은 달랐다. 관리자들의 편리에 맞춘 방식이었을 것이다. 따라서 여성들은 '자기 옷'을 갖기보다는 일주일에 한 번 빨래를 한 뒤 자신에게 배급되는 옷을 입었다. 구빈원 역사를 통틀어 보아도 이런 유니폼이 갱신된 사례는 찾기 힘들다. 따라서 구빈원의 옷은 점점 시대에 뒤떨어졌고 외부 사람들의 눈에 더

---

15. 린지(linsey): 아마실과 양모 실을 섞어 짠 직물.

띄게 되었다. 1900년 런던 세인트팽크러스 구빈원의 저녁 식사 시간에 촬영된 사진은 수백 명의 의지할 곳 없는 여성들이 1850년대의 헐렁한 드레스를 입고 줄지어 앉아 있는 모습을 보여준다.

## 빅토리아 시대 옷차림의 특징은
## 겹쳐 입기

나는 빅토리아 시대 여성들의 다양한 옷을 만들고 입어봤고, 수많은 코르셋을 입고 고생해 봤으며, 여러 대의 재봉틀에 대고 욕도 해보았고, 1850년대 중반까지의 스타일로 모든 의상을 손으로 만들기도 했으며, 그 시기 이후의 옷을 만들 때는 손으로 돌리고 발로 움직이는 기계를 사용했다. 나는 코르셋을 입는 방법과 말총을 다루는 방법을 배웠고, 몇 시간씩 걸려 실로 손수건 테두리를 장식했다. 재미있고 대단히 흥미로웠지만 시간이 많이 걸리는 일이었다. 당시의 복식을 다룬 문헌을 더 잘 이해할 수 있게 설명한 자료는 단 하나도 없었기에 직접 옷을 만들면서 많은 것을 배운 만큼 옷을 입는 것으로부터도 많은 것을 배울 수 있었다.

현대의 소재와 기법으로 만든 모형이나 연극·영화용 의상을 입었다면 이런 배움은 얻지 못했을 것이다. 소품 제작소의 의상은 영화,

연극, 배우의 필요를 염두에 두고 만든다. (세계 최고 수준이라 할지라도) 일부는 당시의 방식을 따라 만들지만 대부분 대충 어림짐작으로 만든다. 그 시대 옷감을 잘 모방한 옷감으로 만드는 의상도 있지만 지금 구할 수 있는 값싼 소재로 만드는 경우가 많다.

연극에서는 의상을 빨리 갈아입어야 하기 때문에 극 중 시대와 상관없이 지퍼나 벨크로가 들어간다. 또 대부분의 의상이 요즘 속옷 위에 입을 수 있도록 제작되었다. 이런 것들이 잘못이라는 이야기는 아니다. 하지만 철저한 고증 없이 만든 영화와 연극을 위한 의상은 착용감이 실제 과거의 옷과는 매우 다르며 연구적인 가치는 거의 없다는 의미다.

진짜 빅토리아 시대 의상을 체험하려면 많은 노력이 필요하다. 모양만 비슷한 옷이 아니라 당시에 사용한 것과 같은 옷감을 찾아 그 시대의 옷본 재단 기법으로 마름질을 하고(재단 방법에 큰 변화가 있었다), 당시에 사용한 것과 같은 재봉실과 도구를 사용하여 당시의 방법(작업 방식에도 정기적으로 변화가 있었다)으로 만든 옷을 입어봐야 한다. 또한 눈에 보이는 대로가 아니라 당시 스타일대로 속옷부터 겉옷까지 모든 옷을 갖추어 입는 것을 의미한다. 쉽지 않은 일이다. 하지만 그 경험은 대단히 색다르고 많은 깨달음을 주었다.

내가 입어본 정확하게 고증한 의상들(빅토리아 시대의 의상 이외에도 몇 개의 의상이 있다)은 행동 전반에 영향을 미쳤다. 각각의 의상에 따라 앉고, 서고, 걷는 등의 전반적인 자세가 바뀐다. 일을 하는 방식도 바뀐다. 어떤 시기의 옷은 움직임이 쉽고 편안한 반면 어떤 시기의 옷은 움직임이 어색하고 부자연스럽다. 어떤 유형의 옷을 입었느냐에 따라 같은 일이나 활동을 하더라도 완전히 다른 방법이나 접근법이 필요했다.

낫질을 예로 들어보자. 나는 1620년대의 옷을 입고 낫으로 곡식을 베었고, 1870년대의 옷을 입고 밭 가장자리를 갈았고[16] 2010년대의 옷차림으로도 낫을 들고 웃자란 풀을 베었다. 처음 1620년대 복장을 했을 때 한 발을 다른 발 앞에 두고 앞쪽 무릎을 한껏 구부린 뒤 왼쪽 팔꿈치를 그 무릎 위에 놓아 체중을 지지하면서 허리를 보호하는 자세가 최선의 방법임을 알게 되었다. 오른손에 든 낫을 밭 쪽으로 내밀어 우선 굽은 날 안으로 줄기를 한 줌 느슨하게 모은 뒤 지지하고 있는 왼쪽 손으로 줄기 위쪽을 잡고 낫을 휘둘러 줄기를 베어낸다.

1870년대의 복장을 하고 같은 동작을 시도하자 옷이 꼬이고 접혔다. 하지만 무게 중심을 몸 가운데로 옮겨 코르셋 안에 체중을 실으면 코르셋 안의 탄력 있는 강철 버스크 덕분에 등 근육을 이완한 상태로 몸을 더 앞으로 구부려 낫을 더 정확하게 쓸 수 있다는 것을

16. 말이 끄는 당시의 최신식 수확·결속기로는 울타리에 접한 가장자리 부분을 관리할 수가 없기 때문에 사람이 직접 작업을 해야 했다. (저자 주)

알게 되었다.

2010년대의 복장을 했을 때는 동작을 또다시 바꿔야 했다. 결국 나는 서 있는 것을 아예 포기하고 무릎을 꿇은 상태로 움직였다. 모든 활동과 움직임이 이런 식으로 영향을 받는다. 스타일은 천천히 변화하는 경향이 있고 우리는 시간의 흐름과 함께 천천히 적응하기 때문에 패션으로 인해 우리의 행동이 이렇게 변화한다는 것을 알아차리기 어렵다.

빅토리아 시대 60여 년 동안 의복의 스타일은 여러 차례 변화가 있었고 사회적 계층에 따라서도 큰 차이가 있었다. 구빈원에서 간신히 살아나가는 사람들은 야회복을 입는 것이 어떤 느낌인지 알지 못했을 것이며, 마찬가지로 중산층 여성은 여성 탄광 노동자가 무슨 일을 하기 위해 바지를 입었는지 잘 몰랐을 것이다.

빅토리아 시대 여성의 옷차림에서 가장 눈에 띄는 보편적인 특징은 겹쳐 입기였다. 부유하든 가난하든, 빅토리아 시대가 시작된 1837년이든 마지막 해인 1901년이든 그 시대 여성들은 여러 겹의 옷을 입었다. 겹쳐 입는 옷의 소재는 대부분 면이었다. 실크 드레스와 대부분의 모직 드레스의 안감은 면이었고 드레스, 슈미즈, 드로어즈, 코르셋, 코르셋 커버, 스타킹, 페티코트 역시 대부분 면을 사용했다. 다른 옷감들도 있었지만 여성들의 옷장에서 가장 많이 보이는 옷감은 단연 면이었다. 플란넬 페티코트 한두 벌(당시 여성의 옷장에서 가장 흔한 모직물)이 있기는 해도, 빨래하기 쉬운 면으로 만든 옷이 대부분이었다. 면으로 만든 옷을 여러 겹 입으면 옷의 부피를 크게 늘리지 않으면서도 보온이 가능했고 코르셋 안에 세탁이 용이한 면 속옷을 입으면 피부의 청결을 유지할 수 있었다.

빅토리아 시대의 어느 때든 이러한 상황은 달라지지 않았다. 면은 값싼 옷감이었다. (보통 좋은 모직 가격의 3분의 1, 실크 가격의 거의 10분의 1이었다.) 면 대신에 리넨을 사용할 수 있었지만, 리넨 역시 면보다 훨씬 더 비쌌다. 면은 저렴하기도 했지만 색상, 종류, 패턴이 다양했다. 18세기 말 오목판 금속 롤러를 이용한 직물 인쇄의 시대가 도래했고 그 덕분에 일반인들도 정말 다양한 꽃무늬를 비롯한 밝은 색상과 다양한 디자인의 옷을 입을 수 있었다. 무늬를 새긴 옷감의 유행은 쉽게 찾아왔다가 쉽게 사라지고는 했지만 노동 계급의 구성원들도 유행을 따르려는 시도는 해볼 수 있었다.

면이 빅토리아 시대 여성들에게 제공한 매우 중요한 이점 중 하나는 옷을 선택할 수 있게 되었다는 것이다. 예산이 빠듯한 사람들도 매우 다양하고 매력적인 색상과 무늬의 면직물을 선택하여 사용할 수 있었다.

또 다른 공통점은 상체에 딱 달라붙는 옷이었다. 오랜 시간에 걸쳐 소매와 스커트의 크기와 형태는 크게 변화했지만 여성의 상의는 코르셋을 입지 않는 부분까지 몸에 꼭 맞는 스타일을 유지했다. 이런 옷들은 '신축성'이 거의 없었다. 그러다 보니 다양한 활동을 할 때 겨드랑이나 목 주변의 옷감이 당겨지고 꼬였다. 그 결과 (내 경험에 따르면) 일을 할 때 몸을 비틀지 않는 법을 빨리 익히게 된다. 팔을 머리 위로 편하게 뻗을 수 없다. 높은 선반의 물건을 내리려면 스툴을 가져와야 했고, 의자에 앉아서 몸을 돌리는 대신 일어나서 방향을 바꿔야 했다.

부피가 큰 스커트는 빅토리아 시대 여성 의상의 주요한 특징이었다. 실제 스커트의 크기와 형태는 커지기도 작아지기도 했지만 옷감이 많이 들어간다는 것에는 변함이 없었다. 빅토리아 시대의 가정집(특히 이 시기 후반의 가정은 물건이 많고 어수선한 것으로 악명이 높다)을 자세히 들여다보면 허리 높이 이상에만 물건이 어수선하게 놓여 있다는 것을 알 수 있다. 허리 높이보다 아래쪽에 물건을 놓으면 부피가 큰 스커트에 걸려 넘어뜨리기 일쑤였기 때문이다. 그래서 당시의 영국에는 낮은 커피 테이블이 없었다. 테이블이나 스탠드의 높이를 올려 대부분의 가재도구를 위험 구역에서 벗어나게 했다.

몸매를 드러내는 상의와 부피가 큰 스커트로 인해 대다수의 여성들은 허리 아래는 따뜻했지만 상체는 꽁꽁 얼 것 같은 추위를 견뎌야 했다. 이 시대 여성들이 숄을 단단히 움켜쥐고 있었던 것은 우연이 아니다. 1890년대 말의 맞춤 비즈니스 슈트가 유일한 예외였다. 남성복을 따라 트위드나 기타 모직으로 만든 재킷을 드레스나

블라우스 위에 입었다. 지금까지 남아 있는 이런 슈트를 입어보니 경제적 여유가 있는 사람들에게 이 옷이 왜 그토록 인기를 끌었는지 알 수 있었다. 정말 따뜻했다.

21세기의 환경에서는 부피가 크고 어색할 수 있지만 그럼에도 나는 빅토리아 시대의 옷이 그 시대의 생활 환경에서는 완벽하게 실용적이라는 사실을 알게 되었다. 현대에서는 문제가 될 만한 부피 큰 스커트 같은 것들은 중앙난방이 없던 빅토리아 시대의 환경에서는 몸을 따뜻하게 해주었고 허리 아래로 가재도구를 두지 않는 방식으로 불편함을 해결했기 때문에 문제 될 게 없었다. 석탄이 든 양동이를 나르거나 밭에서 순무를 솎는 등 빅토리아 시대의 노동을 계속할 때는 허리를 지지해 주는 코르셋과 여러 겹의 옷에 감사하는 마음이 들었다.

이제 나는 코르셋을 졸라매고, 가터를 두르고, 드레스의 단추를 채우는 과정을 생각하면, 힘겨운 하루 일을 위해 현명하게 옷차림을 갖추는 여성이 떠오른다.

## chapter 4
# 화장실 문화

## 필수 생활용품 '요강'

빅토리아 시대에 살았던 영국 여성의 대부분은 아침에 일어나면 전날 밤에 사용한 요강을 비우고 씻는 일로 하루를 시작했다. 반면 대부분의 남성들은 이런 가장 더러운 일에서 벗어날 수 있었다.

요강은 21세기까지 영국인의 삶에서 꼭 필요한 생활용품이었다. 오늘날에는 생각만 해도 혐오스럽지만, 요강은 실내 수세식 화장실과 전기 조명이 등장하기 전까지 빅토리아 시대 사람들의 삶에 없어서는 안 될 요소였다. 당시의 요강 중 대부분이 안팎에 유약을 바른 토기였으며 평범하고 기능적인 모습을 한 것도, 아름답게 색칠한 것도 있었다. 내부에 소변을 볼 때 겨냥할 동물이나 사람이 그려진 재미있는 모습의 요강도 있었다. 중세 시대의 요강은 형태와 크기가 다양했고 남성용과 여성용이 따로 있었지만, 빅토리아 시대의 요강은 입구가 넓고 한쪽에 손잡이가 있는 땅딸막하고 둥근 통의 모습으로 통일되었다. 아픈 사람을 위해서는 다양한 변기가 있었다. 병 모양도 있었고 침대에서 움직이지 못하는 사람들을 위한 쓰레받기 형태도 있었으며 사용하는 사람의 성별에 따라 차이가 있었다.

최소한의 살림살이만 갖춘 가난한 사람들도 요강은 가지고 있었을 만큼, 요강은 가장 기본적인 가정용품의 하나였다. 요강을 아래에 넣어둘 침대가 없고 해진 천 더미에서 자야 하는 사람도 어떤 형태든 요강을 갖고 있었다. 전기 조명이 나오기 전에는 칠흑 같은 어둠 속에서 집 밖으로 나와 마당을 지나 어두운 화장실을 찾아가는 것이 쉬운 일이 아니었고 극히 위험할 수도 있었다. 어린아나 노인, 몸이 불편한 사람은 말할 필요도 없었다. 부유한 도시 사람들이 집 안에 수세식 화장실을 두게 된 19세기 말에도 요강은 당연히 갖추어야 하는 필수품이었다. 모든 사람들이 요강을 이용하며 자랐고 요강을 활용하는 법을 잘 알았다.

요강을 몇 번 사용해 보면 요강 에티켓을 엄격하게 지키는 일이 얼마나 중요한지 바로 알게 될 것이다. 여기서 몇 가지 조언을 하려 한다.

- 요강을 항상 같은 장소에 두어야 한다. 주로 가구 밑이나 침실 구석의 벽에 붙여둔다. 어둠 속에서, 특히 잠에 취해 방향 감각이 없을 때도 요강을 쉽게 찾을 수 있어야 하기 때문이다. 요강을 찾기 쉽게 두는 것보다 더 중요한 일은 요강을 밟거나 넘어뜨릴 수 없는 곳에 두어야 한다는 점이다. 내용물로 가득 찬 남의 요강이라면 말할 것도 없다.

- 나만의 요강이 있어야 한다. 요강을 같이 쓰는 것은 위험천만한 일이다. 내가 급히 볼일을 보고 싶을 때 공용 요강이 비어 있을 거라고 어떻게 보장할 수 있는가? 공용 요강은 가득 차 있는 경우가 많다. 볼일이 급한 와중에 어둠 속에서 가득 찬 요강을 발견하고 싶은가?

- 뚜껑을 열고 사용한다.

물론 아침이면 누군가는 요강들을 비워야 한다. 내용물을 화장실에 비우고 가능한 한 빨리 씻어서 지정된 장소에 되돌려 놓는다. 백의의 천사 플로렌스 나이팅게일은 요강을 한 개씩 들고 나가 밖에 있는 화장실에서 비우고 씻는 것을 권장했지만, 대부분의 가정에서는 화장실을 오가는 수고를 줄이기 위해 오물통을 이용했다. 보통 그 일에만 쓰이는 양동이가 있었고, 더 나은 선택지는 중앙에 지름이 약 3인치(약 7.6cm)인 구멍이 뚫려 있고 볼록한 뚜껑이 있는 오물통이었다. 이렇게 디자인된 뚜껑은 오물통을 방마다 들고 다니며 요강을 비우는 동안 내용물이 튀어 흘러내리는 것을 막는다. 나이팅게일은 이러한 처리 방식에 반대한 것이다. 환자의 폐기물을 다른 환자의 침대 옆으로 가져가는 것은 그녀의 위생 관념에 반하기 때문이었다.

『비튼 부인의 가정생활 백과』 중 가정부에게 주는 지침 항목에는 아침 식사를 차리고 침실 창문을 연 뒤 매일 침실의 요강을 비워야 한다고 적혀 있다. 요강 비우기는 아침 목욕 때 썼던 대야와 주전자를 모두 씻는 것과 함께 아침에 처리해야 할 일 중 하나였다. 건강한 사람의 경우 한밤에는 요강에 소변 외에 대변을 볼 가능성이 낮다는 것을 기억해야 한다.

비튼 부인은 "요강"이라는 저속한 단어의 언급을 피하면서 오물을 비우는 방법을 가르쳤다. "이 일을 할 때는 모든 것을 오물통에 비운 다음 필요한 경우 용기에 펄펄 끓는 물을 부어 1분 동안 둔다. 물만으로 깨끗해지지 않으면 물에 테레빈유 한 방울을 추가한다."

이상적인 하녀는 아침 목욕 때 썼던 대야와 주전자, 양동이를 헹구고 말린 뒤, 오물통을 화장실로 운반해 비우고 씻는다. 나는 이런 일에 능숙하다. 요강의 내용물을 비우기 전에 오물통에 물이 얼마간 들어 있는지 확인하는 것이 좋다. 물이 들어 있는 통에 요강을 비워야 오물이 달라붙거나 더러워지는 것을 막을 수 있기 때문이다. 또 화장실에 오물을 비운 후에 통을 씻기도 훨씬 쉬워진다.

19세기 말의 웅장한 저택이나 최신 시설을 갖춘 건물에서는 오물을 화장실이 아니라 배수가 잘되고 많은 양의 깨끗한 물로 씻어 낼 수 있는 '슬루스 룸sluice room'으로 보냈다. 콘월의 랜히드록 하우스에 있는 슬루스 룸은 특히 훌륭했다. 1880년대 말에 빅토리아 시대의 최신 양식으로 지어진 이 집은 여러 개의 실내 수세식 화장실을 뽐냈지만 이 화장실들은 침실 복도 끝에 있었다. 가족들도 손님들도 프라이버시와 편의를 이유로 계속 침실에서 요강을 사용했다. 슬루스 룸은 특수 설계한 싱크대 여러 개와 수도꼭지, 수세식 물탱크가 있는 경이로운 곳이었다. 오물통을 여기로 가져와 수문 위의 쇠살대를 들어올리고 내용물을 안에 쏟은 뒤, 물탱크의 사슬 손잡이를 잡아당기면 모든 오물이 깨끗이 쓸려 내려간다. 이후 쇠살대를 수문 위로 다시 내리고 그 위에 오물통을 올리면 바로 위에 수도꼭지가 있어서 통을 쉽게 씻을 수 있다.

## 재래식 화장실

침대에서 일어나 몸을 씻고 옷을 입는 실용적인 일들을 마치면, 아침 일과의 다음 단계인 화장실로의 여정이 기다리고 있다. 대부분의 화장실은 집에서 가능한 한 먼 정원이나 마당 끝에 위치했기 때문에 화장실에 가려면 수고스럽게 옷을 입은 이후에야 가능했다.

그림 38. 일을 하고 있는 오물 청소부들, 1861년.

재래식 화장실은 구멍과 두엄 더미를 효과적으로 보관하는 분뇨 저장소로 이루어졌고, 그 위에 나무 벽, 비스듬한 지붕, 문으로 구성된 가벼운 무게의 오두막이 서 있었다. 문에는 공기가 순환될 수 있도록 아래, 위로 몇 인치의 틈이 있었다. 이는 대부분의 화장실이 통풍이 잘된다는 것을 의미했다. 화장실이 밀폐되어 있으면 금세 불쾌한 냄새가 났다. 안에는 나무로 만든, 거의 선반에 가까운 변기가 세워져 있었다. 나무 변기이기 때문에 추운 날씨에도 비교적 편안하게 앉을 수 있었다(현대의 플라스틱 변기가 훨씬 더 차갑다). 화장실을 잘 관리하기 위해서 벽과 천장에 정기적으로 백색 도료를 바르고, 바닥과 변기를 매일 열심히 닦고, 화장지나 신문지를 충분히 구비하고, 생화가 든 꽃병을 놔두었다.

대부분의 화장실은 위생적이었고 제 역할을 잘 해냈다. 화장실이 상수도로부터 멀리 떨어져 있고, 오물이 자연적으로 분해될 만큼 시간과 공간이 충분하기만 했다면 말이다. 오물을 두엄과 같은 방식으로 같은 양의 짚, 나뭇잎, 대팻밥, 구겨진 종이, 마른 흙 등 섬유질의 흡수성 물질을 더해 관리한다면 더 도움이 된다. 일부 지역에서는 돼지 축사를 화장실 옆에 두어서 돼지 분뇨와 더러워진 짚을 추가함으로써 오물이 더 빨리 분해되도록 했다.

도시에서 멀리 떨어진 지역에서는 20세기까지도 이런 재래식 화장실을 계속 이용했다. 깨끗하고 비용이 많이 들지 않았기 때문이다. 따라서 빅토리아 시대 시골에서는 거의 아무런 문제 없이 재래식 화장실을 계속 사용했다. 하지만 오물의 분해 속도가 따라가지 못할 정도로 화장실을 이용하는 사람의 수가 늘어나자 분뇨 저장소가 곧 가득 찼다. 재량대로 이용할 수 있는 땅이 더 있다면 문제가 되지 않는다. 조금 떨어진 곳에 새로 구멍을 파고 오두막을 새로운 장소로 옮기면 그만이기 때문이다. 이전의 구멍은 새로운 구멍을 만들면서 파낸 흙으로 두껍게 덮어 막으면 방해받지 않고 오물이 계속 분해될 수 있다. 진짜 문제는 사람들이 집과 상수도로부터 먼 곳에 화장실을 둘 정도로 넓은 뜰이 없는, 인구 밀도가 높은 지역에서 살기 시작하면서 발생했다.

런던의 정부 기관들은 사람들에게 화장실 아래 오물통을 정기적으로 치우도록 함으로써 문제를 해결해 보려 했다. 화장실 오물통이 가득 차면 오물을 퍼내 도시 외곽의 큰 두엄 더미로 옮긴 후 분해되어 안전한 상태가 되면 밭에 뿌렸다. 이론상으로는 그랬다.

도시의 각 교구[1]에는 거리와 공공시설을 청소하는 거리 청소부와 화장실 청소부가 있었다. 그들은 수레를 끌고 사람들에게 가장 방해가 덜 되는 밤에 거리를 돌아다녔다. 지역 법은 주택 소유자가 이런 사람들을 고용해 정기적으로 자기 집 화장실을 청소하고 오물을 가져가게 하도록 규정하고 있었다. 안타깝게도 모든 사람이 꼼꼼하고 성실한 것은 아니어서 화장실 오물통이 넘쳐서 이웃에 불쾌감을 준 혐의로 기소되는 일이 빈번했다.

마을과 도시가 점점 커지고 인구가 늘면서 오물 처리 문제는 더욱 심각해졌다. 화장실을 청소할 여유가 없는 가난한 지역에서는 화장실이 부족하고 분뇨 저장소가 넘쳐서 오물 웅덩이가 점점 늘어났다. 비양심적인 집주인들은 빈민가에 돈을 쓰고 싶어 하지 않았다. 많은 사람들이 화장실을 공유했기에 문제는 더욱 악화되었다. 1840년대에 선덜랜드에서 실시한 한 설문 조사는 화장실이 76명당 한 곳으로, 우스터에서는 15가구당 한 곳으로 기록하고 있다.

언론인 헨리 메이휴는 런던 빈민의 생활상에 대한 글을 자주 썼

---

1. 영국에서는 기독교 교구가 행정 구역으로 발전하기도 했다. 마을 성당이 일종의 지역 사무소 역할을 했기 때문이다.

다. 그는 이러한 보도로 동시대인들에게 행동을 촉구했다. 그의 관찰은 런던뿐 아니라 브리튼섬 곳곳의 마을과 도시에 영향을 주었다.

어느 날 밤 그는 선조들이 지난 300년 동안 해왔던 것과 동일한 방식으로 오물통을 비우러 가는 청소부들을 따라나섰다. 먼저 배설물을 퍼내 커다란 나무통에 담는데, 손잡이가 긴 삽이 그들의 주된 도구였다. 그다음 오물이 든 나무통을 막대나 삽 손잡이에 매달아서 두 사람이 지고 거리에 있는 수레까지 운반했다. 메이휴는 그 냄새를 "문자 그대로 구역질이 난다"고 묘사했다. 청소하는 화장실이 거리에서 바로 진입할 수 있는, 관리가 잘된 마당 안에 있으면 그 집 가족들에게 크게 불편을 끼치지 않고 작업을 진행할 수 있었다. 하지만 가난하고 인구가 많은 구역에서라면 사람들의 집을 거쳐서 배설물을 운반해야 했다. 한밤중에 말이다. 그들은 화장실 하나를 청소하면 1실링을 받았다. 일에 비해 형편없이 싼 비용이었지만 노동계급의 가정에서는 큰 지출이었다.

그들이 비우는 오물통은 보통 작은 크기였다. 메이휴는 대부분 도시의 오물통이 벽돌 구조물 사이에 들어가 있고 약 1제곱야드(약 0.8제곱미터)의 오물을 담을 수 있다고 기록하고 있다. 하지만 대부분의 화장실은 바닥이 그대로 흙이거나 벽돌을 깔았더라도 벽돌 사이를 모르타르로 채우지 않았다. 소변 등의 액체는 흙으로 스며들게 하고 고체 배설물만을 치우도록 하기 위한 방법이었다. 그랬기 때문에 지하 층에 사는 사람들은 벽으로부터 오수가 스며드는 것을 발견하기도 했다.

대도시, 특히 런던의 경우 지표면 아래의 토양이 인간의 배설물로 포화되어 우물로 가는 지하수를 오염시키기 시작했다. 질병의 미아스마 이론을 믿었던 사람들조차 이것을 매우 불쾌하게 생각했다. 하지만 오염된 지하수와 질병의 직접적인 연관성이 밝혀진 것은 1830년대에서 1840년대가 되어서였다. 우물에서 나온 물은 냄새도 나지 않고 보기에도 깨끗했다. 처음 위험 신호를 발견한 것은 역학자들과 세균 이론의 선구자들이었다.

1849년 런던에서 1만 5천여 가구에 대한 조사가 이루어졌는데 결과는 충격적이었다. 21가구는 지하실을 오물통으로 사용했고, 30가구는 오물통이 넘친 상태였으며, 22가구는 오물통이 '가득 찬' 상태로 분류되었다. 그리고 5천여 가구의 오물통이 '불쾌' 혹은 '비위생'으로 분류되었다. 이는 조사 대상 가구 중 약 3분의 1이 인간의 배설물로 심각한 문제를 겪고 있다는 것을 보여준다.

믿을 수 있는 수돗물을 공급하는 것이 해법으로 제시됐다. 사람들은 가정이나 일터에서 오물을 씻어내면 훨씬 몸에 좋고 쾌적한 환경이 조성될 것이라고 생각했다. 빅토리아 시대 초기에 민간 기업들이 도시 거주자들에게 부분적으로나마 빠르게 수도를 공급했지만, 오물을 씻어낼 상하수도 시스템을 건설하는 데 필요한 만큼 대

그림 39. 『펀치』에 묘사된 1858년의 '대악취' 사태.

규모로 투자하려는 사람은 찾기 힘들었다.

민간 기업이 실패했다는 것이 너무나 분명했기 때문에 1848년 정부가 조치를 취해야 한다는 압박이 거세졌다. 이에 공공 하수구에 연결된 배수관이 없는 집을 짓는 것이 불법이 되었다. 당시 런던 시의 보건 담당자였던 존 사이먼John Simon은 이 새로운 법안이 만들어진 이유가 된 보고서에서 "도시의 일부 아래에는 오물 도시가 있다고 묘사할 수 있다"고 결론지었다. 이 시점에 미아스마 이론을 믿었던 그는 사람들의 집에서 오물을 씻어내는 데에만 관심을 기울였고, 그 후의 일에 대해서는 생각지 않았다.

그의 배수관 정책은 처음에는 개인 가정의 오물을 템스강으로 밀어내는 데 성공했다. 그 결과 이전의 10년보다 토양 오염을 줄였지만 수로 오염이라는 대가를 치러야 했다. 템스강에서 올라오는 메스꺼운 냄새와 싸우기 위해 표백분에 담갔던 자루를 의회 창문에 걸어야 했던 1858년의 대악취Great Stink 사태가 발생하고서야 정치인들은 그 문제를 해결할 방법이 필요하다는 것을 깨달았다.

이후 하수 문제에서 몇십 년에 걸쳐 이루어진 엄청난 공학적 업적이 효과를 냈다. 이는 런던, 이후에는 그 본보기를 따른 영국의 다른 대도시와 마을에서 콜레라와 장티푸스를 없앴을 뿐 아니라 지금까지도 하수도 시스템의 중추를 이루고 있다. 이 엄청난 배수관과 하수도망은 오물을 모아 강이나 하천으로 보내지 않고 거르고 정화해서 깨끗한 물을 수계로 돌려보냈다.

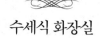

## 수세식 화장실

수세식 화장실이 대중의 관심을 끈 것은 대악취 사태가 일어나기 7년 전인 1851년이었다. 그해 플리트가에 최초의 공중 수세식 화장실이 문을 열었다. 역시 그해 수정궁[2]에서 개최된 만국 박람회에 여러 개의 수세식 화장실이 전시되었다. 대부분의 사람들은 이때 처음 수세식 화장실을 보았다. 하지만 1851년의 수세식 화장실은 새로운 발명품이 아니었다. 물로 씻어 내리는 변기를 그린 최초

---

2. 수정궁(Crystal Palace): 1851년 만국 박람회에 사용하기 위해 런던 하이드파크에 세워진 건물. 유리와 철을 주로 사용해 만들어졌다.

그림 40. 수세식 변기의 두 가지 대표적 방식. '세척(wash-down)'과 '밸브(valve)'.

의 도면(수조에는 작은 물고기가 헤엄을 치고 있다)은 엘리자베스 1세 시대
(1558년~1603년)의 것이었다. 작가 존 해링턴John Harrington은 1590년
대에 가는 물줄기가 흐르는 곳에 화장실을 설치하는 수도권의 오
랜 습관을 발전시켜 이 최초의 현대적 변기를 발명했다고 말했다.
16~17세기 런던에는 탱크를 설치해 모은 빗물로 오물을 씻어내고
배수로로 흘려보내는 변기를 갖춘 주택이 꽤 있었다는 기록도 있다.

18세기 후반에는 여러 가지 기술적 개선이 이루어지기 시작했다.
물의 흐름을 조정하기 위해 다양한 유형의 밸브, 변기, 변기 커버가
도입되었다. 19세기 내내 화장실 관련 제품들이 계속 발전하면서 다
양한 디자인의 제품들이 시장에 동시에 등장해 서로 경쟁했다. 각각
은 공학적인 측면에서 차이가 있을 뿐 아니라 특정 사회 집단에 맞
게끔 설계된 것들이었다. 보다 값비싼 기계 밸브는 작동시키지 못

하겠다고 생각한 하인들이나 시설 입소자들을 대상으로 값싼 재료로 만든 단순한 수세식 화장실도 다양하게 생산되었다.

남들보다 일찍 수세식 변기를 받아들인 사람들은 수세식 변기가 신속하게 오물을 제거해 주어 여러 이점을 누렸지만, 여러 문제도 함께 겪어야 했다. 많은 사람들이 파이프를 통해 오물을 구식 오물통으로 보냈고, 심지어는 거리의 배수로로 오물을 보내는 경우도 있었다. 또 다른 문제는 초기에는 S 자형 파이프가 없었다는 점이었다.

초기 수세식 화장실의 경우 내용물이 여러 밸브나 팬 중 하나를 이용해 변기에서 배출된 다음, 물의 흐름으로 변기 내부와 오물받이를 씻어 그 물이 변기에서 바로 하수구로 이어지는 폐수 파이프로 들어가게 되어 있었다. 단방향 S 자형 파이프가 없는 상황에서는 하수구의 냄새와 연기가 파이프를 통해 역으로 부유한 가정 안으로 흘러들기가 쉬웠다.

질병의 미아스마 이론이 널리 퍼져 있는 상태에서 이런 문제는 불쾌한 냄새뿐만 아니라 말로 다 할 수 없는 불안감을 유발했다. 따라서 이 새로운 수세식 화장실은 정원 끝에 있는 재래식 화장실보다 위생적이지 못하다고 여겨졌다. 정원의 재래식 화장실은 더럽고 오물이 넘칠지언정 집 안에 있지 않고 신선한 공기가 순환되는 밖에 있어 밤낮으로 위험한 냄새를 발산하지 않기 때문이었다.

나는 더비셔의 해든 홀 박물관에서 일할 때 빅토리아 시대 수세식 화장실의 초기 모델 중 하나를 정기적으로 이용했다. 배수구의 냄새가 역류하는 것을 막기 위한 S 자형 파이프가 있었는데도 냄새가 여전했다. 아무리 깨끗하게 관리하려고 노력해도 말이다. S. S. 헬리어Hellyer가 1877년 저서 『배관공과 위생적인 주택The Plumber and Sanitary Houses』에서 지적했듯이 오물받이의 아래쪽은 씻을 방법이 없었기 때문에 빅토리아 시대 사람들도 같은 문제를 경험했다. 변기를 씻는 물이 거기까지 닿지 않았고 변기를 손으로 닦으려면 전체를 분해해야 했다. 일반적으로 빅토리아 시대의 수세식 화장실은 현재의 화장실에 비해 깨끗하게 유지하기 위해 훨씬 더 자주 정기적으로 관리해야 했다.

수세 시스템은 점점 개선되어 훨씬 강력한 물의 흐름을 만들었고, 이로써 오물을 훨씬 더 확실하게 배출할 수 있었다. 경첩형 오물받이가 21세기까지 표준으로 남아 있는 전면 '세척식' 시스템으로 대체되었다. 물이 변기 테두리에서 힘 있게 나와서 변기 표면을 모두 씻고 물의 힘이 오물을 파이프까지 밀어내는 방식으로 말이다.

수세식 변기는 1870년대부터 발전을 거듭했다. 초기의 문제들이 극복되자, 수세식 변기는 도시에서는 반드시 있어야 하는 편의 시설이 되었다. 새로운 철도 회사들은 마케팅의 일환으로 역사에서 수세식 화장실을 이용할 수 있다고 광고하기도 했다. 많은 구역에서 기차역은 수세식 화장실을 설치한 최초의 공공건물이었다. 기차

역의 수세식 화장실은 고객에게 깊은 인상을 남겼을 뿐 아니라 새로
운 위생 설비를 구경하러 오는 지역민들까지 끌어들였다.

## 건조식 화장실과
## 페일 클로짓

대도시와 중소 도시가 아닌 지역에서는 최신식 화장실을 거의 찾
아볼 수 없었다. 시골 주민들에게는 상수도도 사치품이었고 20세기
에 들어서고 한참이 지나서야 그것을 경험해 볼 수 있었다. 수조를
채울 방법만 찾을 수 있다면 시골에서도 수세식 화장실을 만들고 사
용할 수 있었고, 규모가 큰 일부 시골 주택은 공을 들여 수세식 화장
실을 만들기도 했지만 아주 드물었다.

하지만 19세기 사람들은 위생 문제에 지대한 관심을 보였고 시
골 사람들도 다르지 않았다. 그들은 '어스 클로짓earth closet'이라는
또 다른 종류의 화장실을 개발했다. 이것은 건조 퇴비화 처리의 한
형태로 냄새를 줄이고 오물을 훨씬 더 안전하게 배출하기 위해 고
안되었다. 이 화장실은 천연적으로 박테리아가 풍부한 흙을 이용해
인간의 배설물을 빨리 분해해 퇴비로 만들도록 설계되었다. 환기가
잘되고 건조한 조건에서 두 물질이 잘 섞이면 퇴비화가 완벽하게 진

그림 41. 어스 클로짓.

행되어서 같은 흙을 문제없이 여러 번 사용할 수 있다.

　1860년 헨리 물Henry Moule 목사는 재래식 화장실 관리에 기반한 이 시스템의 특허를 받았다. 흙은 오래전부터 퇴비화를 촉진하고 냄새를 줄이기 위해 사용됐지만 그의 새로운 방법은 이전의 재래식 화장실과 달리 흙을 건조하게 유지해서 재사용할 수 있었다. 그는 다른 몇몇 회사와 함께 사용하기 쉬운 어스 클로짓을 만드는 회사도 설립했다. 어스 클로짓은 독립적이고 이동이 가능하다는 장점 덕분에 오랜 기간 인기를 누렸다. 재래식 변기 겸용 의자와 같은 형태의 변기에는 양동이로 이어지는 구멍이 있고 뒤에는 탱크가 있었다. 레버를 당기면 탱크에서 일정량의 흙이 양동이에 있는 배설물 위로 떨어진다. 양동이에 담긴 배설물은 정기적으로 헛간 같은 장소에 옮겨졌고 퇴비가 될 때까지 그대로 두었다. 시골에서는 단순한 재래식 화장실보다 유용한 방식이었다.

도시와 대형 기관의 경우에는 흙을 충분히 구하기 어려웠다. 이런 상황에서는 가정에서 나오는 재로 흙을 대체했다. 거의 모든 가정에서 석탄을 땠기 때문에 재는 충분했다. 맨체스터, 로치데일, 번리와 미들랜드의 여러 도시 계획에서 이 기술을 채택해 시골의 재래식 화장실과 매우 닮은 '페일 클로짓pail closet'을 만들었고 배설물이 쌓인 양동이를 정기적으로 수거했다. 일부 지역에서는 배설물이 담긴 양동이를 수거 전 소독하기도 했고 퇴비화를 촉진하기 위해 건조한 흡습성 재료를 추가해 반환했다. 조직적이고 잘 규제된 공공 사업의 일환으로 페일 클로짓을 사용한 지역은 보건 통계에 큰 영향이 있었다. 로치데일에서만 1870년 27퍼센트에 달했던 사망률이 1878년에는 21퍼센트로 감소했다.

## 화장지

수세식 화장실이 전적으로 새로운 발명품이 아니라 빅토리아 시대에 처음 보편화된 것처럼, 화장지도 마찬가지였다. 17세기의 값싼 출판물이 "똥닦개"로나 적합하다는 말을 들은 것을 보면 사람들이 인쇄물을 화장지로 재활용했다는 것을 알 수 있다.

실제로 빅토리아 시대의 대부분 동안, 대다수의 사람들에게 뒤처리 수단을 제공한 것은 신문이었다. 또한 광고지, 종이봉투, 낡은 편지봉투 등이 화장지로 재활용되었다. 가정에서는 일상에서 사용한 종이류를 네모난 조각으로 잘라 한쪽 모서리에 구멍을 낸 뒤 끈으로 꿰어 화장실에서 사용했다. 대부분 사람들이 배설물과 함께 버려질 화장지에 돈을 쓴다는 것은 낭비라고 생각했다. 하지만 세균의 존재를 인식하면서 질병을 옮기는 배설물을 몸에서 닦아낼 때 사용하는 재료에 세균을 죽이는 물질을 넣는 것이 합리적으로 보이게 되었다. 따라서 상업적으로 생산된 초기의 화장지는 '약제'가 들어 있었고, 이렇게 화장지 산업이 시작되었다.

미국은 이 분야의 선두에 있었다. 1857년 최초의 화장지 브랜드가 출시되었다. 브리티시 퍼포레이티드 페이퍼 컴퍼니The British Perforated Paper Company가 잉글랜드에서 화장지를 생산하기 시작한 것은 1880년이었고 이 회사의 제품은 100장이나 500장 단위로 살 수 있었다. 편리함이나 편안함보다는 제품의 의료적 특성을 강조했던 화장지 제조업체들은 화장지를 건강한 삶을 위한 필수품으로 만들고자 노력했다. 약품 처리 과정을 거친 종이는 투사지처럼 빳빳하고 광택이 있었다. 1970년대와 심지어 1980년대까지도 학교에서 일반적으로 사용하던 약품 처리가 된 화장지는 교실에서 투사지로 사용하기도 했다(물론 깨끗한 새 종이라는 전제하에). 흡수력이 있는 부드러운 화장지는 20세기 말에 나타난 것이다.

### chapter 5
# 헤어 & 뷰티 케어

아침 식사를 하기 전 침실로 돌아와 앞으로 보낼 하루를 위해 머리, 수염, 얼굴, 손을 다듬는다. 15초간 빗으로 머리를 빗는 것일 수도, 공을 들여 몸단장을 시작하는 것일 수도 있다. 특히 여성의 경우는 시간이 꽤 걸리는 과정일 수 있었고, 다양한 도구, 로션, 물약이 침실의 중심을 차지했다.

## 곱고 예쁜 손은 숙녀의 덕목

손과 손톱은 여성의 아름다움에서 특별한 위치를 차지한다. 대부분의 여성들은 집에서든 밖에서든 고되고 힘들게 일했고 이는 그녀들의 손에 지워지지 않는 흔적을 남겼다. 화덕을 닦고, 화장실을 청소하고, 산더미 같은 빨래를 하고 나면 굳은살이 생기고, 손톱이 갈라지고, 피부에는 짙은 얼룩이 남는다. 게다가 찬물을 계속 사용하다 보니 피부는 붉어지고, 종종 관절염이 생겨 손가락이 붓고 변형되기도 했다. 온종일 더러운 일을 하다 보니 손뿐만 아니라 팔꿈치까지 지저분했다.

손톱에 매니큐어를 바른 부드럽고 백합처럼 흰 손은 나태함의 상징이었다. (물론 예외도 있다. 나는 손으로 일을 많이 하는데도 손톱이 길어서 일을 열심히 하지 않는다는 비난을 가끔 받는다. 미안하지만 그것은 유전적 행운일 뿐이다. 다른 부분은 특별할 것이 없지만 손톱만은 아주 건강하고 강하다.) 또 같은 이유로 흠집이나 흉터가 없는 부드럽고 창백한 피부와 가는 손가락은 숙녀라는 표시였다. 또한 손이 부의 외적인 표식이 되려면 건조하지 않고, 습진이 없이 깨끗해야 하고 손톱이 깨지지 않아야 했다.

모든 것이 그렇듯이 손톱 관리에도 유행이 있었다. 숙녀는 손을 관리하는 방법과 손톱을 어떤 형태로 다듬어야 하는지, 어떻게 윤을 내야 하는지 등을 정확히 알고 있어야 했다. 『숙녀의 일상The Lady's Everyday Book』은 이런 난제들을 해결하는 데 도움을 주었다.

"손톱은 타원 형태에 투명하고, 어떤 종류의 반점이나 굴곡도 없어야 한다. 흰색 반원이 명확하게 발달해 있어야 하고, 손톱 뿌리를 둘러싸고 배치된 각피는 얇고 윤곽이 분명해야 하며, 잘 정리되어 있어 가능하면 거의 개암을 반으로 자른 형태에 가까워야 한다."

이 책은 작은 손톱 가위, 따뜻한 물 한 그릇, 레몬 반 개, 손톱 줄, 가죽 네일 버퍼를 챙겨 화장대 앞에 앉으라고 조언한다.

그림 42. 바닥을 닦는 일은 아름다운 손을 만드는 데 도움이 되지 않았다.

우선 손끝을 따뜻한 물에 몇 분간 담가 손톱을 부드럽게 만든 후 레몬을 이용해서 손톱을 닦고 표백한다. 레몬으로 몇 분 동안 문지른 후에는 다시 물에 담근다. 다음으로 때가 끼지 않도록 손톱을 너무 길지 않게, 하지만 못생기고 통통한 손으로 보이지 않도록 너무 짧지도 않게 완벽한 타원형으로 다듬는다. 손톱 줄로 손톱 끝을 둥글게 갈고 손톱 위의 울퉁불퉁한 굴곡도 갈아낸다. 손톱 줄의 끝을

---

1. 네일 버퍼(nail buffer): 손톱에 윤을 내는 도구.

이용해 손톱 밑 부분의 반원형 피부를 부드럽게 만들고 보기 흉한 거스러미를 제거한다. 이후 가죽 버퍼로 윤을 낸다. 매일 손톱 한 개마다 1분 정도씩 윤을 낼 때 효과가 가장 좋은 것으로 여겨졌다. 일부 숙녀들은 손톱에 윤을 낼 때 소량의 핸드크림을 손톱에 발랐지만, 대개는 두피에 손톱을 몇 초간 문지름으로써 두피에서 나오는 천연 기름으로 손톱 건강을 유지하는 것이 훨씬 낫다고 생각했다. 손톱을 깨무는 것은 손톱 모양을 흉하게 만든다는 이유로 지양해야 할 행위였고, 흰 자국은 보기 흉하다고 생각해 알코올과 장뇌로 반복적으로 문질러 미백하거나 윤을 냈다.

손도 다양한 피부 미백제와 크림으로 가꿀 수 있었다. 기미, 붉은 자국, 점을 막아주는 레몬은 숙녀다운 손을 위한 제1방어선이었다. 레몬 조각으로 매일 얼굴과 손, 손톱까지 문지르는 것은 아침 미용의 필수적인 과정이었다. 이후 아몬드와 장미수로 만든 세정제로 손을 씻어 부드럽고 탄력 있게 만들었다. 저녁에 숙녀의 역할을 맡기 전에 집안일을 해야 하는 불운한 상황이라면(일부 여성 잡지는 종종 일부 독자가 그럴 수 있다는 것은 인정했다) 장미수, 오트밀, 라드[2]로 만든 크림이 지나치게 독한 비누와 물에 시달린 피부를 진정시키고 보습해 큰 도움을 준다.

---

2. 라드(lard): 돼지비계를 정제해 하얗게 굳힌 것.

물론 손으로 감자를 캐고, 순무를 솎고, 석탄을 집고, 다른 사람의 요강을 씻어야 하는 대다수의 여성들에게는 이 모든 것이 불가능한 일이었다. 라드는 (구할 수만 있다면) 동상을 입기 쉬운 부위나 피부가 튼 데 바르면 도움이 됐지만 그 이상의 도움을 주는 것은 무리였다.

## 여성의 모발 관리

### 유행 헤어스타일의 변화

1837년 빅토리아 여왕이 왕위에 올랐을 때 유행에 민감한 젊은 여성들은 머리카락을 머리 가운데서 한 번 가른 뒤, 귀에서 정수리 너머 반대쪽 귀까지 십자로 다시 가르마를 내는 경향이 있었다. 뒷머리는 뒤통수 쪽에 한데 모아 꽉 조인 뒤 높이 틀어 올렸다. 앞머리는 둘로 나눠 얼굴 옆, 귀 앞으로 자연스럽게 떨어뜨리고 거기에서 고리를 만들면서 그 끝을 틀어 올린 머리에 합쳤다. 앞머리 대신 링글렛[3]을 만들어 볼 아래쪽으로 늘어뜨리는 경우도 있었다.

보닛[4]은 이런 헤어스타일에 큰 영향을 미쳤다. 여성들은 외출 시

---

3. 링글렛(ringlet): 링글렛은 작고 빳빳한 곱슬머리 또는 물결 모양의 머리카락을 의미한다. 이는 머리카락을 작은 원형이나 나선형의 곱슬로 만드는 스타일을 가리킨다.

4. 보닛(bonnet): 주로 여성이나 어린이가 쓰는 모자로 머리를 모두 덮는 디자인으로 돌출된 챙이 있거나 얼굴은 감싸는 형태이며 턱 밑으로 끈을 묶어 고정한다.

그림 43. 1839년의 헤어스타일. 앞에서 뒤, 귀에서 귀로 가르마를 만들고 뒤통수에
머리카락을 틀어 올렸다. 이 헤어스타일을 하려면 귀 주위에 세심하게 공을 들여야 했다.

에 항상 보닛을 썼다. 보닛을 쓰고 벗을 때마다 헝클어지는 헤어스
타일은 실용적이지 못했기 때문에 머리카락을 한데 모아 단단하게
쪽을 찌었다. 하지만 옆머리는 보닛을 쓸 때 드러났다. 옆머리는 땋
거나, 느슨하게 그물로 감싸거나, 곧게 펴거나, 컬, 링글렛을 만들었
다. 다양한 두께와 가닥 수로 머리카락을 땋았다. 땋은 머리는 머리
둘레를 따라 감기도 하고 모아서 납작하게 접기도 했다.

『숙녀의 캐비닛』1839년판에 실린 20여 개의 패션 플레이트에
서 보닛이나 머리 장식을 착용하지 않은 모델이 단 한 명만 나온다
는 것은 우연이 아니다. 이 단 하나의 예외는 뒤통수에서 머리를 틀
어 올리고 보닛을 쓰는 보통의 수수한 스타일에 생기를 더한다. 틀
어 올린 머리에서 링글렛이 몇 개 흘러나와 얼굴 옆면에 귀걸이처
럼 드리워져 있다. 1839년의 패션 플레이트를 보면 가운데 가르마

그림 44. 1850년의 보닛.

를 타지 않고 머리카락을 이마에서부터 정수리까지 두 갈래로 갈라
V자 형태를 이루게 하는 헤어스타일로 대체된 것을 보여준다. 하지
만 이 헤어스타일은 그리 오래가지 않았다.

생계를 유지하느라 바쁜 사람들은 머리 장식에 공을 들이지 못했
기 때문에 단순히 가운데 가르마를 타고 머리를 높이 틀어 올려 보
닛 안에 넣는 것만으로 끝냈다. 그래서 이들은 머리카락보다는 보
닛에 공을 들였다. 나는 빅토리아 시대의 여러 가지 헤어스타일을
연구해 직접 손질해 보았는데, 이 방법이 관리하기 쉽고 머리 카락
이 흘러내릴 염려가 없어 일과 시간에 다시 손볼 필요가 없는 가장
안정적인 헤어스타일이었다.

이후 15년 동안은 여성의 얼굴 윤곽을 강조하는 헤어스타일에 대한 집착은 수그러들었다. 1852년에는 뒤통수 가운데에서 머리를 틀어 올리고 가운데 가르마 하나를 탔다. 모든 머리카락은 귀 뒤로 느슨하고 부드럽게 당겨 틀어 올렸다. 여기에서 핵심은 '부드럽게'였다. 이때는 천연 곱슬머리를 가진 여성들에게 힘든 시기였다. 파티에 참가할 때에는 종종 귀 주변에 링글렛을 만들었다(귀는 전혀 보이지 않았다. 모든 헤어스타일이 귀를 완전히 덮었다). 1850년대 초에는 보닛이 이전만큼 많이 눈에 띄지 않았다. 보닛은 확실히 조금 작아졌고 얼굴에서 뒤로 물러났다. 이것은 빅토리아 여왕이 주변의 모든 패션의 변화를 멀리하고 평생 고수한 스타일이었다.

5년 후, 이 모든 것이 다시 한번 변화했다. 틀어 올린 머리는 뒤통수 한가운데에서 목덜미 쪽으로 내려왔고 컬이 돌아왔다. 두꺼운 컬이 있는 풍성한 머리를 부드러운 둥근 모양으로 뒤에서 잡아주는 것이 전부였다. 이제는 가늘고 곧은 머리카락을 가진 여성들이 좌절할 차례였다. 여러 가지 헤어 제품과 부젓가락을 가지고 몇 시간을 씨름해 곱슬거리게 만들어야 했다. 보닛은 더 찾아보기 힘들게 되었다. 이런 스타일은 이후 12년 정도 계속 우세했다.

1860년경부터는 머리그물에 머리카락을 넣는 방식이 유행하면서 머리카락이 굵고 숱이 많은 사람들도 비교적 빨리 헤어스타일을 완성시킬 수 있게 되었고, 가난한 여성들이 부유한 여성들과 비슷한

그림 45. 1863년 여성의 헤어스타일. 틀어 올린 머리가 목덜미로 내려왔다.

패션을 채택하는 데에도 도움을 주었다. 앞서 언급한 가정부 해나 컬윅은 1860년대의 여러 사진에서 머리그물을 이용한 이런 식의 헤어스타일을 보여주고 있다. 나 역시 머리카락을 귀 뒤로 해서 목덜미로 넘긴 채 집안일을 많이 했다. 나는 머리그물보다는 작은 챙모자를 썼는데 매우 실용적인 스타일이라는 것을 알게 되었다. 머리가닥이 느슨해지면서 얼굴 옆으로 흘러내리는 경향이 있었지만 '밴덜린[5]'을 적절히 이용하면 대부분의 경우 정리할 수 있었다. 밴덜린은 이후에 더 자세히 다룰 것이다.

1870년경 쪽머리는 다시 위로 올라가기 시작했다. 머리카락에 덮여 있던 귀를 드러내고 가르마 없이 머리카락을 뒤로 틀어 올려

───────────

5. 밴덜린(bandoline): 머리를 고정시키는 포마드 제품 중 하나.

뒤통수에서 최대한 크게 부풀리는 방식으로 쪽머리를 만들었다. 머릿단은 클수록 좋았다. 많은 머릿단을 빙빙 감아 큼직하게 만든 후에 장식 빗과 꽃을 꽂았다. 머리카락을 머리 뒤에 큰 덩어리로 올려 묶어 목이 완전히 깨끗하게 드러나도록 하려는 의도였다. 그 유명한 이집트 네페르티티 왕비의 조각상처럼 드러난 긴 목을 뒤통수에서 균형을 잡은 거대한 쪽머리로 강조한다. 일을 하는 동안에는 유지하기 어려운 스타일이었다. 지나치게 활발히 움직이면 쪽머리가 흐트러질 가능성이 높았기 때문에 노동 계급 여성들은 이런 스타일로 머리를 꾸밀 수 없었다. 어쩌면 이렇게 계급을 구분 짓는 것이 이 헤어스타일의 목적 중 하나였을 수도 있다. 또한 머리숱이 많아야 이 헤어스타일이 가능했기에 많은 여성이 부분 가발에 의존해야만 했다. 당시에는 가발이 비쌌기 때문에 부유한 여성들에게나 가능한 일이었다.

이것은 보닛의 종말과 함께한 스타일이기도 하다. 보닛의 자리를 모자가 대신했다. 모자는 이 정교한 머리를 크게 망치지 않고 그 꼭대기 위에 가볍게 얹을 수 있었다. 보다 평범한 여성들도 이 스타일은 따라 할 수 있었다. 보닛의 시대는 갔고 모자가 인기를 누렸다.

쪽머리의 경우에는 얹는 위치가 점점 더 높은 곳으로 올라갔다. 1880년대에는 많은 여성들이 정수리에 쪽머리를 얹고 있었다. 쪽머리가 머리 앞부분보다는 뒤통수에 가깝긴 했지만 말이다. 일부

그림 46. 1875년의 여성 헤어스타일.
이때 유행하던 틀어 올린 헤어스타일의 열쇠는 볼륨감에 있었다.

는 머리카락을 전부 뒤로 넘기기보다 앞머리를 내려 자른 다음 정성 들여 컬을 만들어 앞쪽에 좀 더 볼륨감을 주었다. 이렇게 틀어 올린 헤어스타일은 훨씬 더 안정적인 느낌을 주었다. 1880년대 말과 1890년대에는 훨씬 많은 활동적인 여성들이 이 헤어스타일을 하기 시작했으며 여교사와 하녀도 유행의 대열에 합류했다. 나도 개인적으로 즐기는 헤어스타일이다. 빠르게 완성할 수 있고 1880년대의 부푼 머리보다 훨씬 안정적이다. 하지만 온종일 이 헤어스타일을 단정하게 유지하는 것은 다소 힘이 들었다. 야외에서 활동할 때는 특히 더했다.

## 부분 가발

빅토리아 시대, 특히 후반기에 볼륨감 넘치고 정교한 헤어스타일이 유행하자 부분 가발의 수요가 엄청나게 늘었다. 광고나 패션 플레이트에서 볼 수 있는 것만큼 풍성한 머리숱을 타고난 여성은 극소수였다. 머리카락이 가늘고 숱이 적은 여성들, 심지어는 평범한 여성들도 갖가지 색상, 크기, 형태의 부분 가발을 이용했다. 클립으로 고정하는 쪽머리를 통째로 구입할 수도 있었다. 그런 쪽머리들은 최신 스타일로 맞춤 제작되었다. 쪽머리 둘레를 감아서 장식하는 땋은 머리도 있었다. 작고 눈에 잘 띄지 않는 색상의 끈으로 땋은 머리를 원래의 머리와 엮어 현대에 붙임 머리를 하듯이 연출할 수 있다. 링글렛이 머리핀에 부착되어 있어서 원하는 곳에 고정할 수 있는 제품도 있었다.

부분 가발 제조업자들은 유행의 선도자들이 새로운 스타일을 선보이면 비슷한 복제품을 바로 내놓았고 덕분에 사람들은 항상 최신 유행하는 부분 가발을 구할 수 있었다. 당시의 여배우들은 부분 가발의 주요 고객인 동시에 새로운 스타일의 선도자가 되는 경우가 많았다.

가난한 사람들은 머리카락을 팔았고 유행하는 색상의 머리카락이라면 좋은 값을 받을 수 있었다. 가발이나 부분 가발을 만드는 업체들은 긴 머리를 선호했는데 머리카락을 고르고 가발의 형태를 잡는 과정에서 머리카락의 길이가 짧아질 수밖에 없었기 때문이다. 금발은 공급이 가장 부족했고 빨간 머리는 수요가 많지 않았다. 부

그림 47. 1902년의 부분 가발 광고.
이 시기에는 인모(人毛) 거래가 활발했다.

도덕한 장의사들은 시체의 머리카락을 파는 것으로 알려졌다(노동 계층의 사람들이 관을 여는 장례를 선호하는 여러 가지 이유 중 하나였다).

원해서든 아니든 가난한 사람들이 머리카락 시장에서 공급의 일부를 담당했지만 수요를 모두 충족시키지는 못했다. 그 결과 제국 전체에서 인모 무역이 활발했다. 특히 다른 나라보다 유럽인의 머리카락과 가장 비슷하다고 여겨지던 인도 사람들의 머리카락이 많이 수입되었다. 인도에서 머리카락을 들여오는 것은 국내에서 머리카락을 구하는 것보다 윤리적인 측면에서 더 나을 것이 없었고, 어쩌면 더 나빴을 것이다. 영국에 도착한 머리카락은 탈색과 분류를 거쳐 주로 런던에 있는 소규모 작업장의 여러 가발 제작자들에게 판매되었고 마지막으로 사교계 여성의 머리를 장식했다.

## 머리 감기

19세기 초에 머리를 감는 것은 엄두가 나지 않는 과제였다. 하루 두 번 꼼꼼히 빗질을 하면 모든 더러움이 제거된다는 고정 관념에 반하는 일이기도 했다. 빗질은 두피의 천연 기름과 '체액'을 머리카락 전체에 퍼지게 해 머리카락의 상태를 개선시킨다. 대부분의 여성은 어깨에 천을 두르고 머리카락을 그 위에 펼치는 것으로 이 작업을 시작했다. 이 천은 브러시나 빗이 옷의 잠금장치나 장식에 걸리는 것을 방지하고 더러운 것이 떨어져 옷을 더럽히는 것을 막는 역할을 했다. 두피와 머리카락에서 무엇이 제거되었는지 확실히 알게 해주는 역할도 했다(외출했다 돌아왔을 때 이렇게 한번 해보기를 권한다. 그날 아침 머리를 감은 사람도 두피에서 무엇이 떨어지는지 보고 놀라게 될 것이다). 이 방법의 장점은 운 나쁘게 머릿니가 생겼을 때 바로 알아차리고 그에 따른 조치를 취할 수 있다는 것이다.

19세기에 와서 피부의 본질과 숨구멍에 대해 새로운 과학적 사고가 발전하면서 물로 머리를 감는 방법을 알리기 시작했다. 『영국 여성의 가정지』1853년 6월 호는 "머리를 감는 것이 카타르[6]나 두통을 유발한다거나 머리를 상하게 한다는 믿음은 잘못된 것이다. 피부에 물을 바르는 것은 가장 자연스럽고 효과적으로 피부를 세정하

---

6. 카타르(catarrh): 감기 등으로 코와 목의 점막에 생기는 염증.

고 땀이 반드시 지나야 하는 숨구멍을 열어주어 건강한 상태를 유지하는 방법이기 때문이다"라고 말하고 있다. 머리의 길이 때문에 여성들은 남성들보다 기름기를 없애고 싶은 마음이 컸을 것이고, 모발과 직물이 비슷하기 때문에 머리 감는 것을 세탁과 비슷한 방식으로 생각했을 수도 있다.

1840년대부터는 더 이상 머리를 빗는 것을 효과적인 세정 방법으로 생각하지 않았지만, 과거의 관행은 여전히 유용한 방법으로 여겨졌다. 사실 머리 빗기의 새로운 효능이 부각되었다. 머리를 감아 유분이 제거된 후에 모발을 보습하는 데 도움을 준다고 알려진 것이다. 유분이 자연스럽게 생성되도록 자극하고 그렇게 생성된 기름을 머리카락 전체에 이동시켜 '활기와 영양'을 주기 위해서 아침과 저녁에 5분 동안 머리를 빗는 것이 권장되었다.

다양한 모발 세정제가 널리 추천되었는데 대부분은 단순한 것으로 특히 인기를 끈 것은 로즈메리 물이었다. 가장 간단한 방법은 로즈메리를 작게 한 다발 모아 그릇에 넣고 끓는 물을 채우는 것이다. 물이 식으면 로즈메리를 걸러내고 그것을 세정제로 사용한다. 이것은 16~17세기에 처음 등장한 아주 오랜 세정제 제조법이다. 이를 통해 목욕을 하지 않던 시기에도 적어도 일부 여성들은 머리를 감았다는 것을 알 수 있다. 로즈메리 물은 일반 물보다 약간 더 유분을 잘 빨아들여서 유분을 더 많이 제거해 준다는 장점이 있다.

머리를 감는 과정은 다음과 같다. 먼저 따뜻한 물이 담긴 대야를 세면대(따로 세면대가 없다면 주방 조리대) 위에 놓았다. 물이 흘러내려 옷을 적시지 않게 수건을 목에 두른 다음 몸을 앞으로 굽혀 머리를 대야에 담그고 작은 단지를 이용해서 머리 뒤쪽으로 물을 더 부었다.

머리에 비누를 사용하는 것은 훨씬 새로운 아이디어였지만 주의해야 했다. 구할 수 있는 비누들은 대단히 독하고 알칼리성이어서, 이런 독한 비누를 사용하면 모발이 건조해지고 부스스해질 뿐 아니라 두피가 따가울 수 있었다. 심하면 머리카락이 탈색되는 수도 있었다. 유분이 많은 모발의 경우에는 비누로 머리를 감는 것이 좋았지만 건조한 모발은 문제가 생길 수 있었다. 많은 사람들이 비누의 표백 효과 때문에 모발의 색이 연해지기보다는 녹색이 약간 돌게 된다는 것을 발견했다. 빗물이 센물보다 효과가 좋다고 여겨졌지만, 그보다 중요한 것은 비누를 신중하게 선택하고 아껴서 사용하는 것이었다.

머리를 감은 뒤에는 머리카락을 부드럽게 하고 윤기를 내기 위해 포마드나 모발용 오일을 발랐다. 그다음에는 오일이 머리카락 끝까지 잘 퍼지도록 꼼꼼히 빗질해야 했다. "머리를 지나치게 자주 감으면 안 된다. 매일 감으면 모발이 건조하고 부스스해진다. 일주일에 한 번 정도면 충분하다"는 로버트슨Robertson 박사의 말은 다음 세기까지 모발 관리의 기준이 되었다.

## 머리 손질하기

빅토리아 시대 여성에게 이발은 사적인 활동이었다. 남성들은 이발소에 가서 머리를 자르고 수염을 다듬고 모양을 냈지만, 여성들은 집에서 스스로 머리를 자르거나 하녀에게 시켰다. 원하는 헤어스타일을 연출하는 것은 쉽지 않은 일이었다. 당시 대다수의 여성은 다양한 물약과 로션의 도움 없이는 그 시기에 선호하던, 한 올의 머리카락도 삐져나오지 않는 매끄럽고 윤이 나는 헤어스타일을 완성시킬 수 없었다. 허영의 낌새를 보이는 것이라면 뭐든지 꺼리는 사람들조차 모발을 깔끔하게 관리해야 한다는 부담을 느꼈다.

파이 헨리 체바스 박사는 저서 『부인들을 위한 조언Advice to Wives』에서 이렇게 말하고 있다. "모발 관리 제품을 어느 정도 사용하지 않는 한, 숙녀가 머리를 단정하게 유지하는 것은 완전히 불가능하다고 말할 수 있다. 그런 경우, 낡은 칫솔을 사용해 향이 첨가된 피마자유나 야자유를 바르면 모발을 부드럽게 할 수 있다."

빅토리아 시대의 대부분 동안 그런 조제품은 집에서 만들었기 때문에, 여성 잡지에는 항상 다양한 모발 관리 제품을 만드는 방법이 실려 있었다. 밴덜린은 모발 고정제의 이름으로 현대 헤어스프레이의 조상이다(빅토리아 시대의 밴덜린 혼합물을 20세기의 헤어스프레이 통에 담아두면 둘을 구분하기 힘들 것이다).

모발 고정제는 다양한 재료로 만들어졌다. 전분을 모발 고정제로 사용하는 사람도 있었고 여러 종류의 수지를 사용하는 사람도 있었다. 거기에 향과 색을 입히고 방부제를 첨가했다. 현대의 헤어스프레이 브랜드에서도 이런 다채로운 성분들을 찾아볼 수 있다.

『영 레이디스 저널The Young Ladies' Journal』이 소개하는 전형적인 모발 고정제의 재료는 "트래거캔스 고무(케이크 장식에도 사용되는 수지) 1.5드램(약 5.8g), 물 반 파인트(약 284mL), 표준 주정(정류 알코올과 물을 같은 비율로 섞어 만든 것) 3온스(약 85g), 장미 오토(otto of roses, 장미 에센셜 오일) 열 방울"이다. 이렇게 제조한 모발 고정제가 자신에게 맞지 않으면 트래거캔스 고무 대신 아라비아고무(오늘날 헤어 제품은 물론이고 식품에도 사용되는 수지)를 사용하는 비슷한 제조법도 있다고 알려준다.

나는 두 가지 유형의 고무를 모두 이용해 모발 고정제를 만들어 사용해 보았는데, 어느 것이 더 낫다고 말하기는 어렵다. 아라비아고무는 고정력이 더 강한 것 같지만 빗질로 제거하기가 어렵다. 둘 다 지속력은 '초강력'이라고 광고하는 현대의 제품들과 매우 비슷하다. 또 다른 밴덜린 제조법에서는 전분에 보존제로 정류 알코올을 혼합한 뒤 다양한 향수 중 하나를 섞는다. 이것도 시도해 보았는데 만들기도 바르기도 매우 쉽다. 고정력은 고무를 사용하는 것들만큼 강하지 않지만 빗질로 쉽게 제거할 수 있다. 바르고 있는 동안은 투명하지만 머리에서 빗어내면 바로 하얀 먼지가 되어 떨어진다. 이것이 머리카락에 있는 먼지나 기름기와 함께 제거된다는 것을 알고 매우 기뻤던 기억이 있다. 밴덜린을 사용한 후 꼼꼼히 빗질을 하면 모발의 상태가 정말 좋아진다. 고무 밴덜린은 모발에 빠르게 쌓여서 따뜻한 물로 잘 씻어야 제거할 수 있는 반면, 전분 밴덜린을 사용하면 아주 오랫동안 모발을 씻지 않고도 지낼 수 있다.

좀 더 색다른 제조법은 이끼에서 추출한 젤과 같은 물질(상처를 치료하고 붕대를 감을 때에 사용하기 좋은 물질)을 주재료로 하는 것이다. 물이끼를 물과 함께 한 시간 정도 끓여 물이 끈적해지면 그 액체를 거르고 보존제 역할을 하는 소량의 알코올과 섞는다. 이것은 시도해 보지 않았지만 물에 녹는 투명하고 끈적한 젤이라면 좋은 효과를 발휘하지 못할 이유가 없다고 생각한다.

헤어 오일은 컨디셔너와 곱슬머리를 가라앉히는 로션 사이에 있는 제품으로 이 역시 대단히 간단하게 만들 수 있다. 대부분은 올리브유가 주재료이며 여기에 약, 때로는 색을 첨가한다. 그러나 포마드는 오일이라기보다는 현대에 머리 형태를 잡는 데 사용하는 왁스에 더 가깝다. 손가락이 닿으면 녹아서 바르기가 쉽고 작은 컬과 성긴 가닥을 고정한다. 기본적으로 동물의 지방과 왁스를 함께 녹인 후 향을 첨가한다.

모발 고정제와 마찬가지로 포마드 제조법도 매우 다양하다. 포마드는 특히 라벤더 오일, 레몬 오일, 베르가모트, 장미유로 향을 낼 수도 있지만 계피, 육두구 등의 향신료, 로즈메리, 타임 등의 허브, 심지어는 값비싼 몰약 향을 넣은 것도 있다. 지방은 라드, 소기름에서 양의 지방, 사슴의 지방까지 어느 것이든 쓸 수 있다. 왁스는 보통 "하얗다"고 묘사되지만 밀랍, 파라핀, (고래에서 나온) 스테아린으로도 만들 수 있다. 머리를 잘 길들이는 것, 가격이 적절한 것, 향이 좋은 것 등 저마다 선호하는 혼합물이 있었다.

이들 제조법에서 분명히 알 수 있듯이 머리에서 어떤 향이 나길 원하는지는 어떤 헤어스타일을 원하는지만큼이나 중요하고 개인적인 취향이었다. 내가 좋아하는 라드와 밀랍이 들어간 타임 향이 나는 포마드 왁스는 간단히 만들 수 있다. 나는 이것을 다른 방법으로는 통제가 되지 않는 뻗치는 머리카락에 소량만 사용한다.

## 머리 염색과 제모

머리를 염색하는 것은 더 복잡한 일이다. 여성지에서 머리 염색에 대한 조언을 찾는 사람들은 염색의 끔찍한 문제점이나 탈모에 관한 사연을 접했을 것이다. 염색을 수시로 하는 마니아조차 인정하듯이 모발을 상하게 하는 데다 어떤 색이 나올지 예측이 불가능했다. 본질적으로 한 색상(검은색)으로만 염색할 수 있었지만, 용기를 낼 수 있다면 암모니아와 명반으로 탈색을 시도해 볼 수는 있었을 것이다. 19세기의 처음부터 끝까지 이 두 가지 서비스를 제공하는 전문 미용사들이 있었다. 하지만 그들 역시 고객의 머리카락 색을 바꾸기보다는 흰머리를 가리기 위한 염색을 해주는 일이 많았다. 머리를 염색하는 데 쓰이는 화학 물질이 부식성이어서 집에서 직접 염색할 경우 사고가 자주 일어났기 때문이다.

모발 염료에 대한 관심이 높았다는 것은 많은 회사들이 가내 염색을 위한 상업적인 제품을 생산했다는 의미다. '유니크 파우더the unique powder'라고 알려진 물질이 1840년대와 1850년대에 이런 제품들의 주재료가 되었다. 이것은 사실 소석회와 일산화납(납의 천연 광물 형태로, 더 이상은 모발 염료의 재료로 허용되지 않는다)의 혼합물로, 두 물질 모두 약재상이나 약국에서나 싸게 구입할 수 있었다.

반면 '유니크 파우더'는 값이 비쌌다. 일단 손에 넣으면 이것을 끓는 물과 혼합해 겨자처럼 걸쭉한 반죽을 만든 후에 피부에 닿지 않게 조심하면서 모발에 발랐다. 가정에서 직접 염색하는 사람들은 늦은 저녁에 하는 경우가 많았는데, 이때는 염색한 머리를 낡은 수건으로 단단히 감싸고 잠자리에 들었다. 아침이면 염색 파우더를 씻어내고 빗질을 했다. 운이 좋다면 진하고 윤기 나는 모발을 만날 수 있었다.

1860년대에는 모발 염색 기술이 한 단계 더 발전했다. 염색 과정을 두 가지 별개의 액체로 나눈 것이다. 첫 번째 병에는 황산암모늄,

탄산칼륨 용액, 증류수가 들어 있었다. 이를 칫솔로 모발에 바르고 15~20분을 기다렸다. 두 번째 병에는 질산은과 좀 더 많은 증류수가 담겨 있었고 빗질을 해서 이 재료들을 머리에 발랐다. 결과는 전반적으로 이전 유형의 모발 염료보다 나았지만 머리 색이 너무 선명해져 부자연스럽게 진해 보일 수 있었다. 이전의 납 원료 염료보다 안전했지만 여전히 두피에 부식성 화상을 유발할 수 있었다.

또 다른 위험한 시술은 제모였다. 19세기 초부터 시장에는 원치 않는 털을 영구적으로 없앤다거나 털을 뽑는 데 시간과 고통을 줄여준다고 주장하는 여러 가지 제품이 나와 있었다. 제모제의 원료는 수산화나트륨(가성 소다)과 같이 털을 녹이는 여러 가지 부식성 물질인데 피부에 닿으면 심각한 화상을 유발할 위험이 있었다. 명반 반죽을 만들어 바르기도 했는데 그것 역시 위험했다. 세심한 주의를 기울인다면 현재의 화학적 박피와 제모를 한 번에 하는 것과 같은 효과를 얻을 수 있었지만 그것은 정말 적절한 양을 사용했을 때나 가능했다. 적정량을 조금만 넘어도 고통스러운 화상을 입게 되었다. 그보다 무해한 혼합물들은 기본적으로 효과가 없었다. 하지만 사람들이 효과가 있을 것이란 희망으로 지갑을 여는 것은 막을 수 없었다.

털을 뽑는 것에도 단점이 있었다. 모공이 커져버리거나 염증이 생겨 감염으로 이어지는 경우가 잦았다. 그럼에도 여성들은 얼굴의 털을 제거하기 원했다. 요즘과 마찬가지로 눈썹이 주된 표적이었지만 일부 여성은 콧수염이 희미하게 나는 것도 걱정했다. 따라서 털을 가늘게 만들거나 탈색하는 조제 물질도 환영을 받았다. 대부분 레몬즙, 장미수, 아몬드를 갈아 반죽한 제모제를 만든 뒤 팩이나 회반죽 형태로 밤새 얼굴에 붙여두었다.

빅토리아 여왕 치세의 마지막 5년 동안에는 원치 않는 털을 없애고자 하는 부유한 여성이 이용할 수 있는 새로운 방식이 등장했다. 전기 분해 시술이었다. 가는 바늘을 각 모근의 모낭에 꽂은 뒤 바늘을 통해 약한 전류를 전달하는 시술로, 지금까지도 남아 있는 제모 방법이다. 당연히 이런 시술은 빅토리아 시대 여성들이 아침 루틴의 일부로 집에서 할 수 있는 것이 아니었다. 전문 시술자가 여러 번 방문해야 하며 엄청난 부자들만이 비용을 감당할 수 있는 미용 시술이었다.

## 화장은 어떤 의미였을까?

빅토리아 시대 여성들의 아침 일과 중 하나는 화장을 할 것인지 말 것인지 결정하는 것이었다. 빅토리아 시대의 화장품은 복잡한 사회적 메시지를 전달했다. 『숙녀의 일상』은 다음과 같은 의견을 밝히고 있다. "여성의 몸단장과 관련한 주제 중에서 인공적인 색조의 사용에 대한 것만큼 다양한 의견이 존재하는 것은 없다."

사회 전반에서 여성이 매력적으로 보이기 위해 노력해야 한다는 데에는 동의했지만, 한편으로는 여성들이 "자제력을 잃어서는 안 된다"는 경고가 가득했다. 주부로서 신이 부여한 역할을 다하려면 여성은 신체적 매력을 이용해서 남편이 가정, 가족, 신의의 울타리 안에 있도록 해야만 했다. 그러기 위해서 남편이 한눈을 팔지 않도록 자신의 외모를 가꾸는 데 관심을 기울여야 했다.

보다 엄격한 종교적 관점을 가진 사람들의 경우에도 깔끔하고 정결해야 한다는 압박감이 여성은 신체적 매력이 있어야 한다는 압박감 못지않게 컸다. 신앙심이 깊은 비국교도[7]를 대상으로 한 『퀴버The Quiver』 같은 잡지나 영국 국교도인 독자를 겨냥한 『선데이 앳 홈The Sunday at Home』과 같은 잡지에도 여성의 외모에 대한 에세이가 실렸고, 여성에게는 아름다움을 통해 반항적인 남성들의 마음에 신앙심을 불어넣어야 하는 책임이 있었다.

일부 사람들은 여성의 아름다움과 순수함이 깨끗한 물, 건강한 생활, 내적 만족과 같은 자연 요법에서만 비롯될 수 있다고 생각했다. 제이미슨Jaimeson 부인은 그런 의견을 강경하게 내세웠다. 젊은

---

7. 비국교도(non-conformist): 영국 국교회(성공회)의 가르침과 관행을 따르지 않는 종파(침례교, 감리교, 회중교, 퀘이커교 등)의 신자들을 말한다.

여성들을 대상으로 한 잡지 『걸즈 오운 페이퍼The Girl's Own Paper』에 게재된 서한에서 그녀는 "아침에는 맑은 물을 세정수로 사용해야만 한다. 그 후에는 피부를 창백하게 만드는 모든 격한 감정, 특히 선망의 감정을 자제해야만 한다"고 말했다. 또한 그녀는 가벼운 식단으로 뾰루지를 예방할 수 있고, 매일 산책을 하는 것으로 뺨을 필요한 만큼 발그레하게 만들 수 있으며, 새벽에 일어나는 것이 입술을 맑고 붉게 만들며, "다른 사람을 기쁘게 하거나 자신을 매력적으로 만들고자 하는 욕구는 여성의 눈에 생기를 더할 것"이라고 믿었다. 한편 늦게까지 깨어 있는 것, 카드놀이를 하는 것, 촛불을 켜고 소설을 읽는 것, 퉁명스러운 태도를 보이는 것과 같이 여성의 외모에 마이너스 요소로 작용할 수 있는 행동 목록도 제시했다. 사람들은 이 주제에 대해 강하게 공감하지는 않더라도, 원칙적으로는 제이미슨 부인의 의견에 동의했다.

화장에 대한 또 다른 흔한 염려는 건강에 좋지 않을 수 있다는 것이었다. 한 시사 평론가의 "피부에 펴 바르는 모든 종류의 색조 화장품은 당연히 발한을 방해한다"는 글에서 알 수 있듯, 피부가 호흡과 해독을 한다는 믿음 아래 모공을 막는 모든 일을 위험한 관행으로 보았다. 물로 씻기 운동이 한창인 와중에 화장을 해 얼굴의 모공을 막는다는 것은 매우 어리석은 일처럼 보였다. 플로렌스 나이팅게일은 모공이 막히면 장기적으로 천천히 중독을 유발한다고 말했다. 피부 표면에 끼인 물질이 모공을 통해 재흡수될 수 있다는 믿음은 화장품을 한층 더 위험해 보이게 만들었다.

따라서 화장품 사용에는 여러 가지 부정적 의미가 담겨 있었다. 화장을 하는 사람은 몸에 좋지 않고 현대적이지 않은 일, 유행에 뒤떨어진 행동에 매달리고 있는 것이었다. 가난한 여성들은 어떤 종류의 화장품도 살 수 없었지만 어떤 면에서는 이것이 예상치 못한 사회적 위치의 상승을 가져왔다. 여공도 저택에 사는 숙녀와 마찬가지로 찬물로 얼굴과 손을 쉽게 씻을 수 있었고 자신의 얼굴에 자신감을 가질 수 있었다. 특히 시골의 노동 계급 여성들은 인기 소설과 신문, 잡지 기사에 순수한 아름다움의 표본으로 등장했다. 여러 인기 잡지에는 우유를 짜거나 양을 치는 젊은 여성의 그림들이 실렸다. 화장을 하지 않는 것이 계급을 넘어선 일반적인 동향이었다.

일부 여성들은 화장이 속임수일 수밖에 없다는 것에 불편함을 느꼈다. 그들은 실제 모습과 다르게 자신을 표현하려고 시도하는 것이 정직하지 못한 행동으로 여겨질 것을 걱정했다. 사람들은 이런 감정을 좋지 못한 취향이라는 측면에서 이야기했다. 한 여성은 이렇게 말했다.

세월이 손상시킨 피부를 화장으로 감추려 할 때, 나이가 들어 변색되거나 가늘어진 모발을 가발로 대체하거나 흰머리를 염색으로 숨기려 할 때, 한쪽 어깨가 높은 것을 가리기 위해 옷 안에 패드를 댈 때, 우리는 자연의 법칙을 어기고 있는 것이다. 자연의 법칙을 어기는 나쁜 일일 뿐 아니라 진실을 왜곡하는 행위다.

이런 도덕적 문제가 많은 사람들을 불편하게 했다. 이런 종류의 신체적 속임수가 다른 형태의 부정직함을 조장할까? 화장을 하는 여성을 믿어도 될까? 매춘부가 화장을 많이 한다는 것이 일반적인 가정이었다. 기자들이나 시사 평론가들은 그런 가정들의 증거가 얼마나 빈약한지에 대한 놀라움을 글로 표현했지만 말이다.

아침이면 여성들은 미용을 위한 화장품이라기보다는 치료 약에 가깝다고 생각되는 로션을 사용했다. 주근깨는 많은 사람들이 꺼리는 것이었다. 맑고 흰 피부는 아름다운 여성의 전형적인 특징이었고 주근깨는 점과 뽀루지보다 나을 게 없는 잡티로 취급받았다.

19세기 초 대부분의 약재상과 약사들은 나름의 제조법으로 만든 제품을 판매했지만 19세기 말에는 각지에서 만든 이런 제품에 전국에서 팔리는 여러 브랜드가 합류했다. 대부분이 용돈이 얼마 되지 않는 젊은 여성들을 겨냥한 저렴한 가격이었다. 그렇더라도 하녀들이 감당할 수 있는 가격은 아니었고, 사무원의 딸 정도 되는 중산층 소녀라면 페이스 크림 한두 개는 구입할 수 있었다.

집에서 만든 크림도 인기가 있었다. 보통 약국에서 구할 수 있는 제품과 완전히 같은 성분을 사용해서 만든 것이었다. 1858년의 한 잡티 치료제 제조법에는 장미수와 황산아연이 들어갔다. 그 제조법으로 만들어진 로션은 보습용 콜드크림을 바르기 전 얼굴을 닦는 데 사용하는 것이었다. 오늘날까지도 피부 문제에 사용되는 여러 제품이 이런 성분들을 포함하고 있다.

핸드크림과 페이스 크림은 날씨로부터 피부를 보호하고 비누와 물, 불의 열기로 인한 피부 손상을 복구하는 의료용 제품으로 생각할 수도 있었다. 두 가지 모두 빅토리아 시대 내내 시판되는 제품을 구할 수도, 집에서 만들 수도 있었다. 전통적인 성분들은 그리 의심할 필요가 없기 때문에 대부분의 제조법은 할머니나 어머니가 만들고 사용했던 혼합물을 재가공하는 수준이었다.

장미수와 아몬드가 포함되는 경우가 많았고, 천연 글리세린을 넣은 엘더플라워elderflower수도 자주 사용되었다(지금까지도 여러 브랜드 보습제의 주요 성분으로 남아 있다). 엘더플라워수는 특히 집에서 만드는 화장수로 내가 적극적으로 추천하는 재료다. 신선한 엘더플라워 한 다발을 우묵한 그릇에 넣고, 꽃 위에 뜨거운 물 한 주전자를 부은 뒤 1~2분 기다린다. 꽃은 스크럽처럼 사용하며 우린 물로는 얼굴을 씻는다. 천연 글리세린이 피부를 부드럽고 매끄럽게 만들어준다. 장미수와 아몬드 혼합물로 만든 다양한 제품들도 보통 효과적이다. 설탕은 라벤더, 오트밀, 레몬과 함께 전통적인 페이스 크림 재료였다. 그렇지만 나는 설탕이 들어간 종류를 좋아하지 않는데 바르고 나면 피부가 땅기는 느낌이 들기 때문이다.

### 파우더, 콜드크림, 색조 화장품

빅토리아 시대에도 다음의 파우더 광고처럼 다양한 화장품 광고가 잡지 등에 실렸다. "여성의 화장대는 흡수성 파우더 없이 완성되지 않는다. 이 파우더는 피부를 건조시킬 뿐 아니라 매끄럽게 만들고 뾰루지를 감춰준다."

대부분의 파우더는 향이, 가끔은 색조가 들어간 전분이었다. 세탁에 사용된 풀과 정확히 같은 물질이고 고운 활석 가루와 비슷했다. 향을 유지하기 위해 흰붓꽃 뿌리를 넣는 경우가 많았다. 색이 있는 경우 다양한 식물이나 연지벌레에서 나오는 염료로 물들인 것이었다. 향이 없어도 되고 세탁용 전분을 상자에서 꺼내 바로 사용할 수만 있다면 파우더는 집에서 돈을 많이 들이지 않고 만들 수 있었다.

아무것도 넣지 않은 전분은 하얀 색상 때문에 파우더로 사용되었다. 안색을 밝게 해줘 여성들이 그렇게 원하는 하얀 얼굴을 만드는데 도움이 되기 때문이었다. 색조가 들어간 파우더는 집에서 만들기 어려웠지만 시중에서 여러 가지 색의 파우더를 구할 수 있었다. 블러셔로도 사용할 수 있는 분홍색 파우더가 가장 일반적이었다. 일부에서는 파우더를 화장품으로 보기도 했지만 성분이 단순하고

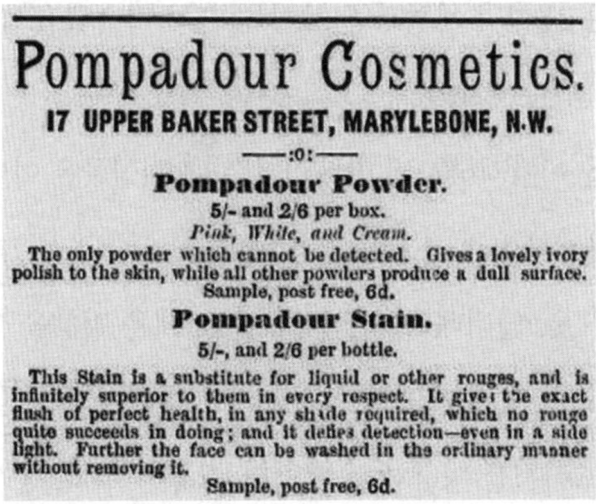
Pompadour Cosmetics.
17 UPPER BAKER STREET, MARYLEBONE, N.W.
—:0:—
**Pompadour Powder.**
5/- and 2/6 per box.
*Pink, White, and Cream.*
The only powder which cannot be detected. Gives a lovely ivory polish to the skin, while all other powders produce a dull surface.
Sample, post free, 6d.
**Pompadour Stain.**
5/-, and 2/6 per bottle.
This Stain is a substitute for liquid or other rouges, and is infinitely superior to them in every respect. It gives the exact flush of perfect health, in any shade required, which no rouge quite succeeds in doing; and it defies detection—even in a side light. Further the face can be washed in the ordinary manner without removing it.
Sample, post free, 6d.

그림 48. 화장품 광고. 빅토리아 시대 말에는 화장품 브랜드가 급증하기 시작했다.

가격이 쌌기 때문에 '약'의 기준을 통과할 수 있었다. 모공을 막는다는 이유로 파우더 사용을 반대하는 사람들이 있었지만, 그 외의 다른 검열은 무사히 통과했다. 따라서 색조 파우더는 '화장'을 하고 있다는 죄책감 없이 장밋빛 뺨을 얻을 수 있는 방법이었다.

21세기에는 '콜드크림cold cream'이 한물간 단어가 되었지만 지금도 많은 사람이 그 제품을 사용하고 있다(현대의 브랜드 중 가장 잘 알려진 것은 니베아NIVEA와 폰즈POND'S다). 액체가 아니라 고체 형태를 단지에 담아 사용하는 거의 모든 '보습제'를 콜드크림이라고 부를 수 있다. 현재 우리가 '파운데이션'이라고 부르는 제품은 본질적으로 색조 페이스 파우더가 혼합된 콜드크림이다. 얼굴에 콜드크림을 바르고 파우더를 고르게 뿌린 빅토리아 시대 여성은 파운데이션이나 컨실러를 얼굴에 바른 21세기 여성과 외양이 대단히 비슷했을 것이다(색조가 전반적으로 더 희기는 했지만).

눈 화장을 이야기하자면 빅토리아 시대 여성들은 아이섀도를 바르지 않았다(아이섀도가 나오려면 초기 무성 영화 시대까지 기다려야 한다). 하지만 눈썹은 숯, 엘더베리(엘더플라워 열매), 태운 정향을 사용하여 진하게 그렸다. 녹반 용액도 추천되었지만 오배자 달인 물로 눈썹을 씻은 후에 브러시를 사용해서 발랐다. 또한 빅토리아 시대 여성들은 다른 사람에게 "화장했다"고 비난받지 않을 만큼만 눈썹을 뽑기도 했고, 속눈썹을 다듬으면 더 풍성하게 자랄 거라는 잘못된 믿음 때문에 작은 가위를 이용해 정기적으로 속눈썹을 다듬기도 했다.

화장을 하는 사람이 되는 위험을 기꺼이 감수하기로 했다면 알아야 하는 건강상의 위험들이 있었다. 『숙녀의 책The Lady's Book』은 이렇게 경고한다. "가장 유해한 종류의 화장품은 광물과 금속 물질이 많은 것이다. 따라서 그런 종류의 제품을 살 때는 세심한 주의를 기울여야 한다. 기성 제품을 구입할 때는 특히 더 그렇다. 이런 종류의 화장품은 제품을 이루는 재료를 알지 못할 때는 절대 사용하지 말아야 한다."

시중에 나온 화장품의 대부분이 여전히 연단과 백연 등 납을 주요한 색소 성분으로 사용했다. 엘리자베스 1세 때와 마찬가지로 수은을 사용하는 제품도 있었다. 이것들은 대단히 위험한 물질로 피부를 통해 흡수될 수 있고, 더 심하면 입술에 발랐을 때 구강을 통해 섭취될 수도 있었다. 화장품 중독만으로 죽은 사람이 있다는 결정적인 증거는 없다. 당시의 의학 기술로는 화장품 중독으로 죽은 것인지 아닌지 구분할 수 없었기 때문이다. 하지만 그런 화장품이 건강에 좋을 리는 없다.

빅토리아 시대 영국에서는 이런 재료들의 독성이 잘 알려져 있었기에 어떤 성분이 들어 있는지 확실히 알 수 있는, 집에서 만든 화장품을 더 안전한 선택지로 여겼다. 식물을 주재료로 한 다양한 형태의 시판 착색제를 사용하면 안전한 색조 화장품도 만들 수 있었다. 브라질 소방목, 알카넷(많은 사람들이 흔한 잡초로 생각하는 영국 토종 식물), 비트 뿌리는 모두 다양한 제조법에서 추천되는 재료로, 보통 석회수에 침전시켜 사용했다. 으깬 연지벌레(최근까지 식용 색소로 사용되었다)도 대안으로 쓸 수 있는 또 다른 천연 재료였다. 인체에 사용하기 적합하고 안전한 색소가 시판되고 있어서 직접 화장품을 만드는 사람들은 선호하는 재료를 선택할 수 있었다.

색조 파우더를 만들려면 프랑스산 활석을 아주 곱게 빻아야 한다. 연지벌레 가루나 곱게 다진 알카넷 뿌리를 소량의 물에 밤새 우린 다음 액체를 걸러 활석 가루 위에 붓는다. 이들을 잘 섞은 반죽을 종이 위에 얇게 편 뒤 말린다. 완전히 마르고 나면 착색된 활석을 가루 형태가 될 때까지 다시 곱게 빻는다. 이렇게 만들어진 색조 파우더를 조금 떠서 고운 면 주머니에 넣고 주머니를 단단히 묶은 후 얼굴에 두드린다.

(현대의 립스틱과 비슷한 질감의) 색조 포마드를 선호한다면 곱게 간 연지벌레를 동물성 지방과 넉넉한 양의 흰색 왁스와 혼합한다. 카카오버터를 넣으면 흡수율을 높일 수 있다. 그렇게 만든 포마드를 손가락으로 찍어 뺨과 입술에 문지른다. 이것은 의심할 여지 없이 집에서 만드는 가장 간단한 형태의 '색조 화장품'이었다.

루주 앙 크레프Rouge en crêpe는 형태가 가장 간단하고, 얼굴에 자연스럽게 색을 내줄 가능성이 가장 높은 색조 화장품으로 여겨졌다. 우선 연지벌레나 식물로 만든 진한 색 액체를 물에 첨가하고 이후 작은 사각형 거즈를 이 액체에 담갔다가 말린다. 이 거즈 조각을 피부에 문지르면 옷감에 있던 색상이 얼굴로 옮겨 갔다.

나는 빅토리아 시대 방식 그대로 알카넷 뿌리, 연지벌레, 브라질소방목을 착색제로 사용하여 여섯 가지 다른 색조의 포마드 스타일 색조 화장품을 만들어보았다. 다양한 지방과 왁스 혼합물로 실험해보았는데 모두가 어느 정도 효과가 있었다. 모두 색을 냈고, 모두 잘 발렸고, 지속력도 그런대로 괜찮았다.

이런 빅토리아 시대의 화장품을 사용한 화장은 그 자체가 대단한 기술이자 예술이었다. 화장품의 강도를 잘못 판단하거나 독성이 강하거나 얼굴에 발랐을 때 광대처럼 보이는 혼합물을 만들 가능성이 대단히 높았다. 얼마나 많은 빅토리아 시대 여성들이 이런 '화장품'을 이용했는지는 알려지지 않았다. 화장을 한다고 인정하는 사람들이 거의 없었기 때문이다. 친구들과 가족들은 자신이 화장했다는 사실을 알고 있는 상황에서도 말이다. 판매 통계 자료 같은 것이 없기는 했지만 약국에서 구입하거나 좀 더 신중을 기하는 사람들을 위해 우편 주문 방식으로 판매하는 소수의 브랜드가 있었고, 그런 브랜드들의 수는 19세기 말부터 늘어나기 시작한 것으로 보인다. 잡지와 지침서는 화장품에 대한 금욕을 옹호하면서도 화장품 정보를 계속 실었다.

## 향수는 남성과 여성 모두의
## 패션 아이템

본격적으로 일과를 시작하기 전 마지막 단장은 향수를 뿌리는 것이었다. 향수는 일종의 패션 아이템이었다. 지금과 마찬가지로 향수는 엄청나게 빠른 속도로 유행했고 이내 사라졌다. 빅토리아 여왕이 즉위한 시점에 향수 시장에서 우위를 차지했던, 최소한 가장 많이 광고되었던 향수는 오드콜로뉴eau de cologne였다. 림멜Rimmel의 『향수에 대한 책Book of Perfumes』은 오렌지 나무 꽃을 증류한 것(달콤하고 쌉싸름한 다양한 오렌지 꽃에 오렌지 껍질에서 추출한 오일을 혼합한 것)을 오드콜로뉴의 베이스로 설명하고 있다. 18세기에 처음 생산되어 인기를 얻은, 역사가 오랜 향수였다. 오드콜로뉴의 재료로 쓰이는 오일은 대부분 프랑스 남부와 이탈리아에서 생산되었지만 재료들이 배합되는 곳은 독일 도시 쾰른이었다.[8]

처음에는 남성들이 향수를 선호했지만(남성 패션을 선도한 것으로 유명한 보 브러멜과 보 내시[9]가 향수에 많은 돈을 썼다고 한다), 1830년대부터 잉글랜드에서는 남성과 여성 모두 향수를 사용하게 되었다. 다른 냄새를 가려주는 산뜻하고 진한 향이 나는 향수는 몸에는 물론이고 손수건과 장갑에도 뿌릴 수 있었다.

오드콜로뉴는 향수 원액보다 양적인 면에서 저렴했다. 향수 원액에는 독특한 향을 만드는 에센셜 오일만이 들어 있지만, 오드콜로뉴는 증류수로 희석한 것이다. 이런 이유로 오드콜로뉴는 토일렛 워터toilet water('개인위생을 위해 사용하는 향기 나는 물'이라는 의미)로 알려졌다. 오드콜로뉴는 귀 뒤에 톡톡 바르거나 면도 후에 애프터 셰이빙 로션으로 바르는 등 남성의 몸단장에서 여러 용도로 사용되었다.

---

8. '오드콜로뉴(eau de cologne)'는 프랑스어로 '쾰른의 물'이라는 뜻이다. 쾰른에서 제조된 향수이기에 붙여진 이름이다.

9. 보 내시(Beau Nash, 1674~1762년): 본명은 리처드 내시(Richard Nash). 18세기의 패션 리더로 유명했던 인물이다.

희석된 형태의 오드콜로뉴는 가격이 저렴해 많은 사람이 사용할 수 있게 되었고 경제적으로 더 여유 있는 사람들은 아낄 필요 없이 넉넉하게 사용할 수 있었다. 이 제품은 이발소는 물론이고 약재상에서도 판매할 정도로 대중적이었다. 오드콜로뉴는 아직도 생산되기 때문에 1840년대의 향기를 쉽게 경험해 볼 수 있다.

베르가모트 오일과 레몬 오일은 별개로 사용되기도 했지만 함께 사용되는 경우가 더 많았으며 19세기 중반의 대표적인 향이었다. 핸드크림과 헤어 포마드에서부터 바늘꽂이에 이르기까지 거의 모든 제품에 이 혼합물의 향을 넣었다. 여성과 더 자주 연관되는 이 향수는 남성들은 거의 사용하지 않았고, 남성들의 향수 소비는 1850년대 이후 급격히 감소했다.

이 혼합물의 매력 중 하나는 쉽게 얻을 수 있다는 것이었다. 두 오일 모두 식물 추출 천연 오일치고는 합리적인 가격이었고, 합성 오일은 더 저렴했으며 약국과 약재상에서 구입할 수 있었다. 19세기 중반에 유행한 이 향수는 오드콜로뉴보다 더 많은 사람들이 사용할 수 있었다. 노동 계급 가정이라도 정규직에 종사하는 성인 남성이 있다면 레몬과 베르가모트 향수가 담긴 단지를 구입해 뿜낼 수 있었다. 집에서 만든 화장품에 첨가하기 쉬운 향이기도 했다. 이 오일들은 여성들이 직접 만드는 연고와 반죽의 지방과 기름과 잘 어울렸다. 지금도 근처 건강식품 매장의 아로마 테라피 코너에 들러 두 가지 오

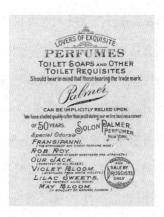

그림 49. 향수 광고. 유럽과 아메리카 대륙에서
여러 브랜드의 향수 광고가 성행했다.

일을 구입하기만 하면 이 향수가 어떤 향인지 확인해 볼 수 있다. 너무 많이 사용하지 않도록 조심해야 한다. 빅토리아 시대의 사람들은 향수를 아껴서 사용했다.

1880년경 베르가모트와 레몬은 매력을 잃기 시작했다. 당시 유행하는, 향이 보다 묵직하고 복잡한 향수에 비해 구식이고 조악해 보였던 것이다. 사향과 용연향, 파촐리, 향신료가 가미된 오일이 잔뜩 들어간 향수들은 모두 고가였다. 1890년대까지만 해도 최신 유행 향수는 단일한 향이 아니었으며, 한두 가지 재료가 아니라 여덟 가지에서 열두 가지 추출물로 만들어졌다. 길고 가늘고 아름답게 장식된 유리병에 소량씩 담겨 판매되는 향수는 부의 상징이었다. 향수는 다시 한번 부자들의 전유물이 되었다. 한편 일반 대중을 대상으

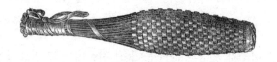

그림 50. 리본으로 감은 라벤더. 『영 레이디스 저널』, 1866년.

로 하는 시장에서는 라벤더 오일이 값싼 제품 중에서도 우위를 점하고 있었다.

19세기 말은 두 가지 향의 시대였다. 사회 한쪽에는 이국적인 사향이 있었고, 다른 한쪽에서는 라벤더 오일, 라벤더 워터, 라벤더 비누, 라벤더 포푸리[10], 라벤더 백에 뒤덮여 있었다. 라벤더 수요를 충족시키기 위해 새로운 산업이 성장했고, 영국과 프랑스 모두 라벤더만을 전문으로 재배하는 사람들이 생산업체에 원료를 공급했다. 빅토리아 시대 후기의 젊은 여성들 대부분은 정원에서 직접 라벤더를 채취해 라벤더 백을 만드는 방법을 배웠다. 작은 라벤더 줄기 다발을 모아 꽃 머리 바로 아래를 무명실로 단단히 묶고 꽃 머리 위로 줄기를 다시 구부린다. 그런 다음 긴 리본으로 줄기 안팎을 엮고 나비매듭으로 마무리하는 것이다. 나는 어렸을 때 이 방법을 배웠고 딸에게도 가르쳤다.

---

10. 포푸리(Potpourri): 꽃잎, 나뭇잎, 허브 등을 말려 만든 방향제.

빅토리아 시대의 사람들 중 일부는 어떤 향이든 향수 자체를 좋아하지 않았다. "과거에 불결함을 가리는 가면으로 사용되던 값비싼 향수는 비누가 문명의 한 부분이 된 지금에는 그 필요성이 감소했다"고 생각한 것이다. 하지만 실제로는 광범위하게 사용되고 있었고 향수 판매량은 급격히 증가하고 있었다.

화학은 향기의 세계를 변화시키고 있었다. 빅토리아 시대 초기에는 대다수의 향수가 식물에서 추출한 식물성 원료로 만들어졌고, 동물에서 추출하는 경우는 많지 않았다. 농축 오일을 생산하려면 원료가 대량으로 필요했기 때문에 천연 농축 오일은 가격이 비쌀 수밖에 없었다. 그러나 세기가 바뀌면서 화학자들은 영 가망이 없어 보이는 원료에서 점점 더 다양한 향을 합성할 수 있게 되었다. 콜타르와 거기에서 파생된 다양한 원료들이 놀라운 향을 만들어냈다. 콜타르로 배, 사과, 아몬드, 파인애플 향도 만들 수 있었고, 선풍적인 인기를 모았던 레몬 향도 만들 수 있었다. 이런 인공 향료는 기존의 식물성 향료보다 훨씬 저렴하게 생산할 수 있었다.

새로운 화학 물질이 향수를 대중화시켜, 점점 더 낮은 사회적 계층의 사람들까지 향수를 쓸 수 있게 되었다. 1870년대에는 젊은 하녀들까지도 가향 비누를 살 수 있었다. 이런 대중화의 반작용으로 9세기 후반에는 더 복잡하고 묵직한 향의 훨씬 더 비싼 향수가 유행했다. 향수의 유행이 인공적으로 합성할 수 없는 천연 재료 기반의 향으로 바뀌면서 가격은 올랐고 다시 한번 부유층과 노동 계급의 격차를 벌려놓았다.

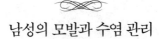

## 남성의 모발과 수염 관리

여성들과 달리 남성들은 아침 일과에 화장을 포함시킬지 말지 고민할 필요가 없었다. 하지만 그들은 머리카락과 수염을 단장하는 데 신경을 써야 했다.

### 유행 헤어스타일과 수염의 변화

빅토리아 시대 남성들은 긴 머리를 좋아하지 않았다. 적어도 목 뒤쪽에서는 말이다. 이 시대 내내 남성의 뒷머리는 칼라에서 멈췄다. 하지만 기름을 바른 매끄러운 머리부터 숱 많고 부스스한 머리까지 남성들의 헤어스타일은 엄청나게 다양했다. 수염 역시 깔끔하게 면도한 것부터 덥수룩한 수염까지 다양했다.

1837년 유행에 민감한 젊은이의 머리 모양은 나폴레옹과 같은 분위기를 유지하면서 낭만주의 시인 같은 느낌도 났다. 가르마는 내지 않고 정수리에서 앞으로 빗질을 해 부드러운 컬들과 흘러내린 머리칼들로 얼굴을 감쌌다. 하지만 이런 헤어스타일을 하려면 대부분의 남성이 모발 고정제의 도움을 받아야 했다(이 장의 뒷부분에서 다룰 것이다). 머리카락을 제자리에 고정하는 이런 제품들은 오늘날의 헤어 젤과 비슷했다.

그림 51. 머튼촙<sup>11</sup> 구레나룻, 1850년.

한편 수염은 귀 앞쪽을 지나 턱관절 부근에서 멈추는 구레나룻만 남기고 깔끔하게 면도하는 것이 보통이었다. 이것이 문명화된 사회를 대변하면서도 여전히 야생의 기운을 담은 격식 있는 외양이라고 여겨졌다.

이후 몇 년 동안 구레나룻을 더 길고 무성하게 관리하는 게 유행이었다. 빅토리아 여왕과 결혼하기 위해 영국에 온 젊은 앨버트 공

---

11. 머튼촙(muttonchop): 위는 좁고 아래가 넓은 삼각형 모양의 구레나룻.

이 그렇게 구레나룻을 길렀다. 그는 운이 좋게도 자연스러운 곱슬 머리였기 때문에 머리카락이 굵고 고급스럽게 보였다. 이처럼 긴 구레나룻을 처음 택한 사람은 더 근엄하게 보이기를 원하는 이들이었다. 긴 구레나룻은 과거 18세기에 유행했던 수염을 말끔히 깎은 남성의 모습을 남성답지 못하며 경박하다고 생각한 사람들의 거부감을 보여주는 가시적인 신호였다. 수십 년 동안 사라졌던 콧수염도 다시 등장하기 시작했다.

이후 등장한 옆 가르마가 남성들의 외모를 바꿔놓았다. 이제 바람직한 남성의 모발은 숱이 많고 짙은 색이 나며 곱슬거리는 것이었다. 옆으로 가르마를 탄 뒤 머리카락을 앞으로 넘기지 않고 아래로 내렸다. 얼굴 주위의 머리카락에는 컬을 넣는 것이 권장되었으며 일부 남성은 볼륨감을 원하는 만큼만 살짝 내기 위해 앞머리와 정수리의 머리카락을 더 기르기도 했다. 1850년대 왕실 초상화들 속의 앨버트 공이 한동안 유행했던 완벽한 남성의 헤어스타일을 그대로 보여준다.

1850년대 전 계층의 남성 이미지를 샅샅이 찾아봤을 때 발견하게 되는 가장 큰 변화는 림 비어드[12]다. 이런 스타일을 연출하려면 먼저 양쪽 구렛나룻을 아래까지 길러 턱에서 합쳐지게 한 뒤 입술

---

12. 림 비어드(rim beard): 말쑥하게 다듬어진 턱수염.

그림 52. 림 비어드, 1850년.

아랫부분의 수염은 면도를 해서 턱 아랫부분을 가로지르는 수평의 폭이 좁은 수염만을 남긴다. 콧수염은 남겨둘 수도 있지만, 깔끔하게 다듬는 게 일반적이었다. 림 비어드는 빅토리아 시대 중반의 상징적인 스타일로 세계적 인기를 끌었고, 영국의 토목 공학자 이점바드 브루넬과 미국 대통령 에이브러햄 링컨도 이 스타일을 택했다. 남성성(남성은 혈기 왕성하며 풍성한 턱수염을 기를 수 있다)을 과시하면서, 동시에 깔끔하게 면도할 수 있을 정도로 교양이 있고 관리를 잘한다는 것을 보여주는 스타일이었기 때문이다. 진정으로 성공한 모든 패션이 그렇듯, 림 비어드는 오래도록 지속되었다. 1850년대와 1860년대에는 이 스타일이 지배적이었다. 그리고 변화가 찾아왔을 때에도 일부 남성들은 이 스타일을 계속 고집했다. 심지어는 19세기 말까지도 말이다. 마지막까지 고수한 사람들은 60여 년 후 에드워드 시대의 어부들이었다.

1860년대 후반에는 깔끔하게 면도한 외모를 선호하는 남성이 늘어났다. 여기에 작게 콧수염을 기르는 경우가 많았다. 특히 젊은 미혼 남성들이 선호했는데, 그들은 '유능'하거나 중요한 사람으로 보이는 데는 전혀 관심이 없었다. 림 비어드를 한 남성이 당대의 정책 입안자이자 과묵한 신사였다면, 깔끔하게 면도를 한 남성은 젊은 연인이었다.

1870년대에는 더 자유롭게 수염을 기를 수 있었다. 1874년부터 1875년까지는 텁수룩한 수염, 다듬지 않은 거대한 콧수염, 풍성하고 컬이 있는 약간 헝클어진 머리 등 야성적인 스타일의 절정기였다. 모든 사람이 이런 외양을 선택한 것은 아니었다. 이 시기에는 다양한 수염 스타일이 유행했다. 콧수염, 림 비어드, 구레나룻, 깔끔하게 면도한 스타일이 모두 공존했다. 하지만 이 10년 동안의 새로운 추세는 단연 텁수룩한 수염이었다. 림 비어드는 그 사람이 매일 꾸준히 면도를 한다는 것을 보여주는 증거인 반면, 이 풍성한 수염이 목표로 하는 것은 완벽한 남성성의 표현이었다. 이 스타일은 지식인뿐 아니라 일부 육체 노동자들에게도 인기였다. 이들은 각기 다른 이유로 남자다운 분위기를 보여주고자 했다. 찰스 다윈은 풍성한 턱수염을 보여주는 좋은 사례다. 어쩌면 그는 탐험가라는 훌륭한 경력을 강조하고 싶었는지도 모르겠다.

그림 53. 풍성한 턱수염, 1870년.

19세기 말에는 다윈과 같은 야성적인 외모에 대한 선호가 줄어들었다. 많은 남성이 여전히 턱수염을 기르긴 했지만, 이제는 에드워드 왕자(훗날의 에드워드 7세) 스타일의 우아하게 다듬은 짧은 수염인 경우가 많았다. 사실 가장 지배적인 스타일은 깔끔하게 면도한 얼굴에 콧수염만 세심하게 모양을 내는 것이었다. 머리카락은 19세기 그 어떤 시기보다 눈에 띄게 짧아졌고 고급스러운 컬과 웨이브는 줄어들었다. 일반적으로 에드워드 시대의 남성들은 빅토리아 시대의 선조들보다 머리카락이 훨씬 짧았다.

### 탈모 관리

오늘날과 마찬가지로 탈모는 많은 남성들이 말년에 경험하는 골칫거리였다. 탈모의 원인과 치료법은 인기가 높은 주제였다. 왜 어떤 남성은 머리카락이 빠지고 어떤 남성은 빠지지 않는지, 왜 대부분의 남성은 노년기에 대머리가 되지만 일부 남성은 10대에도 대머리가 될 수 있는지에 대한 이론들이 넘쳐났다.

탈모 연구에 관심을 기울인 과학자는 거의 없었고, 이는 탈모 관련 정보를 찾는 사람들이 이 주제에 대한 오래된 연구에 의존해야 하는 경우가 많았다는 것을 의미한다. 이 중 가장 영향력 있고 널리 인용된 것은 알렉산더 롤린슨Alexander Rawlinson의 1816년 논문 「모발에 관한 실용적·철학적 논문Practical and Philosophical Treatise upon the Hair」과 그로부터 몇 년 전에 출간한 논문 「모발에 대한 소론(小論) Essay upon the Hair」이었다.

그는 탈모의 원인이 발한이라고 설명했다. 그는 탈모가 여성보다 남성에게 훨씬 더 많은 영향을 미치는 현상의 원인 중 하나가 땀이라고 생각했다. "탈모는 땀이 나는 격렬한 운동으로 인해 유발되는 것이 일반적이다… 땀은 모근을 이완시키고, 땀의 산성이 모발에 작용하는 체액의 활동을 막아 모발이 소실되는 원인이 된다."

그의 치료법은 모발에 마카사르 오일[13]을 주기적으로 발라 '체액'을 보충하고 정기적으로 머리를 자르는 것이었다. 롤린슨은 격주로 머리를 다듬으면 모발 한 올 한 올에 활기를 줄 수 있다고 믿었다.

---

13. 마카사르 오일(macassar oil): 실론오크나무의 씨앗에서 얻는 기름.

그는 면도가 모발을 거칠어지게 하기 때문에 절대 면도기를 머리에는 사용하면 안 된다고 생각했다. 반면에 정기적으로 주의 깊게 이발을 하면 모발의 질감에 영향을 주지 않으면서 성장 속도를 높일 수 있다고 주장했다. 그러나 19세기 중반에 피부와 모낭의 본질을 연구하면서 모든 모발은 모낭 깊은 곳에서 성장하기 때문에 이 방법이 소용없다는 것이 입증되었다. 그럼에도 탈모의 원인에 대한 혼란은 20세기까지 계속되었다. 우리 어머니도 어린 시절 나에게 이 방법을 추천했다.

머리에 오일을 사용하라는 것은 19세기 내내 탈모를 포함한 거의 모든 모발 관련 문제에 기준이 되는 조언이었다. 롤린슨은 자신이 직접 제조해 판매하던 묽은 오일을 옹호했지만, 다른 제조법은 훨씬 진한 라드나 소의 골수 속 지방을 주재료로 했다. 대부분의 오일은 엷은 색을 띠고 향이 약하게 났다.

나는 그 당시의 간단한 헤어 오일 제조법을 따라 해보았다. 올리브유에 얇게 저민 알카넷 뿌리를 넣고 그 혼합물을 끓였더니 진한 붉은색이 되었다. 거기서 뿌리 조각들을 걸러내고 마지막으로 베르가모트 오일 몇 방울을 넣어 향을 냈다. 손가락 끝으로 소량을 머리카락에 바르고 마사지를 하면 윤기가 나고 머리 모양을 잡기 더 쉬워지지만, 너무 많이 사용하면 곧바로 머리카락이 기름져 보인다. 브러시와 빗을 이용해 머리를 빗는 것은 샴푸 요법이 아닌 헤어 오일 요법의 비결이다. 탈모를 걱정하는 남성이라면 땀으로부터 보호하기 위해 머리카락, 특히 모근에 얇은 기름 막을 씌우고자 노력했을 것이다.

보통 더 진한 재료가 두피에 마사지하기 더 쉽다. '칸타리스 팅크'라고 알려진 '비법 재료'가 들어간 '탈모 치료 포마드'가 그 전형적인 예다. 이것은 여러 번 물에 담가 녹이고 거른 소 골수 0.5파운드(약 226.8g), 칸타리스 팅크 1온스(약 28.3g), 베르가모트 오일 열두 방울로 만든다. 칸타리스 팅크는 칸타리스 가루 1드램(약 3.9g)을 표준 주정 1온스에 일주일 동안 담가서 만든 것이다.

이 비법 재료의 인기를 이끌어 낸 사람은 이래즈머스 윌슨Erasmus Wilson이다. '스페인 파리Spanish fly'라고도 불리는 칸타리스는 사마귀 제거제, 과민증 완화제, 최음제로 널리 사용되던 에메랄드그린색의 딱정벌레다. 탈모 치료제의 공급업자였던 윌슨은 가정에서도 만들 수 있는 탈모 치료제 제조법을 발표하고 상업용 제품을 공급하면서 자신의 아이디어를 널리 퍼뜨렸다. 그 제조법의 주인으로 인정받지는 못했지만 말이다. 용법은 "하루에 한두 번씩 상당 기간 동안 사용하는 것"이었지만, 두피가 따가우면 "당분간 사용을 중단하거나 간격을 길게 두고 사용"해야 했다. 뒤퓌트랑Dupuytren과 카제나제Cazenaze 같은 다른 브랜드도 그 뒤를 따랐고 그들의 포마드 제품 역시 칸타리스를 주재료로 했다. 다양한 진정 연고에 사용되었으며 잘 알려진 의료 성분이었던 칸타리스는 많은 남성에게 매우 그럴듯한 탈모 치료제로 보였을 것이 분명하다. 칸타리스는 확실히 인기가 있었고 수익성이 좋은 제품 라인에 빠지지 않고 포함되었다.

1850년경 발한 이론과 경쟁하는 탈모 관련 이론이 등장했다. 모낭에 혈액이 제대로 공급되지 않을 때 탈모가 발생할 수 있다는 것이었다. 이 새로운 설명이 주목을 받으면서, 1901년에는 이 이론이 문헌에 가장 많이 등장하고 의학적 지지를 받게 되었다. 두피의 혈류를 자극하면 모발 성장에 도움이 된다는 전제를 바탕으로 한 치료법에는 규칙적인 마찰, 헐렁한 모자 착용, 냉수욕, 육류 위주의 식단, 격렬한 운동이 포함되었다. 이 이론을 따르는 사람들은 기름진 모발용 조제 물질을 머리에 문지르는 것에 절대 반대했다. 다른 상업적 탈모 치료법을 향한 대중의 공격도 거셌다. 하지만 새로운 이론이 발한이 탈모의 원인이라는 과거의 생각을 완전히 몰아내지는 못했다. 발한을 막아야 한다는 로비가 계속되었고, 헐렁한 모자와 찬물 샤워를 권장하면서 좋은 헤어 오일이나 포마드의 사용, 가벼운 식단, 적당한 운동, 정신적 스트레스 감소 등 다양한 치료법을 모색했다.

19세기 말에 부상한 또 다른 이론은 탈모가 두피에 남아 있는 '세균'으로 인해 발생한다는 것이었다. 의학 전문가들은 이런 이론과 거리를 두었지만, 많은 사람들이 곧바로 관심을 가졌다. 거의 모든 다른 질병이 '세균'에 의한 것으로 입증되고 있는 와중에 탈모라고 그렇지 않은 이유가 있나? 이런 이론을 믿는 사람들은 다양한 살균제가 가미된 자기 나름의 탈모 관리 제품과 함께 꼭 맞는 모자, 새로운 브러시와 샴푸를 지지했다.

## 머리 감기

1816년의 남성들은 물로 머리를 감지 않았다. 롤린슨은 "신체의 모든 부분이 그렇듯이 모발에 있어서도 청결은 필수다"라고 단언했다. 하지만 19세기 초반에는 물로 전신을 목욕하지는 않았고 모발 세정도 마찬가지였다. 롤린슨이 주장한 것은 빗과 브러시로 모발을 청결히 하는 것이었다. 모발에 어떤 형태든 파우더를 사용할 때라면 빗질을 특히 꼼꼼히 해야 한다고 설명했다. 19세기의 첫 10년 정도는 나이 든 신사들이 여전히 헤어 파우더를 사용했기 때문이다. 그의 마카사르 오일 역시 세정 루틴의 일부였다. 그는 마카사르 오일이 머리가 엉키는 것을 방지해 빗질을 도우며 모근에 영양을 공급한다고 주장했다.

나와 내 친구 몇 명이 물과 샴푸 없이 모발을 관리해 보았다. 이 요법을 유지하는 데 아무런 문제가 없는 사람들부터 빠르게 21세기 제품으로 돌아간 사람들까지 이 경험에 대한 반응은 다양했다. 모발에서 반복적으로 유분을 벗겨내면 두피가 유분을 더 빨리 생성하도록 자극하고, 샴푸나 비누를 자주 사용할수록 모발은 더 빨리 기름이 끼는 것 같다. 샴푸와 비누 사용을 중단하면 모발은 서서히 안정된다. 하지만 아무것도 하지 않는다면 끔찍한 냄새를 풍길 수 있다는 '공포감'이 생긴다.

브러시와 빗을 이용해서 자주 꼼꼼하게 빗질을 한다면 모발의 상태가 훨씬 더 좋아질 수 있다. 브러시가 천연모이고 하루 일과의 일부로 매일 세척한다면 더 좋다. 빗질하는 과정에서 먼지, 때, 기름기가 확실하게 제거되며, 의외로 신선한 오일을 바르는 것이 실제로 도움이 된다. 윤활제를 추가하면 모든 것이 잘 움직일 수 있어서 비듬, 먼지, 사람에게서 나온 기름기가 모발 끝까지 이동해 결국 떨어진다. 씻지 않아도 빗질을 잘한 모발은 냄새가 나지 않으며 버석하고, 부스스하고, 정전기가 생기고, 갈라지는 일이 없다. 결국 기름기가 얼마나 생기느냐는 사람마다 다른 것 같다.

나는 몇 주에 한 번 샴푸로 머리를 감고 일주일에 한 번 물로만 헹구는 방법에 정착했다. 그 방법이 내게 맞는 듯하다. 나머지 모발 관리는 빗질로 한다. 하지만 빅토리아 시대의 헤어스타일은 약간 기름진 머리일 때가 훨씬 만들기 쉽기 때문에 빅토리아 시대의 방식으로 사는 동안은 얼마든지 샴푸 없이 살 수 있다는 것을 지적해 두어야겠다.

1840년대에는 남성의 모발을 가끔 물로 씻는 관행이 도입되고 있었다. 이 절차를 먼저 받아들인 여성들이 이러한 움직임을 주도한 덕분이었다. 물론 대부분의 경우에는 찬물로 먼지와 오물을 씻어내는 것을 의미했다. 비누는 가끔 두피를 따갑게 만드는 경향이 있었는데도 그 위험을 기꺼이 감수하는 사람들이 있었다.

## 머리와 수염 손질하기

머리를 감은 대부분의 남성들은 신선한 헤어 오일을 발라 모발이 버석버석해지는 것을 막고 윤기가 나도록 했다. 묽은 오일 제제를 두피에 흡수될 때까지 모근에 발라 주었다. 모발 건강을 위한 것이지 기름지게 만들려는 의도가 아니기 때문에 바를 때는 소량을 사용했다. 더 진한 질감의 포마드는 스타일링을 돕기 위해 만들어진 것이었다. 다음은 그런 헤어 스타일링 제품 중 하나의 제조법으로 이국적인 것을 찾는 틈새시장을 노린 것이었다. "곰 기름 2온스(약 56.7g), 꿀 0.5온스(약 14.2g), 아편팅크[14] 1드램(약 3.9g), 개사철쑥 가루 3드램(약 11.7g), 페루 발삼 3드램, 골풀 뿌리를 태운 재 1.5드램(약 5.8g), 스위트 아몬드[15] 오일 소량을 섞는다."

---

14. 아편팅크(laudanum): 아편과 고내성(高耐性) 알코올을 섞어 만든 약물.

15. 아몬드는 비터 아몬드와 스위트 아몬드 두 가지 종류로 나뉘는데, '비터 아몬드(bitter almond)'는 쓴맛이 나는 독성 물질 아미그달린이 들어 있는 야생종 아몬드, '스위트 아몬드(sweet almond)'는 아미그달린이 거의 들어 있지 않은, 오늘날 우리가 먹는 재배종 아몬드이다.

이런 제조법으로 만든 제제는 현대의 헤어 제품과 매우 유사하게 보이며, 아마 비슷한 효과를 냈을 것이다. 이 제조법을 그대로 따라 해본 적은 없다. 곰 기름(실제로 곰의 지방을 의미한다)은 비윤리적인 것은 말할 것도 없고 구할 수도 없으며 내게 아편팅크를 팔 사람도 없을 것이다. 그 대신 돼지기름과 보드카를 사용해 꽃향기가 약하게 나는 젤 같은 질감의 연한 색 연고를 만들었다. 이 제제의 사용법은 소량을 손가락에 덜어 머리끝에 왁스처럼 발라 컬을 하나씩 정리하고 머리끝이 흐트러지지 않도록 하는 것이다. 콧수염도 종종 이런 식으로 형태를 잡고 관리했다.

이런 제제 중에는 색이 들어간 것도 있었다. 해리 비즐리Harry Beasley가 『약사의 제조법Druggist's General Receipt Book』에서 설명하고 있는 "눈썹, 수염 등을 위한 검은색 스틱형 포마드"는 콧수염과 눈썹의 형태를 선명하게 만들면서 흰 털을 가리는 데 사용됐다. 마스카라는 색이 들어간 이 콧수염 왁스에 주어진 또 다른 이름이다. 마스카라는 지금까지도 널리 사용되고 있다. 비록 오늘날에는 남성이 아닌 여성들이 속눈썹에 사용하지만 말이다.

1870년대까지 대부분의 약사들은 남성 헤어 제품을 다양하게 구비하고 있었다. 이들 제품은 여성용 제품과의 차별화를 위해 포장에 주의를 기울인 것들이었고, 부유한 사람들을 대상으로 한 제품부터 가난한 사람들을 대상으로 한 제품까지 가격도 다양했다. 그

중 가장 역사가 오래된 것은 가울랜드 로션Gowland's Lotion이었다. 1816년 제인 오스틴Jane Austen이 『설득Persuasion』에서 여주인공의 허영심이 강한 아버지 월터 엘리엇의 입을 빌려 이 제품을 언급하기도 했다. 1850년 『일러스트레이티드 런던 뉴스The Illustrated London News』에 대대적으로 광고를 하기도 했다. 헤어 제품이 처음 상업화되었을 때는 주된 고객이 남성들이었고, 그 결과 초기 헤어 제품 라인은 남성용 제품에 크게 편중되어 있었다.

경제적으로 좀 더 넉넉했던 도시 사람들은 이발소에 정기적으로 들러 머리와 수염을 모두 정리했다. 패션에 관심이 많은 부유한 남성은 원하는 외양을 완벽하게 구현하기 위해 하루에 두 번씩 이발소에 가기도 했다. 사람들은 모발과 수염이 가장 부드럽고 말을 잘 든는다고 여겨지는 아침 시간에 면도하는 것이 가장 효과적이라고 생각했다. 하지만 저녁에 면도하면 저녁 약속에 가장 깔끔한 모습을 보여줄 수 있었다. 이발사들은 고객들을 잘 알고 있었고 최신의 남성 몸단장 제품을 구비하는 일에 주의를 기울였다. 아몬드 오일과 올리브유를 서로 같은 양으로 넣고 베르가모트 오일과 오렌지 오일로 향을 내 모발을 윤이 나고 다루기 쉽게 만드는 헤어 오일, 알코올을 주재료로 하고 월계수 잎, 라임 오일, 정향 오일로 향을 낸 애프터셰이빙 로션 '베이 럼(bay rum, 지금까지도 미국에서 널리 판매되고 있다)'이 그런 제품들이었다.

그림 54. 이발소에서, 1900년.

　이발소 방문은 단순한 일상이 아닌 의식에 가까운 경험이었다. 고객이 의자에 편히 자리를 잡는 동안, 이발사는 헤어 오일, 비누, 면도칼과 혁지[16]를 차려놓는다. 그런 다음 수건을 가져와 숙련된 움직임으로 펼친 후 옷을 보호하기 위해 고객의 목에 두른다. 다음으로 김이 나는 뜨거운 물이 담긴 대야가 등장한다. 면도에는 찬물이 좋다고 주장하는 사람들이 있었지만 대부분의 이발사들은 뜨거운 물을 사용했고, 손님들도 대부분 뜨거운 물을 기대했다. 좀 더 비싼 이발소에서는 부드러운 비누로 손님의 얼굴을 꼼꼼히 씻기고 헹군 후

16. 혁지(strop): 면도날을 가는 데 사용하는 유연한 긴 가죽이나 캔버스 조각. (저자 주)

말려주었다. 이발사는 뜨거운 물을 새로 한 대야 가져와서 특별한 면도용 비누로 거품을 만든다. 이를 거품 상자에 담고 오소리 털로 만든 브러시를 사용해서 고루 섞는다. 면도 비누의 부식 작용으로부터 피부를 보호하고 거품이 얼굴에 잘 밀착되도록 하기 위해 가벼운 오일로 얼굴을 마사지한다. 브러시를 이용해서 거품 상자의 거품을 얼굴 위로 옮기고 면도를 할 부위에 넉넉히 바른다. 이제 이발사는 면도칼을 들고 사용할 준비를 한다.

이발사는 혁지를 싸개에서 꺼내 한쪽 끝을 벽에 건다. 그는 혁지에 흠집이 없는지, 스트롭 페이스트[17]가 혁지에 매끄럽고 고르게 발려 있는지 확인한다. 그다음 혁지를 따라 조심스럽고 능숙하게 면도칼을 움직여 날이 완벽하게 날카로워지도록 간다. 이것은 직업적 자부심이 돋보이는 순간이었다. 움직임은 크고 유려하며 연극적이었다. 많은 이발사들의 마지막 퍼포먼스는 항상 면도날로 혁지가 아닌 손바닥을 몇 차례 긋는 것이었다. 날이 예리하게 갈려는지 방법이라고 생각했기 때문이다. 면도칼은 스테인리스 스틸이 아닌 강철로 만든, "목을 딸 수도 있는" 종류였다. 최고급 면도칼에는 원재료 그대로의 흰색 또는 얼룩덜룩한 검은색 상아 손잡이가 달려 있었다. 저렴한 면도칼에는 보통 뼈나 거북이 껍질로 만든 손잡이가 있었다.

---

17. 스트롭 페이스트(strop paste): 연마제 가루와 윤활제의 혼합물. (저자 주)

그림 55. 노동 계급 남성들을 위한 저렴한 면도 제품.

대부분의 이발사는 코 밑과 윗입술 주변의 까다로운 부분부터 면도하기 시작했다. 물론 고객이 콧수염을 기르는 신사가 아니라면 말이다. 이발사는 면도칼을 엄지와 둘째, 셋째 손가락 사이에 끼워 날이 엄지손가락과 평행을 이루도록 했다. 다른 손으로 면도할 피부를 부드럽게 펴서 날에 닿는 부위가 팽팽해지도록 했다. 숙련된 이발사라면 실제 면도는 30초 정도에 마쳤다. 이후 얼굴을 헹구고 말렸다. 그다음으로 모공을 닫고 자극을 진정시키며 피부에 향을 더하기 위해 오드콜로뉴나 베이 럼과 같은 다양한 애프터 셰이빙 제품들을 발랐다.

시설이 좋은 이발소의 경우, 모든 제품과 서비스를 포함한 전체 면도 비용은 6펜스 정도였다. 따라서 중산층 고객에게도 매일 이발소에 가는 것은 사치였다. 단순히 면도 비누만 바르는 허름한 가게에서의 기본적인 서비스는 1페니였다. 하지만 이 가격의 이발소에 가는 것조차 대부분의 노동 계급 남성들에게는 특별한 일이었다.

지출에 신경을 쓰는 가정에서는 남성이 매일 아침 침실에 있는 세면대 앞이나 주방에 서서 면도를 하는 장면을 흔히 볼 수 있었다. 날이 긴 면도칼과 면도용 브러시, 특별한 면도용 비누, 찬물 한 대야, 거울을 준비해 두었을 것이다. 뜨거운 물이 있다면 비누로 거품을 만들고 털을 부드럽게 해 좀 더 쉽고 기분 좋게 의식을 치를 수 있었다. 마찬가지로 여유가 되는 사람들은 약제상이나 약사에게서 구입한 애프터 셰이빙 로션을 발라주어 패션을 일상 요법에 끌어들였다. 수염을 다듬는 것은 면도보다 훨씬 간단한 일이었다. 빅토리아 시대 내내 많은 노동 계급의 남성들이 선호하는 외모를 갖기 위해 찬물과 면도칼을 기꺼이 받아들였다.

## chapter 6
# 남성의 아침 운동과 여성의 미용 체조

19세기 중반에는 많은 남성의 아침 일과에 운동이 포함되었다. 매일 아침 10~20분간 무릎 굽히기, 스트레칭, 팔 흔들기, 섀도 복싱, 제자리 뛰기를 하는 것이 혈액을 몸과 뇌에 활발하게 순환시키는 운동, 하루를 시작하는 좋은 방법으로 여겨졌다.

대도시에는 운동을 하고 싶은 사람들을 위해 다양한 기구와 강습을 제공하는 체육관들이 있었다. 대부분은 부유한 젊은이들을 표적으로 했지만, 서서히 형편이 넉넉지 않은 사람들도 체육 시설을 이용할 수 있게 되었다. 이미 1868년 런던의 공중목욕탕 램버스 퍼블릭 배스에서는 겨울철이면 욕탕의 물을 빼 체육관으로 바꿨다(권말 도판 23 참조). 대중은 실내 수영장 플런지 풀plunge pool에서 수영할 때의 요금과 거의 비슷한 돈으로 이 시설을 이용할 수 있었다. 1881년의 이 대중탕 광고에는 "몸에 좋은, 남자다운 운동을 위한 모든 종류의 기구와 달리기, 걷기를 위한 훌륭한 트랙"이라는 문구가 등장한다. 그곳에는 평행봉, 복싱 링, 철봉, 공중그네같이 생긴 그네, 덤벨, 펜싱장은 물론이고 달리기 트랙도 마련되어 있었다. 입장료는 3펜스로 부유한 노동 계급도 충분히 감당할 수 있는 수준이었고, 중산층이 소란스러운 사람들을 피해 이곳에 오는 걸 꺼리는 것을 방지하기 위한 엄격한 감독을 약속하는 데는 충분한 가격이었다.

런던의 프림로즈 힐과 샐퍼드의 필 파크에 처음 생긴 야외 체육관은 보다 포괄적인 서비스를 제공했다. 1858년에는 리버풀의 스미스다운 로드에 있는 자투리땅에 뜀틀, 평행봉, 시소, 그네를 설치해 그 지역의 성인 남성들에게 완전히 무료로 개방했다. 그 후 5년 동안 리버풀에는 무료 '운동장'이 세 개 더 생겼다. 근육질 몸을 아름다운 남성의 몸으로 여기는 것이 추세가 되어갔다.

여아들의 운동은 훨씬 까다로운 문제였다. 당시에는 성장 중인 여아들은 아주 가벼운 활동을 하는 것만으로도 몸이 쉽게 틀어지고 영구적인 손상을 입을 위험이 있다고 생각했다. 그럴 경우 성인이 되었을 때 출산이라는 중요한 생명 작용을 해내지 못하게 될 수 있다는 두려움도 있었다. 이는 자궁이 몸통 안에서 움직인다는 고대 그리스 이론에서 비롯된 아주 오랜 믿음이었다. 19세기의 해부학 연구를 통해 빅토리아 시대 의사들은 자궁이 인대로 단단히 고정되어 있다는 것을 확실히 알고 있었지만, 그럼에도 여전히 여성의 과도한 움직임을 경계하는 의학적 소견을 내놓았다. 유산은 보통 낙상이나 거친 움직임 탓으로 일어나며 여아들이 몸을 함부로 움직이면 자궁은 물론이고 관련 장기들이 안정적으로 형성되고 성장할 수 없다고 여겼다. 대부분의 부모들은 딸이 나무에서 뛰어내리거나 거리에서 수레를 타도록 내버려 두는 것을 용서할 수 없는 무책임한 양육이라고 굳게 믿었다. 그런 행동은 딸의 장기적인 건강을 보장하지 못한다고 생각했던 것이다. 생식 기관이 성인과 같은 형태로 자리를 잡는 사춘기에 다가가고 있을 때는 특히 더 조심해야 했다.

유아기를 벗어난 여자아이들에게는 조용히 앉아서 바느질이나 독서 등 정적인 활동에 몰두하도록 권장하는 것이 전통이었다. 남자아이들에게는 막대기를 들고 달리고, 나무에 오르고, 연못에 뛰어들라고 부추기는 반면, 여자아이들은 부산해진다 싶으면 항상 실내로 불려 가야 했다. 부모는 아들의 것과는 다른, 딸에게 적합한 놀잇거리와 소일거리를 제공하기 위해 애를 썼다. 남자아이는 강하고 남자답게 자라기 위해 활발하게 움직여야 했지만, 여자아이는 같은 식으로 움직일 경우 성적으로 불능이 될 위험을 무릅써야 했다. 물론 중산층 부모는 노동 계급 가정에 비해(대부분의 노동 계급 소녀는 자기 집 일이든 남의 집 일이든 해야 할 집안일이 많았고, 남자아이와 다르게 대하기가 어려웠다) 딸을 남자아이와 구분되도록 세심하게 양육하기 더 쉬웠지만, 그럼에도 대부분의 가정은 여전히 딸의 활동을 빈틈없이 관리하기 위해 대비책을 만들었다.

그러나 이런 오랜 우려가 여아들의 생활에 영향을 미치는 것과 동시에, 여아들이 더 자주 움직여야 한다, 그들의 움직임을 줄여야 하는 것이 아니라 오히려 늘려야 한다는 새로운 주장이 제기되었다. 영국의 인구수를 관찰한 사람들은 허약한 여성들이 너무 많다는 사실에 경악했고, 결혼했음에도 아이를 갖지 못하는 여성들이 (그들이 생각하기에) 많다는 점을 걱정하며, 그 이유로 여아들의 운동 부족을 꼽았다. .

영국 여성은 여성으로서의 임무를 다하지 못하는 것처럼 보였다. 젊은 여성들 중 많은 수가 가슴이 빈약하고 지나치게 마르고 창백하며 에너지가 부족하다고 생각되었다. 오래지 않아 남성이 체조와 스포츠를 통해 체격을 키우는 데 관심을 두는 것처럼, 소녀들도 더 건강하고 튼튼한 몸을 만들도록 권장하게 되었다. 하지만 여자아이들이 남자아이들과 똑같은 운동을 하게 둘 수는 없었다. 이는 너무 위험한 일로 여겨졌다. 생식 기관을 위협하거나 여성의 몸 선을 망치지 않으면서도 건강, 근육 발달, 활력을 증진시키는 데 적절한 운동이 필요했다.

1860년대에 파이 체바스 박사는 주류 의료계 종사자들과 마찬가지로 걷기를 권장했다. 많이 걷는 것 말이다. 언덕을 오르는 등의 힘이 많이 드는 운동이 아니라 매일, 특히 컨디션이 좋은 아침에 한 시간 정도 걷기를 권했다. 가볍게 걷기 시작하되 땀이 날 만큼 격렬하게 걷는 것이 아니라 몸에서 열이 나며 따뜻해질 정도로만 활기차게 걷는 것이 좋다. 체바스 박사는 야외의 신선한 공기 속에서 규칙적으로 걷는 것이 생식 기관에 지나친 부담을 주지 않으면서 전신에 강장제 역할을 할 수 있다고 생각했다.

그는 난임 치료법으로 걷기와 좌욕(몇 인치 깊이의 찬물에 앉아 있는 것)을 추천하기도 했다. 체바스 박사는 특히 기혼 여성 8명 중 1명이 자녀를 갖지 못하고 있다는 조사 결과에 우려를 표했다. 여성, 특히 젊은 미혼 여성들이 건강하지 못한 생활을 한 결과이며, 출산과 모성의 의무를 다할 준비가 된 건강하고 튼튼한 상태가 아닌 여성이 결혼을 하는 것은 매우 잘못된 일이라고 생각했다. 규칙적인 가벼운 운동이 여성의 건강을 보장하는 방법이라는 것이 그를 비롯한 많은 의사들의 의견이었다.

걷기가 좋은 이유는 상체가 지나치게 많이 흔들리지 않기 때문이었다. 신선하고 좋은 공기를 마시면서 흉곽이 확장되는 동안 사지가 움직이고 복부 전체는 방해 없이 부드럽게 이동하는 상태를 유지한다. 걷기는 특별한 복장, 장비, 장소가 필요 없는 자유로운 형태의 운동이기도 했다. 누구든, 찢어지게 가난한 사람들도 야외에서 걷는 것은 가능했다. 걷는 것은 체면을 깎는 일도 아니었다. 작은 바구니나 짐을 들고 걷는다면 아무도 운동을 하고 있다는 것을 모르고 그저 잡일을 처리하고 있다고 생각할 것이다.

부유한 중산층 소녀는 여자 가정 교사에게 이끌려 산책을 나갔고, 중산층을 위해 존재했던 몇 안 되는 여학교는 입학 안내서를 통해 잠재적 고객인 학부모들에게 오후 수업에 산책 시간이 들어 있다고 홍보하는 경우도 있었다. 주일 학교 교사, 개화된 고용주, 가난한 소녀들을 지원하는 많은 사람들이 자신의 영향력 아래 있는 소녀들에게 걷기를 강력히 권했다. 구빈원이나 교도소에서도 소녀들과 여성들의 실외 걷기 운동을 지지했다. 비록 음산한 운동장을 계속 도는 것이긴 했지만 말이다.

미용 체조는 여아들을 위한, 남성들의 체조에 상응하는 운동이었다. 평행봉에서 몸을 움직이고 뜀틀을 넘는 등의 체계적이고 과학적인 스웨덴식 운동은 여아들에게는 적절치 않은 것으로 여겨졌다. 여성의 안전에 적합하지 못하고 단정한 옷차림으로는 할 수 없는 과격한 동작이 너무 많았기 때문이다. 1880년대에는 남성 체조를 수정한 형태의 체조가 여아들에게 권장되었다(물론 남아에게도 좋았지만, 남아들은 할 수 있는 유형의 운동이 많은 반면 여아들에게는 이것이 몇 안 되는 선택지 중 하나였다). 미용 체조는 팔과 어깨의 움직임에 집중했고 몸통은 움직이지 않는 것이 보통이었다. 『커셀의 가정생활 안내서Cassell's Household Guide』에는 남의 눈이 없는 집에서 할 수 있는 운동과 신체 발달 과정에 따른 운동 방법이 적절한 삽화와 함께 자세히 소개되어 있었다. 이 안내서와 이 책의 잡지 버전은 중산층 여아들에게 처음으로 신체 단련을 위한 운동에 대한 정보를 접하고 거기에 참여할 수 있는 기회를 제공했다.

이런 글은 대단히 진지했지만, 미용 체조를 속옷 바람으로 껑충거리는 것으로 묘사하기도 했다. 실제로 권장된 복장은 코르셋 없이 발목 길이의 블루머, 헐렁한 셔츠, 무릎 길이의 짧은 스커트(모두 흰색 면직으로 된 것)를 착용하고 허리에 "예쁜 색상의 새시"를 두르는 것이었다. 이상해 보인다는 일부 소녀들의 저항을 극복하기 위한 시도로 이런 복장의 매력적인 여성미를 적극적으로 홍보했다. 이런 조합의 옷을 특별한 미용 체조 복장이라고 부르는 것도 도움이 되었을 것이다. 비용의 측면에서 다른 사람이 없는 침실에서 겉옷과 코르셋을 벗고 허리에 새시를 두르는 것은 매우 값싼 선택지였다(권말 도판 20 참조).

이 운동은 특히 여아들에게 권장되었다. "가슴(주로 폐를 의미했다)을 확장"하는 느낌을 주었기 때문이다. 영양 부족, 오염된 공기, 바느질감에 몸을 구부리고 보내는 끝없이 긴 시간은 소녀들의 호흡기를 약화시켰다. 그 결과 폐를 열고 확장하며, 가슴 근육을 강화하는

---

1. 새시(sash): 폭이 넓은 장식 띠.

것처럼 보이는 운동이 우선시되었다. 사람들은 이런 미용 체조가 자세를 교정하고 소녀들이 하는 활동을 더 동적으로 만들 뿐 아니라 폐를 강화함으로써 소녀들이 결핵과 같은 감염성 폐 질환에 걸렸을 때 회복력을 키워줄 것이라고 기대했다.

내 딸과 나는 이런 미용 체조를 시도해 보았고, 결과는 엇갈렸다. 나는 이 운동이 터무니없이 간단하다고 느꼈다. 방에 가만히 서서 팔을 휘저을 뿐 전혀 힘들다거나 운동이 되는 느낌이 없었다. 땀도 거의 나지 않았다. 하지만 딸아이는 다소 다른 경험을 했다. 체조를 시작하고 몇 분 후 아이는 팔과 어깨의 통증을 호소했고, 다음 날에는 눈에 띌 정도로 뻣뻣하고 아파 보였다.

내가 생각하기에는 일상에서의 행동 때문에 이런 차이가 생겼을 것이다. 나는 일상에서, 특히 빅토리아 시대를 재현하는 생활을 하는 동안 바닥 문지르기와 땅 파기, 이 두 가지 활동을 많이 했다. 내 몸은 그리 튼튼하다고 할 수 없지만 빨래와 정원 가꾸기를 많이 해 보았고 이런 활동은 어깨 근육과 팔을 많이 사용하는 일이다.

반면에 내 딸은 그렇지가 않았다. 당시 딸의 생활은 여러 가지 면에서 빅토리아 시대 중산층 소녀의 생활과 훨씬 더 가까웠다. 몇 시간씩 바느질을 해서가 아니라(자랑스럽게도 딸아이가 바느질을 하기는 하지만) 비슷한 시간 동안 컴퓨터 키보드와 마우스를 조작하며 보내기 때문이다. 많은 젊은이들에게 현대 생활이 요구하는 것은 긴 시간 동안 가만히 앉아서 뭔가 작은 것 위로 몸을 구부리고 반복적인 움직임을 하는 일이다. 따라서 속옷 차림으로 침실에 서서 팔을 휘두르는 운동법을 조롱하는 것은 잘못일 수도 있다. 빅토리아 시대에 여아들을 위한 미용 체조를 고안한 사람들은 아이들이 팔과 어깨를 더 격렬하고 자유롭게 움직여야 한다고 생각했을 수도 있다. 어깨와 목의 긴장을 풀어주고 근육을 강화해 건강에 도움이 되는 좋은 자세를 더 쉽게 취하도록 하고, 반복 사용 긴장성 손상 증후군[2]과 같은 문제로 발전할 가능성을 줄이면서, 충분히 수행하면 혈액 순환과 깊은 호흡이 이루어지도록 자극하는, 완벽하게 좋은 형태의 유산소 운동이다.

다른 사람이 없는 곳에서 할 수 있다는 것은 미용 체조의 큰 장점이었다. 공공장소에서의 정숙한 태도를 중시하는 상황에서 전혀 눈에 띄지 않고 할 수 있는 형태의 운동이기 때문에, 사적인 공간이 있는 사람이라면 누구나 할 수 있었다. 운동을 하면서 몸을 노출할 위험을 무릅쓸 수 없었던 중산층 소녀들도 미용 체조는 할 수 있었다. 이 운동을 그린 삽화는 운동 영상의 선구자 격이었다.

한편 노동 계급 소녀들은 원하든 원하지 않든 미용 체조를 자주

---

2. 반복 사용 긴장성 손상 증후군(Repetitive Strain Injury, RSI): 같은 동작을 반복하는 물리적인 운동에 의해 발생하는 질환. 손가락과 손목에서 통증이 느껴지고 유연성, 근력이 떨어지는 증상이 나타난다.

해야 했다. 건강 개혁가들이 미용 체조의 정숙함과 적절성을 널리 홍보했고, 대부분 기관의 관리자들은 19세기의 마지막 20년 동안 이들의 조언을 철저하게 따랐다. 가난한 사람들의 교육을 위해 만들어진 학교들이 가장 열성이었다. 추가 경비 없이 언제든 실시할 수 있었기 때문일 것이다. 그래서 여학생들은 수시로 운동장에 줄을 서서 맨손 체조를 했다. 이 '체육 교육'은 전신, 특히 폐를 고르게 발달하게 해 건강한 삶을 살 수 있도록 하기 위한 것이었다. 강하고 건강한 노동 계급 소녀들은 몇 년 안에 능숙하고 민첩한 공장 노동자가 되어야 할 사람들이었고, 더 중요하게는 미래 세대의 건강한 노동 계급 아이들의 건강한 어머니가 되어야 할 사람들이기도 했다.

일부 고용주들은 미용 체조(맨손 체조)로 인한 경제적 이점을 발견했다. 버밍엄 외곽에 위치한 본빌 공장은 18세 미만의 모든 여성 직원에게 미용 체조를 의무적으로 하게 하는 정책을 시행했다. 이 공장의 직원 상당수가 11세에서 18세 사이의 젊은 여성이었다. 이들을 위한 특별한 야외 운동 공간이 따로 마련되어 있었고, 여직원들은 일주일에 두 번, 근무 시간 중에 30분씩 운동을 해야 했다. 춥고 지루하긴 했겠지만, 건강 개선 효과가 어느 정도 있었다. 가장 열성적인 지지자들이 기대했던 대로 결핵의 해독제가 되지는 못했지만 말이다.

## chapter7
# 아침 식사

지금과 마찬가지로 빅토리아 시대의 아침 식사 시간 역시 가족
의 근무 패턴에 따라 달라졌다. 대부분의 공장 노동자는 오전 7시나
8시에 그날의 일이 시작되었기 때문에 집을 나서기 전 급하게 끼니
를 해결했다. 걸어서 출근할 수 있는 곳에서 일한다면 온 가족이 식
탁에 둘러앉아 따뜻한 아침 식사를 함께 즐기는 것도 가능했다. 반
면에 자작농과 농업 노동자는 새벽에 일하러 나가기 때문에 대부분
이 몇 시간씩 고된 노동을 한 후에야 주방으로 돌아왔다. 가정에서
일하는 하인들 역시 아침 식사를 미루고 집안일을 시작했고 주인 가

---

1. 자작농(farmer)은 농지를 소유하고 그 농지에서 농사를 하는 농민을 말하며 농업 노동
자(agricultural labourer)는 농지를 소유하지 못해 품팔로 생계를 잇는 빈곤층 농민을
말한다.

족에게 음식을 차려준 후에야 식사를 할 수 있었다.

빅토리아 시대 말 사우스데번의 시턴 마을에 살던 노동자 위저 가족에게 아침은 항상 분주한 시간이었다. 아침 식사는 물론 위저 부인이 준비했다. 그녀는 어부인 남편과 다섯 아이들을 위해 아침 식사를 만들었다. 그들의 집에 살던 하숙생은 이런 그들의 일상을 기록했다. 하숙생은 부엌을 가족의 주된 생활 공간으로 묘사했다. 부엌에는 테이블과 나무 의자 몇 개(모두 어떤 식으로든 부서져 있었다), 안락의자 하나가 있었다. 한쪽 벽에는 커다란 나무 찬장이 있고, 그 안에는 낚싯바늘이 달린 냄비부터 깨진 도자기, 엽서, 끈에 묶인 공, 카드 한 장이 들어 있었고 카드 위로는 나비 모양 레이스(위저 부인의 어머니는 레이스를 만들었다)가 놓여 있었다. 아이들의 손이 닿지 않는 맨 위의 선반에는 비스킷 한 봉지, 찻잎 통, 잼 몇 병이 어수선하게 놓여 있었다. 천장에 매달린 여러 개의 빨랫줄은 어부의 스웨터, 가족들의 속옷, 작은 어망이 돌아가며 널려 비어 있을 새가 없었다.

하지만 위저 부인의 부엌은 빅토리아 시대 노동 계급 가정이 몹시도 바라는 최고의 시설과 장비를 갖추고 있었다. 프라이팬과 베이킹 트레이 외에도 커다란 갈색 에나멜 주전자와 중간 크기의 소스 팬 두 개가 있어 마음껏 사용할 수 있었다. 주방의 그릇들은 수년에 걸쳐 수집한 다소 특이한 것들이었다. 대부분은 이가 빠졌고 심지어 두 동강이 났지만 여전히 사용되고 있었다. 거의 완벽하게 반으로 나뉜 접시 하나는 감자를 으깨는 용도로 특히 소중히 여겨졌다. 벽난로에 있는 화덕은 크기가 작았고 굴뚝이 연결되어 있었으며 한쪽에는 오븐이 있었다(하지만 다른 더 비싼 모델과 달리 물을 끓이는 보일러가 없었다). 굴뚝 옆 벽에는 위저 부인이 석탄을 보관하는 붙박이 장이 있었다. 그 위에는 공간을 절약하기 위해 그녀가 올려둔 프라이팬이 위태롭게 균형을 잡고 있었다.

빵 한 덩어리 또는 죽 한 그릇에 차 한 잔을 곁들이는 것이 빅토리아 시대의 가장 일반적인 아침 식사였다. 귀리가 주요 작물인 잉글랜드 북부에서는 죽을 더 많이 먹었고, 남부에서는 빵이 더 일반적이었다. 많은 경우 죽이나 빵에 맥주 한 잔이 주어졌다. 맥주는 영국의 전통 음료였으며, 최소한의 것으로 삶을 영위하는 세계에서 소중한 열량 공급원일 뿐 아니라 대부분의 사람들의 식단에 부족한 다양한 미네랄과 비타민을 제공했다. 그러나 절제 운동[2]으로 점점 더 많은 사람들이 술을 끊으면서 아침 음료로 차를 더 많이 마시게 되었다. 비슷한 이유로 커피와 코코아의 인기도 높아졌다.

빵과 맥주를 곁들인 아침 식사의 장점은 준비가 쉽다는 것이었다. 불을 피워야 할 필요가 없었기 때문에 식사 담당자인 주부는 일찍 일어나지 않아도 됐다. 남편이 아침 일찍 일어나서 일을 나갔다

---

2. 절제 운동(Temperance Movement): 1834년 미국에서 시작되어 아일랜드, 영국을 거쳐 유럽 전역에 확산된 금주 운동.

가 한참 후에나 아침 식사를 하기 위해 집에 돌아오는 가정에서는 가장 합리적인 선택이었다. 하지만 물을 끓여야 하거나 음식을 조리해야 하는 경우에는 화덕에 불을 붙여야 했다.

인기 있는 화덕의 유형은 두 가지였는데 모두 석탄을 연료로 사용했다. 전국에 걸쳐 건설된 운하와 철도 덕분에 운송비가 저렴해지면서 석탄은 마을과 도시에서 이미 널리 사용되고 있었다. 증기 기관 적용은 광산의 침수 문제를 해결했고 석탄과 사람을 지상으로 쉽게 끌어올릴 수 있게 해주었다.

1860년대까지, 그리고 그 이후로도 오랫동안 많은 가정에서는 구식 개방형 화덕을 주로 썼다. 쇠살대 안에 석탄불이 있고 그 옆으로 단순한 형태의 철제 상자가 한 개 이상 있는 형태였으며, 연기는 바로 굴뚝으로 나갔다(권말 도판 4 참조).

키치너kitchener라고 불린 새로운 폐쇄형 화덕은 만국 박람회가 개최된 시기부터 인기가 높아지기 시작했다. 연기가 바로 굴뚝으로 빠져나가지 않고 화덕 안을 돌게 해 남은 열기를 사용하는 방식이었다. 무거운 무쇠 판으로 만들어진 검은색 키치너는 방 안에서 존재감을 뽐냈다. 그 중심에는 보통 1피트(약 30.5cm) 깊이로 석탄이 타는 화실(火室)이 한 개 있었다. 넓은 간격으로 놓인 쇠 널판들이 화실의 바닥을 이루고 있어서 재가 트레이에 떨어지면 비울 수 있었다. 신선한 산소가 이 쇠 널판 사이는 물론이고 전면의 쇠살대 사이에서도 들어온다. 전면의 쇠살대를 열고 닫으면서 내부의 불로 가는 산소의 흐름을 바꿀 수 있다. 대부분의 가정용 화덕은 화실 한쪽에 오븐한 개, 다른 쪽에 물을 끓이는 탱크가 있었다. 이들 위에는 쇠로 된조리 공간이 자리했다. 열기가 무쇠 화실에서 오븐으로 직접 전달되었다. 열기는 연통을 통해 키치너 주변을 순환하면서 뜨거운 연기와 배기가스를 이동시켰다. 연통의 최종적인 목적은 화덕에 달린좁은 굴뚝으로 연기가 빠져나갈 수 있게 하는 것이었다. 따라서 이상적인 키치너라면 실내의 연기를 완벽하게 제거해야 했다(권말 도판5 참조).

19세기 말에는 키치너가 구식 화덕을 완전히 대체했다. 위저 가족의 집에서 사용하던 것도 이런 유형의 키치너였다. 나는 두 유형의 빅토리아 시대 화덕을 모두 사용해 봤다. 둘 다 불을 피우기까지꽤 시간이 걸렸고, 깨끗하게 관리하려면 힘이 들며, 최대 효율로 작동하게 하려면 주의가 필요하다.

어떤 면에서는 구식 개방형 화덕이 더 유리하다. 사용하기 간편하고 고장이 나는 경우가 적기 때문이다. 불 위에서 바로 조리를 하는 경우가 많고, 이는 아침에 훨씬 빠르게 음식을 데울 수 있다는 의미다. 불을 붙인 후 몇 분이면 주전자를 올릴 수 있고 5분 정도면 물이 끓는다. 아침 식사로 먹을 음식을 조리하고 싶다면 화덕 전체의온도가 올라가기를 기다릴 필요 없이 불의 직접적인 열로 만들 수 있는 요리를 선택하면 된다. 기름에 부치는 요리가 아침 식사로 각광을 받게 된 데에는 이런 요인이 있을 것이다. 소량의 재료를 조리거나 굽는 요리라면 이른 아침에도 할 수 있었다. 그렇지만 대량의 재료를 끓이거나 구워야 하는 요리를 하려 한다면 시간이 오래 걸리기에 조리가 되기도 전에 너무 배가 고파졌을 것이다. 아침에 빵을 구우려는 것은 쓸데없는 짓이었다. 빵은 보통 오후에 구웠다(이것이 많은 가정에서 아직까지 전통으로 남아 있다). 오후에는 오븐이 충분히 뜨거워지기 때문이다.

개방형 화덕을 사용하는 집에서 일하는 하인의 경우, 주인을 위해 아침 식사를 준비하는 첫 단계는 전날의 식은 재를 긁어내고, 뻣뻣한 브러시로 화덕을 힘껏 문질러 표면에 눌어붙은 음식과 재를 떨어 내고, 기름진 흑연 혼합물로 화덕 전체를 문지르는 것이었다. 몸이 더러워지는 일이었지만, 이렇게 하지 않으면 낮 동안 냄비, 팬, 행주, 앞치마가 더러워진다. 그다음으로 불을 피워야 했다.

폐쇄형 키치너에서 요리를 하는 것도 비슷했다. 하지만 연통을 비롯해 솔질을 해야 하는 구역이 더 넓었다. 그을음을 주기적으로 제거하지 않으면 연통이 막히기 십상이고 그을음이 조금만 덮여도 열의 전도율이 줄어들기 때문에 더러운 키치너는 사용하기가 더 힘들었다. 솔질이 끝나면 주전자를 올릴 수 있었지만 물이 끓기까지는 45분이 걸렸고 그 후에도 조리를 할 수 있게 화덕 전체가 달아오르려면 한 시간을 더 기다려야 했다.

위저 가족의 일과는 일상의 사치, 즉 이른 아침의 차 한 잔을 즐기는 모습으로 변화했다. 가족이 일어나자마자 종이 한 뭉치, 나뭇가지 한 움큼, 석탄 몇 덩어리를 전날의 열기로 아직 따뜻한 잉걸불(불이 이글이글하게 핀 숯덩이) 안에 넣으면 불이 다시 살아났다. 대부분의 아침에는 아직 불이 남아 있는 석탄에 1~2분 정도 부드럽게 바람을 불어 넣는 것만으로 충분했다. 잉걸불이 남아 있지 않더라도 약간의 불씨만 있으면 불을 비교적 간단히 붙일 수 있었다. 주전자의 물이 끓으면 어른들은 차를 타서 비스킷과 함께 침대로 가져가 몇 분 동안 시간을 보냈다. 남자들이 일을 나가고 아이들이 학교를 간 뒤에야 위저 부인은 쇠살대를 치우고 연통을 닦았다. 키치너는 하루 종일 켜진 채로 온기를, 주전자를 통해서 뜨거운 물을, 음식을 조리할 열기를 제공했다.

도시에서도 석탄을 때는 이 두 유형의 철제 화덕이 빅토리아 시대 조리에서 지배적인 위치를 차지했지만, 둘 다 사용하지 않는 사람도 많았다. 데번이나 콘월 지역과 같은 외진 시골에서는 석탄이 구하기 쉽고 값싼 연료가 아니었기에 여전히 나무를 땔감으로 썼다. 석탄 값이 싼 사우스웨일스에서는 석탄을 사용한 반면, 스노도니아 고지대에서는 나무, 덤불을 주로 사용했고, 스코틀랜드 고지대와 아일랜드에서는 토탄을 주연료로 사용했다. 연료에 따라 그에 맞는 장비가 필요했으며 조리할 수 있는 음식에도 영향을 미쳤다.

우리가 지역 특산 요리라고 생각하는 것들의 대부분은 이런 연료나 기술의 차이와 관련이 있다. 예를 들어 죽과 귀리 케이크는 연기가 나는 토탄의 잔열로 요리를 했기 때문에 연기와 토탄의 향이 배어 있다. 직화 숯불의 강한 열기는 죽 냄비를 태워 구운 오트밀 부스러기를 만든다. 영국에서도 다른 작물을 키우기에는 토양과 기후가 너무 척박하지만 귀리의 생장에는 적합한 지역들이 토탄이 나는 지역이라는 것은 다행스러운 우연이라고 할 수 있겠다.

빅토리아 시대에 요리를 맡은 사람은 현실적으로 사용 가능한 연료와 조리 도구에 따라 요리 방법을 달리해야 했다. 요리를 담당하는 사람은 보통 여성이었고 대규모 식당이라도 전문 남성 요리사의 수는 적었다. 19세기 동안 한 세기에 거쳐 생활 수준이 향상되면서, 노동 계급의 아침 식사가 좀 더 건강하고 다양하게 발전했다. 사회 개혁가 시봄 라운트리Seebohm Rowntree에 따르면 1900년 아이가 다섯인 요크서 지역 노동자 가정의 일주일 아침 식사는 빵, 베이컨(가장이 매일 한 쪽을 먹는 정도), 커피였고, 비용 때문에 버터는 일주일에 한 번, 고기 기름은 세 번 정도 먹을 수 있었다. 가끔 코코아가 아침 밥상에 올랐다. 코코아는 에너지를 주는 몸에 좋은 음료로 널리 알려졌는데, 우유를 넣어 코코아를 만든다면 하루에 섭취하는 영양가를 상당히 높일 수 있었다.

그림 56. 코코아는 인기 있는 아침 음료였다.

봉급이 일반 노동자의 두 배 이상인 철도 노동자와 같이 여유있는 사람들은 아침 식사로 선택할 수 있는 음식의 폭이 보다 넓었다. 일주일 내내 버터를 더 많이 먹을 수 있었고 달걀, 소시지, 케이크도 기대할 수 있었다. 하지만 여자와 아이들은 돈을 버는 남자에 비해 적은 양의 음식을 먹었다.

해나 컬윅은 일기에 자신의 아침 식사가 보통 빵, 코코아, 차로 이루어졌고, 고용주 가족을 위해 요리를 하고 청소를 마친 후에 식사를 했다고 기록하고 있다. 하지만 주인 가족을 위해 그녀가 만든 아침 식사는 그녀의 아침 식사와는 매우 달랐다. 베이컨, 달걀과 같은 일상적인 음식의 양이 훨씬 많았을 뿐 아니라 훈제 대구, 토스트, 마멀레이드, 그녀가 전날 밤 구운 아침 식사용 작은 롤빵이 포함됐다.

시골이라도 번듯하고 잘사는 저택을 방문한 사람이라면 더 풍성한 조식 메뉴를 맛볼 수 있었다. 1865년 열 명에서 열두 명 정도의 손님을 위한 파티의 추천 메뉴에는 쇠갈비, 굴 절임, 새우, 무, 물떼

새, 외프 코코트[3], 오 블루[4] 연어 한 조각, 바욘 햄[5], 러시아산 캐비어, 생선 크로켓, 양 콩팥구이, 닭고기 패티, 마요네즈 소스를 뿌린 넙치, 비둘기 파이, 양고기 블랑케트[6], 고등어구이가 포함되었다. 이런 진수성찬을 차려내는 식사는 늦은 시간에 이루어질 수밖에 없었다. 아침에는 하인들이 새벽 5시에 일어나 화덕을 닦고 불을 붙이고 허리 한 번 펴기 힘들 정도로 열심히 일을 해도 오전 10시에야 식사를 차려 낼 수 있었기 때문이다.

이런 풍요로운 음식이 일상인 경우도 있었지만, 빅토리아 시대 사람들의 일반적인 경험은 굶주림이었다. 굶주림은 그리 멀리 있지 않았다. 죽음에 이를 만큼 극도의 기아는 드물었지만 장기적인 영양실조는 삶의 일부였다. 많은 사람들이 굶주린 채로 일어나 (근로 생활의 거의 대부분의 시간 동안) 거의 항상 배고픈 상태로 일했다. 픽션, 신문, 사람들의 이야기, 사회 개혁가들의 조사 보고서, 법원 기록, 구빈원 입소 기록에 이런 상황이 담겨 있다. 이런 굶주림은 당연하게도

---

3. 외프 코코트(oeufs cocotte): 작은 내열 용기에 버터를 바르고 기호에 따라 다른 재료와 함께 달걀을 넣은 뒤 찐 프랑스 요리.

4. 오 블루(au bleu): 주로 생선을 매우 짧은 시간 동안 끓는 물이나 증기에 익히는 조리법을 말한다.

5. 바욘 햄(Bayonne ham): 프랑스 남서부의 도시 바욘과 그 인근 지역에서 만드는 햄. 고급 햄으로 유명하다.

6. 블랑케트(blanquette): 닭고기, 송아지 고기 같은 흰색 살코기와 크림, 버터가 들어간 하얀색 소스로 만드는 스튜.

사람들의 몸에 지워지지 않는 흔적을 남겼다.

빅토리아 시대의 일과를 살펴보는 일을 잠시 멈추고 이런 굶주림의 정도와 그 원인에 대해서 생각해 보자. 굶주림은 사람들의 하루 일과에 다른 어떤 것과도 비교할 수 없는 강한 영향을 미쳤다.

## 굶주림은 생활의 일부,
## 누구나 배를 곯았다

빅토리아 시대가 시작될 때에는 유럽 전역에서 식량 공급이 부족한 상태였다. 이런 상황은 대륙 전역을 몇 번이나 휩쓴 감자 잎마름병 때문에 한층 심화되었다. 1845년에는 감자 수확량의 3분의 1이 감소한 것으로 추정되고, 1846년에는 4분의 3이 감소했다. 감자는 비타민 C가 풍부하고 다른 어떤 작물보다 에이커당 수확량이 높아 처음에는 식량 공급을 크게 늘렸다. 하지만 그것이 함정이 되기도 했다. 특히 아일랜드는 감자만을 단일 재배하고 있었는데, 잎마름병이 돌기 전만 해도 아일랜드 인구의 3분의 1이 감자에 의존했고, 감자가 사람들의 전체 식단에서 차지했던 부분은 80퍼센트가 훌쩍 넘는 것으로 추정된다. 삼시 세끼를 감자로 먹기도 했다. 착취적인 토지 소유 형태로 인해 '밭'으로 빌릴 수 있는 토지가 점점 줄어들었고 많은 가정이 1.5에이커(약 6070제곱미터, 약 1836평)의 땅을 소작해 생존하고 있었다. 유럽의 다른 지역은 감자에 이만큼 의존하지 않아 기아로 인한 사망자가 약 10만 명이었던 데 반해 아일랜드의 사망자는 (대부분의 추산에 따르면) 100만 명이 훨씬 넘었다.

아일랜드의 식량 공급이 부족해지자 1780년대 웨스트민스터의 영국 정부는 식료품 수출을 금지해 시장으로 공급을 돌렸고 그로 인해 식료품 가격이 떨어졌다. 하지만 1840년대에는 수십만 명이 굶주림으로 사망하고 몸이 약해진 수십만 명의 사람들이 질병에 시달리는데도 아일랜드의 농산물은 계속 바다를 건너 주로 잉글랜드로 보내졌다. 이런 끔찍한 상황에 대한 보고가 런던에 도착했지만 권력자들은 이를 믿으려 하지 않았다. 그들은 이에 대해 조사는커녕 과장되고 감상적인 보고로만 여겼다. 도움을 청하는 외침에 점점 더 많은 목소리가 더해졌지만, 지배층의 태도는 강경해지기만 했다.

경제 변동에 적응하는 자유 시장의 능력에 대한 믿음이 지배 계층의 뼛속 깊이 뿌리를 내리고 있었기 때문에 그들은 정부가 개입하면 상황이 악화될 것이라고 생각했다. 식량 무료 '배급'을 실시하면 국민들은 더욱더 정부에 의존하게 되고 기업의 기반은 약화될 것이라 여겼다. 이런 생각 탓에 절박한 시기에 정부의 식량 공급은 오히려 감소하는 지경에 이르렀다. 한편 영국의 기업가이자 정치인인 W. E. 포스터Forster는 영국 사회 전체가 "걸어 다니는 해골, 굶주림

그림 57. 아일랜드 대기근, 1847년.

의 흔적이 선명히 남아 있는 남자들, 고통에 울고 있는 아이들, 너무 약해서 서 있을 수조차 없는 오두막 속의 여성들"이었다고 묘사했다. 온 가족이 아무것도 없는 집 바닥에서 죽은 채 발견되었다. 길가에 남자, 여자, 아이들이 죽어 있었다. 구빈원과 병원에서는 허약한 환자들이 열병에 걸려 떼 지어 죽어갔다.

스코틀랜드 고지대 역시 감자 위주의 경제였지만 다행히 사망자는 훨씬 적었다. 그러나 굶주림과 비참한 생활은 170만의 스코틀랜드인을 이주할 수밖에 없도록 만들었다. 권력의 중심으로부터 멀리 떨어진 지역에서의 이런 절박한 두 차례의 탈출은 영국의 얼굴에 사라지지 않는 상처를 남겼다. 1840년대 굶주림의 공포가 불공평하게도 아일랜드와 스코틀랜드 고지대에 집중되기는 했지만 영국의 나머지 지역이 이 기간에 영향을 받지 않은 것은 아니었다.

식량이 부족한지 부족하지 않은지, 얼마나 다양한 음식을 먹을 수 있는지는 잉글랜드의 어디에 사느냐에 따라 달라졌다. 잎마름병이 덮치기 전인 1844년, 마르크스주의자이자 기업가였던 프리드리히 엥겔스[7]는 잉글랜드 북부의 제조업 도시들에 사는 노동자들의 식생활에 대해 이렇게 설명했다. "동물성 식품은 감자에 곁들이는 작은 베이컨 조각으로 줄어들었다. 이후에는 이마저도 사라져 빵, 치즈, 죽, 감자만 남았다."

또 다른 저술가인 A. 쿰Combe은 소화에 관한 논문에서 잉글랜드 북부 지역의 가난한 사람들은 오로지 죽과 감자만을 먹고 산다고 말했다. 결코 풍성한 식단이라고는 할 수 없지만 귀리가 추가되었다는 것은 감자 농사를 망쳤을 때에도 기근에서 벗어날 수 있다는 것을 의미했다. 한편 스코틀랜드 저지대와 잉글랜드 최북단에서는 뿌리채소를 위주로 한 기본 식단에 귀리와 함께 우유가 추가되었다. 다른 지역의 노동 계급에게 채소는 구입할 여유가 없는 희귀한 식품이었다. 전체적으로 육류나 생선이 부족하긴 했지만, 잉글랜드 북부 노동자들의 식단은 영양의 균형을 적절히 이루고 있었다.

그러나 잉글랜드 남부 농촌에 사는 농업 노동자들의 식단은 본토의 다른 어느 곳보다 열악했다. 이곳의 사람들은 죽이나 감자가 아

---

7. 프리드리히 엥겔스(Friedrich Engels, 1820~1895년)는 마르크스주의자면서도 19년 동안 영국에서 면방직 회사의 공동 운영자로 재직하는 모순적인 삶을 살았다.

니라 그보다 영양가가 훨씬 떨어지는 거친 빵으로만 연명해야 했다. 북부의 공장 노동자들은 고된 일을 하긴 했지만 이들의 식단은 남부 농촌의 식단보다 훨씬 몸에 좋았다. 남부 사람들은 전통적으로 빵과 함께 맥주를 마셨는데 맥주 대신 차를 마시는 게 유행하면서 맥주 생산이 줄었고, 맥주를 구할 수 없게 되면서 영양 상태는 한층 나빠졌다. 차는 열량도 없거니와 가난한 가정에서 비싼 차를 산다는 것은 엄두도 못낼 일이었다.

빅토리아 시대가 시작될 무렵, 남부 농촌 가정은 하루 1파운드(약 453.6g) 남짓의 빵으로 살아가고 있었다. 이런 식단에 비하면 빈민 구제법Poor Law이 정한 건강한 남성의 표준 식단인 귀리죽 1.5파인트(약 852.4mL), 빵 19온스(약 538.6g), 치즈 3.5온스(약 99.2g)는 진수성찬이었다.

장기간의 굶주림은 빅토리아 시대 사람이면 누구나 겪는 흔한 경험이었다. 1865년 영국의 제과업자이자 기업가, 보수당 정치인인 조지프 테리Joseph Terry는 자서전에서 빅토리아 여왕 통치 이전인 어린 시절을 회고했다. "적절한 영양이 부족해 겪은 고통은 말로 표현하는 것이 전적으로 불가능하다 … 며칠 동안 아무것도 못 먹는 때가 있었고, 밭에서 뽑은 순무 또는 야생 과일이나 나무뿌리로만 살아야 하는 때도 있었다." 그런 기억은 결코 지워지지 않는다.

1860년대에 이르러서 식료품 가격이 떨어지고 노동자들의 봉급이 조금이나마 올랐다. 1864년 에드워드 스미스Edward Smith는 이런 개선된 상황을 기록했다. 그는 대부분의 농장 노동자들이 오로지 빵만 먹고 따뜻한 식사는 일주일에 한 끼만 할 수 있었던 식단에서 벗어났다고 말했다. 랭커셔주의 공장 노동자들이 빵은 물론이고, 오트밀, 베이컨, 소량의 버터, 당밀[8]을 먹고 차와 커피를 마시고 있었다는 언급도 있다. 따라서 많은 가정이 살기 위해 시골을 떠나 산업화된 도시로 오는 것은 놀라운 일이 아니었다. 생활 여건이 아무리 지독해도 배는 곯지 않을 수 있었으니까 말이다. 영국이 계속 산업화되면서 사람들은 좀 더 배불리 먹기 위해 질병이나 이른 죽음을 비롯한 거의 모든 다른 문제를 견뎠다.

많은 영국인의 식생활이 개선되기 시작했지만, 시대적인 경제 변화로 어려움을 겪는 집단이 여전히 존재했다. 앨리스 폴리Alice Foley의 어머니는 어린 시절 겪었던 굶주림을 생생히 기억하고 있었다. 미국 남북전쟁으로 면화 공급이 끊기면서 수동 직조기로 옷감을 짜던 랭커셔의 노동자들은 일감이 없어 주린 배를 움켜쥐어야만 했다. 무료 급식소에서 경험했던 굴욕감이 생생하게 남아 있었다. 다른 많은 사람들과 마찬가지로, 음식이 절실했던 그녀도 무료 수프를 혐오했다. 중산층 자선가들이 준비한 음식의 레시피를 보면 그

---

8. 당밀(treacle): 사탕수수나 사탕무에서 설탕을 뽑아내고 남은 찐득한 검은색 시럽. 비료, 사료, 연료로 쓰기도 하고 제과에도 자주 사용한다.

그림 58. 무료 급식소, 1862년.

이유를 쉽게 알 수 있다. 대부분 물이었고 식재료는 거의 들어가지 않았다. 비튼 부인의 '자선용 수프' 레시피에 따르면 10갤런(약 45.5L)의 수프를 만드는 데 소고기 조각 4파운드(약 1.8kg), 통보리 4파운드, 양파 약 8파운드(약 3.6kg), 허브 약간이 들어간다.

1890년대에는 가족 중 일을 하는 성인 남성이 있으면 어느 정도 끼니는 해결할 수 있었다. 하지만 건강 악화, 실직, 사별 등으로 가정에 문제가 있을 때라면 생존 가능성은 없거나 극히 낮았다. 잭 래니건Jack Lannigan은 아버지가 돌아가셨을 때 샐퍼드에 살고 있었다. 그의 어머니는 남의 집 빨래를 해 그와 그의 남동생을 부양했지만 그것으로는 충분치가 않았다. 두 소년은 가족들이 살아남아 헤어지지 않고 함께 살기 위해 음식을 구걸했다. 잭은 "고리버들을 엮어 만든 점심 바구니를 들고 거리로 나오는 노동자들이 '빵 좀 남았어요, 아저씨?'라고 하는 우리 목소리를 들으면 남은 음식을 건네주곤 했다"고 회상했다. 튀김 가게는 또 다른 식량 공급원이었다. 소년들은 이 가게 저 가게를 다니며 통에 남은 반죽이 있는지 물었다.

비슷한 시기에 볼턴에 살았던 앨리스 폴리는 노동 계급 가정에서 흔했던 식단을 "주로 우유, 죽, 감자, 샌드위치, 당밀에 주말이면 고기를 조금 먹었다"고 기록하고 있다. 1840년대, 아니 1860년대의 노동 계급 가정에서 먹던 식단과 비교하더라도 상당한 발전이었다. 과거에 이런 음식을 구할 수 있는 것은 숙련된 노동자의 부유한 가정뿐이었다. 하지만 앨리스 폴리가 기억하는 우유는 널리 보급된 것이 아니었고 자녀의 건강을 개선하기 위해 부모가 큰맘 먹고 구매한 품목이었다. 당시에 이미 우유가 어린이의 건강에 좋다는 인식 이 확실히 자리를 잡고 있었다. 과학적인 이유는 그다지 알려지지 않았지만 말이다. 잭 래니건의 경험에서 알 수 있듯이, 빅토리아 시대 말기까지 사람들은 생활의 일부인 양 기아를 달고 살았다. 1892년 영국에서 가장 가난한 교구인 베스널 그린에서 실시한 조사를 통해 아이들이 여전히 거의 빵으로만 구성된 식단으로 연명하고 있었다는 것이 드러났다. 어린이들 중 80퍼센트 이상이 일주일의 스물한 번 식사 중 열일곱 번을 빵으로 때우고 있었다.

## 굶주림이 신체에 미치는 영향

굶주림, 부족한 식량 배급, 비타민 결핍이 사람들에게 미치는 영향은 과소평가하기가 어려운 문제다. 공복통으로 배가 부풀어 올라 아프고 구역질이 나기 시작한다.

현재 영국 사회에서는 하루 이상 이런 배고픔을 경험하는 사람을 찾기 힘들다. 허기로 인한 실신은 직접 경험하기보다는 책으로나 읽는 일이다. 혹독하게 다이어트를 해본 사람이라면 이런 경험에 대해 조금 알 수는 있을지 모르지만, 자신의 필요에 따라 음식 없이 지내기로 선택한 것과 상황이 나아질 것이란 희망이 전혀 없는 상태로 굶주리는 것 사이에는 분명히 엄청난 심리적 차이가 있다.

많은 빅토리아 시대 사람들은 끊임없이 음식을 갈망했다. 그럼에도 그들은 굶주림으로 고통받는 가족들을 두고 보는 것 외에 다른 도리가 없었다. 그것을 막을 힘이 없었다. 배고픔으로 인한 고통은 영원히 지속될 것 같았고, 잠들기 어려웠으며, 다른 일에 집중하기는 더 힘들었다. 빅토리아 시대 사람들이 적게 먹는 데 익숙해졌다거나 굶주리지 않을 때와 별 차이를 느끼지 못했다고 말하는 것은 큰 오해다.

나는 빅토리아 시대의 역사적 경험을 생각할 때마다 이를 유념하려고 노력한다. 굶주림이 그 뿌리에 있기 때문이다. 빅토리아 시대 사람들의 유골은 굶주림의 흔적을 보여준다. 1869년에서 1872년 사이 런던에서 범죄 유죄 판결을 받은 남성의 평균 신장은 5피트 5.5인치(약 166.4cm)였다. 21세기 런던에 사는 남성의 평균 신장보다 3.5인치(약 8.9cm)나 작다. 마찬가지로 같은 기간 유죄 판결을 받은 여성의 평균 키는 5피트 1.25인치(약 155.6cm)로 21세기 평균보다 2.5인치(약 6.4cm) 작다. 이들의 신장은 유골을 통해 추측하는 그 이전 런던 사람들의 신장보다도 작다. 발굴된 유골들은 중세 런던 사람들이 빅토리아 시대의 사람들보다 2인치(약 5.1cm) 컸다는 것을 보여준다. 이 수치들은 빅토리아 시대에 범죄를 저지른 사람들이 대부분 사회의 빈곤 계층 출신이라는 사실 때문에 왜곡되었을 수 있다. 하지만 당시의 많은 사람들이 평생 동안 영양적 측면에서 스트레스를 받았으며 이것이 일상이었다는 것을 말해 준다.

빅토리아 시대의 시사 평론가들도 동시대 사람들 사이의 신장 차이를 알아차렸고, 모든 연령대의 노동 계급 사람들이 상류 계층 사람들보다 얼마나 작은지에 대해 많이 언급했다. 여러 신문과 잡지에서 이튼 학교[9]의 열두 살 학생과 런던 이스트엔드[10] 출신 열두 살 아이의 신장 차이가 4인치(약 10.2cm)나 나며, 그 이유로 후자의 아이

9. 이튼 학교(Eton school): 영국 버크셔주 이튼에 위치한 사립 남학교. 영국 상류층 자제들이 입학하는 것으로 유명하다.
10. 이스트엔드(East End): 런던시 북동부에 있는 지역으로, 극빈층 노동자들이 사는 빈민가로 유명했다.

들이 엄청난 굶주림을 겪었기 때문임을 지적하는 기사를 실었다.

최악의 공복통은 모면할 정도의 음식을 먹더라도, 식단의 성격 자체가 질병과 기형을 일으켰다. 전국적으로 괴혈병(비타민 C 부족이 원인)과 구루병(뼈의 연화와 기형으로 이어지는 비타민 D 결핍)이 눈에 띄었다. 1840년대의 대기근으로 가난한 사람들 사이에서 괴혈병 환자가 크게 증가했다. 최악의 상황에 놓인 것은 아일랜드였지만 잉글랜드 북부도 상황이 좋지 않았다. 괴혈병을 예방하기 위해서는 가끔 신선한 녹색 채소(그리고 거기에 포함된 비타민 C)를 먹어주기만 하면 되지만, 마을과 도시에 사는 사람들은 그런 식품을 구할 수 없었다. 그들은 채소를 직접 재배할 정원이 없었고, 채소는 (포만감을 느끼는 데 훨씬 더 효과적인) 전분 식품에 비해 훨씬 더 높은 가격에 판매되었다.

웨일스, 스코틀랜드 저지대, 잉글랜드 북부와 서부의 일부 지역과 같이 혼합 농업을 하는 곳에서는 주거지 주변의 토지에서 필수 비타민을 공급하는 채소를 재배할 수 있었다. 그러나 곡식을 재배하는 잉글랜드 남동부와 중부에는 노동자들이 이용할 수 있는 토지가 훨씬 적었다. 이용할 수 있는 거의 모든 땅은 크기를 막론하고 이 지역의 주요 농작물 재배에 동원되었다.

1871년『메디컬 가제트The Medical Gazette』에 따르면 대규모 공업 도시 인구의 3분의 1이나 구루병을 앓고 있는 것이 확인되었다. 햇빛과 동물성 지방은 비타민 D의 주요 공급원이며, 우리 몸은 비타민

D가 부족하면 뼈가 연화되고 변형된다. 빅토리아 시대 가난한 사람들은 동물성 지방을 거의 먹을 수 없었고, 산업 도시에서는 짙은 스모그가 햇빛 대부분을 차단했다. 시골 사람들은 도시 사람들보다 동물성 지방을 덜 먹더라도 최소한 자연광은 충분히 받을 수 있었다.

1889년 외과 의사 블랜드 서턴Bland Sutton은 런던 동물원에서 실시한 유명한 실험 결과를 발표했다. 동물학회Zoological Society는 새끼 사자를 키우는 데 애를 먹고 있었다. 그 시점까지의 모든 시도가 실패했고 새끼 사자들은 심각한 구루병으로 죽어가고 있었다. 이전 반세기 동안 구루병이 전염병이라기보다는 식이의 문제이며 동물성 지방과 칼슘이 관련되어 있다는 내용의 연구들이 있었다. 서턴의 조언에 따라 동물원은 살코기만 먹이던 새끼 사자의 식단에 으깬 뼈, 우유, 대구 간유를 포함시켰다. 3개월 만에 구루병의 모든 증상이 사라지고 새끼 사자들은 튼튼하고 건강하게 자랐다. 이 결과는 돌풍을 일으켰고 여러 언론에서 다루어졌다. 곧 대구 간유는 학교, 병원, 구빈원, 가정에서 건강을 개선하기 위해 아이들에게 먹이는 새로운 만병통치약이 되었다. 최초의 식품 보충제가 된 것이다.

굶주림은 가난한 사람들에게 가장 잔인했지만, 좀 더 형편이 나은 사람들의 삶에도 손을 뻗었다. 소설가 엘리자베스 개스켈Eliza-beth Gaskell은 샬럿 브론테Charlotte Brontë의 전기에서 브론테 자매가 어린 시절 처했던 끝없는 굶주림에 대해 이야기했다. 음식을 더

그림 59. 런던 동물원의 건강한 새끼 사자들, 1887년.

달라고 하면 육욕과 식욕을 탐하는 일이 얼마나 나쁜지에 대한 경건한 설교를 들어야 했다. 아이들에게, 특히 여자아이들에게 음식을 적게 주는 것은 빅토리아 시대의 자녀 양육에서 널리 퍼져 있던 관행이었다. 배고픔을 통해 기르는 자제심과 극기심은 자기희생의 습관을 가르치고 더 도덕적인 개인을 만드는 데 도움이 된다고 여겼기 때문이다. 특히 여자아이는 노력과 의지로 식욕을 억제해야 했다.

기숙 학교(여학교와 남학교 모두) 생활에 대한 많은 기록은 그곳 역시 식량이 부족했다는 것을 보여준다. 1890년대에 웨스트민스터 대학에 다녔던 작가 A. A. 밀른Milne은 "남은 것은 음식에 대한 과도한 갈망뿐이었다. 나는 매일 밤 음식 생각에 잠을 이루지 못했고, 잠이 들면 음식에 대한 꿈을 꾸었다. 웨스트민스터에 있는 내내 배고 픔이 멈추지 않았다"고 회고했다. '동물적 욕구'를 경계한 중산층과 상류층 부모들은 자녀의 식단을 제한하곤 했다. 일부 부모들은 아이에게 저녁을 주지 않고 재우기도 했는데, 용납할 수 없는 행동을 한 아이에 대한 처벌인 동시에, 아이의 비행을 적극적으로 감소시키는 예방적 수단으로 보았다. 찰스 디킨스의 소설 『올리버 트위스트 Oliver Twist』에서 구빈원 주인 범블은 구빈원 아이들에게 고기를 준다는 생각에 몸서리를 쳤다. 그는 그런 음식을 먹으면 아이들의 폭력성이 커져 요란한 반란으로 이어질 것이라고 믿었다. 교도소장들도 수감자들에 대해 같은 생각을 했다.

부유한 부모들 역시 아이들에게 적합한 식단은 소박한 음식(빅토리아 시대 사람들에게는 탄수화물을 의미한다)이라는 조언을 계속 들었고, 그 결과 금전적인 면을 떠나 중상류층 가정이든 가난한 가정이든 아이들의 식단에는 별반 차이가 나지 않게 되었다. 유아들의 음식은 성인들의 식사와는 별도로 준비했으므로 식재료와 양을 조절할 수 있었다. 아이들에게 권장되는 음식에는 많은 양의 빵과 잼, 스포티드 딕[11]이나 잼이 든 롤리폴리[12] 등과 우유, 쌀 푸딩, 마카로니 푸딩,

---

11. 스포티드 딕(spotted dick): 동물성 기름과 말린 과일을 넣은 푸딩.

12. 롤리폴리(roly-poly): 소기름을 넣은 밀가루 반죽에 잼을 발라 만드는 푸딩.

타피오카 푸딩 등 우유를 넣은 여러 종류의 푸딩에 가끔 삶은 고기와 생선이 포함되었다. 과일은 식탁에 자주 오르지 않았다. 실제로 대부분의 어린이 식단에서 지방과 채소는 물론이고 과일도 눈에 띄게 부족했다.

올리버 트위스트는 음식을 "더 달라고" 요구하기[13] 전에 구빈원의 다른 소년들과 함께 "3개월 동안 서서히 굶겨 죽이는 고문"을 당하고 있었다. 구빈원은 극빈자들에게 노동의 대가로 숙식을 제공하는 공공 기관이었지만, 이 시기 구빈원 식단은 가히 끔찍한 수준이었고 디킨스가 과장하고 있는 것이 아니었음을 보여준다. 영양학적으로 신체가 무엇을 필요로 하는지에 대한 무지가 절약에 대한 강한 열망, 복지 혜택을 받는 사람들은 독립적인 사람들보다 궁색하게 살아야 한다는 믿음과 합쳐져 기본적인 생존을 위한 최소한의 영양분도 공급하지 못하는 식단이라는 결과를 만들었다. 21세기의 분석에 따르면 구빈원 식단은 오늘날의 최소 요구량보다 20퍼센트 적은 열량을 제공했고, 다양한 미네랄과 비타민이 심각하게 결핍되었던 것으로 추정된다.

서서히 굶어 죽는 고문은 많은 재소자도 겪었던 것 같다. 대부분

---

13. 『올리버 트위스트』의 주인공 올리버 트위스트는 구빈원에서 배가 고파 죽을 더 달라고 했다가 구빈원 관리자의 미움을 산다. 그 때문에 구빈원에서 쫓겨나 장의사의 도제로 팔려 간다. 『올리버 트위스트』는 1838년에 출판되었다.

의 빅토리아 시대 재소자들은 수감된 이후 체중이 상당히 감소했다. 감옥에 들어갈 때부터 이미 영양 부족 상태였을 수도 있지만, 날이 갈수록 점점 쇠약해졌다. 몇몇 선구자들이 그 이유로 영양이 부족한 식단을 지적하며 재소자에게 더 나은 질의 다양한 음식을 제공해야 한다고 주장했지만, 1840년대의 당국은 재소자들이 쇠약해지는 것이 식단과는 무관하며 징역형으로 인해 자연스럽게 생겨난 일이라고 믿었던 것으로 보인다. 또한 교도소가 적절한 음식을 제공하는 장소로 알려지면 교도소에 들어가기 위해 범죄를 저지르는 사람이 늘어날 것이라 우려했다. 그렇기에 교도소의 식단은 가난한 사람이 먹는 음식 중에서도 최악이라고 할 만큼 열악할 수밖에 없었다.

## chapter 8
# 교통 시스템과 노동 환경

## 그때도 출근길은
## 전쟁이었다

노동 시간이 길든 짧든 빅토리아 시대에는 점점 더 많은 사람들이 노동을 하기 위해서는 출근을 해야 했다. 가정부는 늘어나는 직업군으로서는 유일하게 출근이라는 부담이 없었다. 1830년대에도 여전히 집에서 일하는 사람들이 상당수였지만, 그 수가 급격히 감소한 상황이었다.

가족 단위의 소규모 작업장은 대규모 생산을 하는 공장으로 대체되었고, 소규모 농장도 채산이 맞지 않아 점점 줄어들고 있었다. 시골에서 살든 도시에서 살든 걸어서 출근하는 것이 표준이 되어가고 있었다. 길고 고된 노동 시간 때문에 대부분의 가족은 가장의 직장과 가능한 한 가까운 곳에 살아야 했다. 사람들은 16시간 근무 후에 한 시간을 걸어가야 하는 좀 더 넓은 집보다는 비좁고 비위생적이라도 가까운 집에서 사는 것을 선호했다. 하지만 그때그때 임시로 일자리를 구해야 해서 집을 옮길 수 없거나, 빈민가의 단칸방도 임대료가 너무 비싸서 어쩔 수 없이 매일 먼 거리를 오가야 하는 사람들도 있었다. 21세기의 통근자들과 마찬가지로 돈, 시간, 편의, 일자리, 부양의 부담을 모두 저울질해야 하는 문제였다.

매우 부유한 사람들은 집과 사업장 사이의 거리가 멀더라도 말과 마차를 이용할 수 있었지만, 그들에게도 출근은 편한 일이 아니었다. 제인 오스틴부터 찰스 디킨스, 앤서니 트롤럽Anthony Trollope에 이르는 18세기 후반과 19세기 초반 작가들의 소설들은 상류층 신사들이 오전 10시부터 오후 4시 사이에 사무를 봤다는 것을 확실히 보여준다. 이는 그들과 상담하는 사무원, 변호사, 대리인이 이 시간에만 일을 했다는 의미가 아니라(정상적인 노동 시간은 오전 8시부터 오후 7시까지로 여겨졌다) 집에서 시내로 일정 거리를 이동해야 하는 신사들이 이용할 수 있는 비즈니스 시간대였다는 의미다. 이런 패턴이 일반화되면서 은행 영업시간도 이를 따르게 되었다.

빅토리아 여왕이 왕위에 오르면서 변화의 바람이 불기 시작했다.

최초의 철도 기차와 말이 끄는 합승 마차(옴니버스omnibus)는 여유 있는 사람들에게 정기 통근 서비스를 제공했다. 당시 기차나 합승 마차는 부유층이나 중산층을 위한 교통수단이었으며 시간표와 노선 역시 그들의 생활과 필요에 맞춰져 있었다. 그렇기에 업무 시작 시간인 오전 10시에 맞춰 신사들을 런던 시내와 주요 도시의 비즈니스 지구나 상업 지구로 데려다주는 데 집중했을 뿐 노동자 계층의 승객을 운송하는 데는 관심이 없었다.

하지만 부유층과 중산층을 위한 교통수단이라고 하기에는 편안하지 않았다. 처음에는 기차에도 합승 마차에도 난방이나 조명이 없었으며 좌석은 비좁았고 서스펜션[1]이 장착되지 않아 장시간 앉아 있으면 고통스러웠다. 기존의 마차와 별반 차이가 없었다. 합승 마차는 본질적으로 예쁘게 꾸민 수레나 천천히 움직이는 마차에 불과했다(권말 도판 15 참조). 기존 마차와 다른 점은 더 많은 승객이 탈 수 있다는 것이며, 크기와 디자인은 다양했지만 대부분 길이가 약 12피트(약 3.7m) 정도에 폭이 6피트(약 1.8m) 미만이었고 양쪽으로 벤치형 좌석이 있었다. 지붕이 덮여 있었고, 지붕 위에는 중앙의 선을 따라 벤치 좌석 두 개가 등을 맞대고 있었으며, 가장자리에는 사람들이 떨어지는 것을 방지하도록 낮은 난간이 달려 있었다. 승객들은 차량 뒤

---

1. 서스펜션(suspension): 노면의 충격이 차체나 탑승자에게 전달되지 않게 충격을 흡수하는 장치.

그림 60. 말이 끄는 합승 마차, 1866년.

쪽에 있는 사다리를 이용해 지붕에 올라갔다. 합승 마차를 운행하는 대부분의 회사는 내부에 승객 20명을 태우고 지붕 위쪽에 16명을 더 태울 수 있다고 생각했다. 그러나 1850년대 초의 한 작가는 이런 교통수단을 타려는 사람들은 주의해야 한다고 지적했다.

합승 마차 꼭대기에 올라가거나 내려올 때는 우선 왼발을, 다음엔 오른 발을, 그다음엔 다시 왼발을, 이런 식으로 천천히 침착하게 움직여야 한 다. 한 발을 안전하게 딛기 전에 다른 발을 옮기지 말라. 지붕이나 박스 좌석에 앉아 있을 때에는 가까이에 있는 난간을 잡아야 한다. 그렇지 않 으면 말이 갑자기 출발하거나 도로의 울퉁불퉁한 부분을 넘을 때 몸이 길로 튕겨 나갈 수 있다.

초창기의 합승 마차는 극도로 불안정했기 때문에 이런 조언이 꼭 필요했다. 스릴 넘치는 이동 수단을 원했다면 합승 마차가 안성맞춤이었을 것이다. 특히 지붕 위의 좌석에서 앉는다면 교통 체증도 모험이었다. 차량들에 둘러싸여 있는 상황에서 말이 갑자기 달리거나 예측할 수 없는 행동을 하기 쉽기 때문에 난간을 꽉 붙잡고 있는 것이 합리적인 조치였다. 사다리를 오르내리거나(긴 치마를 입고 니커를 입지 않은 여성의 경우는 특히 어렵다) 난간을 꽉 붙잡고 매달리는 것을 좋아하지 않는다면 마차 안에 끼어 타야 했다. 마차 안에서도 어느 정도 주의해야 했다. 내부 공간이 협소해 각 승객에게 할당된 자리는 오늘날 통근 열차 좌석 공간의 절반 정도였기 때문이다.

가장 늦게 도착한 승객이 차량의 맨 끝으로 가야 한다는 일종의 암묵적인 합의가 있기 때문에, 가운데 좌석을 차지하려는 시도는 공격적인 행동으로 보일 수 있다. 좌석을 선택할 수 있다면 운전자와 가장 가깝거나 가장 먼 자리는 택하지 말라. 전자의 경우 승객들이 타고 내릴 때 발을 밟힐 가능성이 높고, 후자의 경우 내리려 할 때 차장에게 알리기가 어렵다.

오늘날 혼잡한 시간대에 런던 지하철에서와 마찬가지로 합승 마차 여행의 에티켓을 지키지 않는 사람에게는 험한 눈초리와 거친 말이 쏟아졌다. 차장은 (안에는 서 있을 공간이 없기 때문에) 차 뒤 외부에 있는 작은 발판에 서서 승객의 승하차를 돕고, 요금을 받고, 지금 도착한 정류장의 이름을 외쳤다.

기차를 타는 데도 나름의 시련, 고난, 에티켓이 있었다. 오늘날에도 보존되고 있는 많은 증기 기관차를 타본 사람들이 있을 것이다. 하지만 브리티시 레일[2]은 1950년대와 1960년대까지도 증기 기관차를 정기적으로 운행했기 때문에, 복원되어 지금까지 남아 있는 증기 기관차의 엔진과 객차 중 대다수는 초창기가 아닌 말기의 것이다. 일반적으로 현대의 증기 기관차는 증기로 구동되지 않으며 승객이 앉는 객차는 1830년대가 아닌 1930년대의 것이다. 오늘날 이렇게 보존된 철도가 제공하는 증기 기관차 여행의 경험은 대개 100년 이상의 개선과 기술 발전의 혜택을 입은 것이다.

반면 빅토리아 시대 초기의 기차 여행자는 그와는 매우 다른 경험을 했다. 그들이 앉은 객차는 단륜[3]에 서스펜션이 없었기 때문에 심하게 덜컥대고 흔들렸다. 객차를 세로로 가로지르는 복도가 없었기 때문에 어느 문이나 칸으로 탑승하든 여행 내내 그 안에 갇혀 있어야 했다. 음식이나 음료가 필요하거나 화장실을 이용하려면 다음 역에서 다른 사람들과 함께 서둘러 내려야 했다.

---

2. 브리티시 레일(British Rail): 영국의 국유 철도.

3. 단륜(short-wheel-based): 앞바퀴와 뒷바퀴 사이의 간격이 짧은 차체 구조.

그림 61. 기본적인 시설만을 갖추고 있던 1850년의 기차들은 대단히 불편했다.

현대의 기준으로는 역과 역 사이의 거리가 멀었고, 움직이는 기차를 따라 뛰어가서 올라타는 것이 얼마든지 가능했다. 하지만 정신을 차리고 있어야 했다. 기차역에는 찻집이 흔했고 따뜻한 음료가 나올 때까지 기다리느라 기차를 놓치는 승객이 많았기 때문이다. 기차의 속도는 상당히 느렸다. 시속 100마일(약 160.9km)의 기차는 미래의 꿈이었고, 19세기의 대부분 동안 기차의 평균 속도는 시속 30마일(약 48.3km)에 가까운 정도였다.

객차는 창틀에 꼭 맞지 않는 창을 통해 들어오는 검댕 때문에 더럽기로 유명했다. 이등칸 승객들은 긴 여행을 한다면 "방석"을 휴대하라는 조언을 듣기도 했다. 일등칸에만 좌석 커버가 씌워 있었기 때문이다. 벤저민 굿윈Benjamin Goodwin과 그의 아들 앨버트 굿윈

Albert Goodwin은 1890년대에 이등칸에 타고 출근했던 여정을 회고하면서 열차에서 내려서 걷는 2마일(약 3.2km)이 차라리 안식으로 여겨졌다고 말했다.

시간표라는 새로운 발명품 때문에 승객들은 더 갈피를 잡지 못하게 되었다. 21세기에는 서비스의 구체적인 시간이라는 개념이 확립되어 있다. 서비스를 이용하려면 승객은 제시간에 올바른 장소에 있어야 한다. 하지만 1830년대, 1840년대, 1850년대의 사람들은 제시간을 지킨다는 개념이 부족했다. 여행자들을 위한 많은 안내와 조언이 이런 기본적인 사실을 일깨워 주는 말로 시작된다. 1854년의 한 조언자는 "기차로 여행하려는 사람이 처음으로 해야만 하는 일은 시간표를 통해 기차가 출발하는 시간을 분명히 확인하는 것이다"라는 글을 남겼다.

1839년에야 전국 기차의 시간표 책이 처음으로 발간되었다. 노선을 운영하는 수많은 독립 철도 회사들이 있었고 그들은 경쟁사 기차에 승객을 태우는 일에는 관심이 없었기 때문에 시간표를 둘러싼 혼란이 이만저만이 아니었다. 1900년 당시 운영 중인 철도 회사가 160개에 달했고, 이들의 모든 시간표를 열거한 『브래드쇼 가이드 Bradshaw Guide』는 1천 페이지가 넘었다.

요금도 회사마다 달랐고 같은 노선이라도 일치하지 않는 경우가 많았다. 크라우치 엔드에 사는 (이 철도를 이용했던 사람이라고만 밝힌) 한

그림 62, 63. 1884년의 일등칸(위)과 이등칸(아래).
이등칸도 점점 쾌적해지고 있었다.

승객은 1884년 지역 신문에 기고한 글에서 노스 런던 레일웨이North

London Railway로 마일드메이 공원까지 6분 동안 이동하는 경우에도

거리가 두 배인 브로드가까지 가는 사람과 같은 요금(10펜스)를 낸다

고 지적했다. 그는 그레이트 노던 레일웨이Great Northern Railway를

이용할 경우 크라우치 엔드에서 마일드메이 공원과 비슷한 거리인 핀즈베리 공원까지 갈 때의 요금이 4펜스에 불과하다고도 덧붙였다.

하지만 이런 모든 문제에도 불구하고 기차는 이전의 어떤 이동 수단보다 값싸고, 빠르고, 일반적으로 더 편안했다. 하위 중산층의 사무원이나 점원들은 기차 덕분에 완전히 새로운 자유를 얻어, 부유한 사람들과 마찬가지로 일하는 곳과 멀리 떨어진 곳에서 사는 것을 고려할 수 있게 되었다.

1868년 리버풀에는 처음으로 말이 끄는 트램이 도입되었다. 트램은 합승 마차보다 훨씬 안전했고 두 배 빠른 속도로 두 배 많은 사람들을 운송할 수 있었다. 다른 도시들도 곧 리버풀의 선례를 따랐다. 트램은 합승 마차보다 더 안정적이었고 이전의 사다리가 아닌 좁은 층계를 차체에 결합시켜 2층에 올라갈 수 있게 한 견고한 차량이었다. 1890년대에는 말이 전기에 자리를 내주었고 이 시점부터 노동자 계급이 트램을 이용할 수 있게 되었다. 노선은 도시의 빈민 구역까지 확장됐고 노동자 특별 요금 제도가 도입됐다.

한편 1863년 매스컴의 열렬한 관심 속에 런던에서 세계 최초의 지하철이 운행을 시작했다. 모든 언론이 긍정적으로 반응했던 것은 아니다. 유난히 회의적인 입장이었던 『타임스The Times』는 "쥐가 살고, 하수구의 구정물에 잠기고, 가스관에서 새어 나온 유독 물질에 오염된" 터널을 통과하는 지하철로 여행하려는 사람이 아무도 없을 것이 분명하기 때문에 처음에는 기술적인 실패로, 다음에는 상업적 실패로 이어질 것이라고 예견했다. 하지만『타임스』의 예측은 빗나갔다. 4만 명의 사람들이 개통 첫 주 메트로폴리탄 언더그라운드 레일웨이Metropolitan Underground Railway를 이용했고, 패딩턴에서 패링던가까지, 그리고 유스턴과 킹스크로스를 거쳐 다시 돌아오는 15분 간격의 열차를 이용하는 승객의 수는 계속해서 빠르게 증가했다.

본래 구상한 지하철은 압축 공기를 동력으로 하는 '공기압' 철도였다. 하지만 공기 누출을 완벽하게 막을 수 없어서 최초의 지하철은 기존의 증기 기술에 의존했다. 따라서 지하철은 운행을 시작하고 25년 동안 연기와 증기에 둘러싸여 있었고, 도시 도처에 있는 수많은 환기구를 통해서만 그런 연기와 증기를 없앨 수 있었다. 지하철의 전기화는 트램이 전기화되고 몇 년 후에야 이루어졌다. 1890년의 지하철 전기화는 다양한 새롭고 저렴한 방식으로 지하 노선을 건설할 수 있을 뿐 아니라 요금의 비용 대비 효율을 더 높일 수 있는 방법들과 동시에 일어난 일이었다.

1900년에는 2펜스 고정 요금제(투페니 튜브[4]라고 홍보했다)의 순환선인 센트럴 라인Central line이 등장해 대단한 인기를 모았다. 런던 튜브London Tube는 많은 중산층과 노동 계급 노동자를 런던 중심가로

---

4. 투페니 튜브(Tuppenny Tube): 2펜스를 비격식체로 '투페니(tuppenny)'라고 썼다. '튜브(tube)'는 지하철이라는 뜻의 영국 영어 단어다.

실어 날랐다. 1882년에는 매일 2만 5천 700명에 가까운 런던 노동자들이 지상 기차를 이용했다. 19세기 말에 와서는 형편이 더 나은 정규직 노동자는 물론이고 중산층도 통근의 희로애락에 익숙해져 있었다.

교통의 발달로 노동자들은 더 넓은 지역에서 일자리를 찾을 수 있었으며 자신의 주거지를 어느 정도 선택할 수 있었다. 이로써 전부는 아니더라도 일부는 쾌적하고 위생적인 주택을 갖게 되었다. 근무 시간의 단축으로 통근을 위한 시간과 에너지를 약간은 더 확보할 수 있었지만 직장과 집의 거리가 멀어지면서 통근 시간이 늘었기 때문에 쉴 수 있는 시간은 전과 달라진 것이 없었다.

여전히 임금이 너무 낮거나 임시직을 전전해서 새로운 운송 수단을 활용할 수 없는 사람들도 많았지만, 이를 이용할 수 있고 이용하는 사람들에게도 통근은 추위나 인파와 싸워야 하는 고된 일이었다. 비좁은 역사, 발권 창구 앞의 긴 줄, 인상된 요금, 잦은 열차편 취소와 지연, 콩나물시루 같은 객차에 대한 불평이 몹시 많았다.

기차표를 승차 당일에만 살 수 있었을 뿐 아니라 철도 회사마다 기차표가 달라 다른 회사의 열차를 갈아타려면 환승역에서 별도의 표를 구입해야 했다. 많은 사람들이 가장 편안한 좌석은 엔진을 뒤에 둔 구석의 자리라고 생각했다. 이 위치는 얼굴로 날아드는 재와 연기의 양이 가장 적고 덜컥대는 바퀴의 움직임으로부터도 가장 안전했다. 하지만 출퇴근 시간의 객차는 늘 만원이었기에 많은 통근자들이 입석을 이용해야 했는데도 열차 회사의 입장에서는 객차를 꽉 채울수록 훨씬 많은 이윤을 얻을 수 있기 때문에 객차를 더 늘릴 이유가 없었다.

이런 긴축 정책에 따라 처음에는 역에 비를 피할 수 있는 쉼터, 조명, 열차가 어디로 가는지 알려주는 표지판 등 가장 기본적인 시설조차 없었다. 각 열차의 도착 시간과 목적지, 정차 지점을 최대한 크고 또렷한 목소리로 알리는 것은 역무원들의 몫이었다. 또한 열차가 도착한 역의 이름도 외쳐야 했는데, 수년 동안 플랫폼의 표지판에 역 이름을 적는 간단한 방법조차 생각하지 못했기 때문이다. 엔진 소음과 열차 문이 쾅쾅 닫히는 소리 속에서 이 중요한 정보를 전달하는 사람의 목소리가 쉽게 들리지 않는 것은 당연한 일이었다.

시간이 지나면서 네트워크를 통한 개선이 이루어졌다. 더 많은 노선이 건설되고 더 많은 열차가 운행되어 1880년 영국에는 오늘날의 4배에 달하는 수의 철도역이 있었다. 많은 소도시와 교외에도 철도역이 들어서며 그곳에 거주하는 노동자를 일자리가 밀집한 지역으로 수송했으며 방대한 신규 주택 지역에도 기차 서비스를 제공하여 새로운 주거 지역 개발을 촉진했다. 처음에는 통근 비용을 반영해 주로 부유한 근로자를 위한 주택 지역이 생겼다. 19세기 말 기차 요금이 점차 내려가면서 노동 계층을 위한 교외 주거지도 생겨나기 시작했다. 기차 요금은 경제에 대단히 민감한 요소였다. 노동자들은 요금이 아주 조금만 올라도 기차를 이용할 수 없는 경우가 대부분이기 때문이다. 당시 철도 요금을 0.5페니 올리자 도심의 트램과 합승 마차 승객이 급증한 것을 보면 알 수 있다.

1870년대와 1880년대 동안에는 불꽃의 형태 때문에 '피시 테일 fish-tailed'이라는 이름이 붙은 가스버너가 기차역을 밝혔다. 처음에는 대단히 흐릿했지만 완전히 깜깜한 것보다는 나았다. 1890년대에는 이들이 점차 전기 조명으로 대체되었다. 많은 사람들이 기차역에서 전기 조명과 수세식 화장실을 처음 접했다. 가정에까지 그런 편의 시설이 보급되기 훨씬 전의 일이었다. 『잉글리시 일러스트레이티드 매거진The English Illustrated Magazine』은 생생한 묘사로 1890년대 역의 분위기를 포착하고 있다.

늦은 시간 비숍 로드 역에서 계단을 내려와 다리 밑에 서서 밖을 바라본다. 그곳에서는 몹시 기이하고 인상적인 장면을 볼 수 있다. 기관차가 내뿜는 소용돌이치는 증기 속에서, 하늘 높이 떠 있는 두 개의 거대한 전등불, 두 개의 유령 같은 빛의 피라미드 꼭짓점이 어슴푸레하게 빛난다. 그 아래 기차가 쉭쉭 소리를 내며 질주하고, 어둠 속에서 수많은 색의 조명들이 깜빡이다 흐려진다.

# 도시의 대기 오염은
# 지금보다 더 심했다

도보나 기차, 전차, 합승 마차를 이용해 출근길에 나선 노동자들은 오염된 공기와 싸워야 했다. 오늘날의 영국인들은 자신들이 마시는 공기의 대부분이 깨끗한 것을 당연하게 생각하지만, 빅토리아 시대 영국은 엄청난 대기 오염으로 애를 먹었다.

수백만의 가정에서 때는 석탄이 대기로 연기와 검댕을 뿜어냈고, 공장 굴뚝과 도시 곳곳을 다니는 증기 열차도 마찬가지였다. 수많은 산업 시설은 다양한 화학 물질까지 연기와 함께 대기 중으로 배출했다. 대부분이 대단히 유독한 물질이었다. 스태퍼드셔주의 도자기 제조 도시들은 도자기 가마에서 내뿜는 매연 때문에 갈색과 황색으로 확연히 구분되는 공기로 유명했다. 이 공기는 강한 산성이기도 해서 안개가 많이 낀 습한 날이면 사람들의 입과 코 안쪽이 헌다는 보고가 있었다. 그런 곳에 사는 사람들의 수명은 다른 곳에 사는 이들보다 눈에 띄게 짧았다.

런던의 '피수퍼[5]'는 더 큰 문제였다. 석탄을 연료로 점차 많이 사

---

5. 피수퍼(pea-souper): 완두콩 수프처럼 진하고 어두운 안개라는 의미.

용하면서 몇 세대에 걸쳐 스모그가 서서히 악화되고 있었다. 사람들은 이를 당연하게 받아들였다. 런던은 원래 그렇다고, 지나치게 호들갑을 떨 필요는 없다고 말이다. 하지만 그 결과는 목숨을 위협하고 있었다. 런던은 분지에 자리하고 있어 대기가 상층으로 분산되지 못해 덮개를 씌운 것처럼 도시의 오염된 공기와 연기를 가둔다. 대기가 분산되지 못한 채 오래 머물러 있으므로 대기 오염은 점점 더 심해진다.

스모그가 심한 날은 손을 내밀어 흔들어도 보이지 않았다. 사람들이 오는 것이 보이지 않고 대신 소리로만 가늠할 수 있었다. 다가오면서 기침을 하는 소리로 말이다. 배달원은 소년을 데리고 다녀야 했다. 소년이 연석을 따라 걸으면서 한 손은 말에 두고, (보이지 않는) 한 발로는 한 걸음을 걸을 때마다 연석을 두드렸다. 교차로에 이르면 두 사람은 속도를 줄였고 소년은 길을 더듬어 건너면서 반대편의 연석을 찾기 위해 애를 썼다. 마찬가지로 교차로나 가로등의 수를 세면서 길을 찾아다녀야 했다. 도시 전체가 천천히 움직였다.

당시 대부분의 런던 사람들은 외출할 때 스카프로 입과 코 주위를 감쌌다(일종의 조악한 필터 역할로 이용한 것이다). 호흡기가 좋지 않은 사람은 실내에 머물러야 한다는 의사들의 조언이 있었지만, 대부분의 사람들은 생계 유지를 위해 밖에 나갈 수밖에 없었다. 도둑과 강도가 범죄 현장에서 몇 피트만 떨어져도 눈에 보이지 않게 만드는 스모그 때문에 도시는 더 위험해졌다.

이런 엄청난 문제에도 불구하고 스모그와 그에 대처하는 해법에 대해서는 대중적인 논의가 없었다. 의학계를 포함한 당시의 사람들이 공해를 어쩔 수 없는 삶의 일부로 본 것 같다. 도시를 떠나는 것 외에는 공해에서 벗어날 방법이 없었다. 하지만 그것은 부유한 사람들조차 감당할 수 없는 일이었다.

원예 서적에는 원예에 대한 정보보다는 도시, 특히 런던 생활에 스모그가 미치는 영향에 대한 정보가 더 많았다. 이는 공기 오염이 극심해서 런던에서는 많은 종의 식물이 성장하지 않았기 때문이다. 공기가 습하거나 비가 오면 물에 오염 물질이 결합되어 황산을 비롯한 여러 가지 유독 화합물을 만들어냈다. 여러 오염원들이 물에 씻겨 사람에게는 물론이고 식물과 토양에도 떨어졌다. 이런 유독한 혼합 물질을 견딜 수 있는 것은 가장 강한 소수의 종뿐이었다.

런던의 원예는 살아남을 수 있는 종을 찾는 일에 가까웠다. 플라타너스와 철쭉이 지금까지도 런던의 식물 생태계를 지배하는 것은 이런 척박한 환경의 유산이다. 도심보다 오염이 심하지 않은 교외로 나가면 장미가 무성했다. 산성비가 장미를 괴롭히는 곰팡이병을 대대적으로 죽여 없앤 덕분이었다.

사람들은 식물이 죽는 이런 환경에서 평생을 살아야 했다. 호흡기 질환이 빅토리아 시대 사람들을 괴롭혔다. 20세기에 항생제가 등장하기 전까지 수십만 명이 결핵으로 목숨을 잃었다. 결핵은 폐렴, 기관지염, 천식과 마찬가지로 공기의 질이 나쁘면 악화되는 병이다. 맑은 날에도 검댕이 검은 눈처럼 공기 중을 떠다니다가 사람의 머리카락, 옷, 건물, 식물, 창문을 열어둔 집 안 등 끈끈하고 기름기가 있는 표면에 내려앉았다. 부엌의 화덕과 벽난로가 검댕을 만들어냈지만 도시의 바깥 공기는 실내보다 훨씬 더 심하게 오염되어 있었다.

## 일터에서의 부상과 죽음은
## 일상다반사

일터에 도착하면 완전히 새로운 종류의 위험들과 마주해야 했다. 빅토리아 시대의 일터는 건강한 환경의 측면에서도 안전의 측면에서도 기대할 것이 없는 곳이었다. 밭에서 일하는 것도, 랭커셔의 공장에서 방적기에 매달려 있는 것도, 안전한 집에서 바닥을 닦는 것도 모두 마찬가지였다. 무방비 상태로 불이 피워져 있고 기계가 돌아갔으며, 공기는 연기, 가스, 다양한 종류의 유독한 먼지로 가득했다. 말이 갑자기 달려 수레, 마차, 기계가 날아오르고, 도처에서 독극물이 사용되고, 무거운 물건을 나르는 것이 일상이고, 단단한 안

전모는 관행으로 도입되기 전이었다. 빅토리아 시대를 살았던 아버지의 때 이른 죽음을 회상한 제임스 브레이디James Brady는 "당시에는 아무도 신경을 쓰지 않는 것처럼 보였다"고 설명했다.

일터에서의 죽음과 부상은 운명으로 받아들여졌다. 사고는 어디에서나 일어나는 일이었고 관련된 개인에게는 슬프고 비극적인 일이지만 대부분의 사람들은 이를 그저 받아들일 뿐이었다. 위험하다고 인정을 받는 일은 급여가 좀 더 높을 수 있지만 그런 일을 한다는 것은 위험이 커지는 것도 감수해야 한다는 의미였다.

광부는 특히 위험한 직업이었고 이것이 반영돼 일반 노동자보다 높은 임금을 받았다. 이 때문에 사우스웨일스의 계곡, 노팅엄셔의 탄광촌, 더럼 카운티의 마을들과 같은 탄광촌의 생활 수준은 (물론 일거리가 있다는 전제하에) 농촌이나 공장 노동자촌보다 눈에 띄게 높았다. 남성, 여성, 어린이가 위험한 일과 더 안전한 일 중 한쪽을 선택할 수 있었으나 그 선택은 가족이 처한 상황에 따라 달라졌다. 부양가족이 늘거나, 병원비를 대야 하거나 일자리를 찾지 못한 친척이 있다거나 하는 상황이 선택에 영향을 미쳤다.

의학 지식이 많지 않았던 당시에도 다른 것보다 위험하다고 알려진 일들이 있었다. 철도 쪽에서는 열차 화물칸을 연결하고 푸는 전철수(轉轍手)가 가장 자주 죽었다. 일의 속도를 높이라는 압력 때문에 전철수들은 움직이는 화물차 사이를 쏜살같이 달리면서 무거운 연결 장치를 연결하고 푸는 '플라이 션팅fly shunting'을 해야 했다. 이런 작업은 보수가 좋진 않았지만 이들이 선택할 수 있는 다른 대안들, 비정기적이고 계절을 타는 노동과 달리 정규직이었다.

먼지는 또 다른 살인자였다. 면을 방적하고 직조하는 공장에서는 기계가 내뿜는 미세 먼지 때문에 호흡기에 많은 문제를 일으켰다. 이런 먼지가 노동자들의 건강을 악화시킨다는 사실은 부인할 수 없이 명백했고, 도덕적인 공장주들은 환기 시설을 갖추기 위해 노력했다. 안타깝게도 면의 방적과 직조는 따뜻하고 습한 환경에서 더 효과적이었기 때문에 대부분의 공장주들은 창문을 열지 않았다. 또한 환풍기와 환풍구는 설치하는 데 비용이 많이 들어서 대부분의 업체는 그런 시설을 갖출 의지가 있다 해도 여력이 없었다.

1855년에 출간된 엘리자베스 개스켈의 소설 『북과 남North and South』에는 목화 가루로 폐가 막혀 고통스럽게 마지막 숨을 쉬는 젊은 여성이 묘사되어 있다. 그녀와 그녀의 가족은 처음 증상이 나타났을 때 환기가 잘되는 공장으로 옮기려고 했지만 건강을 회복하기에는 너무 늦어버린 상황이었다. 이는 빅토리아 시대에 익히 알려져 널리 논의되었던 위험이다.

일, 특히 가장 가난한 사람들이 하던 일이 몸을 상하게 한다는 것은 충분히 예상할 수 있었다. 자신의 삶을 기록으로 남긴 많은 사람들이 그런 피해를 거의 아무렇지 않게 언급하고 있다. 아마도 애석

하지만 피할 수 없는 일이라고 생각한 듯하다. 제임스 브레이디의 아버지는 젊은 시절 주조소에서 노동자용 나막신 바닥에 부착하는 철제 테두리를 찍어냈다. 그의 아들은 아버지가 일터에서 어떻게 일했는지 설명하는 글을 아버지가 하루 일과를 시작하는 의식으로 마무리한다. "아버지는 물집이 생긴 팔과 손에 연고를 대충 바르고 셔츠 소매를 걷어 올리는 것으로 일할 준비를 하셨다." 케이트 테일러Kate Taylor는 화상을 다른 방식으로 접했다. 여주인은 평생의 노동에 대비해 그녀를 단련시키려 했다. 그녀는 열세 살이었고 농가의 낙농장에서 잡역부로 일했다. "내가 소독을 위해 끓는 물에 집어 넣었던 도구를 꺼내면서 움찔하면 여주인은 그렇게 해야만 단련이 된다면서 손 전체를 끓는 물에 밀어 넣곤 했다."

많은 여성이 어두운 조명에서 장시간 바느질을 비롯한 잔일을 하느라 시력이 나빠졌다. 바늘의 귀를 뚫는 일은 눈에 부담을 주는 것으로 악명이 높았다. 준비된 철사의 길이를 정확하게 맞추고 정중앙에 구멍을 내야 했기 때문이다. 보통 빅토리아 시대 재봉 바늘의 두께는 현대 바늘의 절반 정도로, 0.25mm는 특별히 가는 것도 아니었다. 1.0에 가까운 내 시력으로도 정가운데에 구멍이 뚫리도록 맞추기는커녕 바늘의 귀를 보는 것조차 힘들었다.

노팅엄셔에서는 젊은 여성의 시력을 망치는 것이 레이스 산업인 경우가 많았다. 레이스 자체는 기계로 만들었지만 제작 과정에서

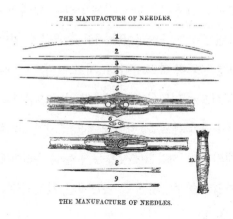

THE MANUFACTURE OF NEEDLES.

그림 64. 바늘 제조, 1853년.

조금 찢기거나 구멍이 나거나 올이 풀린 부분을 손보는 것부터 기계가 만들 수 없는 무늬를 넣는 것까지 손으로 마무리해야 하는 부분들이 있었다. 열악한 조명 아래 하루 12~14시간씩 그런 작업을 하다 보면 시력이 영구적으로 손상되는 경우도 허다했다.

기계를 관리하는 사람들은 청각 장애를 얻을 가능성이 높았다. 공장에서 동력으로 돌아가는 방직기로 일을 하는 직공들은 30대 중반이면 거의 예외 없이 가는귀가 먹었다. 이런 작업이 흔한 마을에서는 입을 과장되게 움직여 입술 모양을 쉽게 읽을 수 있도록 하는 무음의 대화 형태가 생겨났다. 주조소, 대장간, 철공소, 제강소도 노동자들이 청력을 잃곤 하는 작업장들이었다. 목소리가 크다는 평판은 청력이 손상될 조짐이었다.

시골의 근무 조건도 그리 나을 것은 없었다. 날씨에 관계없이 야외에서 일하면 공장 노동만큼이나 건강을 해칠 수 있었고, 나이가 어린 노동자들은 특히 더 그랬다. 조지 모크퍼드George Mockford는 "손과 발이 동상으로 뒤덮이고 곧 피부가 벗겨졌다"고 회상했다. 하지만 일은 계속해야 했고, 그 일이란 것은 조지가 거대한 흙더미와 짚 더미 아래의 겨울 저장고에서 순무를 들어 올려야 한다는 것을 의미했다. 농업 노동자들이 폐렴, 기관지염, 관절염에 시달리는 것은 흔한 일이었다.

도처에서 사고가 일어났다. 배설물 수레가 뒤집혀 그 밑에 깔리고, 도끼가 미끄러지고, 짐이 떨어지고, 곡식에서 줄기와 겉껍질을 분리하는 데 사용되는 탈곡기 때문에 불구가 되고 목숨을 잃는 사람들이 있었다. 산업 중심지에서는 노동자들이 동력 해머[6], 가마, 주조기에 몸이 부서지고, 질식하고, 화상을 입었다. 어망에 얽히거나 배가 침몰해 익사했고, 지하에서는 낙석과 폭발로 목숨을 잃었다.

빅토리아 시대의 기계는 크고 무거웠으며 기계의 칼날, 흡입구, 호퍼[7]에는 보호 장치가 없었다. 당시의 기계들은 쉽게 막히는 경향이 있었고, 작동하는 데 세심한 주의가 필요한 것이 보통이었기 때

---

6. 동력 해머(power hammer): 전기, 증기, 중유가 연소되면서 생기는 폭발력 등의 동력을 이용해 조작하는 해머.

7. 호퍼(hopper): 곡물·석탄·사료를 담아 아래로 내려보내는 데 쓰이는 V 자형 용기.

문에 사람들이 움직이는 부품 사이를 드나들며 기름을 바르고 먼지와 오물을 제거하고 나사와 레버를 조정해야 했다. 물이나 증기로 구동되는 기계는 빠르게 정지시키기가 어려웠고, 마력에 의존하는 기계는 동물이 패닉에 빠지거나 갑자기 움직이는 상황이 생길 수밖에 없었다. 물론 사람을 다치게 하거나 죽이려는 의도로 만들어진 기계는 없었다. 사람들의 '감손율'이 너무 크면 채산이 맞지 않게 된다. 그러나 인명 피해가 너무 큰지를 판단하는 기준은 경제적 필요와 탐욕에 따라 자주 바뀌었다.

일반적으로 상식을 지닌 건강한 성인이라면 빅토리아 시대의 기계를 거의 사고 없이 작동시킬 수 있다. 나는 빅토리아 시대의 몇 가지 기계, 장치, 방법으로 일을 해본 경험이 있다. 모두 효과적으로 작동하긴 했지만 아주 위험천만한 경우도 몇 번 있었다. 한번은 말이 끄는 수레를 타고 1톤이 조금 넘는 석탄을 운반하고 있었다. 길을 도는데 둑에서 토끼 한 마리가 튀어나왔고 말이 오른쪽으로 몇 피트를 빠르게 움직이면서 수레바퀴가 큰 구덩이에 빠졌다. 이 충격으로 나는 수레에서 튕겨 나와 바퀴 밑으로 떨어졌다. 석탄 1톤을 실은 수레가 내 몸을 덮치기 전에 간신히 몸을 굴려 빠져나올 수 있었다. 그로부터 1년쯤 후에는, 목초지를 갈던 다른 말이 갑자기 달아나는 것을 본 적도 있다. 동료의 손에서 쟁기가 끌려갔고, 말이 달아나면서 방향을 돌리자 쟁기 전체가 땅에서 들려 사람 머리 높이로 날아올랐다. 다행히 동료가 옆으로 몸을 피해 아무도 다치지 않았고 말은 바로 진정됐다.

몇 년 전에도 통제를 벗어난 증기 롤러 때문에 사람들이 도망치고 롤러가 일련의 장애물과 피크닉 테이블을 부순 후에야 멈추는 놀라운 상황을 경험했다. 현대 교통수단의 위험성을 잘 알고 있는 우리는 빅토리아 시대 동력 장치들이 통제가 훨씬 쉬운 현대의 차량들보다 본질적으로 훨씬 더 위험했다는 사실을 잊곤 한다.

건강과 안전의 측면에서 빅토리아 시대의 예측 불가능한 사고를 떠올리게 하는 것은 말과 증기 기관만이 아니다. 또 다른 내 동료는 대장간에서 일하다가 두 번이나 안구에 쇳조각이 들어갔다. 그 외에 양을 잡거나 인력으로 움직이는 장비를 작동시키다가 손가락 여러 개가 부러진 사람도 있었다. 부식성 물질과 독성 물질은 많은 주부들에게 일상의 일부였기 때문에, 빅토리아식 생활을 체험하던 중에는 튀거나 흘린 물질을 씻어낼 수 있을 만큼 물이 충분히 공급되는 것이 다행이라고 생각했던 적이 여러 번 있었다.

주방의 화덕 앞에서 일하다가 몸에 불이 붙은 적도 있다. 치마와 페티코트를 여러 겹 입은 상태였던 내게 다른 사람이 옷에 불이 붙었다고 알려주기 전까지는 그 사실을 전혀 알지 못했다. 남은 치맛자락으로 날쌔게 불길을 덮은 덕분에 옷을 덧대고 꿰매야 했던 것 이외에는 다른 피해 없이 상황을 마무리할 수 있었다. 하지만 검시

그림 65. 초기의 수확·결속기, 1857년.

관의 기록들은 이런 식으로 옷에 불이 붙어 사망한 여성도 상당수라는 것을 보여준다.

위기일발의 상황에서 벗어나느냐, 비극이 벌어지느냐를 판가름하는 것은 그런 사고가 일어났을 때 사고를 당한 사람의 상태다. 대부분의 빅토리아 시대 사람들은 실무 경험이 풍부했다. 하지만 건강한 성인이라는 것은 19세기 노동자의 보편적인 조건이 아니었다. 더구나 긴 시간의 노동과 영양가 낮은 식단은 사람의 경계와 반응 속도를 늦춘다. 기계 앞에서 잠이 드는 사람에 대한 보고가 흔했다. 요즘도 근무 시간 후반에 사고율이 높아진다.

빅토리아 시대의 근무 시간은 정말 길었다. 1895년 새로 온 여성 공장 조사관과 면담을 한 세탁부는 그 주에도 이미 휴식 없이 42시간을 일한 적이 있다고 인정했다. 처음에는 근무 시간에 대한 법적 제한이 특정 업계의 어린이 고용에만 적용됐지만 시간이 지나면서 점차 새로운 그룹의 노동자들에게도 적용됐다.

1850년에는 주당 평균 근로 시간이 60~65시간이었지만 1870년대에 들어서면서 근무 시간 단축에 동의하는 공장주들이 계속 생겨났다. 노조를 비롯한 노동 조직들이 오래전부터 하루 10시간 노동을 주장해 왔지만 그들의 목소리가 커지고 다양한 산업 전반에 걸쳐 54~60시간 근무가 표준이 된 것은 1870년대 초에 이르러서였다. 그러나 대부분의 고용주들은 근무 시간 단축에 대응해 노동자들에게 더 빠르고 생산적으로 일하라고 압박의 수위를 높였다.

저녁에 자유 시간이 한 시간 더 생기고 토요일 오후에 자유를 얻는다는 것은 노동자와 소년들에게 몹시 요긴한 일이었다. 앨버트 굿윈의 아버지도 분명히 그렇게 생각했던 것 같다. 그는 아들에게 이렇게 말했다. "공장 근무 시간이 오전 7시에서 저녁 6시까지, 토요일에는 오전 7시부터 오후 1시까지고, 아침 식사에 30분, 저녁 식사에 한 시간이 필요하니까, 남는 시간에 할 일을 찾아야만 해." 하지만 주로 성인 남성과 소년들만 이렇게 여가가 늘어났고, 법규와 강력한 노조는 남자들을 고용하는 업계나 작업장에만 적용되는 것이 보통이었다. (모두가 여성인 것은 아니지만 대부분이 여성인) 많은 사람들이 경기의 변동이나 계절에 따라 근로 시간이 극적으로 달라지는 미규제 사업에 종사했다.

런던의 양장업체들은 유행에 민감한 부유한 여성들이 무도회와 사교 행사를 위해 잇달아 새 옷을 마련해야 하는 사교 '시즌' 동안 직원들에게 몇 주에 걸쳐 24시간 근무를 요구하는 것으로 악명이 높았다. 대부분의 여성 노동자가 종사하던 가사는 끝이 없었다. 삯바느질을 해 옷 한 벌씩 수수료를 받는 사람도 마찬가지로 지나치게 긴 시간 동안 노동해야 하는 상황에 처하기 일쑤였다. 이로써 사람들은 사고에 더 취약해졌고 건강에 해로운 작업 환경에 노출될 가능성도 높아졌다.

성냥 제조 공장에서 하루 8시간 동안 황린에 노출되는 것도 상당히 위험했지만, 같은 환경에서 하루 18시간 일하는 것보다는 더 나은 상황이었다. 단순한 과로도 건강을 위협했다. 케이트 테일러는 열세 살 여동생 마저리가 "그 거만한 여점원을 위해서 그렇게 열심히 일하지 않았다면" 목숨을 잃지 않았을 것이라고 확신했다. 테일러는 비통한 마음으로 동생이 착취당한 상황을 기록했다. 과로는 사람들의 면역력을 약화시켰고 질병과 싸울 수 있는 여력을 남기지 않았다. 빅토리아 시대 사람들은 "열심히 일하면 손해 볼 일은 없을 것이다"라는 신조를 갖고 있었지만, 한편에는 그렇지 않다는 것을 아는 사람들이 많이 있었다.

노동 시간을 단축하는 것뿐 아니라 노동자의 건강과 안전을 보장하기 위한 시도도 있었다. 일부 고용주들은 직원들의 근무 조건을 개선하기 위해 애를 썼다. 근무지의 조명과 환기에 신경을 쓰고, 화장실을 설치하고, 목욕 시설, 어떤 경우에는 간소한 구내식당을 설치하기도 했다. 아주 드물게 노동자의 자녀들을 위한 탁아소를 만들기도 했다. 매일 오전 8시부터 밤 10시까지 스물다섯 명의 아이들을 돌본, 런던 노스켄싱턴 블레친든가에 있는 탁아소가 그런 예다.

버밍엄 교외의 본빌과 위럴의 포트 선라이트는 기업가들이 당시의 가장 신뢰 가는 건강 지침에 따라 직원들을 위해 만든 공동체였다. 이런 작업장은 규칙과 규정은 물론이고 건물까지도 생산 효율과 이윤 증진, 나아가 직원의 안전과 건강을 염두에 두고 만들어졌다. 본빌에서는 일과 중 18세 미만 직원의 운동 시간이 보장되었고 화장실 청소, 알코올 섭취 금지, 창문과 환기구의 청결 유지에 대한 규칙, 심지어는 운반하는 중량의 한계에 대한 규칙까지 존재했다.

안타깝게도 이렇게 양심적인 고용주는 소수였다. 하지만 공장을 소유하지 않은 많은 부유한 빅토리아 시대 사람들 가운데에서도 이 같은 문제에 관심과 열정을 가지고 우려하는 이들이 있었고, 더 많은 고용주가 최소한의 기본적인 건강 관련 조치와 안전 조치라도 취하게끔 강제하는 규정을 도입해야 한다는 압력이 서서히 커지고 있었다.

빅토리아 여왕 통치 이전에 이미 방직 공장에서의 과도한 아동

그림 66. 탄광으로 내려가는 어린이들, 1842년.

노동을 완화하는 규정이 존재했지만 1838년 반슬리 인근 허스카 탄광이 물에 잠기면서 지하에 갇힌 어린이 26명이 목숨을 잃는 사고가 발생했다. 빅토리아 여왕이 여왕으로서 취한 첫 조치는 이 사건의 조사를 명한 것이었다. 그 결과로 만들어진 보고서에는 어린아이들이 탄광 문을 조작하고 조금 더 나이 든 아이들이 석탄을 나르는 모습을 그린 그림이 포함되어 있어 격렬한 반응을 불러왔다. 이는 어린이와 여성이 지하에서 하는 일을 제한하는 규정을 만드는 계기가 되었고 더 나아가 지하에서 작업을 하는 사람들을 대상으로 하는 광범위한 안전 조치가 마련되기 시작했다.

안전 규정은 탄광과 방직 공장에서 시작해 점차 더 많은 작업장으로 확장되었고 점점 더 많은 위험한 업무에 적용되었다. 1844년에는 특정 기계에 울타리를 설치해야 한다는 법적 요구가 처음으로

그림 67. 탄광 사고 이후의 장례식, 1862년.

도입되었고, 1891년에는 한층 강화되었다. 1862년에는 많은 고용
주들이 제조 공정에서 생성되는 '유해 가스 및 기타 불순물'을 제거
하는 적절한 환기 시설이 있어야 한다는 법률 요건을 지켜야 했다.
그사이 광산의 작업 환경이 서서히 개선되어 1855년에는 사용하
지 않는 모든 갱도에 울타리를 치고, 모든 증기 엔진에 게이지와 안
전밸브를 설치하고, 모든 인양 장치에 브레이크와 계기 장치를 다
는 등의 법률 요건이 도입되었다. 1872년에는 안전등 설치가 의무
화되어 지하에서의 화재 위험이 감소했다. 빅토리아 시대의 위험한
근무 환경이 보건 및 안전 규정을 낳은 셈이다.

# 아이도 일을 해야
# 먹고살 수 있었던 시절

교육이 누구에게나 무료로 의무화된 19세기 말에도, 대부분의
빅토리아 시대 어린이들은 어린 시절의 훨씬 많은 시간을 공부보다
는 일을 하면서 보냈다. 농업, 광업, 제조업, 가정부 등 모든 분야에
서 일을 했고, 그들에게 개방되어 있지 않은 직업 분야는 거의 없었
다. 많은 아이들이 '어린이들의 일'이라고 여겨지는 일을 했지만 어
른의 역할을 하는 아이들도 있었다. 정규직이 아닌 경우 시간제로
일을 했다. 학교 시간을 피해 저녁과 이른 아침에 일하는 경우도 있
었다. 대부분은 집 안에서도 많은 일을 했고 동생들을 돌보는 일도
했다.

정규직 노동자로 기록된 아동 중에는 다섯 살짜리 아이도 있었
다. 열두 살이 넘는 빅토리아 시대 청소년으로서 유급 노동에 종사
하지 않는 사치를 누리는 경우는 찾아보기 힘들었다. 스스로를 중
산층이라고 여기는 가정의 남자아이들도 열두 살 생일이 지나면 정
규직 일자리를 찾는 것이 당연했다. 밖에서 하는 일이 아니라 사무
실에서 하는 일이더라도 말이다. '오피스 보이office boy'라고 불리던
빅토리아 시대의 사무실 사환은 정말로 '소년'이었다. 그들은 잉크

병을 채우고, 난로에 넣을 석탄을 운반하고, 서류철을 가져오고, 사무원들 사이에서 메모를 전하는 것은 물론이고 바닥을 쓸고 편지를 부치는 일도 했다.

빅토리아 여왕의 통치 초기에는 아이들이 임금 노동에 종사하는 것을 막는 규정도, 사회적 압력도 거의 존재하지 않았다. 1833년의 공장법Factory Act은 9세 미만 아동의 고용을 금하고, 9세에서 13세 아동의 근무 시간은 하루 8시간으로, 14세에서 18세 청소년의 근무 시간은 12시간으로 제한했다. 그러나 이 법은 방직 공장에서 일하는 사람들에게만 적용되었고, 제대로 법이 적용되고 있는지 조사하는 일은 드물었다. 법을 어긴 고용주에 대한 벌금 역시 아주 낮은 수준이었다. 대중은 아동의 노동을 현실로 받아들이고 있었고 아동을 고용하거나 자녀를 일터로 내보내는 것을 거리끼는 사람은 거의 없었다. 산업 혁명의 첫 번째 물결이 경제적 압박으로 가정의 예산에 단 몇 펜스가 더해지느냐 마느냐가 생사를 가르는 시기와 맞물려 아동 노동에 대한 수요를 창출했다.

수동 방적기와 직조기를 대체한 초기의 기계들을 잘 작동시키려면 사람의 손이 많이 가야 했다. 일은 대단히 간단했지만 쉼 없이 뛰어다니며 끊어진 실을 묶고, 적절한 곳에 카드를 끼우고, 보풀을 털어내고, 실패를 다시 걸지 않으면 기계 전체가 금세 막혀서 멈추곤 했다. 성인의 노동력은 비싸고 공급이 부족했지만 아동은 값이 쌀

뿐 아니라 거의 활용되지 않은 자원이었다. 궤도에 오른 북부의 공장들은 남부에서 아이들(대부분 고아나 구빈원 수용자)을 데려다 기계를 관리하게 하면 이득이 된다는 것을 알게 되었다. 일은 간단할지 몰라도 근무 시간이 길고 건강에 위협이 되는 요소들이 많았다.

공장은 그렇지 않아도 먼지가 가득했지만 그중에서도 기계 아래쪽은 공기가 특히 나빴다. 어린아이들은 바로 그곳에서 웅크리고 앉아 실이 끊어지지 않는지 지켜보고 쌓이는 쓰레기를 치웠다. 아이들은 몸집과 손가락이 작기 때문에 공장의 입장에서는 더 많은 직조기와 설비를 넣고 그 사이에서 직원들이 움직이며 일을 하는 아주 좁은 공간만을 남길 수 있었다. 기계들이 계속 돌아갔기 때문에 움직일 시점을 잘못 잡은 아이들이 기계에 끼이거나 깔릴 가능성이 높았다.

방직 공장은 끊임없이 어린아이들의 노동력을 필요로 했기 때문에 일하는 아동은 방직 공장으로 몰렸다. 따라서 일반인들의 눈에 가장 많이 띄는 곳도 이곳이었다. 1835년부터 1850년까지 영국 방직 공장의 노동자 중 절반은 18세 미만이었다. 그렇게 눈에 띄다 보니 대중의 관심이 다른 어떤 일터보다 방직 공장을 향하게 되었다. 그러니 아동 노동을 다룬 첫 번째 법률이 면직 공장을 겨냥한 것은 당연한 일이었다.

19세기 초 방직 공장에서 일하던 어린이의 삶이 어땠는지 실감하고 싶다면 스타일styal에 있는 쿼리 뱅크 밀을 방문해 보라. 지금은 내셔널 트러스트[8]가 운영하는데, 공장이 돌아가던 당시의 모습을 잘 보존하고 있다. 물론 19세기 당시보다는 깨끗하고 조용하고 안전하겠지만(내셔널 트러스트는 방문객의 건강과 안전을 보호할 의무가 있으니) 이 공장은 그곳에서 일하는 삶이 어떤 모습이었을지 잘 보여주는 좋은 사례 중 하나다. 스타일의 공장은 당시로서는 무척 개화되고 자애로운 공장에 속했다. 근로 조건, 근로 시간, 학교 교육, 생활 여건 등이 법이 요구하는 것보다 훨씬 높은 수준에 있었다. 하지만 이런 발전에도 기숙사에서 보내는 밤과 기계가 만드는 불협화음 속에서 일하는 낮의 현실은 가혹했다.

아동 노동이 증가한 것은 산업화로 작은 손이 필요한 일이 더 늘어나서만이 아니었다. 가정마다 생계를 위한 돈이 더 필요했기 때문이다. 많은 전통 제조업자들의 입장에서 새로운 기계들은 성인 노동자의 임금을 끌어내리는 존재였다. 수동 직조기를 이용해 베를 짜는 사람들은 이제 물과 증기를 동력으로 하는 직조기와 경쟁을 해야 했다. 노동의 가치가 떨어지면서 가정은 부족한 부분을 메꿔야 했고 점점 더 어린아이들이 노동 시장으로 내몰렸다. 아동 노동은 굶주림과 부족한 일자리로 인해 성행했다.

---

8. 내셔널 트러스트(National Trust): 자연환경과 문화유산 보호 활동을 하는 비영리 단체. 1895년 영국에서 설립되었다.

가장 나이 어린 노동자가 집중된 곳은 방직 공장이었지만 빅토리아 시대 영국의 노동 아동 중 대다수는 농업에 종사했다. 1801년에는 영국 인구의 66퍼센트가 농촌에 살았다. 1851년 영국 인구는 1801년 인구의 거의 두 배가 되었고 46퍼센트는 여전히 농촌 지역에 살고 있었다. 인구가 다시 거의 두 배가 된 1911년만 해도 21퍼센트는 도시가 아닌 곳에서 계속 거주했다. 이런 가정은 농사를 지었으며 농촌에는 나이를 불문하고 어린아이들이 급여를 받는 정식 직원으로 일하거나, 혹은 부모를 도와 수입을 늘릴 수 있는 일자리가 많았다. 특히 수확 철에 아동 노동의 수요가 많았다. 전통적인 영국의 방학 스케줄이 지금까지도 이 사실을 반영하고 있다.

탈곡 후 잘린 줄기를 모으고, 묶어서 단을 만들고, 단을 더미로 쌓고, 밭에서 이삭을 줍고, 수확물을 운반하는 일은 모두 여성, 소년, 소녀들의 일이었다. 콩 따기, 감자 캐기, 홉 따기, 아마 뽑기 등 다른 농작물의 수확 작업에도 아동의 노동력이 필요했다. 밭에서 잡초를 뽑는 일은 여전히 대부분 수작업으로 이루어졌고, 어린이들을 저렴하게 부릴 수 있으니 효과적이었다.

까마귀를 쫓거나 나무를 베는 일은 주로 남자아이들이 하는 일이었고, 마구간과 마당을 청소하거나 거름 더미를 만드는 일도 마찬가지였다. 여자아이들은 보통 줄기를 모아 단으로 묶고, 가축의 젖 짜는 일을 돕고, 이삭을 줍는 일을 더 많이 했다. 양 떼를 돌보는 일부터 바구니를 만들기 위해 고리버들 가지의 껍질을 벗기는 일까지, 각 지역마다 어린이들에게 맡겨지는 농사일이 있었다. 어린아이들은 부모의 생계를 돕는 무임금 노동자로서 땔감을 모으고, 장작을 패고, 물을 길어 오고, 들에서 (사람과 동물 모두를 위한) 식량을 채취하고, 정원이나 경작지에서 일해야 했으며, 남녀 모두 집안일과 육아를 도왔다.

까마귀 쫓는 일은 시골 아이들이 태어나서 처음으로 하는 일인 경우가 많았다. 윌리엄 아널드William Arnold가 처음 들판에 새를 쫓으러 나간 것은 여섯 살이 되고 두 달이 지났을 때였다. 2월 말, 3월 초쯤이었다. 그는 회고록에 이렇게 적고 있다. "나는 길고 배고팠던 그 날들을 결코 잊지 못할 것 같다." 그 일은 외로운 일이었다. 쟁기질한 땅에 뿌려진 씨앗을 먹으려고 날아오는 새들에게 던질 작은 돌무더기와 함께 하루 종일 빈 들판에 서 있어야 했다. 그 일은 동이 트기도 전에 시작해서 해가 질 때까지 계속해야 되었고, 실내에서 휴식하지도 못하고 친구도 없이 매섭게 추운 들판에서 혼자 해야 하는 일이었다.

계절이 바뀌고 곡식이 땅을 뚫고 올라오면, 새를 쫓는 일은 양 떼를 지키는 일로 바뀌었다. 수확 철이면 아널드는 부모님을 도와 보리를 벤 뒤 수레를 끄는 말을 몰아 마구간을 오갔다. 날씨가 다시 추워질 즈음엔 돼지 40마리를 맡았고, 겨울이 깊어질 때는 쟁기질을 하는 무리에 합류했다.

1859년에 태어난 조지프 애슈비Joseph Ashby 역시 난생처음 맡은 일이 까마귀 쫓기였다. 하지만 그는 아홉 살이었고 하루 종일 일하지는 않았다. 하루 종일 농사일을 거들게 된 것은 열한 살이 되어서였다. 1835년에 태어난 조지 맬러드George Mallard는 아홉 살 때부터 까마귀를 쫓고, 장작을 패고, 감자를 캐며 종일 일을 했고, 이런 노동은 어린 시절 내내 계속되었다. 이후 자신의 삶을 기록한 이 사람들 중 누구도 당시에 이렇게 일하는 자신의 삶이 특별하다고 생각지 않았다.

많은 시골 소년들이 처음에는 조금씩 시간제로 일을 하다가 열두 살 정도부터 정식으로 고용되었다. 자기 집을 떠나 농장주의 집으로 가 1년 동안 농사일을 하는 것이다. 영국 남부에서는 1년 계약으로 숙식을 하는 이런 형태의 농장 노동이 사라지고 있었지만, 북부 및 스코틀랜드 저지대에서는 농촌 아동의 일반적인 노동 방식이었다. 그들 중 일부에게는 이렇게 일하는 기간이 절망적으로 외로운 시간이었고 흔하게 학대를 당했다.

1840년에 태어난 제시 셔빙턴Jesse Shervington은 거의 가는 곳마다 정기적으로 구타를 당했다고 이야기했다. "나는 이런 일이 환경에 따라 달랐다거나 내가 운 나쁘게 이상한 곳에 있어서 잔인한 대우를 받았다고 생각지 않는다. 어린 쟁기꾼들에게 그것은 규칙이나 다름없었다." 로저 랭던Roger Langdon의 경우는 5년 동안 함께 지내던 쟁기꾼에게 구타를 당했다. 농장주와 부모에게 도움을 청해도 가해 쟁기꾼의 보복만 돌아왔을 뿐이었다.

반면에 함께 일하는 고용주와 노동자의 가족으로부터 따뜻한 지원을 받은 사람들도 있었다. 출생 연도가 알려지지 않은 조지 비커스George Bickers는 농장의 빈민 출신 견습생이자 고아였다. 교구의 빈민 감독관들은 지역 농부에게 소정의 금액을 지불하고 아이에게 일을 가르쳐 일손을 덜게 했다. 부모도 친구도 없는 고아들은 의지할 가족이 있는 아이보다 더 잔인하게 학대당할 수도 있었다. 하지만 운이 좋았던 비커스는 농장주로부터 좋은 교육뿐만 아니라 정서적 지원까지 받았다.

농장 노동이 과거의 일이 되어버린 미들랜드와 잉글랜드 남부 지역에서는 많은 어린이들이 갱마스터Gangmaster 밑에서 일을 했다. 갱마스터들은 농업 노동자들에게 일자리를 찾아주고 그들을 감독하는 중개인 역할을 했다. 노동자들을 이 농장 저 농장으로 이동시키면서 작물을 생산하고 수확하는 데 필요한 비숙련 노동을 제공한 것이다. 아이들은 집단으로 함께 일했고, 일터에서 걸어서 갈 수 있는 거리에 집이 있다면 대부분의 밤을 집에서 보낼 수 있었지만, 갱마스터 밑에서 노동자로 일하는 것은 고단한 삶이었다. 갱마스터는 작업 속도를 정했다. 조지프 벨Joseph Bell은 "밧줄 두 개를 꼬아 표면을 밀랍으로 마감한 채찍을 든 갱마스터가 밭을 매는 소년들 뒤에서 따라 걸으며 밭매기가 끝나기 전에 허리를 펴면 가만두지 않겠다고 으름장을 놓았다"고 회상했다.

날씨가 어떻든 야외에서 일하는 것은 어린이에게 힘겨운 일이었다. 옷을 제대로 입지 못하고 제대로 먹지 못한다면 말할 것도 없다. 공장이 아닌 들판에서 일하는 것은 아이들에게 종종 더 힘든 선택지였다.

아동의 농업 노동은 거의 논의의 대상이 되지 않은 채 계속된 반면, 방직 공장의 어린이들이 최초의 아동 보호법을 이끌어 냈다. 하지만 빅토리아 시대에 가장 큰 분노를 불러일으킨 것은 광산과 광산 노동자였다. 1842년 광산 및 제조업에서의 아동 노동에 관한 왕립 위원회The Royal Commission on Labour of Young Persons in Mines and Manufactures는 수년에 걸쳐 악화되어 온 노동 관행을 대중에게 알렸다. 광부들은 지상으로 가져온 석탄의 양에 따라 보수를 받았다. 성인 남성이 석탄을 운반하거나 불필요한 바위를 제거하거나 주위의 바위를 지탱할 갱목을 가지고 내려오기 위해 채탄을 중단한다는 것은 말이 안 되는 일이었다. 수입을 극대화하기 위해서는 광산 안팎으로 자재를 옮기는 일은 아내와 자녀가 맡고 남자는 바위에서 석탄을 캐내는 일에 집중해야 했다.

지하는 덥고, 보통 매우 습했다. 몇 벌 안 되는 옷을 망가뜨리면

안 됐기 때문에 남성, 여성, 어린이 할 것 없이 대부분이 최소한의 옷만 걸치고 어둠 속에서 일을 했다. 광산에서 일하는 사람들은 여기에 신경을 쓰지 않았지만 일반 대중은 이 사실을 알고 아연실색했다. 분명히 여성들과 소녀들은 성추행을 당하고 정조 관념이 오염되었으리라고 생각한 것이다.

여성의 정숙함과 연약함에 대한 사람들의 관념을 모독하는 이야기들과 함께 어린 광산 노동자들의 가슴 아픈 이야기도 사람들에게 전해졌다. 겨우 다섯 살인 아이들이 환기와 출입을 위한 문을 여닫기 위해 열두 시간 동안 어둠 속에 홀로 방치된다는 것이 알려졌다.

그해 1842년, 광산법이 통과되어 모든 여성과 소녀가 지하에서 일하는 것과 10세 미만의 모든 어린이가 갱도에 내려가는 것이 금지되었다. 물론 법의 제정으로 그런 관행이 바로 중단된 것은 아니었다. 광산에 대한 조직적인 감독은 1850년에야 시작되었다. 관련 법은 탄광만을 언급했기 때문에 다른 유형의 광산은 1860년 새로운 광산법[9]이 제정될 때까지 탄광만큼 법의 관리를 받지 못했다.

1842년부터 빅토리아 시대 탄광의 아동 노동은 주로 남아들이 맡았다. 아홉 살이었던 1849년부터 지하에서 일을 시작한 한 소년은 어린 시절의 노동에 대한 기록을 남겼다. "노동조합의 무명씨"라

9. 1860년 제정된 광산법에서는 10세에서 12세의 남성 아동 노동자는 일주일에 6시간 학교 교육을 받고 읽고 쓰는 법을 익혀야 한다고 규정했다.

고만 밝혔기 때문에 그의 이름은 알 수 없다. 그가 처음으로 했던 일은 대부분의 다른 광부보다 일하는 속도가 느린 나이 든 광부의 허리어[10], 즉 조수였다. 허리어들은 광부가 탄을 캐는 동안 막장과 작업 공간을 정리하면서 광부들과 같은 속도로 일을 해야 했다. 따라서 작업 속도가 느린 광부의 허리어는 노동 강도가 세지 않아 한결 견딜 만했다. 이 소년은 다음 해에는 훨씬 더 힘이 세고 빠른 광부와 일하게 되었고 지상까지 500야드(약 457.2m)를 하루에 스물두 번 오르내려야 했다. 그는 "열 살 아이에게는 꽤 힘든 시간이었죠"라고 씁쓸하게 말했다.

에드워드 라이머Edward Rymer 역시 아홉 살에 지하에서 일을 시작했다. 그는 근무 첫날 칠흑 같은 어둠 속에서 겁을 먹고 탄광 문 옆에 앉아 눈물을 흘렸다고 회상했다. 프레드 보턴Fred Boughton은 일을 어떻게 했는지 다음과 같이 묘사했다. "사람들은 약 6인치(약 15.2cm) 너비의 엄청나게 긴 끈의 끝부분을 내 머리에 씌우고 그것을 석탄 운반 통에 연결했다. 내가 해야 할 일은 손과 발가락으로 그것을 끌고 가는 것이었다. 어떤 곳에서는 구멍의 높이가 3피트 6인치(약 106.7cm)에 불과해서 일어설 수가 없었다. 유일한 불빛은 옆에 꽂힌 촛불뿐이었다."

---

10. 허리어(hurrier): 채굴된 석탄을 수레에 싣고 지상으로 올라오는 일을 하는 아이.

정치가 섀프츠베리 경Lord Shaftesbury, Anthony Ashley-Cooper은 의회에서 어린 로버트 노스Robert North의 말을 인용하며 그런 노동이 아이의 몸에 가한 피해를 생생하게 묘사했다. "나는 일곱 살 때 갱도에 들어갔다. 허리띠와 사슬에 묶인 채로 끌려가는 동안 피부가 찢어지고 피가 흘러내렸다⋯ 우리가 무슨 말이든 꺼내기만 하면 그들은 우리를 때렸다. 너무 잡아당겨져서 어찌할지 모를 정도로 엉덩이가 아플 때도 있었다."

시간이 흐르면서 법의 규제를 받는 산업에서의 최소 노동 연령이 아주 천천히 상향되었다. 1872년에는 탄광에서 일할 수 있는 남자아이의 최소 연령이 12세로 변경되었고, 10세에서 12세 미만의 아동은 시간제로만 일을 할 수 있었으며, 하루의 절반은 의무적으로 학교 교육을 받아야 했다. 1878년에는 여러 공장에 이와 비슷한 노동 연령 제한이 부과되었다. 최소 연령은 10세였고 10세에서 14세의 모든 청소년은 반일(半日) 근무라는 제한이 있었다. 1891년에는 최소 노동 연령이 11세로 높아졌다.

19세기 말에는 11세나 12세가 되기 전까지는 전일 근무를 시작할 수 없는 것이 보통이었다. 200년 전인 18세기 초, 초기의 산업 확장으로 아주 어린 아이들까지 노동 현장으로 내몰기 전의 수준으로 돌아간 것이다. 하지만 이것은 법의 규제를 받는 산업에만 해당되었고 법이 적용되지 않는 다른 산업에 종사하는 어린이들이 많았다. 어떤 고용주가 너무 어리다고 고용하지 않더라도 어린이를 고용하는 다른 고용주를 얼마든지 찾을 수 있었다. 마찬가지로 많은 어린이와 부모들은 나이나 조건에 관계없이 일을 해야 한다고 생각했다(권말 도판 16 참조).

소년들이 버는 돈은 상당했다. 대부분의 남자아이들은 11세 정도부터 어머니가 버는 것보다 더 많은 돈을 집으로 가져올 수 있었고, 16세나 17세부터는 아버지보다 수입이 좋은 아이들도 많았다. 반면 빅토리아 시대 전체에 걸쳐 여성 노동에 대한 보수는 형편없었다. 남성과 똑같은 일을 하더라도 여성은 아버지, 남편, 남자 형제가 받는 보수의 절반에서 3분의 2 정도를 받았다. 많은 직업이 성별에 따라 조금씩 다른 일을 하도록 구조화되어 있어 그 차이가 드러나진 않았지만 아무리 숙련되고 근면하더라도 여성은 재정적으로 몹시 불리한 조건에 놓였다. 기혼 여성은 유급 노동과 함께 가사의 책임을 다해야 했고, 어머니에게는 출산과 육아라는 의무까지 더해졌다. 가정이 있는 여성은 남편과 같은 시간을 투자해도 그가 받는 봉급의 3분의 2밖에 받을 수가 없었다. 어머니는 정기적이지 못한 근무 패턴으로 인해 딸의 수입과도 경쟁이 되지 않는, 여성 일자리 중 가장 보수가 낮은 일만을 할 수 있었다.

이런 경제적 현실은 아이들의 삶에도 영향을 미쳤다. 11세까지는 아동의 임금이 너무 낮았기 때문에(19세기의 대부분 동안 일반적으로 주당 2실링을 받았다) 남아는 일할 수 있는 곳에서 시간제로 일을 하고 아이를 돌보거나 집안일을 돕는 등 가족을 위해 일하는 것이 더 합리적이었다. 남자아이들이 집안일을 도움으로써 어머니가 유급 노동을 할 수 있었고, 이를 통해 적어도 7~8세 남자아이보다 더 나은 보수를 받을 수 있었기 때문이다. 하지만 소년이 열한 살이나 열두 살이 되면 정규직으로 고용되는 것이 최선의 선택이었다. 성인 남성 노동자가 일주일에 14~16실링 정도를 벌던 당시, 운이 좋으면 열한 살 아들은 6실링을 벌 수 있었고, 열다섯 살이면 일주일에 10~12실링을 벌 수 있었다. 이렇게 되면 어머니는 아들이 맡았던 모든 집안일을 인계받고 자신은 유급 노동을 포기했다. 이것이 가족에게 최대한의 수입을 가져다주는 전략이었다. 많은 노동 계급 가정에서는 성인의 수입만큼이나 자녀의 수입도 절실히 필요했다. (같은 나이의 여자아이들보다 훨씬 더 많은 보수를 받는) 남자아이들은 가정의 제2선 노동자였고, 아들이 여럿 있는 가정은 필요에 따라 성인 남성 가장이 없어도 유지될 수 있었다.

남자아이들은 거의 예외 없이 번 돈을 어머니에게 건넸다. 어머니는 잔돈만을 용돈으로 돌려주고 나머지는 가정에 가장 유리한 쪽으로 사용했다. 아들이 벌어 온 돈은 거의 항상 자녀들의 식단을 개선하는 데 쓰였고, 아이들은 이를 잘 알고 있었다. 어린 시절의 생활에 대해 글을 남긴 거의 모든 남성은 어머니에게 상당한 봉급을 건넬 수 있게 됐을 때 느낀 자부심과 만족감을 언급했다. 소년들은 자신이 남자가 되었다고 느꼈다.

식탁에 음식을 올리고 어머니와 형제들의 고생을 덜어주면서 소년들은 가족 내에서 존중받는 존재가 되었고, 식사 시간에 아버지가 받았던 특별 대접을 받으면서 자신의 식단도 나아지는 것을 경험했다. 영국의 어떤 노동 계급 가정이든 가장 먼저, 가장 배불리 먹는 사람은 생계비를 버는 사람이었다. 고기나 생선 요리를 했다면 가장에게 가장 많은 양과 가장 좋은 부위가 주어졌다. 가장이 봉급을 계속 받아 오려면 그의 건강이 다른 무엇보다 중요했기 때문이다.

따라서 노동은 남자아이들에게 지위와 더 많은 음식, 약간의 용돈을 가져다주었다. 물론 피로와 영구적인 신체 손상을 입을 위험도 있었다. 과로와 빈곤의 악순환 속에서 10대 후반의 소년이 아버지의 보수를 넘어설 수 있던 주된 이유 중 하나는 40대가 가까워지면 어린 나이에 시작한 노동으로 몸이 상해서 신체적으로 아들을 따라가기가 어려워지는 경우가 많았기 때문이다.

아이들의 신체에 가해진 지나친 스트레스의 위험성은 잘 알려져 있었고, 입법자들과 개인 모두 아이들을 과로로부터 보호하려고 노력했다. 윌 손Will Thorne의 어머니는 벽돌 공장에서의 일이 너무 힘들고, "그런 일이 아들을 천천히 죽이고 있으며 그 애를 곱사등이로 만들 것"이라고 생각했다. 그 일은 보수가 좋았고 가족은 돈이 절실히 필요했다. 하지만 그 일은 무거운 짐을 끊임없이 들어야 하는 것이었다. 벽돌 공장에 채용된 어린 노동자들은 점토를 벽돌공에게 가져다주고, 완성된 벽돌을 가마에 실어 나르는 일을 했다. 이들은 바구니와 자루에 벽돌을 담아 등에 지고 가마의 연기와 열기, 젖은 점토에서 흘러내리는 물을 견디며 울퉁불퉁한 땅 위를 이동해야 했다. 손의 가족은 어린 아들이 덜 힘든 (하지만 보수가 적은) 일자리를 찾는 몇 년 동안 굶주림을 견디기로 결정했다.

## chapter 9
## 육아

━━━━━⚞⚟━━━━━

### 아기 목욕과 기저귀

　성인들이 물로 온몸을 씻는 것이 생활 습관으로 자리 잡기 훨씬 전부터 유아들은 매일 씻기는 것이 권장됐다. 정치인이자 언론인인 윌리엄 코빗William Cobbett은 빅토리아 시대 직전에 쓴『젊은 남성 그리고 (부수적으로) 젊은 여성을 위한 조언Advice to Young Men and (Incidentally) to Young Women』에서 이것을 부모의 임무 중 하나라고 주장했다. 이후의 어떤 글에 따르면 "목욕물의 온도는 화씨 90도(섭씨 약 32.2도) 정도여야 하지만 온도계가 없을 때는 팔꿈치를 목욕물에 담가 온도를 확인하고 물이 참기 힘들 정도로 뜨겁지 않게 주의한다… 아이는 적어도 하루에 한 번 목욕을 시켜야" 한다.

아기가 어느 정도 크면 매일 몸을 씻는 목욕물의 온도를 낮출 수 있었다. 코빗은 그렇게 하는 것이 아기의 건강과 체력을 증진한다고 생각했다. 그는 아기들이 목욕을 싫어한다는 것을 인정하면서, 부모들이 아이를 목욕시키는 동안 크게 노래를 불러 울음소리를 덮고 아이들이 목욕에 익숙해지도록 가르쳐야 한다고 제안했다.

아기 목욕 시키기는 부유한 가정뿐 아니라 가난한 가정에서도 실천할 수 있는 일이었다. 어떤 통을 사용해도 상관이 없고 물이 많이 필요하지 않은 데다, 매일 씻기는 아기는 병에 덜 시달리고 덜 울었다. 효과를 좀 더 보기 위해 몸을 완전히 담그는 목욕을 할 필요는 없었다. 아기를 1인치(약 2.5cm) 정도 깊이의 물에 1~2분 정도 앉혀두는 것만으로 충분했다.

아기를 물로 씻기는 것은 몸을 건강하게 할 뿐만 아니라, 기저귀 발진을 피하는 데도 중요한 역할을 했다. 기저귀 발진은 대단히 빨리 생겨나서 아기의 피부를 따갑게 하고 아기가 보채게 만들 수 있다. 소홀히 관리하면 까진 피부가 배설물과 감염에 노출되면서 따가운 정도를 넘어서 심각한 건강상의 문제로 악화될 수도 있다. 아기의 피부가 청결하도록 꼼꼼하게 관리하는 것이 최선의 예방법이었다. 자주 기저귀를 갈고, 꼼꼼히 아기의 피부를 닦고, 매일 씻기고, 기저귀 발진을 막아주는 크림을 발라주는 등 오늘날 아기를 깨끗하게 키우는 데 사용하는 것과 같은 방법이었다.

하지만 당시에는 천으로 만든 기저귀를 사용했기에 수시로 세탁을 해야 했다. 1837년에는 면이나 리넨으로 짠 기저귀(미국에서는 '다이퍼diaper', 영국에서는 '내피nappy'라고 부른다)를 썼다. 기저귀 천은 특히 흡수성이 좋고 표면에 작은 다이아몬드 무늬가 있었으며, 아기의 용변을 비롯해 모든 종류의 액체를 닦아야 하는 곳이면 어디든 사용되는 소재였다. 고리 형태의 섬유 조직들로 이루어진 타월 천은 20세기 초까지 수건이나 기저귀의 일반적인 소재가 아니었다.

기저귀는 크기가 가로세로 1야드(약 91.4cm)로 상당히 컸고 아기의 개월 수에 따라 다양한 방법으로 접어서 사용했다. 신생아의 경우 한 번을 접어서, 아기가 3개월 정도에 이르면 두 번, 9개월이 되면 세 번을 접어서 사용했다. 남아용과 여아용의 기저귀 접는 방법이 달랐는데, 성별에 따라 요도 위치가 다르기 때문에 남아용은 앞쪽의 윗부분, 여아용은 뒷부분을 두껍게 해 흡수성을 높였다.

기저귀는 보통 큰 핀으로 고정하되 핀은 아기 피부에서 가능한한 먼 곳에 꽂았다. 1849년 안전핀의 발명은 아기들에게 매우 요긴한 일이었다. 분별 있는 부모라면 기저귀 커버를 입혀 기저귀 사이로 배설물이 새어나오지 않도록 했다. 기저귀 커버는 방수가 될 것으로 기대되는 소재로 만들어졌다. 실제로는 방수가 되지 않았지만 말이다. 촘촘하게 짠 광택제를 바른 면이 이런 용도에 사용되었다.

이 소재는 비교적 부드러웠다. 기름 먹인 천을 사용하는 부모들도 있었는데, 이 소재는 방수 기능은 더 나았지만 피부가 여린 아이가 쓰기에는 더 불편했다.

사용한 기저귀는 빨아야 했고 기저귀 통은 부모의 사회적 계급에 관계없이 대부분의 가정에서 필수품이었다. 더러워진 기저귀는 소변만 봤을 경우에는 그대로, 대변은 요강이나 화장실에 떨어낸 뒤 찬물이 담긴 양동이에 담근다. 소금이나 소독제(19세기 후반에 들어 사용하였다) 한 줌을 물에 넣으면 이 과정에 도움이 된다. 통의 뚜껑을 다시 덮어 냄새가 나지 않게 한다. 기저귀를 빨 때가 되면 더러운 물을 따라내고 기저귀를 헹군다. 이렇게 불리고 헹구는 것만으로 배설물은 95퍼센트 제거되고 기저귀는 보통의 방식으로 빨 수 있을 정도로 깨끗해진다. 기저귀는 삶아 빤 최초의 의복이었다. 세균 이론 이전에도 대변과 질병의 관계가 명확했기 때문이다. 비튼 부인을 비롯한 다른 많은 권위자들이 물을 저어가면서 기저귀를 30분간 삶는 것을 권장했다.

극빈층 일부에게는 이런 것이 너무 힘든 일이었다. 기저귀를 만들 천을 살 돈도, 기저귀를 만들거나 세탁할 시간도 없는(10세 정도가 넘으면 모두가 전일 근무를 해야 했다) 그들은 기름을 먹인 천을 요람에 깐 뒤 그 옆에 짚과 같이 쉽게 버릴 수 있는 흡수재를 두는 방법에 의지했다. 그 위에 하의를 입히지 않은 아기를 바로 눕혔다. 이렇게 하면

그림 68. 아기 목욕시키기, 1859년.

부모가 처리해야 하는 옷과 기저귀, 침구의 양은 물론이고 아기를 씻기는 횟수도 크게 줄일 수 있었다. 적당한 양의 짚을 깔면 보통의 경우 아기는 지저분하지 않은 상태로 누워 있을 수 있었고 기저귀로 인한 발진이 생길 가능성도 낮아졌다. 그런 가정에 방문한 중산층 사람들은 이 광경을 보고 충격을 받곤 했지만 극심하게 가난한 어머니들에게는 선택의 여지가 거의 없었다. 먹을 것도 없는 상황에서 누가 기저귀를 사겠는가?

19세기의 대부분 동안 가난한 가정에서든 부유한 가정에서든 기저귀 발진을 예방하기 위한 방법은 아기에게 라드를 발라주는 것뿐이었다. 깨끗하고 건조한 엉덩이에 라드를 듬뿍 바르면 오줌이 피부에 묻지 않아 피부 손상이나 따가움을 막아준다. 부유한 어머니는 핸드크림처럼 향을 입힌 기저귀 크림을 만들거나 살 수 있었지만 여전히 그 본질은 라드였다. 약용 크림은 보통 산화아연을 첨가하는 것을 의미했지만 기저귀 발진에 널리 사용되는 것은 아니었다. 목욕 후 바르는 건조 파우더는 부유한 가정에서 아기를 돌볼 때 때때로 이용하는 또 다른 세련된 요소였다. 다시 말하지만 건조 파우더는 활석과 전분을 주재료로 하는 여성의 세면용 파우더와 비슷했다. 하지만 아기용 파우더는 향을 입히지 않고 그대로 사용했다.

## 갓난아기의 옷

아기를 씻기고 난 뒤에는 옷을 입히는 복잡한 작업이 이어진다. 신생아를 꽁꽁 싸매는 오랜 관행은 19세기 초에 대부분 사라졌지만, 오늘날의 관점에서 보자면 빅토리아 시대의 아기 옷은 매우 다채롭고 복잡했다.

아기의 가슴과 복부를 단단히 싸매던 관행의 흔적은 사회 전반에 바인더binder의 형태로 남았다. 벨리밴드bellyband, 롤러roller, 스웨이스swathe, 스웨더sweather 등 여러 가지 이름으로 불리는 이것은 본질적으로 천으로 기다랗게 만든, 일종의 붕대 같은 띠였다. 보통 길

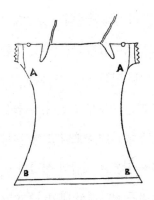

그림 69. 가장 먼저 입는 옷, 신생아를 위한 셔츠.

이가 1야드(약 91.4cm)에 너비는 4인치(약 10.2cm)였다. 빅토리아 시대에는 바인더의 재료로 모직 플란넬(면이나 양모를 섞어 만든 가벼운 천)을 권장했지만, 지금까지 남아 있는 바인더들은 면이나 리넨으로 만들어진 것으로 보아 더 저렴한 바인더들이 대중적으로 사용되었다는 것을 알 수 있다. 바인더는 아기가 태어나자마자 착용할 뿐만 아니라 생후 몇 개월 동안은 아기의 살에 가장 먼저 닿는 옷이라고 할 수 있다.

태어난 직후 아기의 탯줄을 자르고 씻긴 뒤 작은 면 패드(때로는 동전)를 탯줄 위에 놓고 바인더로 아기의 배 둘레를 감았으며, 늘어진 끝부분은 드레스 핀으로 여미거나 실로 꿰맸다. 핀이 아기를 찌를까 염려한 어머니들은 핀을 꽂는 대신 바인더에 가는 끈을 달아서 묶기도 했다. 부모들은 신생아의 체온을 유지하고 아기의 몸을 지탱하기 위해 바인더로 아기를 단단히 감쌌는데, 아기의 뼈는 약하다는 생각이 아직도 보편적이었기 때문이다. 또한 탯줄이 떨어진 부분이 빨리 깨끗하게 나아 안쪽으로 수축되면서 움푹 들어간 배꼽을 만드는 데 도움을 주려는 의도도 있었다. 배꼽을 이런 모양으로 만드는 것이 훨씬 건강에 좋고 더 예쁘다고 생각했기 때문이다.

아기 옷에는 놀라울 정도로 계급과 성별의 구분이 없었다. 광부 집안에서 태어나든, 귀족 집안에서 태어나든 아기들은 같은 복장으로 삶을 시작했다. 물론 옷감의 질과 가격은 달랐겠지만 옷의 형태와 스타일은 거의 동일했다.

바인더로 가슴과 배를 단단히 감고 나면 기저귀를 채우고 방수 커버인 '필치pilch'를 그 위에 입힌다. 그다음에는 셔츠를 입힌다(우리나라의 배냇저고리라고 할 수 있음). 아기용 셔츠는 가정의 경제력이 허용하는 한에서 가장 부드러운 면이나 리넨 소재를 사용했고 어깨를 살짝 덮는 캡 소매만 있는 간단한 형태였다. 솔기가 아기 피부를 자극할 수 있기 때문이다. 아기가 좀 더 크면 따뜻한 플란넬 셔츠를 입는 것이 이상적이었지만 신생아에게는 너무 거친 소재라고 생각했다.

대부분의 어머니가 아기들의 속옷을 직접 만들었지만, 1880년대에 와서는 기성복이 시장에 나왔다. 그렇지만 영아 옷에 대한 광고나 마케팅이 유아들의 속옷에 비해 적었다는 것은 아기 옷 시장이 작았다는 것을 나타낸다. 임신부가 아기 옷을 바느질해 만드는 일은 태교 방법 중의 하나였다. 다행히 그런 옷들은 오래갔고 동생들이 태어나면 차례로 물려 입을 수 있었다. 더 이상 아기를 출산할 계획이 없는 가정에서는 필요 없어진 아기 옷을 다른 가정에 넘겨줬다. 이는 바느질의 부담을 더는 데 상당한 도움을 주었다.

아기 옷을 자주 빨아야 한다는 것은 여벌 옷이 충분히 있어야 한다는 의미였다.『커셀의 가정생활 안내서』에는 신생아를 위해서는 낮에 입을 셔츠 여섯 벌, 밤에 입을 셔츠 여섯 벌과 함께 기저귀 24개와 필치 4개를 두는 것이 적절하다는 설명이 있다. 신생아의 옷을 주로 집에서 만든 이유 중 하나는 손바느질로 만든 옷이 아기에게 더 좋다는 것이었다. 많은 사람들이 미싱을 사용해 만든 옷은 바늘땀이 너무 거칠고 투박해 아이에게 자극을 준다고 생각했다. 이는 빅토리아 시대 어머니들의 바느질 솜씨가 뛰어났음을 실질적으로 보여주는 증거였다. 손바느질의 땀이 기계 바느질의 땀보다 작고, 부드럽고, 깔끔했다는 것이다.

셔츠 위에는 배러코트barracoat를 입었는데, 아기의 체온을 유지시키는 보온이 목적이기에 주로 플란넬 소재로 만들었다. 윗부분은 약 5인치(약 12.7cm) 길이의 단순한 띠 형태이고 아랫부분은 허리에 주름을 잡아 풍성하게 만든 스커트가 달려 있다. 이 옷은 아기의 키보다 6인치(약 15.2cm) 길다. 맨 위에 면 끈을 달아 어깨에 걸 수 있게 하고 스커트 부분에 달린 끈으로 허리를 동여맨다.

이 단계까지는 소매 달린 옷을 입지 않은 상태라 아직 아기의 맨 팔이 완전히 드러나 있다. 그렇지만 긴 치마가 다리와 발을 따뜻하게 보호한다. 셔츠와 마찬가지로 배러코트도 낮에 입는 것과 밤에 입는 것이 따로 있었기 때문에 아기는 같은 옷을 오래 입고 있지 않았다. 낮용 배러코트와 밤용 배러코트의 유일한 차이는 낮에 입는 것에 장식이 좀 더 많았다는 것뿐이다. 배러코트는 단순한 셔츠 디자인으로 상단 윗부분을 접을 수 있어 아이의 목 주위에 피부를 자극할 수 있는 단단한 플란넬 끝이 닿지 않고 셔츠의 부드러운 면 부분만 닿게 했다.

아기의 머리를 보호하고 체온을 유지하기 위해 모자를 씌웠다. 아기 모자는 머리카락이 자라기 전 몇 주간 특히 중요했다. 실내에서는 이 언더캡under-cap을 밤낮으로 씌워두었으며 밖에서는 이것만으로 충분치 않다고 여겼다. 특히 빅토리아 시대의 집은 난방이 제대로 이루어지지 않아 춥고 외풍이 있었기 때문에 '머리 감기'에 걸리는 것이 흔한 일이었다. 이 점을 걱정한 어머니들은 언더캡을 만들 때 유아 지방관[1] 예방에 좋다고 알려진 옷감인 플란넬을 사용했다.

바인더를 두르고, 셔츠와 배러코트를 입고, 언더캡까지 썼다면 아기는 마침내 페티코트를 입을 준비가 된 것이다. 페티코트는 보

---

1. 유아 지방관(cradle cap): 생후 몇 개월 동안 아기의 두피에 많이 생기는 기름진 왁스 같은 분비물. (저자 주)

통 면으로 만드는데, 탈색 가공 과정을 거치지 않아 누런빛이 도는 저렴한 면보다는 비싸더라도 흰색 면을 선호했다. 배러코트와 마찬가지로 페트코트는 상의 쪽에는 소매가 없고, 하의는 허리부터 긴 치마가 이어지는 속치마였다. 아이가 겉옷까지 다 입었을 때 페티코트의 치맛단이 보일 가능성이 높았기 때문에 배러코트보다는 장식이 많았다. 아랫단에는 스캘럽[2], 레이스, 작게 짠 주름 장식을 다는 것이 인기였지만 윗부분에는 앉았을 때 엉덩이가 배기지 않도록 장식을 붙이지 않았다.

셔츠, 배러코트, 페티코트 위에 마지막으로 프록frock을 입었다. 갓난아기의 경우에는 프록 역시 흰색 면으로 만든 것을 입었다. 어머니들은 경제적 여유가 되는 한 아주 곱고 얇은 종류의 옷감을 사용해 프록을 만들었다. 형태는 페티코트와 거의 다를 것이 없었지만 장식과 무늬는 훨씬 더 화려했다. 아기의 프록에는 주름 장식, 자수, 레이스를 다양하게 혼합시켜 장식하는 경우가 많았다. 프록 역시 소매가 없었고 목선은 양 어깨로 넓게 파인 디자인이었다. 따라서 빅토리아 시대의 아기들은 옷을 여러 겹 입었을 뿐이지 오히려 부모가 입은 옷에 비해 보온성이 떨어졌고, 더욱이 발과 목을 훤히 드러낸 채 추운 집 안에서 지내야 했다. 배러코트만 모직으로 만들

---

2. 스캘럽(scallop): 옷자락에 부채꼴이나 물결 모양의 소재를 이어 덧댄 장식.

어졌고 다른 것들은 얇은 면직으로 만들어져 있었기 때문이다.

아기를 싸매는 것이 좋다는 확신은 옷을 여러 겹 입히고 과하게 움직임을 제한하는 일에 대한 걱정으로 바뀌었다. 오랫동안 단단히 자리 잡고 있던 생각이나 행동 방식이 뒤집히면 종종 그렇듯이 사람들은 정반대 쪽으로 움직였다. 18세기의 선구자들은 아기를 바인더를 비롯해 여러 겹의 옷으로 감싸는 관행에서 벗어나도록 부모들을 설득하는 일에 열정을 품고 아기를 튼튼하고 강하게 키워 질병을 이겨내도록 돕자는 이론을 홍보했다. 근육을 건강하게 만들려면 운동이 필요한 것과 마찬가지로 추위에 노출시킴으로써 아이들이 오한을 느끼지 않고 추위를 견딜 수 있게 할 수 있다는 것이다. 그들은 추위에 노출시키는 것이 체질을 강하게 만들 수 있는 방법이라고 생각했다.

1850년에는 부모들이 이런 생각을 열렬히 따르는 것이 의료계를 불안하게 만들었다. 불Bull 박사는 "아기들이 체온 조절 능력과 추위에 저항하는 힘을 타고난다는 의견이 사회에 만연하고 있다. 이런 대중의 오해로 인해 안타깝게도 치명적인 결과가 발생하고 있다"고 주장했다. 그는 팔과 어깨, 목을 내놓는 당시 아기들의 옷차림이 급성 폐쇄성 후두염[3]과 폐의 염증으로 이어질 수 있다고 경고했다.

---

3. 급성 폐쇄성 후두염(croup): 기침을 많이 하고 호흡 곤란이 일어나는 병으로, 1~3세의 유아들이 많이 걸린다.

하지만 바인더로 싸는 과거의 관행과도 거리를 두면서 아기를 지나치게 애지중지하지 말라고 충고했다. 옷을 덜 입히는 것에 우려하면서도 그는 지나친 보온이 체질을 약하게 할 수 있다는 경고도 덧붙였다. 이와 비슷한 많은 강경한 의견(다소 혼란스럽지만)이 있었음에도 빅토리아 시대의 아기들은 계속 추위에 떨어야 했다.

다행히도 야외로 나갈 때는 비바람을 막아주는 케이프와 보닛 등 훨씬 많은 보호책이 있었다. 케이프는 두 겹의 모직으로 만들었고 겉의 긴 한 겹은 발 아래까지, 속의 짧은 한 겹은 무릎까지 내려왔다. 그래서 케이프를 입히면 아기의 팔과 몸 전체를 두 층의 모직 천이 덮어 몸을 따뜻하게 해주었다. 실내에 들어오자마자 케이프를 벗기는 엄마들도 있었지만, 실내에서도 추위가 느껴지는 계절에는 케이프를 그대로 입혀두는 엄마들이 많았다.

많은 케이프가 크림색이나 회색이었고 아주 가끔씩 빨간색 케이프도 있었기 때문에 아기 옷장에도 색이 스며들었다. 빅토리아 시대의 남자 아기들은 흰색 옷을 입었고, 여자 아기들도 마찬가지였다. 흰색은 순수함과 천진함을 상징할 뿐만 아니라 오염이 눈에 잘 띄기 때문에 아기 옷으로 적합한 색이었다. 21세기의 사고방식과는 맞지 않을 수 있지만, 당시에는 흰색이 아기의 건강에 필수적인 청결의 기준을 유지하는 데 도움을 준다고 생각했다. 실제로 흰 옷은 비누와 끓는 물을 사용해 세게 문질러서 세탁할 수 있었다. 빅토

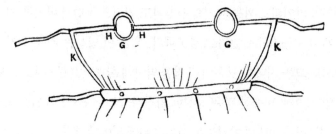

그림 70. 셔츠 위에 입는 배러코트.

리아 시대에는 염색 기술이 발전하지 않아 색이 들어간 옷은 세탁을 자주 하면 색이 바래거나 염료가 흘러내렸다. 따라서 색깔이 있는 아기 옷은 잦은 세탁을 감당할 수 없었기 때문에 부모들은 흰 옷을 선호했을 것이다.

빨간색은 수 세기 동안 아기를 감싸는 포대기나 담요의 색이었다. 그 영향으로 빨간색은 아기의 외출복에 적합한 색상으로 자리를 잡았다. 그와 달리 분홍색이나 파란색은 아직 아기 옷에서 문화적 역할을 얻지 못했다. 빨간색 플란넬 케이프가 다른 아기 옷의 흰색과 대비되어 눈에 띄었던 것도 인기의 또 다른 요인이었을 수 있다. 그러나 빅토리아 시대 아기 케이프의 가장 일반적인 색상은 크림색이었다. 많은 크림색 모직 케이프가 21세기까지 남아 있으며, 이들 케이프의 가장자리에는 종종 흰색 면 또는 실크로 된 리본 장식이 붙어 있다.

# 9개월 이후 유아의 옷

생후 9개월쯤 된 아기들의 옷은 길이가 짧아지기 시작한다. 가장 큰 차이는 길이였다. 갓난아기들의 옷은 발 아래로 한참 내려올 만큼 길이가 길었다. 1840년에는 옷의 길이가 아기보다 1야드(약 91.4cm) 더 길 정도였다. 1880년대에는 아기보다 1피트(약 30.5cm) 이상 긴 옷을 입히는 경우가 드물긴 했지만 여전히 배러코트, 페티코트, 프록을 겹쳐 입혔고 아기의 발과 다리는 옷 속에 묻혀 있었다.

'짧은 옷'으로 갈아입는 시기는 아기가 다른 사람의 도움 없이 앉고 기기 시작할 때다. 앉고 기는 데 길게 늘어진 옷이 방해가 되기 때문에 이 시기에 필요한 것은 발목 길이의 옷이었다. 어머니들은 기존 옷의 아랫부분을 잘라내고 싶은 유혹에 저항하라는 조언을 들었다. 1년 후에는 또 다른 갓난아기에게 입혀야 할 가능성이 있기 때문이었다. 장기적으로 보면 긴 옷들을 그대로 두고 짧은 옷을 새로 만드는 것이 훨씬 더 경제적이었다. 또 이 시기부터는 남아 옷과 여아 옷 사이에 눈에 띄는 차이가 생긴다.

9개월이라는 분수령까지는 여아와 남아 사이의 유일한 차이가 기저귀 접는 법뿐이었지만 이 시점부터 성별에 따른 의류 변화가 시작되었다. 이것은 이후 자잘하고 점진적인 변화를 거치는 긴 과정

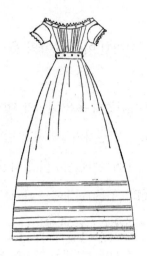

그림 71. 베러코트 위에 입는 페티코트.

을 통해 결국 완전한 분리로 이어졌다. 현대인의 눈으로는 이런 차이점을 찾기 쉽지 않지만 말이다.

9개월 이후 유아 옷에서 나타나는 성별의 차이는 약간 폭이 넓어진 치마와 장식 스타일 변화에 불과했다. 남아의 옷은 여아의 옷보다 다소 대담하고 장식용 술을 더 많이 사용하였으며, 여아의 옷은 주로 프록에 레이스 장식을 더하는 형태였다. 이 월령의 여아와 남아의 의복은 아직 성별 구분이 크지 않았고 모두 핀턱과 주름이 있는 프록을 입었다.

옷이 발목 길이로 짧아졌기 때문에 아기의 발과 다리가 훨씬 더 많이 노출되었다. 그래서 보통 이때부터 아기에게 양말과 스타킹을

그림 72. 페티코트 위에 입는 프록.

신기기 시작했다. 성별의 구분 없이 모두 양말과 스타킹을 신겼다. 아기용 신발도 구할 수는 있었지만 대부분의 부모는 자라는 발을 변형시킬 것이라는 우려 때문에 신발을 신기지 않았다(오늘날에도 일부 지역에서는 여전히 이런 걱정을 하는 부모들이 있다).

　이 시기에 일어나는 또 다른 주요 변화는 바인더가 없어지고 그 자리를 스테이 밴드stay band가 대신한 것이다. 역시 대부분 집에서 만드는 스테이 밴드는 부드러운 미니 코르셋을 연상시키며 남녀 구분 없이 모두 입었다.

　캔버스 혹은 진과 같은 튼튼한 천 두 겹을 폭 5인치(약 12.7cm), 길이 22인치(약 55.9cm)로 길게 자른다. 그리고 상단 두 곳은 팔을 끼울

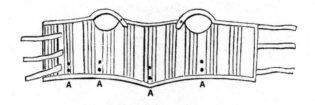

그림 73. 9개월 이상의 조금 더 큰 아기들을 위한 스테이 밴드.

구멍을 만들기 위해 초승달 모양으로 잘랐다. 두 겹을 겹쳐 꿰매고 수직으로 여러 개의 줄을 박음질해서 홈을 만든 뒤 그 홈 안에 튼튼한 끈이나 줄을 넣어 꿰맸다. 이렇게 단단히 고정된 세로줄은 스테이 밴드를 빳빳하게 만들었으며 성인용 코르셋에 들어가는 고래 뼈를 대체한, 부드러운 유아용 버전이라 할 수 있겠다. 긴 테이프로 어깨 끈을 만들고 스테이 밴드 둘레에 테이프를 대어 깔끔하게 정리하고 여밀 수 있는 끈을 달아 완성한다. 이렇게 만든 스테이 밴드는 많이 딱딱하지 않았는데 골판지로 몸을 감싸는 것보다 훨씬 더 유연한 느낌이라고 표현할 수 있겠다. 빅토리아 시대 사람들은 성장하는 어린이에게 스테이 밴드 같은 지지대가 필요하다고 생각했다.

자기주장이 강한 내 딸은 두 살 때 자신도 코르셋을 입겠다고 졸랐다. 딸아이는 코르셋을 입는 내 모습에 익숙했기 때문에 나를 따라 입고 싶어 했다. 두 살 아이에게 진짜 코르셋을 입히고 싶지 않던 나는 아이를 위해 이 스테이 밴드를 만들어 주었고 딸아이는 몹시 좋아했다. 스테이 밴드는 아이의 어떤 활동도 방해하지 않았다. 딸아이는 의사 표현을 또렷하게 할 수 있었기 때문에 조금이라도 불편하다면 이야기를 했을 것이다. 아이는 허리에 고무줄이 있는 옷같이 다른 옷에는 까다롭게 구는 적이 많았지만 스테이 밴드는 자주 입었다. 유치원에 갈 때도 말이다. 아이는 스테이 밴드에 대해 불만을 말한 적이 없다.

아기가 스스로 일어설 수 있게 되면 옷자락을 밟거나 옷자락이 다른 물건에 걸려 넘어지지 않도록 발목 길이의 모든 옷에 가로로 단을 접어 넣어 올려 짧게 고쳐주었다. 아이가 자라면서 활동이 커지는 것에 따라 스커트는 점점 짧아져 결국 무릎 아래쪽에 이르렀다. 이제 더 이상은 여기저기 뛰어다니는 아이 다리에 옷자락이 걸릴까 걱정할 필요가 없었다.

그림 74. 스테이 밴드 위의 페티코트.

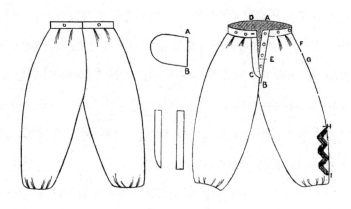

그림 75. 다리를 덮는 판탈레츠.

하지만 치마가 짧아진 만큼 아이의 다리가 노출되기 때문에 새로운 옷인 판탈레츠pantalettes가 추가되었다. 이것은 발목까지 내려오는 단순한 형태의 얇은 면바지 또는 긴 드로어즈였다. 이와 가장 가까운 현대의 옷은 파자마 하의다. 판탈레츠는 19세기 초중반 유아복의 특징으로, 주로 무릎 아래까지 내려오는 반소매 드레스 아래 받쳐 입었다.

아이가 걷는 법을 배우는 때가 되면 남녀 상관없이 모자를 더 이상 씌우지 않았고 곱슬거리는 머리카락을 밖으로 드러냈다. 곱슬머리는 체온 유지를 위해서도 권장되었지만 더 중요하게는 외모를 위해 권장되었다. 곱슬 머리가 아름답다고 여겨졌으며 "예쁘다"고 하는 것은 남아에게도 칭찬이었다. 영유아는 아름다워야 했으며 부모의 눈과 마음을 기쁘게 해야 했다.

교도소라는 특수한 환경에서 태어난 몇 안 되는 아기들에게 제
공된 아기 옷의 목록은 중산층 가정의 갓난아기에게 권장하는 옷의
목록과 놀라울 정도로 비슷하다. 그 목록에는 플란넬 바인더, 언더
캡, 셔츠와 기저귀, 플란넬 페티코트, 플란넬레트flannelette 프록, 플
란넬레트와 옥양목으로 만든 가운, 솔까지 포함되어 있었다. 플란
넬레트는 모직이 아니라 두껍고 잔털이 있는 부드러운 면직이었다.
모직 플란넬보다는 덜 따뜻했지만 중산층의 프록 옷감으로 권장하
는 일반 면직보다는 따뜻했다. 결과적으로 교도소에서 태어난 아기
는 어떤 사회 계층의 아기보다 따뜻한 옷을 입었을 것이라 생각할
수 있다. (프릴, 주름, 자수, 레이스는 없었을 것으로 추정되지만).

그 밖의 노동 계급 아동은 플란넬레트에 의존했다. 플란넬레트는
플란넬의 절반에도 못 미치는 가격이었고 세탁하기도 훨씬 쉬웠다.
스완스다운은 노동 계급의 또 다른 선택지였다. 품질이 좋지는 않
았지만 이 역시 잔털이 있는 면직이었다.

노동 계급 어머니와 아기들의 진짜 문제는 다른 모든 것이 그렇
듯이 옷도 충분하지 않다는 것이었다. 보온성의 문제 외에도 갈아
입을 옷이 부족해 세탁을 자주 할 수 없다 보니 더러워진 옷을 계속
입을 수밖에 없고, 이런 비위생적 상황은 건강을 위협했다. 더욱이
아기가 누워 있기만 하는 시기에는 옷을 얇게 입혔더라도 요람에서

꺼낼 때 숄로 감싸줄 수 있지만, 걷기 시작하면 어떤 형태의 옷이든 찾아서 입혀야 했다.

개인과 자선 재단이 아기 옷을 기부해 이런 공급 부족을 채우려고 했으나 대부분은 자신에게 딱 맞아 몸을 움직이는 데 문제가 없는 편안한 옷을 제공 받는 것이 쉽지 않았다. 그래서 많은 영유아들이 몸을 제대로 가리지 못하거나 몸에 맞지 않거나 심하게 해진 옷을 입게 되었다. 엄마에게 물려 입은 옷이나 헐값의 중고 옷에 의존하는 경우에는 특히 더 그랬다. 큰 옷보다는 작은 옷이 더 문제였는데, 당시의 원단은 신축성이 부족해서 너무 조였기 때문이다. 대부분의 부모는 아기가 성장해도 계속 입히기 위해 지나치게 큰 옷을 선호했고, 추위를 막을 목적으로 옷을 가능한 한 여러 개 겹쳐 입혀 아이를 감싸는 편을 택했던 것 같다. 커다란 천 덩어리에서 작은 머리가 튀어나와 있고 몸은 옷에 고정된 채 움직이지 못하는 것이 흔히 보이는 아기들의 모습이었다.

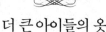

## 더 큰 아이들의 옷

아기를 씻기고 옷을 입힌 어머니는 그제야 더 큰 자녀에게 눈길을 돌려 아이들이 스스로 옷을 입는 것을 돕고 아이들에게 줄 새 옷을 위한 바느질을 시작할 수 있었다.

빅토리아 시대 말 일부 노동 계급의 어머니들은 사회 개혁가들의
연구를 위해 매일의 일과를 기록했다. O부인(사생활 보호를 위해 이름은
밝히지 않았다)에게는 두 명의 어린 자녀가 있었다. 그녀는 남편이 오
전 7시 30분에 출근하고 나면 큰딸에게 옷을 입히고 딸과 함께 아침
을 먹은 후, 오전 8시 30분에 아기를 씻기고 옷을 입혔다. 오전 11시
에 기본적인 집안일을 마친 그녀는 딸을 위해 프록을 만들기 시작했
다. 그녀는 한 시간 동안 바느질을 한 후 그날의 식사를 준비했다.

아이들을 챙기고, 씻기고, 입히는 일은 주부에게 가장 중요한 일
과였다. 단추를 채우고 끈을 묶는 등의 일은 어린아이가 스스로 하
기에는 너무 성가신 과제였다. 그러한 작업을 쉽게 하거나 빠르게
할 수 있게 해주는 지퍼나 벨크로(1948년 발명) 같은 여밈 장치가 없었
기 때문이다. 21세기의 옷처럼 신축성이 있어 잡아당겨서 입을 수
있다면 두 살짜리 남자아이도 큰 도움 없이 5분 정도면 혼자 옷을 입
을 수 있을 것이다. 혼자 옷을 입을 수 있는 현대의 아이라도 빅토리
아 시대의 옷을 만난다면 쩔쩔매게 될 것이다. 어른의 도움이 있어
도 옷을 다 입기까지 15분 정도 걸릴 가능성이 높다. 빅토리아 시대
의 옷은 신축성이 없어서 소매에 팔을 넣기가 훨씬 어려웠고, 단추
를 잠그고 끈을 묶기도 어려울 뿐 아니라 추위를 막기 위해 여러 겹
을 입었다. 스테이 밴드 위에 베스트, 셔츠, 드로어즈를 입었다. 그

그림 76. 복장을 완성하는 드레스.

위에 차례로 판탈레츠, 페티코트, 펠리스pelisse(외투 또는 코트의 일종)를 입고, 거기에 양말과 신발을 신고 코트까지 입어야 했다.

빅토리아 시대에는 두 살짜리 남자아이의 옷이 두 살짜리 여자아이의 옷과 비슷했다. 하지만 아이들이 나이가 들면 남자아이의 옷과 여자아이의 옷은 점차 서로 달라졌다. 여아의 경우 드레스가 길어지고 장식과 형태가 어머니의 패션에 점점 가까워졌다. 7~8세에는 코르셋이 스테이 밴드를 대체했다. 사춘기가 되면 헤어스타일, 짧은 치마, 연한 색상의 옷을 선호하는 것만 다를 뿐 대부분은 어머니와 비슷한 옷차림을 하고 있었다. 반면 남아의 옷은 여러 단계를 거쳐 변화했다. 판탈레츠는 더 두꺼운 천으로 만들어지기 시작했고, 프릴과 레이스가 주름 장식과 장식용 술에 자리를 내주면서 파

그림 77. 1850년에 유행한 소년의 옷.

자마 바지보다는 정강이 아래까지 내려오는 길이의 바지 같은 모습
이 되었다. 페티코트와 펠리스의 허리는 여자아이들의 것보다 더
헐렁했고 스커트 길이는 무릎 위로 올라갔다. 1840년대와 1850년
대 내내 남자아이들은 6~7세 무렵까지 펠리스와 판탈레츠를 함께
입었다(권말 도판 13).

　프레더릭 호블리Frederick Hobley는 1840년에 여섯 살이었고, 이
후 가족의 자서전을 쓰면서 학교의 연례행사에서 입었던 새 옷을 회
상했다. "짙은 녹색의 새 펠리스를 입었다. 진한 녹색이었고 몸에 딱
맞았으며 주름이 많은 스커트가 있었다. 바지를 입기 전이었다." 프
레더릭은 1년이 더 지난 후에야 바지를 입었다. "브리치스breeches,
그러니까 바지를 처음 입었던 때가 생생히 기억난다. 발목까지 닿

을 정도로 길었지만 여전히 좀 짧아 보였다." 당시 그는 여덟 번째 생일을 맞기 직전이었다.

1860년대 초에는 새로운 스타일의 과도기적인 옷인 니커보커 knickerbockers가 등장하기 시작했다. 서너 살 정도면 남자아이는 유아 시절의 치마를 뒤로하고 처음으로 니커보커라는 짧은 바지를 입었다. 치마를 입히면 기저귀를 차거나 배변 훈련을 하기 편해 실용적이었다. 걸음을 배우는 몇 해 동안에도 치마가 유용했다. 빅토리아 시대 원단으로 만든 바지는 뻣뻣하고 부피가 커서 이런 시기의 아이가 입기에는 불편했을 것이다.

배변 훈련을 마치고 혼자 잘 걸을 수 있게 되면 소년은 니커보커를 입었다. 니커보커는 몸에 꼭 맞게 입는 디자인이 아니었기 때문에 집에서 쉽게 만들 수 있었고, 넉넉한 스타일이었기 때문에 성장할 것을 고려해도 옷의 길이와 폭이 충분했다. 보통 허리에 벨트를 두르는 니커보커는 무릎 아래에 느슨한 밴드가 있고, 허리 밴드와 무릎 밴드 사이가 널찍해서 아이가 그 안에 입은 드로어즈와 매우 비슷한 형태였다.

니커보커는 니커보커 슈트의 절반을 이루는 옷이었다. 아기나 유아, 소녀의 치마와는 분명히 달랐지만 성인 남성의 정장도 아니었다. 상의인 재킷은 형태가 따로 정해져 있지 않았고 칼라가 없으며 길이는 허벅지까지 내려왔는데 튜닉에 더 가까웠다. 대부분의 니커

그림 78. 니커보커 슈트, 1875년.

보커 슈트는 튼튼한 모직이나 퍼스티안[4]으로 만들었으며, 여유가 있는 사람들 사이에서는 보온성과 내구성이 좋은 트위드로 만든 것이 인기가 높았다.

　니커보커 슈트를 입은 소년은 더 자유롭게 움직일 수 있었다. 이제 스테이 밴드를 벗었고, 셔츠 아래에 입는 플란넬 베스트가 스테이 밴드를 대체했다. 프레더릭 호블리 같은 남자아이들은 이 옷을 입고 나무에 오르고 도랑에서 구르고, 크리켓을 하고, 장난을 칠 수 있었다. 대략 4세에서 10세 사이의 소년들은 주로 활동적인 생활 방식에 맞춰 옷을 입었고, 그들의 옷에는 성인으로 성숙했을 때 기대

---

4. 퍼스티안(fustian): 과거에 옷감으로 쓰던 두껍고 질긴 면직물.

그림 79. 소년의 세일러 슈트, 1850년.

하는 격식이나 제약이 없었다.

남자아이들은 기성복을 가장 먼저 입은 사람들이었다. 여기에는 중산층 어머니들이 맞춤옷 가격에 넌더리를 낸 것이 큰 몫을 했지만, 의류 제조업체의 영향도 컸다. 19세기 중반에 유행한 니커보커 슈트는 대량 생산에 매우 적합했다. 형태가 단순하고 몸에 꼭 맞는 스타일이 아니기 때문에 여러 사이즈가 필요치 않았다. 패션 트렌드는 장식을 통해 표현할 수 있었다. 따라서 제조업체는 해마다 기본 형태를 다양한 원단으로 재단하고 장식과 색상만 변경해 판매를 진작시켰다. 아이들의 성장을 염두에 두고 옷을 마련하려는 어머니들은 여유 있는 사이즈를 고를 수 있는 기성복의 특성과 저렴한 가격에 매우 만족했다. 많은 어머니들이 이런 대안을 통해 집에서 아들의 옷을 만드는 수고를 덜었다.

또한 기성복은 지역 전통 의상, 군복은 물론이고 유행 지난 의복에서도 영감을 얻어 디자인이 다양해졌다. 1880년대와 1890년대 어머니들은 기성복 상점이나 의류 카탈로그를 훑어보고 세일러 슈트[5], 하일랜드 킬트 슈트[6], 리틀 로드 펀틀러로이 슈트[7], 티롤 슈트[8], 노퍽 슈트[9], 후사르 슈트[10], 아메리칸 슈트[11] 등 각 테마에 따른 다양한 변형 중에서 아들의 옷을 선택할 수 있었다. 하일랜드 슈트는 보통 가장 어린 소년들이 입었고, 세일러 슈트는 1856년 에드워드 왕자를 위해 미니 해군 장교용 슈트가 만들어진 직후에 처음 등장했으며, 9세 또는 10세 정도의 아이들까지 입게 되었다. 노퍽 슈트는 특

---

5. 세일러 슈트(sailor suit): 해군 유니폼을 모방해 만든 옷(흰색 캔버스 천에 파란색 테이프를 봉제해 만든 옷). (저자 주)

6. 하일랜드 킬트 슈트(Highland kilt suit): 아일랜드 고지대와 스코틀랜드의 전통 의상으로 남자용 스커트인 킬트가 특징이다.

7. 리틀 로드 펀틀러로이 슈트(Little Lord Fauntleroy suit) 인기 있는 책의 주인공에서 영감을 받은 옷으로, 크고 정교한 레이스 칼라가 달린 벨벳 니커보커 슈트. (저자 주)

8 티롤 슈트(Tyrolean suit): 오스트리아와 스위스 등 알프스 산악 지방을 대표하는 남성복인 무릎까지 오는 가죽 바지 레더호젠(lederhosen)을 모방하고 깃털이 달린 작은 모자로 완성하는 옷차림. (저자 주)

9. 노퍽 슈트(Norfolk suit): 시골 신사들이 뇌조 사냥을 할 때 입는 것과 같은 트위드 재킷과 니커보커. (저자 주)

10. 후사르 슈트(Hussar suit): 가슴에 프로이센 제국의 군복을 연상시키는 장식 술이 달려 있는 옷차림. (저자 주)

11. 아메리칸 슈트(American suit): 카우보이 복장. (저자 주)

히 10대 초반의 남자아이들용으로 인기가 많았다.

남아용 옷이 엄청난 인기를 끈 덕분에 번창한 기성복 시장에서는 더 정교한 제조 기법을 실험할 수 있었다. 남아용 아동복을 만드는 업체가 업계를 선도했고, 그들이 이룬 혁신으로 옷값은 시간이 지날 수록 더 저렴해졌다. 빅토리아 시대의 의류 카탈로그를 살펴보면 남성 아동복의 가격이 하락하는 것을 알 수 있다. 1870년대 광고에서 가장 저렴한 정장은 8실링 6펜스였지만, 지금까지 남아 있는 대부분의 1890년대 카탈로그를 보면 그 절반 가격으로 광고하고 있다. 가정에서 하는 바느질의 장점은 빠르게 사라지고 있었다. 형편이 어려운 가정의 어머니도 더 이상 집에서 옷을 만들지 않았다. 19세기 후반, 비숙련 성인 노동자의 임금이 20실링 정도였으므로 이 정도의 가격이라면 노동 계급 가정에서도 남아용 기성복을 어렵지 않게 구매할 수 있었을 것이다.

아일랜드 출신의 의사이자 자선가 토머스 바나도Thomas John Barnardo 박사의 시설에 들어온 소년들의 사진은 1880년대와 1890년대 가장 가난한 소년들의 옷차림을 정확하게 보여준다. 약 3분의 1은 세일러 슈트를, 나머지 3분의 1은 라운지 슈트를 입고 있다. 노퍽 재킷은 약 10퍼센트, '그리니치' 슈트는 약 20퍼센트의 소년들이 입고 있었다. 이를 통해 자선 단체의 도움을 필요로 하는 가정에서도 남자아이들이 최소한의 유행에 맞는 옷을 입을 수 있도록 지속적으로 상당한 노력을 기울였으며, 종종 낡고 잘 맞지 않기는 하지만 웬만하면 연령대에 맞는 옷을 입었다는 것이 확연히 드러난다.

## 영유아식

어머니의 다음 임무는 아기를 먹이는 것이었다. 1830년 윌리엄 코빗은 『젊은 남성 그리고 (부수적으로) 젊은 여성을 위한 조언』에서 긴 글로 어머니들에게 모유 수유를 간곡히 권한다. 아이의 생물학적 어머니만이 갓난아기가 필요로 하는 사랑과 보살핌을 줄 수 있다는 것이 그의 의견이었다. 모유와 병에 든 '분유' 중 무엇을 먹일 것인지를 놓고 논쟁하는 오늘날과 달리, 빅토리아 여왕 통치 초기의 논쟁은 어떤 여성이 수유를 해야 하는가에 대한 것이었다. 엄마의 모유가 충분히 나오지 않는 경우에는 다른 여성(유모)을 고용하는 것이 아기의 생존을 위한 최선의 방법이었다.

경제적 여유가 있는 사람들 사이에서는 유모를 고용하는 것이 확실히 자리를 잡은 관행이었다. 때로는 어머니가 모유를 충분히 생산할 수 있는 경우에도 유모를 두었다. 다른 여성이 아기에게 젖을 먹이면 부유한 집안의 아내는 출산 후 가정의 살림을 이끌고 손님을 맞이하는 안주인으로서의 역할을 더 빨리 재개할 수 있었다. 부유한 가정에서는 남편과 가정에 대한 의무를 다해야 한다는 사회적 압력과 갓난아이를 위해 최선을 다하고 싶은 욕구 사이의 긴장이 수백 년 동안 계속 이어졌다.

가난한 사람들은 모유 수유를 할 수밖에 없었다. 하지만 열악한 식단으로 많은 여성들이 아기에게 영양가 있는 모유를 공급할 수 없었으며, 일을 해야 하는 상황 때문에 문제는 악화되었다. 먹여야 할 아이가 네다섯 명 있어 돈을 벌어야 하는 경제적 압박이 심했던 여성은 타협할 수밖에 없었다. 수유를 할 수 있는 가족과 친구들이 동원되어 기꺼이 최대한의 도움을 주었지만, 시간이 나면 수유를 하고 그사이에는 아기를 돌보는 사람이 손으로(또는 숟가락이나 젖병으로) 수유를 하는 절충안에 의지하는 어머니들도 있었다.

전적으로 숟가락이나 젖병에 의존해야 하는 어머니들도 많았다. 빅토리아 여왕의 치세가 이어지는 동안 유모를 쓰는 관행이 줄고 젖병이나 숟가락을 사용하는 방법이 점점 더 대중화되었다. 이유식으로 빵을 물에 불려 먹이는 경우도 있었다. 당연하게도 영양이 부족한 빵과 물만을 먹은 아기는 그리 오래 살지 못했다. 하지만 가끔 모유 수유를 하면서 틈틈이 임시방편으로 빵과 물을 먹일 수도 있었다. 생후 6주 후에 빵과 물로 아이의 음식을 바꾸면 아이의 생존 확률은 크게 높아졌다.

가정에 자원이 좀 더 있다면 물에 불린 빵 대신에 우유에 적신 빵

그림 80. 어머니와 아기, 1875년.

을 먹였고, 대부분의 의사들도 그런 처방을 내렸다. 당시 가장 이상
적이라고 여겨진 것은 나귀의 젖이었지만, 이것을 구할 수 있는 사
람은 거의 없었다. 차선책은 양젖이나 염소젖이었고, 그것들 역시
구하기가 쉽지 않았다. 가장 흔한 것은 단연 우유였다.

　1830년대와 1840년대에 손을 통한 수유는 부모나 보호자가 티
스푼에 우유 몇 방울을 따르고 아기의 입술에 대면 아이가 빨려고
할 때 우유를 흘려 넣는 세심한 작업을 의미했다. 찰스 디킨스의 소
설『위대한 유산Great Expectations』에서 주인공 핍도 아기였을 때 이
방법으로 우유를 먹는다. 손가락을 우유에 담가 우유와 아기의 입
사이에서 다리 역할을 하도록 하면 성공적으로 손 수유를 할 수 있

었다. 어린 아기들은 숟가락의 테두리보다는 둥근 손가락을 빼는 것이 훨씬 쉽다는 것을 알게 되었다.

생후 첫 몇 주간은 우유에 동일한 양의 물을 넣고 설탕을 첨가했다. 시골에서는 양질의 우유를 구할 수 있는 가능성이 높았지만, 잘 관리되는 목장에서조차 결핵이 흔히 발생했다. 도시에서는 건강한 젖소에서 짜낸 순수한 우유를 얻을 가능성이 훨씬 낮았다. 수익을 늘려보려는 사람들이 물과 색소를 섞은 우유를 판매하기 일쑤였기 때문이다. 도시의 우유는 물이 절반 이상 섞여 있을 수 있는 데다, 도시에서 키우는 젖소들의 열악한 환경과 질 나쁜 사료 때문에 지방 함량이 낮은 경우가 많았다. 질이 좋지 못한 이런 우유와 물 혼합물은 흰색이 아니라 푸르스름한 색을 띠는데, 판매자들은 이를 감추기 위해 백악에서 명반에 이르기까지 다양한 첨가물을 넣어 몸에 좋은 시골 우유처럼 보이게 하려고 노력했다.

아기에게는 끓인 우유를 주는 게 좋다는 의학적 조언은 끓인 우유가 소화가 더 잘된다는 믿음에서 비롯되었다. 많은 어린아이들이 우유를 소화하는 데 어려움을 겪었다(불순물이 섞인 우유를 먹은 경우에는 더 심했다). 오늘날에는 영아들에게는 우유를 먹이지 말라고 조언한다. 어린 아기들이 소화하기에는 우유보다는 양젖이나 염소젖이 훨씬 좋다. 우유를 끓이면 아기들이 더 쉽게 소화할 수 있다는 빅토리아 시대의 조언은 잘못된 것이었다. 박테리아를 죽이는 데에는 도움이 됐겠지만 안타깝게도 우유를 끓이는 과정에서 많은 영양소가 파괴되었을 것이다. 우유는 빵과 물보다는 아기의 생존 확률을 높였지만 여전히 이상적인 아기 음식과는 거리가 멀었다.

돈을 더 쓸 수 있는 사람들을 겨냥해 상업적으로 생산된 다양한 아기용 식품이 유리 젖병과 함께 상점 진열대를 차지하기 시작했다. 이런 새로운 식품의 대부분은 밀가루, 물, 설탕을 주재료로 했다. 이들 재료를 구워 바삭하고 단단한 비스킷으로 만든 다음 가루로 갈아 만든 것이었다. 어머니들은 이 가루를 물과 섞어 10분 정도 끓인 후 식힌 다음 체에 걸러서 우유와 섞고 설탕을 더 뿌렸다. 사실 영양학적으로 이 가루는 가난한 어머니들이 의지하던 물에 적신 빵과 매우 유사했다. 집에서 아기 음식을 만들고자 하는 어머니들은 알갱이 형태의 사고[12]나 칡[13]을 사용하라는 조언을 들었다. 사고는 삶아서 으깬 뒤 체에 거르고 우유와 설탕을 넣고 섞었다. 칡도 거의 같은 방법을 사용했다. 두 경우 모두 우유와 설탕이 첨가된 전분 이외에 달리 제공하는 것이 거의 없었다.

19세기 말에는 이런 아기 음식이 구성 면에서 모유와 얼마나 다른지 충분히 알 수 있을 만큼 과학적 분석이 이루어졌다. 선도적인

---

12. 사고(sogo): 사고야자나무의 속심으로 만드는 쌀알 모양의 흰 전분.

13. 빅토리아 시대에는 칡 뿌리에서 추출한 칡 전분을 디저트 등에 흔히 사용했다. (저자 주)

브랜드들은 1850년대와 1860년대의 밀가루와 물만 넣은 비스킷에서 상당히 발전했지만, 그렇게 개선된 제품도 모유에는 훨씬 못 미쳤다. 현대의 기준으로는 조잡한 분석이었지만, 모유에는 '질소 nitrogenous' 물질과 비질소 물질이 1 대 3의 비율로, 혹은 질소와 탄소가 1 대 13의 비율로 들어 있다는 것이 밝혀졌다(현대 과학 용어로 이 '질소' 물질은 지방과 단백질로 설명할 수 있다).

이런 수치들은 1890년대 대표 브랜드의 아기 식품 분석에서 나온 것으로 탄수화물 함량이 너무 높고 지방 함량이 너무 낮아 모유의 영양소 비율과 일치하는 제품이 하나도 없다는 것을 보여주는 데 유용하게 사용되었다. 비타민이 무엇인지, 건강과 영양에 어떤 역할을 하는지 아직 이해하지 못했지만, 이런 초기의 분석은 아기 음식들이 모유를 충분히 대체하지 못한다는 것을 이미 보여주었다.

이런 음식을 먹은 아기는 생존할 수는 있었지만, 충분히 먹더라도 살이 찌는 것처럼 보였을 뿐 건강하리라고 기대하는 것은 착각이었다. 전분 위주의 식단으로 살은 쪘지만 모유와 오늘날의 최고급 분유들과는 달리 지방산, 단백질, 비타민, 미네랄이 들어 있지 않아 뼈가 제대로 형성되지 않았고 두뇌도 필요한 만큼 적절히 발달하지 못했다. 구루병은 괴혈병만큼이나 아기들에게 큰 문제를 일으키는 질병이었다. 대부분의 사람들은 인공 아기 음식을 먹인 아기가 창백하고 힘과 에너지가 부족하다는 것을 알아봤다. 그런 아기들은 체형만 통통할 뿐 모유를 먹은 아기보다 걸음마도 늦었고 질병에도 훨씬 취약했다.

1870년부터 농축유가 어린이용 식품의 또 다른 선택지로 등장했으며 처음에는 큰 진전으로 여겨져 환영을 받았다. 농축유는 깨끗하고 신뢰할 수 있는 원유로 만들었기 때문에 생우유 시장의 물 희석 문제와 오염 문제를 다소 해결할 수 있었다. 또한 가격도 매우 합리적이었기 때문에 가난한 사람들은 값싼 농축유를 선택했다. 하지만 값싼 농축유는 다량의 설탕이 첨가된 탈지유로 만들었기 때문에 아기에게 꼭 필요한 지방과 비타민 A와 D를 부족하게 만들었고 결국 구루병과 같은 질환으로 이어졌다.

아기 음식은 음식 자체뿐만 아니라 먹이는 과정에서도 문제가 있었다. 숟가락 수유는 힘들고 속도가 느렸고, 섭취하는 양보다 흘리는 양이 훨씬 많아 낭비가 심했다. 오랜 기간 동안 숟가락 수유를 해온 많은 아기들은 배불리 먹지 못했고 결국 심각한 영양 부족 상태에 빠졌다. 사정이 이랬으니 젖꼭지가 있는 젖병은 훨씬 더 나은 대안처럼 보였다. 빅토리아 시대에는 유리 젖병을 사용할 수 있었으며 이전 시대의 젖병에 비해 큰 발전이었기에 환영받았다. 이전의 도자기 젖병과 달리 내부가 깨끗한지 확인할 수 있었기 때문이다.

1856년까지 아기가 빨도록 젖병에 끼우는 젖꼭지는 다양한 재료로 만들어졌다. 하지만 대부분의 사람들이 송아지 젖통으로 만든 젖꼭지가 가장 좋다고 생각했다. 송아지 젖통 젖꼭지를 삶아서 부드러워지게 한 뒤 가는 끈으로 젖병에 묶었다. 부드러운 새미[14] 조각이나 몇 겹으로 접은 리넨에 작은 원뿔형 스펀지를 넣어 사용하는 경우도 있었다. 이런 직물에 아주 작은 구멍을 몇 개 내어 우유가 흐를 수 있게 했다. 1850년대에 고무젖꼭지가 도입되면서 점차 이런 방법들을 대체했지만, 1860년대에도 송아지 젖통 젖꼭지가 여전히 권장되었다.

이 모든 제품의 문제는 소독이 제대로 되지 않는다는 것이었다. 젖병과 젖꼭지를 깨끗이 관리해야 한다는 것은 누구나 알고 있었지만 심각한 질병 문제보다는 단순히 쉰 우유가 남아 있는 젖병이나 젖꼭지를 그대로 사용하면 아기가 배탈과 설사를 앓을 수 있다는 의미로만 받아들여졌다. 물론 그것도 사실이고 설사를 자주 하는 것이 아기를 사망에 이르게 하는 원인이기는 했지만, 빅토리아 시대 사람들은 젖병이나 젖꼭지가 깨끗해 '보이는' 것만으로 충분치 않다는 것을 알지 못했다. 이런 의미에서 젖병 수유는 숟가락 수유보다 더 위험했다. 숟가락으로 우유를 먹이면 젖병을 사용할 때보다 아기가 실제로 삼키는 우유의 양이 훨씬 적었지만, 숟가락은 젖병보다 세균의 저장소가 될 가능성이 훨씬 낮았다.

---

14. 새미(chamois): 염소·양 등의 가죽으로 만든 부드러운 가죽.

1860년대에 세균 이론이 대중화되어 아기의 젖병을 씻을 때는 따뜻한 물이나 비눗물 대신 끓는 물을 사용해야 한다는 인식이 비로소 자리 잡았다. 이로 인해 다양한 소독제를 사용하게 되었으며 이런 지식은 많은 아기의 생명을 구했을 것이다. 당시 사용하던 소독제는 미량이라도 섭취하면 안 되는 위험한 것이긴 했지만 말이다.

모유를 먹는 대다수의 아기는 아이에게 해로운 식품으로 인한 위험을 몇 개월 피할 수 있었다. 모유 수유 기간은 개인차가 있었지만 모유에서 다른 음식으로 넘어가는 전환점은 치아였다. 치아가 아직 나지 않은 동안에는 우유와 젖만이 아기의 생존을 위한 최고의 식단으로 여겨졌지만, 많은 어머니들은 아이가 충분히 먹지 못한다고 걱정하며 생후 4개월 정도부터는 우유와 함께 브레드 팹[15], 사고 전분, 칡 전분을 주재료로 한 시판 식품을 먹였다.

치아가 난 아이의 메뉴를 살펴보면 중산층에서는 비프 티[16]나 닭고기 브로스[17]에 쌀을 넣어 걸쭉하게 만든 것을 먹였고, 한두 달 후에는 반숙 달걀과 부드럽고 담백한 종류의 푸딩이 뒤를 이었다. 라

---

15. 브레드 팹(bread pap): 빵을 죽과 같은 농도로 부드럽게 만든 것.

16. 비프 티(beef tea): 쇠고기를 잘게 썰거나 갈아서 물에 오래 끓인 다음 보통은 건더기는 거르고 국물만 먹는다. 영양 공급을 목적으로 한 전통적인 건강 음료.

17. 브로스(broth): 육류, 생선, 채소 등을 물과 함께 천천히 끓여 만든 국물. 보통 건더기는 망에 걸러 요리용 국물로 사용한다.

이스 푸딩에서 판나코타[18]에 이르기까지 모든 종류의 우유 푸딩이 9~12개월 된 아이들에게 적합한 음식으로 권장되었다.

하지만 과일이나 채소는 아이 음식으로 추천하지 않았다. 과일이 설사를 유발한다는 이전부터의 두려움이 아직도 남아 있는 탓이었다. 이는 관찰에 근거한 생각으로, 과일을 갑자기 많이 먹으면 설사를 유발할 수 있다고 여겼다. 당시에는 이런 설사와 세균에 의한 설사의 차이를 거의 알지 못했다. 설사는 수천 명 아기의 목숨을 빼앗은 병이었기 때문에, 부모들은 면역력이 약한 영아기가 지날 때까지는 설사와 관련 있어 보이는 어떤 위험도 감수하려 들지 않았다. 따라서 과일은 아기 음식과는 먼 식품이었다.

또한 일반적으로 감자를 제외한 채소는 영양소가 부족하다고 여겼기 때문에 아기들의 식단에서 대부분 배제되었다. 신문 칼럼니스트이자 채식주의자로 채소 섭취를 열렬하게 지지하는 앨린슨 Allinson 박사조차 "2세 이후 건강하고 튼튼한 아이에게만 저녁 식사에 채소와 약간의 플레인 푸딩이 허용된다"는 글을 남겼다.

부모들은 형편이 되는 한 아기에게 가장 든든하고 영양가가 높다고 생각하는 음식을 제공하는 데 집중했다. 아기 음식에 대한 조언은 항상 '단순한' 음식을 고수하라는 것이었다. 이는 과일과 채소는

---

18. 판나코타(panna cotta): 크림, 설탕, 우유를 젤라틴과 섞어 차게 먹는 이탈리아 후식.

물론 육류, 생선, 지방이 거의 없고, 오로지 전분과 곡물 탄수화물에 설탕을 살짝 뿌린 식단을 의미했다. 대부분의 아기들은 생후 9개월에서 12개월 사이에 완전히 젖을 떼고 형제들과 함께 이런 식단을 따랐다. 전통과 경제적 필요성, 의학적 조언이 합쳐져 전적으로 탄수화물에 기반을 둔 식단으로 아기를 기르는 방식이 장려되었다.

모유를 먹은 아기들은 체내에 비타민과 미네랄이 충분한 상태로 유아기를 시작할 수 있었기 때문에 탄수화물 기반의 따분한 식단을 시작하기 전 몇 달간은 건강하게 성장할 수 있었다. 탄수화물 기반의 식단을 더 일찍 시작한 아기들은 건강을 위해 더 힘들게 싸워나가야 했다.

## 아기들의 약물 중독

빅토리아 시대에는 아기들에게 약물을 남용하는 것이 흔한 일이었다. 매일 먹는 음식에 약물이 들어 있는 경우가 많았다. 약국에서 멀리 떨어진 시골에 사는 아기들은 '약쟁이'가 될 가능성이 훨씬 낮았지만 약물 공급이 훨씬 원활한 도시의 경우, 많은 영유아들이 부모가 구입한 엄청난 양의 약을 먹었다.

배앓이를 하거나 위장병을 앓는 아기를 위한 그라이프 워터Gripe

water를 비롯한 수딩 시럽[19]이 영유아들에게 먹이는 가장 인기 있는 약물이었다. 이가 나는 데 도움을 주는 약물도 존재했다. 이들 약물을 과용한 유아는 나른해지고 약에 중독되었다.

이것은 새로운 문제가 아니었다. 베이커Baker 박사는 방직 공장에 자리 잡은 관행에 대한 보고서를 1834년 공장 위원회Factory Commission에 냈다. 그는 많은 어머니들이 낮 시간에 일해야 한다는 이유로 아기에게 고드프리 코디얼Godfrey's Cordial(순수 아편으로 만든 오랜 전통의 약)은 물론이고 순수 아편 팅크 같은 아편제까지 먹여 낮 잠을 재운다고 보고했다(권말 도판 18 참조). 당시는 임금이 너무 적었기 때문에 온 가족이 일을 해야 생계를 유지할 수 있었다. 여성이 육아 때문에 일을 그만둔다면 나머지 가족의 생계가 위태로워질 위험을 감수해야 했다. 영양실조인 자녀 넷이 있는 전형적인 가족은 다섯 번째 자녀가 태어나면 훨씬 더 심한 굶주림에 직면할 것이며 온 가족의 안녕을 위해 한 사람의 안녕을 희생해야 하는 극단적인 상황에 처하기 마련이다.

이런 상황이었기 때문에 많은 가정이 아기를 재우기 위해 약을

---

19. 수딩 시럽(soothing syrups): 19세기와 20세기 초에 어린이들, 특히 영유아들을 진정시키거나 재우기 위해 사용된 약물 혼합물. 이 시럽에는 일반적으로 진통제, 진정제, 수면제 성분을 비롯하여 오피엄, 알코올, 클로로포름, 코드레인과 같은 유해한 성분이 들어 있었다. 아이들은 약물 중독과 약물 부작용으로 심각한 건강 문제를 겪거나 사망에 이르기도 했다. 20세기 초반이 되어서야 이런 시럽들의 유해성을 인식하고 강력한 규제를 실시한다.

먹였고 이미 한참 진행된, 그리고 19세기 내내 사라지지 않은 유행병이었다. 마약을 복용한 아기들은 더 많이 자고 덜 울었다. 아편은 식욕을 억제했기 때문에 아기들은 음식을 잘 먹지 못했고 이것이 영유아 조기 사망의 가장 큰 원인이 되었다(오늘날 굶어 죽을 듯한 모습의 약물 중독자들의 모습을 생각하면 이해하기 쉬울 것이다.). 약물에 중독된 아기는 젖을 물려도 빨지 않는다. 그러다 보니 영양실조 상태로 비쩍 말라가다 조용히 세상을 떠난다. 당시의 한 시사 평론가는 산업 시설이 많은 맨체스터의 경우 영아 사망의 3분의 1이 마약 때문이라고 보았다. 영양실조는 만연했고, 동공이 비상식적으로 확장된 허약한 아기들을 흔히 볼 수 있었으며 이런 아이들의 모습에 익숙해져 있었다. 영양실조와 기아는 단순한 식량 부족으로도, 아편으로 인한 식욕 상실로도, 혹은 이 두 가지의 조합으로도 유발될 수 있었다.

약물에 이미 중독된 어린이들은 또 다른 약물 과다 복용 위험에 시달려야 했다. 약국에서 파는 조제약의 강도가 제각기 달랐기 때문이다. 맨체스터에서 검사한 고드프리 코디얼의 한 표본에는 아편 0.5그레인[20](약 32.4mg)이 함유된 반면 다른 표본에는 4그레인(약 259.2mg)이 들어 있었다. 한 번에 투여하는 양 역시 달랐다. 또한 아편은 가라앉는 성질이 있어 한 병을 다 비울 무렵 마지막 몇 번의 복

---

20. 그레인(grain): 곡류의 씨앗 하나의 질량에 기반을 둔 측정 단위. 약 64.8밀리그램.

용량에 아편 함유량이 더 많았으므로 더 치명적인 결과를 가져오기도 했다.

아편을 주재료로 한 유아용 제품이 고드프리 코디얼뿐만은 아니었다. 앳킨슨Atkinson의 로열 인펀트 프리저버티브는 돌비Dalby의 카머티브, 윈슬로Winslow 부인의 수딩 시럽, 스트리트Street의 인펀트 콰이어트니스와 함께 대단히 인기 있는 브랜드였다. 아기용 진정제임을 강조하는 단어들[21]이 제품 이름에 적극 사용되었다.

앳킨슨의 인펀트 프리저버티브는 다른 제품들과 마찬가지로 아편 혼합물로 만들었지만 아기를 진정시키는 기능을 강조하는 대신 아기가 "크고 튼튼하게" 자란다며 일반적인 건강 강장제이자 약이란 점을 내세웠다. 아이에게 앳킨슨의 인펀트 프리저버티브를 먹이지 않으면 실제로 아이의 생명이 위태로울 수 있다고 주장한 광고는 분명 효과가 있었던 것 같다. 젊고 가난한 어머니들이 아기가 탈진하거나 아플 때 "아기의 기운을 돋우기 위해" 이 제품을 사용했다는 많은 증거가 연구 자료에 남아 있다.

아이러니하게도 아편은 우울증, 무기력증, 식욕 부진까지 해결해 주는 질병 치료제로 인식되며 성인용 '건강 강장제'에도 포함되어 있었다. 아픈 아이를 걱정하는 많은 부모는 이런 강장제가 어린

---

21. 카머티브(calmative, 진정제), 수딩(soothing. 진정), 콰이어트니스(quietness, 조용함).

그림 81. 로열 인펀트 프리저버티브(Royal Infants Preservative),
유아들을 위한 아편 기반 "강장제", 1872년.

이에게도 효과가 있을 것이라 생각했을 것이다. 라벨에 살이 오른 행복한 아기의 천사 같은 모습이 그려진 앳킨슨의 인펀트 프리저버티브는 이상적인 해법으로 보였을 것이다. 약병에는 성분이 표시되지 않았다. 19세기 후반 아편제의 영향에 대한 우려가 널리 퍼지고 일반 대중에게도 알려지자 앳킨슨 사는 인펀트 프리저버티브는 아편제로 가득 찬 경쟁사의 제품과 달리 허브와 천연 성분으로만 만들었다고 광고했다. 하지만 사실 인펀트 프리저버티브는 백악과 아편 팅크의 혼합물이 주성분이었으며 이대로 계속 생산되었다.

아이를 사랑하고 선한 의도를 갖고 있으나 경제적인 어려움 탓에 아이를 달래야 했던 부모들, 아이를 조용히 시키려는 것이 아니라 튼튼하고 건강하게 만들기 위해, 아편제를 피하기 위해 관심을 쏟고 노력하는 부모들 때문에 아기들이 약물에 중독되고 있었다. 모두가 허위, 과장 광고에 오도된 결과였다.

부유한 가정의 아기들도 약물 남용과 중독으로부터 안전하지 않았다. 상류층 가정에서는 유모를 고용해 자녀를 돌보게 하는 경우가 많았고, 유모 역할을 한 대다수는 사회 빈곤층 출신의 어린 소녀였으며, 이들은 특허를 받은 진정 시럽의 효능을 전적으로 믿었다. 또한 중산층과 상류층 어머니들도 제약 회사 광고의 영향을 피해가지는 못했고 자녀 양육에 그런 약물을 사용하는 것이 드문 일은 아니었다. 과도한 약품 사용을 경고하는 글을 훨씬 많이 접할 수 있었는데도 말이다. 당시 유명한 잡지에서 이들 제품을 공개적으로 지지하기도 했다. 『비튼 부인의 가정생활 백과』는 설사 증상에 돌비의 카머티브를 추천하고 있다.

불과 몇 년 전 불 박사가 『어머니에게 드리는 정보Hints to Mothers』라는 영향력 있는 책을 출간하면서 아편제가 육아에 미치는 위험을 다루는 섹션을 두고 다양한 조제 물질 사용과 연관된 영아 사망 사례를 열거했다. 여기서 고드프리 코디얼에 이어 인기 2순위였던 돌비의 카머티브는 "가장 치명적인 약"으로 언급되었다. 하지만 불 박사는 이 섹션의 마지막 부분에서 이런 약을 섣불리 비난하지 않기 위해 주의를 기울인다. 그는 자격을 갖춘 의사가 아닌 유모나 양육자가 집에서 투약하는 것이 문제라고 말한다. 이어 이 약들이 훌륭하고 유용한 약이지만, 그들에게는 정확한 복용량을 정할 수 있을 만한 지식이 없다고 이야기한다. 이는 사람들이 기대했던 제약 회사에 대한 강경한 비난이 아니었다.

아편제 외에도 대부분의 아기들은 당혹스러울 정도로 다양한 완하제[22]를 복용했다. 육아 서적에서는 아기의 장을 청소하는 문제가 늘 한 부분을 차지했다. 의사들은 가정에서 아이의 건강에 해가 될 정도로 완하제를 지나치게 자주 투여하는 것에 우려를 표했다. 하지만 이 의사들이 권장하는 성분 목록과 투약 시간을 검토하면, 의사의 설사약 요법에서 아이가 어떻게 살아남을 수 있었는지가 궁금해진다. 더 혹독했을 것으로 짐작되는 가정에서의 설사약 요법은 말할 것도 없다.

경미한 질병(심지어는 설사도)은 우선 일종의 완하제로 치료하는 것이 보통이었고 아기 대변의 냄새나 형태가 약간 변화한 것은 약을 더 복용해야 한다는 신호로 여겼다. 복통이 있거나 복통이 의심되면 다시 또 약을 먹였다. 이가 나는 시기에는 정기적으로 장을 청소해 줘야 한다고 믿었으며 아기의 성마른 기질도 장 청소가 필요하다는 신호로 해석되곤 했다. 당시의 의학 상식에서는 규칙적인 배변을 매우 중요하게 여겼다. 성인도 그렇지만 어린아이들의 건강 여

---

22. 완하제(緩下劑): 묽은 똥을 누게 만드는 설사약으로, 약한 변비 치료 약이다.

부를 가늠할 때 배변에 큰 비중을 두는 것이 보편적인 생각이었던 것으로 보인다.

빅토리아 시대의 건강에 대한 근본적인 생각 중 하나는 독, 노폐물, 유해 물질을 빨리 몸 밖으로 내보내야만 신체가 스스로를 치유할 수 있다는 것이었다. 플로렌스 나이팅게일이 몸을 자주 씻고, 가볍고 통기성이 좋은 옷을 입어 피부를 통해 배출되는(배출된다고 믿은) 독을 제거해야 한다고 호소한 것도 이런 생각의 일환이었다. 환기를 자주 해 신선한 공기를 마시는 것 역시 인체에서 이미 사용한 뒤 내뱉는 호흡 등으로 오염된 공기를 새로운 공기로 바꿔주는 해법이라고 믿었다. 피부와 호흡으로 노폐물과 유독 가스를 내보낸다고 생각한 것처럼 완하제 및 설사약이 체내에 남아 있는 용변 등의 노폐물과 독을 빠르게 제거해 준다고 생각했고 독소 제거야말로 건강한 삶의 토대라고 믿은 것이다.

이런 문제를 걱정하는 부모들이 아이들에게 최선을 다하기 위해 사용할 수 있는 완하제와 설사약들은 다양했다. 가장 단순하고 전통적인 방법은 대황, 자두, 센나 꼬투리로 만든 차를 정기적으로 끼니때마다 마시게 하는 것이었다. 하루에 한 번 올리브유나 아마씨유를 한 숟가락씩 먹는 것도 오랫동안 이어온 방법이었다. 하지만 19세기 중반에는 올리브유나 아마씨유가 더 저렴하고 효과도 좋은 피마자씨유와 할랍Jalap(멕시코산 덩굴 식물의 뿌리) 가루로 대체되었다.

이 모든 제품은 약국에서 구입할 수 있었으며 약사들이나 구매자의 레시피에 따라 혼합물 형태로 제조할 수도 있었다. 특허를 받은 완하제는 칼로멜을 주재료로 했는데 이는 수은 제제로, 위에 언급한 어떤 다른 것보다 강력했다고 알려졌다. 칼로멜의 강력한 작용은 효과를 확실히 보여준 것으로 여겨져 인기의 요인이 되었다. 사람들은 약이 불쾌한 작용을 초래하는 것을 효과가 있는 것으로 믿었다. 위와 장 내벽에 회복할 수 없는 손상을 입힐 가능성이 있는 칼로멜을 약의 재료로 쓴다는 것은 과학이 발달한 오늘날에는 있을 수 없는 일이겠지만, 빅토리아 시대의 의사들은 이 약을 아기에게 자주 처방했으며 대부분의 아동용 설사약에도 들어 있었다.

가루약, 알약, 물약 등 다양한 약으로도 효과가 없다면 관장을 고려했다. 관장액으로 따뜻한 물을 사용하는 것이 가장 간단했으며, 의사들은 이 밖에 보리차, 우유, 심지어는 묽은 죽도 유아에게 사용하기에 충분히 부드러운 관장액이라고 권장했다. 큰 주사기에 관장액을 채우고 고무관에 연결한 다음 윤활제로 라드를 고무관 끝에 바른 다음 항문에 넣고 관장액을 천천히 주입한다. 이후 고무관을 빼내고 배설물이 나오는 동안 아이를 가만히 눕혀둔다. 아이의 몸은 더 연약하다는 것을 고려해 일반적으로 성인이 사용하는 상아 관이 아닌 고무관을 썼다. 이런 가정용 기구는 대부분의 약국에서 구할 수 있었으며 여러 브랜드 제품이 있었다. 대부분의 중산층 가정은 이런 장비를 살 수 있었지만, 노동 계급에게는 너무 비쌌다.

지금의 시각으로 볼 때는 이런 유아용 약물은 굉장히 자극적이고 위험해 보인다. 그러나 빅토리아 시대 대부분의 사람들이 어린 자녀를 잃은 경험이 있었고, 갓난아기들은 일상적으로 발생하는 수많은 치명적인 전염성 질환에 취약했다. 그러니 부모들은 자녀의 건강에 안달복달할 수밖에 없었음을 잊지 말아야 한다. 아이가 조금만 이상해 보여도 지나치게 불안해하고 약상자로 달려가는 것이 조금도 이상한 일이 아니었다. 아이가 아플 때는 도움이 될 만한 것은 무조건 시도해 보고 싶은 유혹이 크기 마련이다.

결국 많은 아기들이 약의 부작용으로 사망했고, 위기에서 살아남은 아기들도 장기적으로 건강을 망쳤을 가능성이 높아 보인다. 의사에게 보살핌을 받는 부유한 아이나 부모가 약국에서 산 값싼 특허 의약품에 의지한 가난한 아이나 차이는 거의 없었다. 의사나 부모나 결국 같은 약을 먹였고, 의사들은 자신들이 안전한 복용량을 결정하는 것이 더 낫다고 주장했지만(보통은 실제로도 그랬을 것이다), 19세기 말까지도 이 분야의 의학 지식은 대단히 의심스러웠다. 또한 부유한 가정의 아기들의 경우 약 복용량을 관리할 사람이 더 많기는 했지만, 경제적으로 넉넉한 만큼 더 많은 양의 약을 더 자주 사용하려는 유혹이 있었을 테니 오히려 더 위험했을 수도 있다. 아마도 가난한 사람들은 위험한 특허 의약품에 의존했겠지만 더 치명적일 수도 있는 혼합 약제를 살 여유는 없었을 것이다.

노동 계급의 최상위 계층, 즉 가장이 숙련된 정규직 장인이어서 아내가 생계 활동을 하지 않고 집안일만 하면 되는 가정과, 아내는 집에 있지만 의료에 쓸 돈이 거의 없는 중산층 최하위에 속하는 가정이 어쩌면 아기가 살기에 가장 좋은 곳이었을 것이다. 어머니가 집에 있으면 아기를 약에 취한 인사불성 상태로 만들 이유가 없다. 돈을 벌러 나가느라 10대도 안 된 보모나 어린 형제자매에게 아기를 맡길 필요가 없으므로 어머니가 직접 돌봤을 것이다. 또한 가난한 가정의 경우는 상비약의 종류도 적었을 것이며, 있더라도 넉넉히 쓰지 못하고 아껴 썼을 것이다. 이후의 삶이 이 아기들을 어디로 데려가든, 일단 어머니의 보살핌이 있는 환경이 삶을 시작하기에 나쁘지 않은 장소임은 분명했다.

## chapter 10
# 점심 식사

    정오에 먹는 점심 식사는 '런치lunch'나 '디너dinner'로 불렸다. 식사의 이름은 사회적 배경에 따라 크게 차이가 나지만 식사의 기능에도 좌우된다. 노동 계급의 경우, 점심 식사를 주된 식사로 생각했으며 '디너'라고 불렸다. 이 시간에 일하러 나간 남자가 집으로 돌아올 수 있으면 그때 먹는 식사가 쇠기름 푸딩, 감자, 그레이비[1]와 약간의 고기로 이루어진(봉급을 받는 가정이라면), 가족의 주된 식사가 된다. 하지만 빅토리아 시대가 이어지면서 이런 경우에 해당되는 가정은 계속 줄어들었다.

---

1. 그레이비(gravy): 육류를 철판에 구울 때 생기는 국물에 후추, 소금, 캐러멜 등을 넣어 맛을 낸 소스.

대부분의 남자들과 소년들은 집에서 너무 멀리 떨어진 곳에서 일을 해서 정오에 돌아올 수 없었다. 따라서 그들은 일터에서 점심 식사를 해결하기 위해 도시락을 싸 갈 수밖에 없었고, 대개는 빵 한 조각이 전부였다. 하지만 좀 더 번영했던 시대에는 다양한 도시락이 존재하기도 했다.

베드퍼드셔에서는 농장 노동자들이 아이들이 밭으로 가져다주는 점심 식사를 기다렸다. 배드퍼드셔의 전통 음식인 '클랭어clanger'는 밀가루, 쇠기름, 물로 만든 반죽을 돌돌 말아 형태를 만든 뒤 한쪽 끝에는 베이컨 몇 조각, 다른 쪽 끝에는 잼을 채워 넣은 것으로 특히 농장 노동자들에게 인기가 많았다. 포장이 간편하고 영양가가 높으며 쉽게 상하지 않기 때문이었다.

우리 가족들 사이에 전해지는 이야기에 따르면, 우리 증조할아버지는 매일 하트퍼드셔의 들판을 가로질러 새로 개발하는 레치워스 가든 시티까지 에나멜 통에 담긴 고조할아버지의 점심 식사를 가져다드렸다고 한다. 통 안에는 짚을 단열재 삼아 깔고 푸딩 그릇을 넣은 뒤 스테이크 앤 키드니 푸딩[2] 혹은 스튜와 덤플링을 가득 담고 입구를 헝겊으로 단단히 고정해서 벽돌을 쌓는 고조할아버지가 따뜻한 점심 식사를 할 수 있도록 했다.

---

2. 스테이크 앤 키드니 푸딩(steak and kidney pudding): 고기와 콩팥을 넣어 만든 파이. 영국에서는 '푸딩'이 '파이'를 뜻하기도 한다.

콘월의 주석 광부들은 경제적으로 여유가 있을 때 페이스트리(고기 파이)를 들고 일터로 갔던 것으로 유명하다. 페이스트리는 클랭어처럼 간단히 손수건으로 싸서 가지고 다닐 수 있고 그릇이나 커트러리 없이도 먹을 수 있었다. 이런 음식은 실용적일뿐만 아니라 든든하고 영양가도 높았다.

일터에서 식사를 하는 남성이 너무 많았기 때문에, 노동 계급의 디너에는 점차 여성과 아이들만이 참여하게 되었다. 이들의 식탁에는 고기가 훨씬 적었고, 삶은 감자 혹은 약간의 소스나 그레이비만 곁들인 쇠기름 페이스트리로 이루어졌다. 19세기 중반 이후부터는 우스터소스[3], HP 소스[4], 다양한 버섯 케첩과 같이 상점에서 구입한 소스가 이 밋밋한 요리에 약간의 풍미를 더했다.

물론 일요일은 예외였다. 일주일 중 일요일만큼은 온 가족이 전통적인 정오 디너를 함께할 수 있었다. 가장 좋은 식료품을 구입해 식사를 준비했고, 가능한 한 메인 요리는 육류로 준비했다.

위저 부인의 대표 요리는 '베이크트 디너baked dinner'였다. 빵가루, 파슬리, 다진 양파를 (고기를 구웠던) 프라이팬에서 긁어낸 지방과

---

3. 우스터소스(Worcestershire sauce): 영국 우스터셔주가 원산지인 소스. 양파, 마늘, 사과 등에 조미료, 향신료를 넣고 조린 것으로 오래 저장할 수 있다.

4. HP 소스(HP sauce): 영국의 식료품 회사 HP사의 브라운소스(밀가루를 노릇노릇하게 볶은 뒤 버터, 소금, 육수를 넣어 만든 서양 소스) 제품이다.

섞는다. 이것을 큰 베이킹 팬 중앙에 놓인 접시에 담는다. 그 주위로 껍질을 벗긴 감자를 큼직큼직하게 썰어 돌려 담고 작은 고깃덩어리(일반적으로 쇠고기)를 그 위에 놓는다. 이후 이 베이킹 팬을 키치너의 가장 뜨거운 지점에 놓는다. 주전자의 따뜻한 물을 베이킹 팬에 부어 접시 가장자리를 넘어 빵가루 혼합물에 흘러 들어가게 한다. 물이 끓어오르자마자 접시를 오븐에 옮기고 몇 시간 동안 굽는다.

상을 차릴 준비가 되면 고깃덩어리를 접시로 옮겨 썬다. 감자, 빵가루 혼합물, 물, 고기 육수로 만든 소와 그레이비 등 나머지 음식도 모두가 먹을 수 있도록 테이블 위에 올린다. 테이블 위에는 냅킨이나 꽃병 등의 장식물은커녕 식탁보도 깔지 않은 경우가 허다했다. 단지 팬 때문에 테이블 표면이 더러워지거나 타지 않도록 팬 아래에 접은 신문지를 깔았을 뿐이다.

중산층 가정에서는 정오의 식사를 '런치' 또는 정식 명칭인 '런천luncheon'이라고 부르는 것이 보통이었고, 성별에 따라 따로 식사하는 경우가 흔했다. 사무직 남성은 집으로 돌아가지 않았고, 점심시간을 갖지도 않았다. 그들은 가족과 함께 든든히 아침을 먹고, 근무시간 동안 차와 비스킷으로 버티다가 저녁에 집에 돌아왔다. 프랜시스 킬버트Francis Kilvert는 사무원도 노동자도 아니었지만 중산층 남성의 생활 방식을 따랐다. 웨일스 클라이로의 교구 목사였던 그는 교구민을 방문할 때마다 점심 도시락을 가지고 다녔다. 이 도시락은 비스킷 몇 개와 사과, 플라스크에 든 와인으로 이루어졌다.

집에 있는 여성과 아이들은 전날 밤 먹다 남은 차가운 음식에 쉽고 빠르게 조리할 수 있는 한두 가지 요리를 곁들여 식사를 했다. 앤 보먼Anne Bowman이 1867년 낸 요리 책에 따르면 점심 식탁에는 "모든 종류의 차가운 고기, 사냥한 고기, 가금류, 햄, 쇠고기, 파테[5], 굽거나 다진 고기, 수프, 커틀릿[6], 으깬 감자, 푸딩이 오르며 에일[7], 포터[8], 와인을 곁들일 수도 있다." 이런 모든 메뉴를 정기적으로 먹는 중산층 가정은 거의 없었지만, 적어도 다양한 메뉴를 즐기기는 했다. 라구[9]와 해시[10] 등 남은 음식을 데운 메인 요리에 소스를 곁들이는 것이 전형적인 런치 메뉴였다.

일라이자 액턴Eliza Acton의 해시는 인기 요리 중 하나였다. 그녀의 1845년 노르만 해시Norman Hash 레시피에서는 작은 셜롯[11] 24개의

---

5. 파테(pâté): 고기나 생선을 곱게 다지고 양념해 차게 해서 상에 내는 것으로 빵 등에 펴 발라 먹는다.

6. 커틀릿(cutlet): 고기를 납작하게 썰거나 다진 뒤 그 위에 빵가루를 묻혀 덩어리로 만들고 기름에 튀긴 음식.

7. 에일(ale): 맥아를 발효할 때 표면에 떠오르는 상면 효모를 사용하여 고온에서 발효시켜 만드는 영국식 맥주의 한 종류.

8. 포터(porter): 어두운 색의 에일 맥주.

9. 라구(ragout): 고기와 채소에 갖은양념을 하여 끓인 음식.

10. 해시(hash): 고기와 감자를 잘게 다져 섞어 요리하여 따뜻하게 차려 낸 것.

11. 셜롯(shallot): 외형은 양파와 비슷하고 맛은 양파와 마늘의 중간 정도인 채소.

껍질을 벗기고 옅은 갈색이 될 때까지 통째로 버터에 익힌 뒤 밀가루 한 스푼을 넣고 몇 분간 저어가며 볶고 레드 와인 반 컵과 쇠고기 육수 한 컵을 추가해 진한 그레이비를 만든다. 이후 이 소스에 소금과 후추로 간을 하고 레몬즙을 끼얹는다(풍미를 끌어내는 영리한 마무리다). 양파가 완전히 익을 때까지 끓이는 동안 구운 소고기 식은 것을 얇게 썰어 냄비에 넣는다. 이것이 완성되면 소스를 고기 위에 붓고 맛이 배어들도록 30분 동안 그대로 둔다. 이후 키치너에서 살짝 데워서(고기가 질겨질 수 있으므로 끓이면 안 된다) 식탁에 낸다.

해나 컬윅은 런치와 디너를 구분하지 않았다. 신임받는 하인이었던 그녀는 대부분의 노동 계급 기혼 여성들보다 더 넉넉하게 식사했다. 디너의 공통 재료는 고기였다. 1863년 3월 3일 자 일기에는 "양갈빗살과 맥주"가 점심 식사로 기록되어 있다. 다른 하인들과 마찬가지로 해나의 노동 시간은 살인적이었지만, 이런 식단 덕분에 그녀는 같은 연령대의 빅토리아 시대 여성들에 비해 훨씬 쉽게 건강을 유지할 수 있었다. 해나가 일기장에 자신의 몸무게가 11스톤(약 69.9kg)이 넘는다고 자랑한 것은 놀라운 일이 아니며, 이런 건강한 몸은 고기가 포함된 디너를 먹었기에 만들 수 있었다.

해나가 일기에서 보여준 식사에서의 또 다른 특이한 점은 점심 식사의 명칭이 다양했다는 것이다. 그녀는 항상 자신의 정오 식사를 "디너"라고 불렀지만 고용주와 손님들의 식사는 "런치"라고 기록했다. 충분히 이해할 수 있는 일이다. 그녀는 자신과 동료 하인들은 물론이고 고용주 가족의 식사를 책임지고 있었기 때문에 메뉴가 다른 별개의 두 식사에 두 가지 이름을 사용하는 것이 당연했다. 그녀의 일기에는 "두 숙녀가 런치를 먹으러 왔고 그것을 내가 준비했다. 그리고 우리 디너는"과 같은 식의 내용이 자주 등장한다.

이 시기 상류층의 '런치'는 좀 더 우아한 일이었다. 남녀 모두가 점점 늦어지는 저녁 식사를 기다리면서 먹는 것이 런치였다. 대저택에 사는 상류층 사이에서도 점심시간만큼은 격식에 얽매이지 않는 경우가 보통이었다. 사냥 파티 음식은 풍성하며 정성 들여 만들어졌지만 뷔페 스타일로 차려지는 경우가 많았다. 사냥한 짐승이나 새의 고기로 만든 파이는 파테, 통조림 고기(다져서 양념한 것)와 함께 튜린에 담아 냈다. 또 해시로도 요리해 크림과 와인으로 만든 소스, 차갑게 식은 로스트 미트와 함께 냈다. 채소로는 아티초크, 아스파라거스, 녹인 버터에 버무린 완두콩 요리를 냈다. 한편 피클과 치즈에 씨앗 케이크, 샴페인, 클라레[12], 셰리주[13]가 곁들여졌다.

그러나 화려하게 장식한 테이블 위에 코스로 차려내는 저녁의 디너(이후에 살펴볼 것이다)와 달리, 점심 식사는 간단했고 식사가 끝난 뒤

---

12. 클라레(claret): 프랑스 보르도산 적포도주.

13. 셰리주(sherry): 원래 스페인 남부 지방에서 생산되던 백포도주.

숙녀들이 자리를 떠날 필요가 없었으며 좌석 배치도 격식을 따지지 않았다. 점심에는 옷을 갖춰 입을 필요가 없었고, 점심 초대는 사교의 측면에서 중요성이 훨씬 적었기 때문에 여러 사회 계층의 사람들이 어울렸다. 예를 들어 노퍽 샌드링엄 하우스에서 에드워드 왕자가 주최한 디너는 열두 가지 코스로 몇 시간 동안 진행되었지만, 사냥 파티 런천 메뉴는 여섯 가지 요리를 내는 것이 보통이었다. 이 요리들은 주방에서 건초 상자에 담아 와 날씨가 좋으면 야외에, 비가 오면 수많은 사냥터 오두막 중 한 곳에 자리한 가대식 테이블에 차렸다. 당시의 관습대로 프랑스어로 작성된 12월 오찬 메뉴판을 보면 사냥한 짐승의 고기로 만든 묽은 수프, 스코틀랜드식 삶은 양고기, 자고새구이, 홀랜다이즈 소스[14]에 버무린 콜리플라워, 초콜릿 수플레[15], 과일조림으로 이루어졌다.

---

14. 홀랜다이즈 소스(hollandaise sauce): 달걀노른자와 버터에 레몬즙 또는 식초를 쳐서 만든 크림소스의 한 종류.

15. 수플레(souffle): 거품을 낸 달걀흰자에 치즈와 감자 등을 섞어 틀에 넣고 오븐으로 구워 크게 부풀린 요리.

# chapter 11
# 세탁과 가정 의료

## 세탁

빅토리아 시대 여성들이 가장 꺼렸던 일 중 하나는 아마도 세탁일 것이다. 그래서 경제적으로 여유가 있는 사람들은 하인을 고용하거나 세탁소에 맡길 수 있다면 기꺼이 그렇게 했다. 이 시대의 세탁은 고된 육체노동이었으며 일상생활을 힘들게 하는 일이었기 때문이다(권말 도판 1 참조).

1837년이 되어서도 물을 데울 수 있는 세탁용 붙박이식 코퍼[1]는

---

1. 코퍼(copper): 빅토리아 시대에 썼던 세탁용 물을 끓이는 장치를 말한다. 열전도율이 좋은 구리(copper) 또는 황동으로 만들었기 때문에 코퍼라고 불렀으며 주로 외양간이나 지하실에 설치했다.

사치품이었다. 여전히 대부분의 사람들은 화덕이나 불에 바로 주전 자나 팬을 올려 세탁에 쓸 물을 데웠다. 이 시대에는 주방과 세탁실 의 구분이 없었고 가정에서 쓸 수 있는 화구도 제한적이었기 때문에 난방, 조리, 세탁용 물 데우기 등을 열원 하나로 해결해야 했다. 자 원을 경제적으로 활용했다고도 볼 수 있지만 동시 작업이 불가능하 다는 게 단점이었다. 즉, 세탁용 물을 데우는 동안 조리를 할 수 없 었으므로 식사 준비는 늦어졌다. 세탁은 시간이 오래 걸리고 넓은 공간을 필요로 하며 가정집에서 쓸 수 있는 열에너지의 대부분을 소 모하는 일이었다. 따라서 식사를 제시간에 하고, 난방을 효과적으 로 하려면 세탁은 식사 준비 시간과 난방을 해야 하는 저녁 시간을 피해서 해야 했다.

세탁 전 옷을 구석구석 살펴 구멍이나 찢어진 곳이 없는지 확인 하는 일은 필수였다. 옷에 작은 손상이라도 있으면 빨래를 하면서 손상의 정도가 더 커질 수 있기 때문이다. 그래서 수선이 필요한 것 은 세탁 전에 손을 봐야 했다. 다음으로 옷감과 더러운 정도에 따라 빨랫감을 분류했다. 모직 의류는 면이나 마보다 섬세하게 다루어야 하는 반면 질 좋은 면직은 휘젓고 짜는 데 더 잘 견뎠다. 분류 작업 을 잘못하면 큰 대가를 치러야 했다.

빨랫감을 분류하고 수선한 후에는 물에 불리는 작업이 이어졌다. 이렇게 하면 빨래할 때 드는 노동력을 줄일 수 있었다. 진흙이나 그

그림 82. 상업 세탁소의 빨랫감 수선과 표시, 1884년.

와 비슷한 유형의 오물 때문에 생긴 얼룩은 물에 곧 녹았지만, 찌든 때나 오래된 얼룩은 더 오래 불려야 했다. 대부분의 사람들은 토요일에 세탁물을 불리는 작업을 했다. 빨래 통을 선반에서 내려 깨끗이 닦은 다음 부엌에서 다른 일을 할 때 걸리적거리지 않도록 부엌 구석(혹은 부엌방[2])에 두고 펌프를 사용하거나 우물, 동네 개울에서 길어 온 물을 채웠다. 세탁물을 빨래 통에 담그기 전에 물에 세탁용 소다를 조금 섞기도 했다.

월요일 아침이 되어 빨랫감이 충분히 불면 세탁을 할 수 있었다.

---

2. 부엌방(scullery): 옛 주택에서 설거지 등을 하던 작은 공간.

대개 일요일에는 온 가족이 다 함께 식사를 하기에 비교적 음식을 넉넉히 준비하므로 먹고 남은 음식으로 월요일의 아침 식사를 해결할 수 있다. 따라서 월요일 아침에는 세탁에 필요한 물을 데우는 데 화덕을 쓸 수 있기 때문이다. 일과가 일찍 시작되고 해야 할 일이 너무나 많았기 때문에 세탁을 하는 날은 대부분의 여성들이 평소보다 몇 시간 일찍 일어났다(여성들이 빨래를 싫어하는 또 다른 이유였다).

불을 지피고 쓸 수 있는 모든 팬과 주전자에 물을 채운 뒤 화덕에 올려두고 미리 불려둔 옷은 건져 물을 짰다. 이제 빨래 통에 남은 물을 버려야 할 차례인데 대부분의 가정에서는 물을 양동이에 담아 집밖의 배수 구멍[3]이나 배수로까지 옮긴 후 버려야 했다. 어떤 형태든 실내에 배수 시설을 갖춘 집은 극소수였다.

이때쯤이면 주전자의 물은 끓지는 않더라도 어느 정도 따뜻해졌을 것이다. 주전자의 물은 비누를 푸는 데 사용했다. (비누는 차가운 물에 녹지 않았다.) 따뜻한 물에 약간의 비누를 녹여 칼라, 소맷부리 등 기름기와 땀이 묻기 쉬운 부위를 강하게 문지른다. 이때 큰 솔이 있으면 편리하겠지만 없는 경우에는 손으로 문질러야 했다. 이렇게 문지른 옷을 물과 함께 솥에 넣고 화덕에 올려 30분 정도 삶는다. 하지만 이 방법은 (특히 침대보와 같은 큰 빨랫감의 경우) 실용적이지 않았다.

---

3. 배수 구멍: 자갈이나 쇠창살로 대충 덮여 있어서 진흙탕을 만들지 않고 물을 흘려보내 땅에 스며들게 하는 구역. (저자주)

그랬기 때문에 큰 빨래는 빨래 통에 넣고 뜨거운 물을 부었다.

그다음에는 돌리dolly나 포서posser를 이용했다. 현대의 세탁기가 때를 빼는 원리와 비슷하게 손잡이가 달린 이런 도구를 물속에 넣어 빨랫감을 위에서 누르거나 휘휘 저어서 더러움을 제거했다. 현대의 세탁기는 빨랫감을 빙글빙글 돌려 빨랫감끼리 부딪치거나 통의 옆면에 계속 부딪치게 한다. 이때 물이 옷의 섬유 속으로 들어가면서 세탁이 되는데 이렇게 먼지 등이 떨어지면 다시 옷에 달라붙지 않는다. 중세 영국에서는 젖은 빨래를 크리켓 배트처럼 생긴 큰 빨랫방망이로 두드려 이와 비슷한 효과를 냈다. 빅토리아 시대 영국에서는 세 발 의자에 긴 손잡이가 달린 것처럼 생긴 돌리나 구리로 만든 배관 청소 도구 같은 모습의 포서를 이용해서 빨래를 통 속에서 휘젓고 때렸다. 돌리와 포서를 이용하면 서서 빨래를 때리고 휘저을 수 있기 때문에 빨래 통 안으로 몸을 굽힐 필요가 없다. 내 경험에 따르면, 분명히 힘든 일이긴 하지만 물이 튀어 온통 축축해진 바닥에 무릎을 꿇은 채 손으로 옷을 비빌 필요가 없어 훨씬 편리하다.

보통 이런 식으로 30분 정도 격렬하게 빨래를 하면 때가 빠진다. 이후 손으로 빨래를 하나씩 짜 물기를 제거한 다음 깨끗한 물로 옷을 헹궜다. 헹군 빨래를 짜 물기를 제거한 다음에는 또 다른 물통을 가져와 물에 소량의 파란색 염료(21세기 세탁 세제에서도 비슷한 색소를 찾을 수 있다)를 푼 다음 이 물에 빨래를 담갔다. 당시에는 비누가 남긴 누런 얼룩을 제거하기 위해 표백제로 쓸 파란색 염료가 꼭 필요했다. 염료를 물에 넣고 잘 저어서 완전히 녹이지 않으면 빨래에 파란색 줄무늬가 생길 수 있었다.

링어를 구입할 여유가 있는 가정이라면 빨래를 더 쉽게 짤 수 있었다. 링어는 빨래를 불리고 세탁하고 헹구고 파란색 염료로 표백하고 빨랫줄에 너는 일련의 과정 사이사이에서 젖은 빨래를 압축해 물을 빼내는 데 쓰는 기계였다. 이 기계는 두 개의 나무 롤러와 스프링으로 구성되어 있었다. 빨래를 넣을 때 스프링이 움직이면서 롤러 두 개는 서로 떨어진다. 이 스프링은 다양한 두께의 빨랫감을 롤러 사이에 넣을 수 있게 해준다. 링어는 세탁 과정에 큰 도움이 되었다. 손으로 짜는 것보다 물기를 훨씬 많이 제거할 수 있었고, 빨래를 이 통에서 저 통으로 옮길 때 낭비되는 물을 줄일 수 있었기 때문이다. 또한 빨래를 쥐어짜느라 손이 거칠어지는 것을 막을 수 있었고 비눗물이 대부분 제거되었기 때문에 헹구는 횟수도 줄일 수 있었다.

19세기 초에는 링어와 맹글mangle이 별개의 장비였다. 맹글은 마른 빨래 혹은 축축한 빨래를 누르고 윤기를 내는 기계로 처음에는 더블 침대 크기의 거대한 나무 기계였다. 이 기계를 사용하면 다림질감이 줄어들어서 유용했다. 시골 저택의 세탁실에서는 하녀들이

그림 83. 맹글.

맹글의 L 자형 손잡이를 돌렸다. 손잡이가 돌아가면 돌을 넣은 거대한 나무 상자가 세심하게 개어놓은 시트와 테이블보 위로 내려와 주름을 펴고 표면을 반짝이게 했다. 19세기 말에는 맹글이 나무로 된 거대한 압축기가 아닌 철제 틀에 두 개의 롤러가 끼워진 형태가 되었다. 다만 링어와 달리 스프링이 없고 고무 롤러 사이의 틈을 나사로 조정하는 것이 많았다. 보통 맹글은 링어보다 압력이 훨씬 세게 맞춰져 있기 때문에 손가락이 롤러 사이에 끼면 위험했다.

1839년에 세탁용 붙박이식 코퍼를 갖춘 사람이 거의 없었던 것처럼, 빅토리아 여왕의 통치 초기에는 링어와 맹글이 드물었다. 1860년대와 1870년대에 이르러 링어는 맹글과 매우 비슷한 형태가 되었고 19세기 말에는 둘을 합친 모델을 사용할 수 있게 되었다.

이렇게 세탁 효율이 높아진 기계가 좀 더 흔해지면서 자립 수단으로 이용하는 사람들이 생겨났다. 링어나 맹글(특히 맹글)을 산 노동 계급 여성은 이웃에게 기계를 사용하도록 하고 돈을 받을 수도 있었고, 다른 사람의 빨래를 맡아 대신해 주기도 했다.

수많은 여성들이 힘든 시기에 다른 형태의 원조보다 맹글을 받는 것을 택했다. 『펀치』의 만화는 철도 회사의 형편없는 안전 관리를 다루면서 이런 경우를 소재로 사용했다. 만화 속에서는 화물 터미널에서 화물 기차의 전철원인 두 남자가 최근 일터에서 죽은 동료에 대해 이야기한다. 아이러니하게도 그들은 남편을 잃은 아내에게 보험금 대신 맹글을 선물한 회사의 관대함을 언급한다.

민간 자선 단체와 빈민 감독관들의 기록은 그런 선물이 흔했다는 것을 보여준다. 노퍽 출신의 한 여성은 어린 시절 어머니를 도와 맹글을 돌렸던 일을 회상했다. "우리는 생활비를 벌려고 노력하시는 어머니를 도왔다. 힘든 일이었다. 처음에는 스트로크 위의 손잡이에 손이 닿지 않아 목도리를 묶어 돌렸다. 키가 크자 목도리 없이도 기계를 돌릴 수 있게 되었다." 1890년대에 그녀와 그녀의 여동생은 학교에서 돌아온 후 매일 저녁 맹글을 돌렸고, 아침이면 수업이 시작되기 전까지 깨끗한 빨래를 배달했다. 1894년 석간신문『팰 맬 가제트The Pall Mall Gazette』는 "과부와 빨래, 빈곤과 맹글은 어떻게든 불가분의 관계에 있는 것 같다"고 언급했다.

세탁으로 다시 돌아가 보자. 한 무더기의 빨래를 링어와 맹글에 넣고 나면 빨래는 끝난 것이나 다름없었고 말리기만 하면 됐다. 안타깝게도 빨래를 한 번만 하는 가정은 거의 없었고, 대부분 네다섯 번씩 했다. 빨래는 가장 깨끗하고 섬세한 빨랫감부터 빨기 시작해 거칠고 더러운 빨랫감을 처리하는 순서로 진행됐다. 이렇게 하면 매번 빨래 통에 새 물을 넣을 필요 없이 물을 재사용할 수 있다. 여성용 모자, 도일리[4], 그 외 화려하거나 섬세한 물건이 첫 번째 빨랫감이 되었고(이런 물건을 가질 수 있을 만큼 운이 좋은 사람이라면), 셔츠, 드로어즈, 잠옷은 두 번째 빨랫감, 식탁보, 시트, 베갯잇이 세 번째(보통 여러 개를 일괄 처리했다), 앞치마, 주방 행주, 기저귀, 생리대가 마지막 빨랫감이 되었다.

모직물이 있다면(대부분의 사람들이 플란넬 조끼와 페티코트 등의 형태로 모직물을 갖고 있었다) 다른 세탁 과정이 필요했다. 뜨거운 물과 마찰하면 옷 소재가 손상되고 깜짝 놀랄 만큼 줄어들 수 있기 때문이다. 빅토리아 시대의 플란넬은 적절히 세탁하지 않으면 크기가 절반 이하로 줄어들기도 했다. 그렇기 때문에 물에 불린 후 세탁하는 일반적인 방법도 사용하지 않았다.

그 시대의 모직물 세탁 방법은 다음과 같다. 먼저 팬에 모직 빨랫

---

4. 도일리(doily): 식기나 장식품 아래 놓아 가구를 보호하는 장식용 깔개로 주로 레이스, 크로셰 뜨개, 종이로 만들었다.

감을 넣고 깨끗한 찬물을 붓는다. 그런 다음 비누를 물에 갈아 넣고 팬을 불에 올려 물이 손으로 만졌을 때 따뜻할 정도로 데운다. 팬을 불에서 내려 물을 좀 식힌 후 따뜻한 비눗물에서 모직물을 손으로 부드럽게 휘저었다. 돌리나 포서를 사용하면 너무 힘이 강하기 때문이었다. 물이 미지근하게 식으면 물을 버리고 다른 물그릇에 모직물을 넣어 다시 부드럽게 흔들어 헹군 뒤 짰다(맹글과 링어는 너무 거칠어서 사용할 수가 없었다).

빅토리아식 빨래를 많이 경험해 본 나는 그것이 얼마나 힘든 일인지 확실히 알고 있다. 빨래를 하고 난 뒤에는 기진맥진하기 마련이다. 이 시대의 많은 여성들이 세탁을 했던 날, 일기에서 울화통을 터뜨린 것은 전혀 놀랍지 않다. 돌리로 빨래를 휘젓는 것도 물을 이리저리 옮기는 것도 무엇이 더 힘들다고 말할 수 없이 힘든 일이다. 이런 과정을 거쳐 빨래를 마치면 곧 쓰러질 것처럼 녹초가 된다.

내가 경험한 바로는 수증기가 가득 찬 부엌에서 일하는 것은 참을 만했지만 뜨거운 팬을 들고 실내에서 일하다가 추운 바깥으로 나가 물을 나르는 식으로 계속 온도가 변하는 환경을 오가는 것이 매우 견디기 어려웠다(이것은 빅토리아 시대의 인식으로도 건강에 좋지 않은 일로 여겨졌다).

빨래 통 자체만으로도 무게가 엄청난데 젖은 옷의 상당한 무게까지 더해진 빨래 통을 들고 날라야 했기에 엄청난 체력이 요구되었

그림 84. 노동 계급 가정의 세탁, 1887년.

다. 케이트 메리 에드워즈Kate Mary Edwards는 이렇게 표현했다. "커다란 나무 빨래 통을 옮기려면 남자만큼 힘이 세야 했다… 젖은 옷의 무게가 더해지지 않은 상태에서도 말이다."

현대의 널찍한 주방에서도 하기가 힘든 일인데, 방 하나짜리 빅토리아 시대의 가정집에서 빨래하기의 열악함은 말할 것도 없다. 냄비와 주전자에 가득 찬 물은 하루 종일 끓으면서 김을 내뿜고, 빨래 통과 그릇은 바닥을 뒤덮고 있으며, 물방울이 뚝뚝 떨어지는 빨랫감이 이리저리 옮겨지고, 깨끗한 물과 더러운 물이 담긴 양동이는 물론이고 불을 넣을 석탄 통까지 들고 들락거리는데, 바닥을 깨끗하게 유지하려고 노력하는 것은 소용없는 일이었다.

퍼블릭 배스public bath 운동은 콜레라가 유행하는 동안 리버풀가에 사는 한 여성이 자신의 코퍼를 동네의 다른 여성들이 빨래할 때 사용하도록 내놓으면서 시작되었다. 그녀의 집은 그 거리에서 유일하게 코퍼가 있는 집이었다. 콜레라를 예방하는 유일한 수단은 청결이었지만, 그런 시설이 없는 이웃들은 청결을 유지하는 데 애를 먹었다.

코퍼가 설치되어 있어 물을 데울 수 있는 것에는 여러 가지 장점이 있었다. 첫째, 집 안에서 빨래를 하지 않아도 된다. 코퍼는 부엌과 멀리 떨어진 별채나 지하 저장소에 자리하는 것이 보통이었기 때문에 불이나 화덕과 떨어진 곳에서 온수를 공급했고 습하고 생활에 방해가 되는 일을 가족의 주된 생활 공간 밖에서 할 수 있게 했다. 또한 코퍼는 작은 화실(火室)에 폐자재와 저렴한 연료를 넣어 태우기 때문에 비교적 유지비가 적게 들었다. 화덕에 불을 지피는 데 필요한 양질의 '가정용 석탄'이 필요치 않았던 것이다. 또한 냄비나 주전자보다 훨씬 커서 한 번에 훨씬 많은 양의 물을 데울 수 있었다.

무엇보다 가장 중요한 것은 빨래를 삶는 데 이상적이었다는 점이다. 콜레라가 창궐하던 1836년, 사람들은 왜 옷을 삶아 입으면 더 이상 감염 매개체가 되지 않는지 그 과학적 근거까지는 알지 못했다. 하지만 그것이 효과가 있다는 것만은 알고 있었다. 이후 세균 이론은 균과 접촉한 것을 소독하는 일의 중요성을 설명했다. 콜레라뿐만 아니라 장티푸스, 발진 티푸스, 기타 전염성이 높은 질병이 흔하던 전쟁 같던 시대에 이불, 행주, 속옷을 삶는 것은 건강을 지킬 수 있게 했다.

1900년에는 극빈층을 위해 지어진 주택에도 코퍼가 표준 설비로 설치되었다. 1850년대와 1860년대에는 많은 사람들이 퍼블릭 배스의 코퍼를 이용했지만, 19세기 말에 대부분의 가정에 코퍼가 설치되면서 이런 공공시설이 줄어들었다.

부유한 집에서는 안주인이 아닌 하인이 빨래를 했다. 이는 저소득층, 특히 여성이 그 일(적어도 그 과정의 일부)을 하게 된다는 의미였다. 이런 세탁부들은 세탁만을 하고 다림질이나 옷에 풀을 먹이는 일은 다른 사람이 맡는 것이 보통이었다. 하인을 여럿 고용할 수 있을 정도로 돈이 많은 사람들은 빨래만을 전문으로 하는 하인을 고용할 수 있었다. 특히 가족 구성원의 옷과 옷감이 다양해 세탁 시 주의를 기울여야 할 사항이 많은 가정은 그럴 가능성이 높았다. 사회적 계층이 높을수록 재질이 좋고 장식이 많이 들어가 섬세한 관리가 필요한 옷과 침구를 사용했기 때문이다. 프릴과 레이스로 장식된 속옷과 침구, 면과 모직이 아니라 값비싼 실크, 벨벳, 모피 등의 원단을 사용하고 자수와 테두리 장식이 많은 옷 등은 더 높은 기준에 맞춰 정성 들여 세탁을 해야 했다. 세탁물에 풀을 먹이고, 굳히고, 주름을 다리고, 형태를 잡아 고정해야 했다.

상류층 저택에는 전용 세탁실이 따로 있었고 세탁만 전담하는 하인들을 두고 있었다. 이런 상류층 가정의 세탁실 중 가장 잘 보존된 곳이 현재 내셔널 트러스트가 관리 중인 노스 웨일스의 어딕에 있다. 이곳에는 그 시대의 장비들 대부분이 원래의 모습대로 남아 있다. 세탁실에는 코퍼, 싱크대, 빨래 통 외에도 나무로 만든 대형 맹글과 다림질실, 건조실, 바퀴가 달려 난방이 된 건조실로 밀고 들어가고 나올 수 있는 옷걸이가 있다.

그런 집의 하녀들은 세탁과 관련된 기술과 지식을 갖고 있어서 공단satin으로 만든 페티코트인지 면실크sateen로 만든 페티코트인지, 특정 염료가 다리미의 열에 변색이 되는지(되돌릴 수 없는 변색이 일어나는 것들이 있다), 암모니아를 조금 넣으면 옷이 젖었을 때 변색되는 것을 방지할 수 있는지, 행굴 때 식초가 필요한지 등을 단번에 알 수 있었다. 빅토리아 시대의 직물과 염료는 현대의 직물과 크게 다르며 훨씬 더 비쌌다는 사실을 기억해야 한다.

일부 보라색 염료와 모브 염료는 비누와 함께 세탁 소다를 사용하면 변색되었지만 다른 보라색 염료는 마지막으로 행굴 때 물에 소다를 넣으면 발색이 좋아졌다. 검은색과 남색 마는 비누를 사용하면 보기 흉한 회색으로 변했지만, 강판에 간 감자와 암모니아를 섞어 사용하면 변색 없이 완벽하게 세탁할 수 있었다. 다양한 특수 마감 처리가 된 직물들은 세탁으로 손상되거나 변형되기가 쉬웠고, 세탁 시에 주의를 기울이고 달리 처리해야 하는 옷들이 많았다.

장례 절차에 꼭 필요한 직물인 크레이프crape는 물에 빨면 납작해져 실크 거즈가 되어버렸다. 그렇기 때문에 물에 넣지 말고 증기를 쐬어 도톰한 질감을 다시 살려주고, 더러워진 부분은 솔질을 하고 알코올을 뿌린 뒤 신문지로 돌돌 말아 알코올이 날아갈 때까지 기다렸다. 벨벳 역시 증기를 쐬어 주고 손목을 재빨리 튕기면서 솔질을 해 옷감의 때를 제거했다. 레이스는 흰 세탁 천에 잘 펴놓고 한 꾸러미로 접어서 흰 면 끈으로 묶은 다음 살살 빨았다. 이렇게 하면 빨래로 인해 레이스가 변형되거나 찢어지는 것을 방지할 수 있었다.

더 정교한 세탁에 사용되는 재료 중에는 독성이 강하거나 위험한 것들도 있었다. 색을 선명하게 하기 위해 클로로포름을 사용했고, 염료의 정착제로 아세트산 납을 사용했으며, 비슷한 결과를 얻기 위해 황산을 사용하기도 했다. 다양한 용제(溶劑)가 가정용 드라이클리닝에 사용되었다. 그중 가장 안전한 용제는 알코올이었고, 진[5]도 권장되었다. 둘 다 세탁물을 깨끗하게 하는 데 도움을 주고 값도 저렴했기 때문이다.

의복용 솔로도 드라이클리닝을 할 수 있었다. 요즘에는 솔로 옷을 세탁하는 방법을 아는 사람이 거의 없지만, 털이 있는 직물과 양모로 만든 직물의 경우 솔을 이용하는 것이 가장 확실하고 효과적인

---

5. 진(gin): 주니퍼 열매를 넣어 알코올 베이스를 증류한 술. 주로 진토닉, 마티니 등 칵테일의 주재료로 쓴다.

방법이다. 우선 적절한 솔을 선택해야 한다. 솔모가 세탁할 소재의 탄력에 맞아야 한다. 질이 좋은 브로드클로스[6]로 만든 외투는 솔모가 짤짧고 단단한 솔로 솔질하는 것이 가장 좋다. 벨벳은 매우 부드러우면서도 탄력이 있어 벨벳을 마모시키지 않고 천을 뚫고 들어가 먼지를 제거할 수 있는 솔이 필요하다. 옷감, 제거해야 할 얼룩의 종류, 옷의 형태에 따라서도 드라이클리닝을 하는 방법은 달라진다.

대저택에서 대부분의 드라이클리닝을 맡는 것은 세탁부가 아닌 하녀나 하인이었다. 그보다 작은 집에서는 옷의 소유자가 직접 드라이클리닝을 하는 경우가 많았다. 자신의 재킷과 바지를 솔질하는 것은 대부분의 중산층 남성이 스스로 하는 몇 안 되는 집안일 중 하나였다.

직접 자신의 재킷을 관리하든, 하인이 주인을 위해 관리하든, 우선은 나무 받침대에 옷을 걸고 작은 회초리나 지팡이로 부드럽게 두드려 옷의 먼지를 떨어냈다. 여성용 말채찍은 가장 좋은 '먼지떨이'로 여겨졌으며 이를 사용할 때는 단추가 부서질 수 있으므로 너무세게 치지 않는 것이 요령이었다. '먼지를 턴' 다음에는 재킷을 테이블 위에 펼쳐놓되 칼라를 왼쪽(오른손잡이인 경우)에 두어 항상 어깨에

6. 브로드클로스(broadcloth): 질이 좋은 소모사 또는 방모사를 사용한 평직물. 표면의 잔털을 균일하고 짧게 정돈한 것으로 촉감이 좋고 광택이 풍부하다. 끝손질 과정에서 상당히 수축시키기 때문에 폭을 넓게 짜므로 이러한 이름이 붙여졌다. 얇고 고급인 편이며, 양복감·코트감 등으로 쓰인다.

서 밑단을 향해 옷의 세로 방향으로 솔질했다. 먼저 칼라 안쪽, 다음으로 등 부분과 소매, 그다음에는 두 개의 옷깃을 솔질했고, 그다음에는 옷깃의 바깥쪽을, 마지막으로 옷깃을 밖으로 접어 솔질해 마무리했다. 이 일을 잘 해내려면 솔모가 단단한 것과 부드러운 것으로 하나씩 두 개의 의복용 솔이 필요했다. 단단한 솔모를 가진 솔은 옷감을 상하게 하므로 말라붙은 진흙을 제거하는 용도로만 사용했고 부드러운 솔모를 가진 솔은 머리카락, 보푸라기, 먼지를 제거할 때 등 일상적으로 사용했다. 이렇게 솔질로 관리하면 축 늘어지고 모양이 흐트러진 옷을 원래의 형태로 되살릴 수 있다.

내 동료도 비슷한 일을 해보았다. 다만 그는 먼저 파이프 점토[7]를 재킷에 문질렀다. 9개월간 고된 농사일을 하며 입었던 재킷을 당시의 사용 지침에 따라 관리한 것이었다. 빅토리안식 드라이 클리닝에 회의적이었던 그는 결과에 깜짝 놀라고 말았다.

나는 수년 동안 다양한 의류에 이 방법을 사용해 왔다. 좋은 솔로 솔질을 하고 햇볕이 잘 드는 야외에서 옷을 거꾸로 널어 말리면 코트와 모직 재킷은 대부분의 21세기 세탁소에 맡긴 것보다 더 깨끗해지고 좋은 향이 난다.

중산층과 노동 계급의 경우 세탁은 일주일에 한 번 하는 작업이

---

7. 파이프 점토(pipe clay): 담배 파이프를 만드는 데 사용되는 흰색 내화성(耐火性) 점토.

었지만, 이렇게 세탁을 한 후에는 깨끗해진 옷에 풀을 먹이고 다림질하는 데 보통 며칠이 더 필요했다.

대저택에서는 세탁 횟수가 훨씬 적었다. 17세기와 18세기에는 적은 양을 계속 세탁하는 것보다 아주 가끔 엄청난 양의 빨래를 하는 것이 우월감을 느끼는 일이 되기까지 했다. 세탁 일을 자주 할 필요가 없다는 데 우월감을 느끼는 것이 아니라 옷이 많다는 데 우월감을 느낀 것이다. 속옷이 세 벌뿐인 사람이라면 당연히 속옷을 자주 빨아 깨끗한 속옷을 공급해야 한다. 하지만 옷이 많다면 세탁 간격을 훨씬 더 벌릴 수 있다. 1년에 네 번만 빨래를 한다고 자랑하는 것은 가족 구성원 모두가 3개월 동안 갈아입을 만큼 옷이 충분히 있다는 점을 알리는 것이다. 물론 기저귀나 생리대 같은 것은 사용 후 바로 세탁해야 했지만, 시트, 수건, 셔츠는 쌓아둘 수 있었다. 일부 귀족 가문은 이런 이유로 여러 저택 중 한 곳에만 세탁실을 설치했다. 그들은 어디에 살든 세탁실이 있는 이 집으로 모든 세탁물을 보냈고, 손질한 세탁물이 돌아올 때까지 쓸 수 있을 만큼 여유분이 넉넉히 있다는 것에 뿌듯해했다.

사회 계층의 반대쪽 끝에서 최소한의 자원으로 살아가는 사람들은 한 벌 이상의 옷을 갖고 있을 가능성이 낮았고, 그렇기에 세탁을 하려면 잠자리에 들기 전에 옷을 빨아 널고 나서 옷을 입지 않은 채 침대에 누워야 했다. 그리고 밤사이에 옷이 덜 말랐어도 아침에 그

옷을 다시 입고 하루를 시작했다.

1861년의 인구 조사에 따르면 당시 전문 세탁부로 고용된 사람은 16만 7,607명이었고 이 중 99퍼센트가 여성이었다. 1901년에는 전문 세탁부의 총 인원수가 20만 5,015명으로 증가했다. 다른 거의 모든 직종과 달리 세탁부는 기혼 여성이 미혼 여성보다 많았다. 대부분이 소규모로 일했고 그중 대다수가 자신의 집에서 일을 했다. 세탁부는 런던에 가장 많았지만(약 5만 명), 항구 도시와 옥스퍼드, 케임브리지, 해변의 대규모 휴양지에도 많았다. 대규모 기관이나 계절에 따라 유동 인구가 많은 곳이라면 어디든 세탁 일감이 있었다. 예를 들어 글래스고에는 3,500명이 넘는 세탁부가 있었고, 옥스퍼드 외곽 헤딩턴 마을의 경우 거의 모든 성인 여성이 세탁부라고 기록되어 있었다.

세탁부는 근무 시간이 길고 봉급이 적었지만 일을 구하기 쉬웠고, 자본이나 교육이 거의 필요치 않았다. 또한 일과 가사를 병행해야 하는 상황에 잘 맞는 직업이기도 했다. 집에서 일하는 사람들은 가사와 육아를 병행할 수 있었고, 자녀에게 일을 돕게 하기도 했다. 위에서 인용한 케이트 메리 에드워즈와 그녀의 여동생만 맹글 손잡이를 돌리거나 빨래를 배달한 것이 아니었다. 피터 아널드Peter Arnold는 자서전에서 누이들과 함께 빨래를 수거하고 배달했던 일을 회상했다. 빨랫감이 아이들이 팔로 들기에 너무 클 때는 끈으로 몸에 묶어야 했다. 나이가 든 아이들은 물과 석탄을 나르는 일을 도왔고, 특히 여자아이들은 장시간에 걸쳐 고된 다림질을 해야 했다.

대형 세탁소에서 일을 하는 여성들은 작업 시간을 어느 정도 조정할 수 있었기 때문에 가정생활과 균형을 맞출 수 있었다. 하지만 월요일이 세탁하는 날이라는 의식이 워낙 강했고, 이는 대부분의 세탁소가 월요일 아침 대부분의 일감을 받았고 고객들은 토요일에 빨래를 되돌려 받길 원했다는 의미다. 이 때문에 일주일의 며칠은 장시간 일을 하고 다음 며칠은 일이 거의 없거나 전혀 없는 패턴이 이어졌다. 세탁부가 일주일 중 정확히 어느 때 바쁜가는 어느 빨래 부서에서 일하는지, 풀을 먹이는 부서에서 일하는지, 다림질을 하는 부서에서 일하는지, 빨래가 다 된 세탁물을 포장하는 '끝손질' 부서에서 일하는지에 따라 달랐다. 대부분의 세탁소 직원들의 근무 시간은 일주일에 4일에서 4일 반이 보통이었고, 남는 시간 동안에는 자기 집의 빨래, 장보기, 집안일을 했다.

다림질, 특히 섬세한 프릴과 큰 주름으로 장식한 옷을 다리는 일이 보수가 가장 좋았다. 이런 옷은 주의 깊게 풀을 먹인 후 다양한 모양의 다리미로 모양을 만들어야 했기 때문이다. 여러 개의 다리미를 스토브 위에 두어 온도를 유지해야 했기 때문에 더운 환경에서 해야 하는 작업이었지만, 빨래보다는 체력을 덜 필요로 했다.

다리미는 단순한 형태의 금속 덩어리였다. 스토브 위에 올리면

그림 85. 상업 세탁소에서의 다림질, 1884년.

바닥뿐 아니라 손잡이까지 뜨거워졌기 때문에 다리미를 사용하는 사람은 마른 천을 접어 만든 패드로 손잡이를 감싸 달궈진 다리미를 집어 올렸다. 다리미의 열을 측정하려면 연습이 필요했다. 마른 손으로 다리미 표면을 두드리거나, 바닥에 침을 한 방울 떨어뜨렸을 때 지글지글 소리가 나면서 바로 말라버리는지 보는 것으로 온도를 짐작할 수 있었다. 면과 마는 매우 뜨거운 다리미를 사용하는 것이 효과가 좋았지만, 너무 뜨거우면 옷감이 눌어붙을 수 있었다.

1901년에는 대형 상업 세탁소에 다양한 기술과 기계가 들어오기 시작했다. 증기를 동력으로 하는 세탁기는 노동력을 가장 많이 절약하게 해주는 장치였다. 빅토리아 여왕의 통치 초기부터 수동식 세탁기가 있었지만, 빨래 통에 담근 빨랫감을 돌리나 포서를 이용해 손으로 돌려 빨던 기존의 세탁 방식을 손으로 돌리는 핸들로 대체했을 뿐 별반 나아진 것이 없었다. 하녀들은 고용주로부터 그런 기계를 받고도 사용하지 않았다.

1880년대부터 등장하기 시작한 증기 동력 드럼 세탁기는 완전히 새로운 발명품이었다. 현대 가정의 세탁기는 이 초기의 증기 세탁기와 공통점이 대단히 많다. 옷을 큰 통에 넣고, 물과 비누를 넣은 뒤 통을 꼭 닫았다. 통을 돌려주는 동력으로는 증기 엔진을 이용했다. 하지만 오늘날의 세탁기와 달리 옷을 돌려 물을 짜내지는 못했다. 그럼에도 이 기계는 세탁 과정에서 상당한 양의 노동을 덜어주었다. 안타깝게도 이 세탁기는 산업용 규모로만 사용되었고 큰 기업에서만 구입할 수 있었다.

각 시대의 세탁을 경험해 본 나는 동력 세탁기를 여성 해방의 지원군 중 하나로 보게 되었다. 여성의 삶을 변화시키는 데 영향을 준 것으로 피임 기구, 투표권과 어깨를 나란히 한다고 말이다.

## 가정 의료

빅토리아 시대의 의학 지식으로는 21세기의 병을 식별할 수 없었다. 홍역, 디프테리아, 백일해, 결핵, 콜레라, 장티푸스는 19세기의 모든 가정에 끊이지 않는 큰 위협이었다. 항생제도 없었고 진통제의 종류도 훨씬 적었다. 병원은 규모가 작고 수가 적었으며 주로 부유층을 대상으로 했다. 전체 인구에 미치는 의료 혜택의 범위는 매우 좁았다고 말할 수밖에 없다. 진료비는 부유한 가정조차 감당하기 힘든 정도였고, 병에 걸린 대부분의 사람들은 집에 머물며 여성 가족의 간호를 받았다.

이처럼 비싼 진료비로 인해 사망률과 감염률이 높은 중병에 걸린 가족을 간호해 보지 않은 어머니, 아내, 자매, 딸은 거의 없었다. 기본적인 가정 의료에는 미심쩍은 여러 약물을 투여하고 다양한 간호 일을 하는 것이 포함되었다. 약을 조제하는 것은 (대부분) 약사의 지원을 받은 (거의 모두가) 남성 전문 의사였지만, 약을 실제로 사용하고 투여하는 것은 의학 교육을 받지 못한 평범한 여성이었다.

콜레라는 인도 아대륙 특유의 풍토병으로 식민지 주민들 사이에서 많은 사망자를 냈다. 1831년 콜레라가 영국에 처음 상륙한 곳은 잉글랜드 북동부의 선덜랜드였다. 이 병은 해안선을 따라 북쪽으로 퍼져 나갔다. . 스코틀랜드 저지대부터 퍼져 나가기 시작해 이후에는 런던으로 내려갔고, 이 두 지역에서 다른 지역으로 확산되었다. 현대의 의학 지식에 따르면 콜레라는 전염성이 매우 강하며 배설물이 상수도로 들어가 전파된다. 콜레라에 감염된 사람은 첫 증상이 나타난 후 이틀 이내에 사망할 수 있으며, 그 이틀 동안 전염성이 대단히 강하다.

1832년 울버햄프턴 인근의 빌스턴 지역에 콜레라가 퍼졌다. 스물여섯 살 청년 윌리엄 밀워드William Milward는 덕 레인에 살고 있었다. 엔지니어였던 그는 전도유망한 중산층 전문직 종사자로 의료 전문가에게 진료를 받을 수 있는 경제력이 있었고, 편안하고 시설이 잘 갖춰진 집에서 생활했다. 8월 20일경 그는 구토를 하기 시작했다. 아마 한 시간 안에 심한 설사가 시작되었을 것이다. 그는 신체 기능을 조절할 수 없었을 것이고 이미 요강을 사용할 수도 없을 만큼 힘이 빠진 상태여서 입고 있던 옷과 침대 시트가 오물로 엉망이 되었을 것이다. 그날 저녁 의사가 진료를 보았다고 해도 아편 성분의 진통제를 처방하는 것 외에 할 수 있는 일이 없었을 것이다. 회복에 가장 좋은 것은 환자 자신의 의지와 세심한 간호였다. 환자는 심한 탈수 상태로 물을 포함한 어떤 액체도 받아들이지 못한다. 다음 날 저녁이 되면 대부분의 환자는 입술이 파랗게 변하고, 눈이 퀭해지고, 피부가 노랗게 된다. 8월 24일, 윌리엄은 사망했다.

1832년 콜레라 확산의 원인이 명백하게 밝혀지지 않았지만 대부분의 사람들이 냄새와 관련이 있다고 생각했다. 가족이 살아남을 가능성이 가장 높은 방법은 환자의 토사물과 설사를 가능한 한 철저히 청소하는 것이었다. 시간과 시설이 허락한다면 모든 것을 삶고 유황을 태워 방을 훈증 소독했다(결과적으로 세탁부가 감염에 가장 취약했다. 병에 걸린 세탁부는 다른 가족들이 병에 걸리는 것을 막기 위해 격리 병동으로 보내지는 경우도 있었다. 자선 기금으로 운영되는 병원에서 치료를 받았던 환자들의 생존율조차 희망을 주기에는 힘들 정도로 낮았다). 밀워드 가족의 모든 노력에도 불구하고 두 살 난 캐서린이 사흘 후 윌리엄의 뒤를 따랐다.

콜레라는 부족한 것이 없는 중산층 가정에서도 치료할 방법이 없을 만큼 절망적인 병이었고 가난한 사람들에게는 더 치명적일 수밖에 없었다. 의사의 진료를 받을 수 있을 만큼 경제력이 있다고 해도 콜레라에 걸린 환자가 살 가능성이 크지는 않았다. 하지만 하층민이 사는 비위생적이고 비좁은 주거 환경은 아픈 사람과 건강한 사람을 격리할 수 없다는 것을 의미했다. 열악한 주거 환경 때문에 환자를 격리할 수도 없고 옷과 침구가 충분하지 않아 환자를 위생적으로 관리할 수도 없었기 때문에 나머지 가족까지 감염에 노출되는 것을 피할 수 없었다.

윌리엄과 같은 지역에는 (아마도 서로 친척인) 세 광부 가정으로 이루어진 베일리Bailey 일가가 살고 있었다. 존과 엘리자베스 부부는 에팅셜 레인에 살았고 둘 다 마흔 살이었다. 엘리자베스가 먼저 병에 걸려 8월 15일에 사망했고, 존은 하루 뒤 아내의 뒤를 따랐다. 일곱살 난 딸은 2주를 더 살았고, 생후 4개월 된 아기 앤은 그해 9월 중순까지 살았다. 앤은 아마 이웃이나 친척이 돌봐준 듯하다. 앤을 처음 데려온 것은 역시 에팅셜 레인에 살고 있던 다른 베일리 가족인 윌리엄과 엘리자베스였을 것이다. 윌리엄은 서른 살이었고 아내 엘리자베스는 그보다 두 살 아래였으며 둘에게도 생후 5개월 된 딸이 있었다. 8월 말에는 이들 모두가 사망했다. 세 번째 베일리 가족은 레스터가의 모퉁이에서 살고 있었다. 토머스와 엘리자베스 부부, 그들의 세 자녀 존, 헨리, 앤은 모두 8일 이내에 사망했다.

살아남은 사람들도 있었다. 강한 체질 덕분에 목숨을 구하기도 했지만, 숟가락으로 끈질기게 수분을 공급한 것도 도움이 되었다. 자주 먹이면 효과적인 두 가지 음료는 천연 소금이 함유된 묽은 쇠고기 국물과 설탕을 약간 탄 보리차였다. 당시의 사람들은 알지 못했지만, 물에 소금과 설탕을 조금만 섞어 마시면 심하게 설사를 한 후 필요한 체액 균형을 회복할 수 있었다. 이런 지식이 없어 많은 사람들이 사망했다. 의도하지는 않았지만 다른 음식이나 음료를 통해 이런 단순한 원기 회복제를 공급받은 환자도 있었다. 그러나 콜레라 환자의 생사를 바꿀 정도로 충분한 수분을 공급하려면 엄청난 헌신과 이타심이 요구됐다. 그런 두려운 상황에서 간호를 한다는 것은 용감한 일이었다.

대부분의 여성들은 다른 가족 구성원으로부터, 혹은 어린 시절 병치레를 하며 간호를 받았던 경험을 통해 비공식적으로 간호를 배웠다. 그렇기 때문에 가정에서 행했던 간호 방법은 매우 다양했고, 많은 전통 요법에서는 의료 전문가가 장려하는 보다 진보적인 치료법을 무시했다.

의사들은 종종 환자가 머무는 환경에 가차 없이 비난을 퍼붓곤 했다. 특히 많은 여성들이 따르는 관습, 즉 불을 피우고, 외풍을 차단해 방의 온도를 높이고, 환자에게 이불을 잔뜩 덮어주는 관습을 개탄했다. 의료인들은 이런 관습이 환자를 감염된 공기로 둘러싸고 독소를 피부 옆에 머물게 해 환자에게 재흡수될 가능성을 높인다고 생각했다. 또한 전문가들은 자신들도 환자에게 정기적으로 완하제를 처방하면서도, 여성들이 처방받지 않은 완하제를 고집하는 것을 맹렬히 비난했다. 여성들이 환자에게 먹이는 음식도 너무 기름지고 소화하기 어려운 것이라며 자주 비판했다.

전문적인 의료적 조언을 얻기 어려웠던 빈곤층이나 노동 계급 여성들은 빅토리아 시대 내내 거의 변함없이 이런 간호 관습을 계속해 왔다. 그렇게 해서 19세기 말 빈민을 도우려던 자선 의료인들을 질겁하게 만들기도 했다. 안전 수칙에 대한 무지도 그들을 오싹하게 했지만 더 큰 충격을 안긴 것은 끔찍한 생활 환경이었다. 특히 환기 부족이 고질적인 문제였다. 빈민들은 집 안에 찬 공기가 들어오지 않게 하려고 필사적으로 노력했고, 난방을 할 만한 자원이 충분하지 않았기 때문에 병든 사람들을 옷으로 최대한 단단히 감쌌다. 노동 계층에게 체온은 추위를 이기기 위한 또 다른 해법이었다. 가족 구성원의 몸을 살아 있는 보온 수단으로 활용한 것이다.

수유 역시 그들이 이용한 방법이었다. 병이 든 허약한 성인은 여성의 가슴에서 직접 젖을 받아먹었다. 이는 구약 성경에도 묘사된 것으로, 일반 대중이 인정하는 오랜 역사를 가진 간호 기술이었으며, 훌륭한 자선 행위로 극찬을 받았다. 그러나 빅토리아 시대 후반의 자선가들과 의료진에게는 받아들이기 힘든 일이었고, 많은 사람들이 이 관습을 혐오했다.

병자에게 먹일 모유가 없을 경우, 가난한 사람들은 시골의 눅눅하고 낡은 오두막집에 살든, 빈민가의 지저분한 단칸방에서 여덟 명이 살든, 병자의 기력을 돋우기 위해 가능한 한 '최고'로 질이 좋은 음식을 제공하려고 애썼다. 빵과 잼으로 근근이 버티는 보통 때의 식단과 달리 반숙 달걀과 같은 특식을 준비했다. 송아지 발을 삶아 굳힌 요리는 고기의 좋은 성분이 농축되어 있다고 여겨져 예전부터 보양식으로 먹어오던 음식이었다. 18세기 초, 여성 자선가들은 이웃과 교구의 병자들에게 이 요리를 제공하곤 했다. 19세기의 빈민들은 치유와 생명의 음식이라는 이 전통에 매달렸다.

의료인들은 플로렌스 나이팅게일이 『간호 노트Notes on Nursing』에서 자세히 설명한 간호 방식을 옹호했다. 1859년에 출간된 이 책은 19세기의 나머지 기간 동안 전문 의료진의 간호와 중산층 가정의 간호에 큰 영향을 주었다. 그녀의 논문은 1830년대와 1840년대에 처음 윤곽이 드러난 '위생sanitary' 운동의 원리를 기초로 하고 있다.

그림 86. 병자가 있는 방.

　'위생'은 의료 전체, 특히 생활 환경과 신선한 공기의 역할을 포괄하는 단어였다. 병실 창문은 항상 열어두어야 했고, 환자들의 침상은 깨끗한 공기가 순환할 수 있도록 간격을 충분히 두어 배치해야 했다. 요강은 유해한 공기가 퍼지는 것을 막기 위해 즉시 치우고, 침구는 가볍고 통기성이 좋은 소재로 만들어 몸에서 발산하는 유독 가스가 분산될 수 있도록 해야 했다. 식단은 소화하기 쉬운 기본적이고 단순한 음식으로 구성해야 하며, 환자가 누워 있는 공간은 조용하고 평화로운 분위기를 유지해 정신적 안정을 취할 수 있도록 했다. 모든 세부 사항은 감염된 노폐물과 공기를 제거하고, 신체에 스스로를 치유하기 위한 시간과 휴식을 제공하도록 설계되었다. 지나친 흥분과 과도한 자극은 엄격히 금지했다.

의사들은『간호 노트』를 열렬히 지지했지만(이 책은 의사의 지시를 엄격히 따라야 한다는 주장으로 의사들의 권위를 강화했다) 출간될 무렵의 이 책은 이미 의학적으로 시대에 뒤떨어진 상태였다. 특히 이 책은 소독제 사용을 장려하는 새로운 세균 이론(논란의 여지는 있지만)의 실행에 대해 전혀 다루지 않았다. 또한 여성이 쓴 책이기 때문에 전통적인 성 역할을 강화하는 측면도 있었다. 간호는 여성의 일이었고, 치료법이나 약은 언급하지 않았다. 이는 남성의 영역이었기 때문이다.

그러나 이 책은 주류 의학계의 전폭적인 지지를 받았기 때문에 이후 이 주제를 다루는 빅토리아 시대의 저술에 막대한 영향력을 발휘했다. 1861년『비튼 부인의 가정생활 백과』부터 1890년 맥그리거 로버트슨McGregor Robertson의『가정의Household Physician』에 이르기까지 간호라는 주제가 등장하면 모든 이야기는 플로렌스 나이팅게일로 귀결되었다. 비튼 부인의 책은 주부들이 언제든 사용할 수 있도록 집에 약품을 준비해 두라고 조언했다. 이 책에서 상비하라는 약품 목록에는 26종의 약품이 포함되어 있었는데, 그중 일부는 브랜드 약품이고 일부는 원재료 그대로였다. 비싼 약은 없었고, 모두 처방전 없이 약국에서 쉽게 구입할 수 있는 것들이었다.

이 목록에는 당시 기적의 '만병통치약' 중 하나였던 '파란 알약'이 포함되어 있었다. 콜레라부터 간 질환, 독감, 류머티즘, 매독에 이르기까지 온갖 증상과 질병을 치료하는 비법에 따라 만들어졌다는 이

제품은 많은 돈을 벌어들였다. 이후의 분석을 통해 파란 알약에 여러 가지 강력한 완하제 성분과 다량의 수은이 함유되어 있다는 것이 드러났다. 이것은 분명 신체에 눈에 띄는 영향을 미쳤을 테지만, 건강에는 전혀 도움이 되지 않았을 것이다. 비튼 부인의 권장 약품 목록에는 브랜드 약품 외에도 아편 가루와 아편 팅크[8]도 포함되어 있었는데, 이 두 가지가 모든 통증과 발열은 물론이고 '신경성' 증상을 완화시킨다며 권장하였다. 또 다른 완하제였던 센나 잎과 배탈 치료제였던 엡섬 소금[9]과 같이 가정에서 사용해도 위험하지 않은 권장 약물도 있었다.

비튼 부인은 가정용 응급 상자에 약품뿐 아니라 종기를 터뜨리고, 점을 빼내고, 가시를 제거하는 등 작은 규모의 외과 수술을 하는 데 쓰는 랜싯[10], 핀셋처럼 이물질을 제거하는 데 쓰는 탐침, 난산 때 쓰는 겸자[11], 상처 봉합에 쓰는 굽은 바늘을 비롯한 여러 가지 도구를 넣어두라고 추천했다. 이 목록은 당시 여성이 해야 했던 의료 행위

---

8. 팅크(tincture): 동식물에서 얻은 약물이나 화학 물질을 에탄올 또는 에탄올과 정제수의 혼합액으로 흘러나오게 하여 만든 액제(液劑).

9. 엡섬 소금(Epsom Salt): 황산 마그네슘이라고도 하며, 마그네슘, 황, 산소로 이루어진 화합물이다. 입욕제로 많이 사용되는데 인체에 유해하지는 않다.

10. 랜싯(lancet): 양날이 뾰족한 의료용 칼.

11. 겸자(forceps): 날이 서지 않은 가위 모양으로 생긴 외과 수술 기구. 조직이나 기관을 집어서 누르거나 고정하는 데에 쓴다.

가 얼마나 많은지 분명히 보여주는 예다. 의료 전문가를 찾아가는 것은 최후의 수단이었고, 의학 교육을 받지 않은 일반 여성이 아편제를 투여하고 간단한 외과 수술을 시행하곤 했다. 이런 분야에 조언을 제공하는 책들이 많이 있었기 때문에 돈과 배울 수 있는 여유가 있는 여성이라면 참고할 수 있었다. 하지만 여성들이 주로 의지한 것은 주변 여성들로부터 얻을 수 있는 지식과 자극적인 광고, 약국에서 구입할 수 있는 제품들이었다.

광고는 엄청난 영향력을 발휘해 대부분의 빅토리아 시대 사람들이 가진 약에 대한 경험은 광고에 좌우될 정도였다. 초기의 제약 회사들은 큰 힘을 들이지 않고도 사람들의 구매 행동을 조종할 수 있었고, 최신의 중대한 의학적 발견(실제이든 가상이든)을 활용하기 위해 홍보 방향을 바꾸는 일이 흔했다. 19세기 초중반에는 광고 산업이 전혀 규제를 받지 않았기 때문에 제조업체와 소매업체는 제품에 대해 자유롭게 주장을 펼칠 수 있었고 이런 주장은 터무니없거나 대담한 거짓말로 이어졌다.

빅토리아 시대 직후인 1908년, 사람들을 호도하는 부정직한 광고들을 우려한 영국 의학협회British Medical Association는 일련의 실험을 통해 인기가 가장 높은 브랜드 의약품들을 분석했고, 그 결과를 『치료 비법Secret Remedies』이라는 책으로 출판했다. 1850년대 세인트헬렌스에서 사업을 시작한 토머스 비첨Thomas Beecham이 만들어 시판한 비첨 알약은 광고를 통해 성분이 약초로만 이루어져 있다고 주장했다. 라벨에는 "다리 통증"부터 "간 질환", "두통"까지 이 약으로 치료할 수 있는 스물아홉 가지 증상이 나열되어 있었다. 화학 분석을 통해 이 알약은 알로에, 생강, 비누로만 만들어졌다는 것이 드러났다. 당시에도 의료인들은 그런 혼합물이 광고에서 약속한 다양한 질환은 말할 것도 없고 어떤 질환도 치료할 가능성이 없다는 것을 알고 있었다. 좋게 보아야 위약일 뿐이었다. 하지만 비첨은 광고에 매우 능했고 제품들을 마케팅하는 데 엄청난 돈을 투자했다. 이 회사가 마케팅에 지출한 돈은 1891년에만 12만 파운드에 달했다. 이는 작은 땅을 구입할 수 있는 금액이었다.

고객을 호도한 또 다른 약품은 튜버큘로자인Tuberculozyne이다. 결핵 치료제로 홍보된 이 미국 제품은 두 병의 물약으로 이루어져, 한 병씩 차례로 복용하게 되어 있었다. 분석 결과 첫 번째 물약은 브롬화칼륨, 여러 가지 착색제와 향료, 가성 소다, 물로 구성되었다는 것이 입증되었다. 두 번째 물약은 글리세린, 아몬드 향료, 물, 캐러멜 색소로 만든 것이었다. 두 액체 모두 치료 효과가 전혀 없었다. 본질적으로는 착색료와 향료가 첨가된 물에 불과했다. 하지만 당시에는 포장에 성분을 표시할 의무가 없었기 때문에 대부분의 사람들이 제품에 대해 얻을 수 있는 유일한 정보는 광고의 허위 주장뿐이었다.

비첨 알약과 튜버큘로자인의 경우, 현재의 기준으로 사람에게 실질적인 피해를 줄 가능성이 없다는 사실이 그나마 위안이 된다. 하지만 1837년 당시 시중에 판매되는 인기 높은 약 대부분에는 칼로멜(수은 제제)과 아편 팅크가 함유되어 있었다. 이런 대단히 위험한 약물들이 여러 브랜드, 여러 가지 형태의 제품으로 판매되었다. 판매량이 많다는 것은 그 약들이 제조업체에 큰 수익을 가져다준다는 것을 의미했다. 하지만 구매와 판매 어느 쪽에도 전혀 제한이 없었기 때문에 빅토리아 여왕의 통치 초기 동안에는 의사가 구할 수 있는 약이라면 가정에서도 어떤 것이든 구입해 사용할 수 있었다. 이런 자유는 병원비를 부담할 여유가 없는 대부분의 사람들에게 환영을 받았다. 무엇이 잘못되었는지 진단만 되면 약국에서 똑같은 약을 사거나 더 저렴하게 재료를 사서 집에서 약을 만들 수 있는 상황에서 왜 의사에게 돈을 쓰겠는가?

그 이전의 수백 년 동안 가정에서 약품을 만드는 일은 보통 여성이 책임졌다. 부유한 여성들은 전용 스틸 룸[12]에서 약을 만들기도 했지만, 대부분의 여성들은 20여 가지의 기본적인 약초 제제를 만드는 정도의 지식만 가지고 있었다. 여성들은 보통 약초로 만든 간단한 약물에 집중했고(더 복잡한 화학 제제는 자본과 장비를 갖춘 남성 전문가들

---

12. 스틸 룸(still room): 증류 과정이 이루어지는 장소이기에 붙은 이름이다. (저자 주)

이 만들었다), 그런 지식은 빵을 만드는 것과 마찬가지로 평범한 여성의 삶의 일부였다. 과학의 새로운 발전에 관심이 많고 '미신'의 잔재를 없애려는 의사들이 거의 한 세기 동안 이런 가정 의료를 멸시했지만 이 전통적인 의료 기술들은 1837년에도 지속되고 있었다.

그러나 여성들이 일자리를 찾아 시골에서 도시로 이주하기 시작해 과거처럼 약초를 집 안에 늘 챙겨두지 못하게 되면서 변화가 시작되었다. 빅토리아 시대가 시작될 무렵, 가정 의료를 책임지는 여성의 전통적인 역할은 약을 만드는 사람에서 구매하는 사람으로 뒤바뀌었다. 그러나 어떤 약을 언제 사용할지, 언제 투여할지 결정하는 것은 여전히 여성이었다.

여성이 약을 구매할 권리는 1868년 약국법Pharmacy Act이 제정된 후에야 제한을 받게 되었다. 중독에 관한 스캔들(우발적인 것과 계획적인 것 모두)이 잇따르자 특정 물질을 판매하는 사람을 통제하는 법안이 도입되었다. 이때부터 법에서 규정하는 몇 가지 독극물(주로 비소와 청산가리)을 구매하는 사람은 그것을 구매할 때 서명을 해야 했다. 독극물을 구매할 수는 있었지만, 약사(자격을 갖춘 약사여야 한다)로부터 용도에 대해 몇 가지 질문을 받고 장부에 서명을 하고 돈을 지불한 뒤에야 약을 받을 수 있었다.

처방 없이 약국에서 살 수 있는 약의 대부분은 가정에서 여성이 관리하기 때문에 제약 회사는 전통적으로 여성들이 책임져 온 가족의 건강 관리 의무와 노파심을 자극해 제품을 판매했다. 이들이 선호하는 기법은 감정을 자극하는 공공연한 협박이었다. 날개를 달고 하늘로 올라가는 아기 천사의 이미지를 특징으로 하는 이노Eno 사의 프루트 솔트Fruit Salt 광고에는 "이노의 프루트 솔트로 예방하지 않으면 생명이 매우 위태로워집니다"와 같이 죄책감을 자극하는 문구가 적혀 있었다. 정기적인 장 청소와 '혈액 정화 강장제'가 오래된 약초 요법이 떠나고 남은 공백을 채웠고, 21세기의 많은 사람들이 비타민 보충제를 복용하는 것과 아주 흡사한 방식으로 가정생활의 일부가 되었다.

16~17세기에 "피를 맑게" 하기 위해 봄철에 쑥국화tansy 즙을 내 오믈렛에 넣어 먹던 탠시 오믈렛부터, 빅토리아 시대의 무화과 시럽과 피마자유, 오늘날의 비타민 정제와 "몸에 좋은" 박테리아 요구르트에 이르기까지 가정을 중심으로 하는 예방 의학의 전통은 역사 내내 끊이지 않고 이어져 왔다. 이 모든 것은 그 시대의 건강에 대한 염려를 이용했다. 비튼 부인의 약품 목록에 있는 엡섬 소금과 센나 잎도 분명 이런 전통의 일부다. 대부분의 빅토리아 시대 여성과 마찬가지로 비튼 부인의 책을 읽은 각계각층의 독자들은 모든 가족이 규칙적으로 배변하는지 관찰하고 주기적으로 '해독detox'을 하도록 하는 것을 의무로 여겼을 것이다. 그 결과 이런 서비스를 제공하는 약품과 제제는 엄청난 인기를 누렸다.

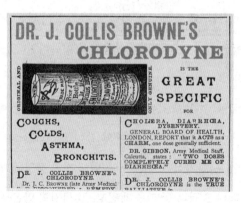

그림 87. 1848년에 조제된 클로로다인.

1837년에 사람들이 주로 사용한 진통제는 아편 팅크였다. 하지만 시간이 흐르고 아편을 조제하는 새로운 방법이 널리 퍼지면서 더 나은 진통제가 개발되었다. 클로로다인Chlorodyne은 1848년 콜리스 브라운Collis Browne 박사가 인도에서 군의관으로 복무하던 중에 합성한 것으로 여겨지는 혼합 제제다.

1854년 휴가로 영국에 돌아와 있던 그는 자신이 머물던 마을 근처에서 콜레라가 유행하자 지원 요청을 받았다. 2년 후, 그는 이 혼합물을 만들고 판매하는 사업을 시작해 영국과 식민지 환자들의 통증을 덜어주었다. 이 약이 인기를 얻게 된 것은 다른 많은 의약품과 달리 대대적인 광고가 아닌 입소문 덕분이었다.

1840년대와 1850년대에 구할 수 있었던 다른 많은 혼합물들과 달리, 이 약을 사용하면 기분이 좋아졌다. 이 약이 모르피아(모르핀의

한 형태)와 클로로포름의 혼합물로 만들어졌다는 것을 알면 놀랄 일
도 아니다. 이 혼합물은 약효가 극도로 강력했다. 1온스(약 28.3g)들
이 병 하나에 36회분의 클로로포름과 12회분의 모르피아가 들어 있
었다. 클로로다인은 중독성이 매우 강했으며, 이후의 클로로다인
성분에는 극미량의 대마초 추출물도 포함되었다. 클로로다인이 유
일한 클로로포름 제품은 아니었다. 산고를 덜기 위해 투여되는 진
통제, 기침약과 콜레라 치료제에도 클로로포름이 들어 있었다.

또 다른 인기 있는 약물은 코카인이었다. 코카 잎에서 코카인을
처음 분리해 낸 것은 1860년이었지만 널리 사용된 것은 1880년대
부터였다. 주로 피곤하거나, 무기력하거나, 신경과민이거나 우울한
사람들의 기분을 전반적으로 고무시키는 토닉 와인[13]에 사용되었
다. 헤로인은 그보다 더 늦게, 아스피린이 처음 등장한 것과 거의 같
은 시기인 1890년대 중반에 등장했다. 모르핀, 아편, 코카인, 아편
팅크, 헤로인, 클로로포름, 에테르, 아스피린, 대마초는 모두 19세기
말까지 어떤 형태의 의학적 감시도 없이 단 몇 펜스로 약국에서 구
입할 수 있었다. 자신이 이런 약품을 구입하고 있다는 사실조차 모
르는 사람이 많았을 것이다. 이런 성분들은 다양한 특허 의약품과
'강장제'의 미공개 성분이었기 때문이다.

---

13. 토닉 와인(tonic wine): 다양한 약초, 향신료, 때로는 약용 성분을 첨가한 알코올 음료.

그림 88. 코카인을 첨가한 코카 와인.

　이런 이유로 빅토리아 시대 사람들은 자신도 모르게 약물 중독을 경험하기 일쑤였다. 플로렌스 나이팅게일도 아편 팅크에 중독되었던 것으로 추정된다. 시인 엘리자베스 배럿 브라우닝Elizabeth Barrett Browning, 화가이자 시인인 단테 가브리엘 로세티Dante Gabriel Rossetti의 아내이자 모델이었던 엘리자베스 시덜Elizabeth Siddall도 마찬가지였다. 아서 코넌 도일Arthur Conan Doyle의 탐정 셜록 홈즈도 동시대인으로 아편과 헤로인에 의존했던 인물로 묘사되었다.

　의사뿐 아니라 가정에서 간호하는 사람도 아편을 자유롭게 사용할 수 있는 상황이었기 때문에 심각한 병치레를 하고 나면 원래의 질병에서 회복된 후에도 아편에 중독되는 경우가 많았다. 이는 눈에 띄지 않는 위험이었다. 파이 체바스 박사의『부인들을 위한 조언』은 주로 약물 의존에 대한 우려를 다룬 글이다. 그는 찬물 목욕과 장

시간의 산책을 권하면서 젊은 여성들에게 약용 아편제를 거부하라고 간곡히 당부하고 있다. 19세기 물 치료 요법이 인기를 끈 데는 이런 약물 복용의 대안이라는 이유가 컸다. 하지만 물 치료 요법이 대중화하기에는 가격이 비쌌다. 그에 비해 아편 팅크는 빵 한 덩어리 가격과 같은, 온스당 약 1페니로 훨씬 저렴했다.

얼마나 많은 사람들이 약물에 중독되었는지는 판단하기도 어려울 정도다. 중독자에 대한 기록도 없고, 마약 자체의 판매 수치도 없다. 중독과 과다 복용은 사망 진단서에 사인으로 거의 등장하지 않았고, "쇠약", "폐렴", "수면 중 사망"과 같은 문구에 가려져 있었다. 또한 약물 중독 증상은 빈곤과 평생 동안 계속되어 온 영양 결핍 증상과 구분하기가 어려웠다. 구빈원에서 자란 사람의 푹 팬 뺨과 쑥 들어간 눈은 모르핀 중독이 아니라 굶주림과 과로의 영향이었을 수도 있다. 부유층 가정에서도 약물 중독이 어떤 작용을 했는지 알기 어려운 것은 마찬가지다. 만성 질환이 너무 많았고 효과적인 치료법이 없었기 때문에 많은 사람들이 평생 병약하게 살아야 했다.

빅토리아 시대 사람들은 여성이 남성보다 약에 의존하는 경향이 더 크다고 지적하곤 했다. 이는 여성 혐오의 결과였을 수도 있지만, 일반적으로 여성이 남성보다 가정에서 약에 대한 책임이 더 컸기 때문에 자신도 아편 제제를 사용할 가능성이 높았다는 것이 사실일 수 있다. 아편은 쉽게 구할 수 있었고, 업체들은 중독성이 있는 '강장제'

를 과로에 시달리고, 지치고, '히스테리hysteria' 상태인 여성이 기운을 차리게 하는 제품으로 홍보하는 데에 열중했다.

히스테리는 다양한 증상에 흔하게 붙이는 진단명이었다. 이후 20세기 초에는 이런 증상을 '신경과민nervous complaint'이라고 불렀고, 1930년대와 1940년대에는 이들을 아울러 '신경 쇠약mental breakdown'으로, 21세기에는 '우울증depression'이라고 칭하게 되었다. 19세기에는 여성만이 히스테리를 겪는다는 통념이 있었다. '히스테리'라는 용어와 이 질병에 대한 이해는 모두 고대 그리스 의학 사상에서 유래했다. 이런 통념은 여성의 자궁은 몸통 내에서 움직이며, 자궁이 오르내리면서 나머지 몸, 그리고 특히 '정신'이 적절하게 작용하지 못하게 방해한다고 믿었다. 해부학 연구가 진전되었음에도 빅토리아 시대의 의학은 여성의 생식 기능과 정신적 균형 사이에 연관성이 있다고 주장했다(이런 믿음의 잔재는 오늘날에도 '호르몬' 변화에 영향을 받는 여성에 대해 남아 있는 편견과 함께 대중의 생각 속에 살아 있다).

1880년대와 1890년대의 아편 성분이 함유된 강장제부터 냉수 목욕, 전기 충격 요법까지 히스테리 증상을 겪는 여성에 대한 치료법은 대단히 다양했다. 소형 수동 정전기 기계가 가정용으로 널리 광고되었고, 많은 약사가 약국에 정전기 유도 장치를 마련해 두고 적은 비용으로 치료를 제공했다. 의사와 의료 기관 모두 더 크고 강력한 장치에 투자했다. 기계를 충전하고, (편두통의 경우 관자놀이, 천식 치료의 경우 가슴 등) 신체의 다양한 부위에 한 쌍의 접촉 장치를 부착해 회로를 완성한 뒤, 환자에게 전류를 흘려 넣었다. 이 장치가 히스테리를 겪는 여성에게 널리 사용되었으며 장치의 대부분에 '질 부착 장치'가 있었다는 것은 빅토리아 시대의 보통 사람들이 '질병'을 어떻게 이해했는지 보여준다.

## chapter12
# 교육 시스템

　빅토리아 시대 전체에 걸쳐 학교 교육에 대한 관심과 그 유용성에 대한 믿음이 커졌다. 오래지 않아, 개인의 성공적인 인생뿐 아니라 국가의 경제적 발전을 위해서도 교육의 필요성을 인식하게 되었다. 일반 노동자에게로 투표권을 확대하기 위한 정치적 투쟁(차티스트 운동[1])에 참여한 많은 사람들은 그들이 투표권을 현명하게 사용할 수 있게 하는 데 교육이 필수적인 도구라고 생각했다. 교육받은 노동자들을 생산성을 높이고 혁신을 이끌어 내는 수단으로 본 사람들도 있었다. 한편에는 교육을 건강이나 위생에 대한 조언, 종교적 메

---

1. 차티스트 운동(Chartism): 1830년대에서 1840년대에 걸쳐 일어난 영국 노동자층의 참정권 운동. 노동자들은 유산 계급에게만 투표권을 부여하는 부당함에 맞서 보통 선거권을 정부에 요구했다.

시지를 널리 전파할 수 있는 도덕적 개혁 운동으로 여기는 사람들도 있었다.

교육을 확대하는 데 있어서 가장 큰 장애물은 돈이었다. 누가 교사, 책, 학교 등의 교육 여건을 마련하는 데 돈을 대야 하나? 개인 자선 활동에도 부모들의 능력에도 한계가 있었다.

19세기 초, 교육 개혁가 조지프 랭커스터Joseph Lancaster와 앤드루 벨Andrew Bell은 이런 비용을 획기적으로 줄이면서도 더 많은 어린이들에게 읽기와 쓰기라는 기본 교육을 제공할 수 있는 계획을 제시했다. '모니터 시스템monitor system'으로 알려진 이 제도는 한 명의 교사가 하루 수업에서 여러 명의 고학년 학생들을 가르치고, 그 학생들이 다시 저학년 학생들을 지도하는 방식이었다. 조지프 랭커스터는 한 명의 교사가 학교 전체(아무리 큰 규모이더라도)를 주관할 수 있으며, 한 권의 책으로 전교생에게 철자를, 다른 한 권으로 읽기를, 또 다른 한 권으로 산수를 가르칠 수 있다고 주장했다. 그는 교육자 한 사람이 500명의 아이들을 가르칠 수 있으며, 이 모든 것에 드는 비용은 어린이 한 명당 연간 4실링에서 7실링 사이라고 생각했다.

이런 학교는 남학생들(19세기 초에는 몇몇 여학교와 남녀 공학이 있었지만 대부분의 학교는 남학생만을 위한 것이었다)이 큰 홀 중앙에 앉아서 글을 쓸 수 있도록 책상이 줄지어 있는 형태로 만들어졌다. 벽에 칠판들이 나란히 걸려 있는 이 공간은 '드래프트draft'라고 불리는 영역으로 나뉘었다. 드래프트에는 작은 그룹의 학생들이 모여 서서 읽기 연습을 하고 지도를 받았다.

학교 수업은 일찍 시작되었다(일부 교육 기관은 오전 6시부터 수업을 시작했다). 우선 대부분 12세에서 15세의 소년들인 모니터[2]들이 교사 주위에 모여 그날의 수업을 들었다. 한 시간 후 나머지 학생들이 도착하면 모니터가 각 그룹이 조용히 집중할 수 있도록 감독했다. 교사가 붐비는 교실에 있는 전체 학생을 대상으로 주된 수업을 하는 동안 모니터들은 어린아이들이 예의 바르게 행동하도록 했다. 하루 동안 몇 번의 간격을 두고 모니터가 어린 학생 그룹을 교습 구역 중 한 곳으로 이끌었다. 그들은 벽에 읽어야 할 글을 붙여두고 학생들이 (개별적으로 또는 단체로) 소리 내어 글을 읽는 것을 들었다. 모니터들은 자신이 맡은 학생보다 한 수업만 앞서면 족했다. 모니터의 역할은 대부분 지도보다는 훈육에 가까웠고, 대부분 담당 학생을 때릴 막대를 가지고 있었다. 아동 노동자인 모니터는 값싼 노동력이었고 새로운 학교 체계에서 비용 절감의 주요 원천이었다.

1840년대에 아이들을 감시하는 모니터로 일했던 프레더릭 호블리Frederick Hobley는 "하루에 0.5페니, 일주일에 2.5페니를 받아 용돈으로 쓸 수 있었다"고 회상했다. 그는 자신이 했던 실제 업무나 교

---

2. 모니터(monitor): 학교에서 학생들의 행동을 돕고, 질서를 유지하는 역할을 맡은 학생, 즉 반장이나 조교를 뜻함.

육에 대해서는 많이 기억하지 못했지만, 몇 년 후 열여섯 살이 되자 교사 양성 대학의 입학시험을 치르기 위해 옥스퍼드로 갔다. 모니터 시스템은 프레더릭에게 고등 교육을 받을 수 있는 길을 열어준 것이다(권말 도판 17 참조).

제임스 본윅James Bonwick의 교육은 여섯 살 때 런던 서더크에 있는 버러 로드 스쿨에서 시작되었다. 처음에는 교실 맨 앞줄에 있는 '모래 책상'에 앉았다. 아이마다 모래가 담긴 쟁반과 거기에 글씨를 쓸 수 있는 막대, 자국을 지워 표면을 깨끗하게 만드는 도구로 나무나 뻣뻣한 가죽으로 만들어진 '스무더smoother'를 받았다. 모든 아이가 볼 수 있도록 교실 정면에 커다란 알파벳이 붙어 있었다. "어린 선생님이 글자를 가리키며 그 글자의 이름을 외쳤고, 우리는 큰 소리로 그 이름을 반복했다. 그런 다음 선생님은 우리 앞에 있는 모래를 스무더로 매끈하게 하고 모래에 글자를 써보라고 했다. 이것이 끝나면 우리는 다시 글자를 크게 읽었다." 제임스의 선생님은 열 살에서 열두 살쯤밖에 되지 않았다. 알파벳을 익힌 제임스와 반 친구들은 뒷줄의 책상으로 갔고 그곳에서는 모래 쟁반이 아닌 석판을 이용했다. 아이들은 간격을 두고 첫 번째 '드래프트'로 보내졌고, 거기에서 그들은 나무 판에 붙어 있는 인쇄된 카드 주위에 모여 'ab'와 'ad'와 같은 단음절들을 인식하고 소리 내는 법을 배웠다. 모니터가 아이들이 정해진 수업 내용을 이해했다고 생각하면 그들을 다음 수업으로 이동시켰다. 교실의 더 뒤쪽에 앉아 다음 '드래프트'에 참여하는 것이다. 이들 학교에서는 보통 5세에서 10세나 11세까지의 학생들을 받았다.

1803년 조지프 랭커스터는 모니터 시스템의 운용 방식을 설명하는 책을 출간했다. 5년 후, 그는 영향력 있는 친구들과 왕립 랭커스터 협회Royal Lancastrian Society를 결성해 이런 모니터 학교의 추가 설립과 발전을 장려했다. 이 아이디어는 인기가 있었지만 랭커스터는 그렇지 못했다. 얼마 되지 않아 대부분의 협회 회원들이 그를 떠났다. 곧 두 개의 라이벌 학교 네트워크가 설립되었다. 둘 다 랭커스터의 모델을 사용했다. 하나는 비국교도가 지원하는 '브리티시 스쿨British School', 다른 하나는 영국 국교회가 지원하는 내셔널 스쿨National School'이었다. 이들 모두가 노동 계급에게 저렴한 교육을 제공하기 위해 노력했다. 건물을 짓는 돈을 부유한 후원자가 대면, 기본적인 운영 비용은 학부모가 지불하는 수업료만으로 충당할 수 있다는 것이 이들의 생각이었다.

이 교육 모델은 주로 어린이 모니터들에게 더 나은 교육을 제공하려는 움직임을 통해 발전했다. 학교를 책임질 자격을 갖춘 교사들은 이 학생 교사들에게 추가로 방과 후 수업을 하는 경우 추가 수입을 얻었다. 아이들이 자신들의 수업 시간에 정규 교과 과정을 마치고 국가 교사 자격시험을 준비하도록 격려했다. 이런 교육이 그들이 자격을 갖춘 교사가 되는 데 도움이 될 것이라고 기대했다.

학생 교사가 되면 노동자 계급의 똑똑한 아이에게는 사회적 계층 이동의 길이 열릴 수 있었다. 교육비가 들지 않았을 뿐만 아니라 교육 기간 동안 적으나마 돈을 벌 수 있기 때문이었다. 많은 가정이 생계를 위해 아동인 자녀가 벌어 오는 임금에도 의존했기 때문에 이 돈은 매우 중요했다. 아동 노동자들 중에서 학생 교사의 임금이 높은 편은 아니었지만, 정말 생계가 절박한 가정이 아니라면 아이에게 이런 인생의 기회를 줄 수 있었다. 굳은 결심으로 열심히 노력하는 아이들은 교육을 받고 자격을 획득해 중산층으로 이동할 수 있는 직업을 얻었다. 한 세대 만에 노동자에서 전문직으로 이동하는 것은 엄청난 사회적 상승이었지만, 교사에 대한 수요가 계속 증가하면서 상당수의 남녀 젊은이들이 이 기회를 얻을 수 있었다.

브리티시 스쿨과 내셔널 스쿨 외에도 여러 가지 교육의 기회가 존재했다. 주로 중산층 고객을 대상으로 하는 오랜 역사의 중등학교[3]가 번성했고 부유한 중산층과 상류층을 대상으로 예전부터 운영되어 왔거나 새롭게 생겨나는 퍼블릭 스쿨[4]도 성황을 이루었다. 학비를 지불할 여유가 있는 사회 구성원의 니즈를 충족시키기 위

---

3. 중등학교(Grammar school): 과거에는 라틴어 문법을 주로 가르치는 학교였고, 현재는 대학 입시 준비 교육을 주로 하는 영국의 7년제 인문계 중등학교를 말한다.

4. 퍼블릭 스쿨(Public school): 영국, 특히 잉글랜드의 상류층 자제를 위한 사립 학교.

해 소규모 사립 학교도 생겨났다. 성직자의 딸들은 자선 학교Charity school로 보내지는 경우가 종종 있었다. 샬럿 브론테의 『제인 에어 Jane Eyre』에 나오는 로드 여학교의 추운 방, 형편없는 식사, 억압적인 환경을 닮은 자선 학교였다.

또한 전국의 개인 주택의 안쪽 방이나 별채에 작은 규모의 '데임 스쿨Dame school'이 운영되었다. 이곳에서는 아이를 돌보면서 기초적인 읽기 및 쓰기 수업을 제공했고, 수공예를 가르치는 경우도 많았다. 이런 시설의 수업료는 매우 낮았고, 운영자 자신도 무척 가난한 것이 보통이었다. 다른 생계 수단이 없는 노인이나 여성이 운영하는 경우가 많았다.

부모들이 이런 곳을 소중하게 여긴 것은 교육과 탁아의 역할을 했을 뿐만 아니라 유용한 기술을 가르쳐주기도 했기 때문이다. 수공예와 같은 수업은 글을 읽고 쓰는 교육보다 아이와 부모에게 훨씬 더 실용적이고 지속적인 도움을 주는 경우가 많았다. 레이스 제작 학교, 짚 엮기 학교, 뜨개질 학교는 모두 어린이가 단기이든 평생이든 생계를 유지할 수 있게 하는 실질적인 기술을 가르쳐주었다. 공예에 중점을 두는지, 학과 공부에 중점을 두는지에 따라 학교의 유형과 그 학교를 필요로 하는 학부모의 유형이 나뉘었다. 지역 경제의 특성과 가정의 재정 상태에 따라 균형을 맞출 수 있었다. 물론 이런 학교의 교사들도 학부모를 만족시키고 그들이 기꺼이 수업료를 지불하도록 해야 한다는 측면에서 자신들의 역할을 뚜렷이 인식하고 있었다.

상류층과 중산층 부모들이 자녀에게 읽기와 쓰기 교육을 시키는 것의 장점을 깨달은 것과 마찬가지로, 많은 노동 계급 가정들도 자녀들에게 그런 기술을 가르치려 노력했다. 교육 비용만 감당할 수 있다면 자녀 교육을 마다할 부모는 많지 않았다.

1870년부터 1880년까지(지역마다 차이가 있다) 교육이 의무화되는 과정에서는 저항이 없었다. 브리티시 스쿨과 내셔널 스쿨의 시대에 데임 스쿨이 여전히 인기를 누렸던 것은 노동자 계급이 자녀 교육을 꺼려서가 아니라, 경제적 필요성과 가족의 요구와 의견에 부응하는 교육에 대한 선호가 맞물렸기 때문이다. 데임 스쿨에 다니는 아이들은 브리티시 스쿨이나 내셔널 스쿨, 이후의 정규 교육 기관인 보드 스쿨Board school에서 늘어놓는 (많은 노동 계급 사람들이 못마땅하게 여기는) 종교적 훈계로부터 벗어날 수 있었다. 이들 학교의 엄격한 스케줄 역시 논쟁을 초래하는 문제였다. 데임 스쿨은 아이들이 때때로 집에서 일을 돕거나 돈이 되는 수확 작업을 위해 몇 주 동안 쉬는 것을 이해했고, 부모의 작업 시간에 맞춰 수업의 시기와 길이를 기꺼이 조정했다.

데임 스쿨은 비공식적인 교육 기관이었지만 종종 다재다능한 학생들을 배출했다. 어떤 학생들은 두서없이 ABC를 배우던 것을 기

그림 89. 1846년, 가난한 사람들을 대상으로 한
무상 교육을 위해 빈민 학교가 설립되었다.

억했지만, 읽기 능력을 확실히 얻었던 사람들도 있었다. 토머스 쿠
퍼Thomas Cooper는 '올드 개티Old Gatty'라 불렸던 거트루드 에이램
Gertrude Aram의 지도를 받았던 때를 따뜻하고 감사한 시간이었다고
회상했다. 에이램의 교실은 항상 학생들로 가득했고, 그녀는 읽기
와 철자법을 가르치는 것을 전문으로 하는 열성적인 교사였다. 그
녀는 온 마을이 경탄할 정도로 뜨개질 솜씨도 뛰어나 여학생뿐 아니
라 남학생들에게도 뜨개질을 가르쳤다. 쿠퍼는 그녀의 가르침으로
글을 익혔고 "어려운 이름이 가득한 느헤미야서 10장을 교회 목사
님처럼 잘 읽을 수 있게" 되었다.

마찬가지로 1872년 익명인 한 사람은 『스쿨 보드 크로니클School
Board Chronicle』의 기사를 통해 자신이 데임 스쿨에서 받은 교육이

나중에 정식 '내셔널 스쿨'에서 받은 교육보다 더 즐겁고 효과적이었다고 단언했다. 그는 내셔널 스쿨이 배움에 대한 흥미와 의욕을 꺾어버렸다고 한탄했다. 그러나 경험은 천차만별이어서 프레더릭 호블리는 정반대로 데임 스쿨에서의 기억이 거의 나지 않거나, 혹 기억이 난다 해도 가능한 한 피하고 싶은 보육 시설에 지나지 않았다.

체벌은 부유층이 다니는 퍼블릭 스쿨 학생부터 극빈자들이 다니는 시설의 학생에 이르기까지 빅토리아 시대에 교육을 받은 사람들이라면 누구나 겪는 것이었다. 데임 스쿨은 좀 더 온건한 환경이었고 그래서 일부 부모들은 다른 학교보다 데임 스쿨을 선호했다.

하지만 일반적으로 대부분의 성인들은 신체적인 훈육 없이 아이를 가르치는 것이 거의 불가능하다고 생각했다. 16세기부터 남자아이들은 엉덩이를 맞아야 빨리 배운다는 인식이 널리 퍼져 있었다. 아이의 관심을 끌고 잘못된 행동을 말로 타이르는 등 보다 인간적인 방식으로 접근하는 교육자는 소수였다. 학급의 규모가 컸기에 체벌이 조장될 수밖에 없었다. 많은 교사들이 어리고 교육 수준이 높지 않은 탓도 있었다. 열여섯 살짜리 남자아이가 달리 어떻게 열 살짜리 아이들 60~70명으로 가득 찬 교실을 통제했겠는가?

체벌은 교사의 권위를 높이는 것 외에도 학생들이 수업에 집중하게 하기 위해 사용되었다. 많은 교사들은 아이들이 자신의 지시를 제대로 듣지 않았을 경우에는 '노력'이 부족해서 실수를 저지르는 것이라고 굳게 믿었다. 아이들은 철자 실수, 문법 오류, 잘못된 계산, 지저분한 글씨체 때문에 매를 맞았다. 구타, 특히 공공장소에서의 구타는 아이들을 조용하게 만들고, 올바른 길로 가게 하고, 지시에 따라 앉거나 서도록 만들기 위한 것으로 생각되었다. 교사들은 아이들에게 교사가 말하는 모든 것에 주의를 기울이라고 했다.

시간 엄수와 복종은 대단히 바람직하고 가치 있는 덕목이었다. 여기에는 지시를 정확히 따르는 능력과 반복적인 활동과 지루함을 참고 다스리는 자제력이 좋은 공장 노동자를 만든다는 생각이 한몫했다. 많은 학교가 공장처럼 느껴졌다. 19세기 말에는 특히 더 심했는데 그것은 의도적인 것이었다.

학교는 삶을 대비한 훈련장이 되어야 했다. 사회에는 엄격한 규칙과 규정, 위계질서가 있었다. 가정부부터 회사원에 이르기까지 모든 사람은 권위자의 명령을 즉각 따라야 한다고 요구받았다. 학교는 조금이라도 규칙에서 벗어난 학생에게 체벌을 가해야 했고 이런 직접적이고 육체적인 교훈은 그들이 현실 세계에서 살아갈 준비를 하는 데 유용한 것으로 여겨졌다. 체벌에 의지하지 않을 경우에는 공개적으로 학생에게 창피를 주었다.

바보 모자[5]가 그 대표적인 예였고, 어린이를 구석에 세워두거나,

---

5. 바보 모자(dunce cap): 학교에서 공부를 못하거나 게으른 학생에게 벌로 씌우던 종이로 만든 원뿔 모양 모자.

전교생이 보는 앞에서 의자 위에 올라서 있게 하거나, 석판에 잘못한 내용을 적은 뒤 목에 걸고 서 있게 하는 경우도 있었다. 더 잔인한 전략을 사용하는 교사들도 있었다. 한 학교에서는 잘못을 저지른 학생이 서 있는 가운데 나머지 급우들이 〈교훈을 얻지 못한 어리석은 자를 보라〉라는 노래를 부르게 하기도 했다. 오늘날 '스트레스 포지션stress position'이라고 부르는 일련의 체벌을 채택해 아이들이 팔을 뻗은 채 책이나 다른 물건을 들고 장시간 서 있게 하는 교사도 있었다. 다양한 회초리, 혁대, 나무 자를 사용한 체벌은 사람들 앞에서 망신을 주는 형태의 체벌이었고, 체벌을 받는 사람에게 때리는 데 사용되는 회초리에 입을 맞추도록 하는 등의 의식적인 행동으로 체벌의 공포를 높이고 더 깊은 의미를 부여했다.

1862년 정부가 학교에 투자하는 보조금의 사용을 감시하는 등의 목적으로 설립한 교육 위원회Education Committee가 성과에 따라 보조금을 지급하는 제도를 시작했다. 이런 개혁을 이끈 정치가 로버트 로Robert Lowe는 이 제도가 저비용 교육과 효과적인 교육 모두를 제공하지는 못하더라도 그중 하나는 제공할 것이라고 공언했다. 학생들의 능력을 기대하는 수준까지 끌어올리지 못한 학교는 정부 보조금을 덜 받고(저비용), 기대를 충족시킨 학교는 지원이라는 보상을 받는(효과) 체계가 처음 시행된 것이다. 매년 보조금을 받는 각 학교를 점검하고, 어린이들을 대상으로 읽기, 쓰기, 산수 시험을 실시했다.

연령에 따라 기준이 설정되었고, 이 기준은 전국 학교에 적용되었다.

이로써 정규 교육의 중점은 완전히 다른 것으로 바뀌었다. 이전이라면 교사는 꼬박꼬박 학교에 나오고 학교 환경에 잘 적응하는 소수의 의욕 넘치는 학생에게만 집중하고 싶다는 유혹을 받았다. 출석률이 낮은 학생이나 엄격한 제도에 적응하지 못하는 학생 등, 다루기 어려운 학생은 포기할 수 있었다. 그러나 학교 재정을 좌우하는 정부 보조금의 지원 여부가 전교생의 성적과 묶여 있는 상황에서는 똑똑하고 고분고분한 학생들에게만 신경 쓸 수 없었다. 대신 감사에서 요구하는 기본적인 교육 수준을 달성하는 데 집중해야 한다는 큰 부담이 생겼다. 학생들을 교육으로 감화시키는 대신 기본적인 문해 성적을 올리게 되었다.

19세기 중반 데임 스쿨, 내셔널 스쿨, 브리티시 스쿨이 엄청나게 늘어났지만 모든 학생을 수용하지는 못했다. 높은 금액은 아니었지만 이런 학교들 모두가 수업료를 받기 때문에 가난한 가정의 아이들에게는 여전히 문턱이 높았다. 구빈원 학교는 어린 수용자들에게 간단한 읽기와 쓰기를 가르치고 그와 더불어 직업 교육을 시도하면서 교육받은 다른 이들과의 격차를 조금이나마 줄였다.

하지만 이런 학교들은 학업 수준이 낮고 교내에 폭력이 만연하는 것으로 악명이 높았다. 1868년 한 조사관은 구빈원 원장의 열세 살짜리 딸이 운영하는 구빈원 학교를 찾았다고 보고했다. 또 다른 구빈원 학교에는 글을 읽을 줄 아는 아이가 단 한 명도 없었다. 그들은 책을 들고 몇 문장을 암송하는 훈련만을 받은 것으로 밝혀졌다. 많은 아이들이 책을 거꾸로 들고도 알아채지 못했다는 사실 때문에 그러한 비밀이 드러났다.

더 심각한 사례도 있다. 오랫동안 교사로 있던 문맹의 선원 두 명을 대신해 뎃퍼드 구빈원에 부임한 한 교사는 그들이 아이들을 조용히 시키는 데에만 몰두했다는 것을 알게 되었다. 1830년대 월컷 구빈원에서도 비슷한 일이 있었다. 그곳을 찾은 한 성직자는 교실에 들어가 30명의 어린아이들이 서 있고 그 가운데 한 남자가 채찍을 들고 있는 것을 보았다고 보고했다. 석판도 책도 없었다. "당신이 이 학교 교사인가요?" 그가 물었다. "네." "아이들에게 무엇을 가르칩니까?" "아무것도 안 가르칩니다." "그럼 아이들은 뭘 합니까?" "이 애들은 아무것도 하지 않습니다." "그렇다면 당신은 뭘 하는 겁니까?" "아이들을 조용히 시킵니다."

구빈원 학교에서는 아이들을 인정사정없이 매질하는 일이 아주 흔했다. 어느 학교든 단점이 있게 마련이지만 구빈원 학교는 특히 폭력적이었다. 1858년 작가이자 구빈원 개혁가 에마 셰퍼드Emma Sheppard는 철자를 정확히 쓰지 못한다고 심하게 매를 맞아 "옷을 벗길 때 등의 피부가 옷에 묻어나던" 한 소녀의 상태를 자세히 묘사했다. 울고 있던 또 다른 아이는 "부인이 나를 밧줄로 묶었다"고 주장했다. 아이의 등과 팔은 빨갛고 부어오른 큰 상처로 뒤덮여 있었다.

신문 기자 헨리 모턴 스탠리[6]는 어린 시절 세인트애서프의 구빈원 학교에서 교육을 받았다. 50여 년이 지난 후, 그는 계속되는 매질 가운데에서도 특히 두 번이 끔찍했다고 회고했다. 한 번은 '조지프 Joseph'라는 단어를 잘못 발음해서였고, 다른 한 번은 블랙베리를 먹어서였다. 그는 또한 멍이 들고 자상이 있는 급우의 시신을 영안실에서 발견했다는 이야기도 전했다. 하지만 그는 이런 폭력과 비참함 가운데에서도 언론인이 되는 데 바탕이 될 만한 지식을 쌓았다.

주일 학교는 전통적인 종교적 역할 외에 문해력 증진에 광범위한 노력을 기울였고, 19세기 동안 그 수가 이례적인 속도로 증가했다. 1833년 미들섹스에는 329개의 주일 학교가 있었으나, 1858년에는 916개로 늘어났다. 이런 교육 기관들은 시골 어린이들을 크게 변화시켰다. 시골에는 정규 학교가 고르게 분포하지 못했고, 대부분의 마을은 가난한 주민들에게 부유한 주민의 아내와 딸들이 일요일에 베푸는 교육 이외에 다른 교육을 제공할 수 없는 형편이었다.

데임 스쿨과 마찬가지로 주일 학교 역시 학교마다 교육 내용이 상당히 달랐다. 찬송가를 부르고 사도신경을 암송하는 것 외에 별다른 교육을 제공하지 않는 주일 학교가 있는가 하면, 좋은 정규 학

---

6. 헨리 모턴 스탠리(Henry Morton Stanley): 그는 당대의 위대한 아프리카 탐험가인 리빙스턴 박사를 만나 "리빙스턴 박사님이시죠?"라고 질문한 것으로 유명하다.

교에서 가르치는 것에 필적하는 수준의 읽기와 쓰기 기술을 가르치는 주일 학교도 있었다. 학급의 규모가 작고 헌신적인 교사가 있는 일부 주일 학교는 일주일에 하루만 수업을 하더라도 큰 홀에서 암기 학습에만 매달리며 5일 동안 수업하는 학교보다 더 많은 성과를 올릴 수 있었다.

윌리엄 채드윅William Chadwick은 여덟 살 때부터 면화 공장에서 하루 13시간씩 일을 하고 있었다. 그는 주일 학교와 야간 학교에서 읽기와 쓰기를 배워 이후 메트로폴리탄 경찰서장의 자리에 오를 수 있었다. 주일 학교는 어린 나이부터 노동을 해야 했던 많은 어린이들에게 안정적이고 지속적으로 교육을 제공했다. 채드윅의 경우와 마찬가지로, 다양한 야간 학교와 소년, 소녀들의 클럽에서도 이런 '보충' 수업을 받을 수 있었고, 노동이 생활의 대부분을 차지하는 아이들은 보충 수업을 즐겨 들었다. 그들은 정규 학교 교육보다 이런 단편적인 학교 교육에만 시간을 낼 수 있는 경우가 많았기 때문에 이곳저곳을 옮겨 다니며 교육을 받았다.

　조지프 버지스Joseph Burgess는 집에서 가까운 데임 스쿨에서 알파벳을 익힌 후 집에서 좀 더 떨어진 내셔널 스쿨을 1년 정도 다녔다. 하지만 형편이 어려워져 일곱 번째 생일이 되기 전에 학교를 그만두고 일주일에 60시간씩 자카르식 직조기[7]에 펀칭 카드를 넣는 일을 시작했다. 1년 후 여덟 살이 될 무렵 그는 방적 공장에서 실을 잇는 직공으로 시간제 근무를 하게 되었다. 방적 공장에는 아동의 경우 오후에 의무적으로 학교를 다녀야 하는 새로운 아동 노동법이 적용됐다. 따라서 버지스는 공장에서 길고 피곤한 오전을 보낸 후 교실로 향했다. 안타깝게도 역시 이번에도 오래 배우지 못했고 열두 번째 생일에 다른 직종으로 일자리를 옮겼다. 그곳은 공장법이 적용되지 않는 곳이었기 때문에 그의 학교 교육은 여기서 끝을 맞았다.

---

7. 자카르식 직조기: 프랑스의 발명가 조제프 자카르(Joseph Marie Jacquard)가 개발한 직조기로, 구멍이 뚫린 곳에서만 실을 엮어 천을 짜는 기계다. 버지스는 직물의 패턴을 구멍들로 부호화한 카드를 기계에 넣는 일을 한 것이다.

# 모두를 위한 학교

1880년, 마침내 5세에서 10세 사이의 모든 어린이를 대상으로 학교 교육이 의무화되었다. 급증하는 학생 수에 비해 학교가 부족한 지역에서는 지방 정부가 '보드 스쿨'을 설립해 운영했다. 이런 보드 스쿨은 실제로는 브리티시 스쿨이나 내셔널 스쿨과 거의 구분하기 어려웠다. 1891년 교육이 의무화되자 무료 교육을 제공하는 보드 스쿨이 부유층을 위한 퍼블릭 스쿨 이외의 다른 모든 교육 기관을 대체하고 거의 보편적인 영국 교육 기관이 되었다.

빅토리아 시대 말 영국에서는 대부분의 어린이가 4세 정도부터 학교에 다녔다. 다만 시골 지역에서는 어머니가 육아보다는 생계를 위한 노동을 하는 게 더 절실한 가정을 돕기 위해 2세 정도의 어린 나이부터 아이를 학교에서 보살펴 주기도 했다. 아이들은 유아반에 있다가 6세 정도가 되면 보다 공식적인 정식 교육을 받기 시작했으며 그다음 과정은 1학년standard부터 7학년까지 마련되어 있었다. 각 학년마다 모든 수업 과정을 마치면 평가 시험을 치러야 했다. 시험에 합격하면 한 학년 올라갔고, 불합격하면 그 학년을 다시 다녀야 했다. 똑똑한 아이는 더 높은 학년의 시험을 통과해 더 높은 학년으로 월반도 가능했으며 그 반대인 경우도 있었다.

1894년 바스의 한 브리티시 스쿨에는 1학년에 10세 학생 2명과 12세 학생 1명이 있었고, 4학년에는 8세 학생 2명부터 15세 학생 1명까지 있었지만 대부분의 학생은 10세나 11세였다. 수료증을 받은 어린이의 학습 수준은 현대 영국의 교육 시스템에서 8세 어린이에게 기대하는 정도였다.

읽기 시험은 일반적으로 수업 중에 읽은 책에서 임의로 한 단락을 선택하는 형식을 취했다. 학생들은 1년 내내 같은 책을 사용했기 때문에 텍스트에 어느 정도 익숙했을 테고, 많은 어린이들이 읽기 능력이 충분하지 않은 경우 기억력에 의존할 수 있었을 것이다. 쓰기 시험은 아이들의 필기 능력을 평가하기 위해 한 구절을 베껴 쓰는 방식과 받아쓰기 방식으로 테스트했다. 5학년 시험을 통과하려면 한 번 천천히 통독한 짧은 단락을 적을 수 있어야 했다. 여기에서도 역시 학교의 읽기 교과서에서 발췌한 글로 테스트했다. 철자는 승인된 단어 목록을 통해 평가했고, 학교에서는 학생들에게 이 목록을 되풀이해서 주입했다. 산수는 좀 더 어려웠다. 5학년 시험에 합격하려면 간단한 곱셈과 나눗셈, 분수, 소수점 이하의 자릿수, 돈 계산법을 알아야 했다.

찰스 쿠퍼Charles Cooper는 1876년부터 월튼 내셔널 스쿨에 다녔다. 공부를 잘했던 그는 12세에 모든 과목의 7학년 시험을 통과하고 학생 교사(교사 견습생)가 되었다. 그는 쓰기 수업에서 습자 책을 사용했고 잉크 얼룩이 묻을 경우 매질을 당할 수 있었기 때문에 승인된 방식을 따라 펜을 잡아야 했다. "엄지손가락은 펜의 왼쪽에, 집게손가락은 위에, 셋째 손가락은 오른쪽에, 새끼손가락은 종이에 얹고 손목을 편 상태에서 펜 끝이 오른쪽 귀를 향하도록" 해야 했던 것이다. 왼손잡이인 그조차 이 방식에서 벗어나서는 안 됐다.

산수의 경우 네 개의 상급 학년이 한 교실에서 배웠다. 교사는 모든 문제를 석판에 적었고, 같은 학년의 학생끼리 나란히 앉지 않도록 학년을 섞어서 배치했다. 교사는 한 학년씩 차례로 교단 앞으로 불러 풀어야 할 문제들을 준 다음 다시 제자리로 돌려보냈다. 잠시 후 다시 각 학년이 교단 앞으로 불려 나와 석판에 푼 문제를 채점했다. 칠판에 문제를 풀고 충분히 설명한 뒤, 교사가 "주의를 기울이지 않고 실수를 저지른 아이들은 회초리로 체벌"했다. 철자, 구구단, 지리(강, 곶, 만, 산맥, 주요 지역의 교역품 목록만 공부했다)는 주입식으로 배웠다. 데이지 쿠퍼Daisy Cowper는 리버풀 소재의 비슷한 학교에서의 경험에 대해 "좋은 일은 전혀 없었던 것 같다"고 회상했다.

이상적으로는 모든 아동이 만 12세가 되기 전에 7학년 수준의 학습 성취도에 이른 뒤 학교를 떠나야 했다. 그러나 각 지역 교육청이 교육구 내 학교 수료자의 성취 수준을 정할 수 있었다. 당연히 아동 노동에 대한 수요가 높은 지역에서는 고용주의 압력이 적은 곳보다 최저 성취 수준이 훨씬 낮은 것이 보통이었다. 5학년 시험 통과가 수료에 적용되는 일반적인 기준이었지만, 4학년 수준으로 수료를 인정하는 지역이 있는가 하면, 6학년 수준을 요구하는 곳도 있었다.

　시골 학교는 일반적으로 수료 자격이 낮았고 치안 판사[8]가 농번기의 결석을 눈감아 줄 가능성이 가장 높은 곳이기도 했다. 치안 판사와 학교 이사가 고용주인 경우도 많았기 때문에 교육은 지역의 노동 수요에 쉽게 영향을 받았다. 그러나 마지막 7학년 수료 시험을 준비하거나 미래의 학생 교사로 잠재력을 보인 학생들은 이 마지막 단계에서 학습의 질을 높일 수 있었다. 각자의 관심사를 탐구하고, 질문하고, 공부 자체를 즐길 여지가 더 많아졌기 때문이다. (아마도 장학금을 받아) 중등 교육 기관으로 진학하거나 학생 교사의 길을 갈 학생들의 학업 성취도는 보통의 수료 자격보다 훨씬 높았다.

## 공개 시험의 시작

　일반인 대상의 필기시험은 그 기원, 형태, 정신 거의 모두가 빅토리아 시대로부터 비롯된 제도다. 19세기 초, 1830년대에는 시험이

---

8. 치안 판사(justice of the peace): 영국과 미국의 하급 법원에서 약식 재판의 권한을 지닌 법관. 영국에서는 오래전부터 지방의 덕망 있는 인사가 치안 유지와 형사 재판을 맡아 왔는데, 현재도 이런 전통이 치안 판사 제도로 남아 있다. 명예직이기 때문에 전문 법조인이 아니더라도 치안 판사가 될 수 있다.

무엇인지를 아는 사람조차 찾기 힘들었고, 시험을 경험한 학생도 극소수였다. 그러나 19세기 말에는 대부분이 시험에 대해 알고 있었다. 현대와 비슷하게 인생의 기회와 가능성을 시험 결과라는 렌즈를 통해 볼 수 있게 된 것이다. 중산층에게 시험은 고용주가 지원자를 판단하는 방식이 되었다. 그들은 시험을 통해 지원자에게 실제적인 지식이 있는지를 판단했다. 노동 계급의 경우, 시험은 교사를 평가하고 그들의 급여 액수를 정하는 방법인 동시에 자녀가 학교에서 정규직 직장으로 자리를 옮길 수 있게 하는 방식이었다.

시험이 도입되기 전에는 교사가 작성한 성적표가 학부모나 예비 고용주가 이용할 수 있는 유일한 피드백이었고, 어떤 학교의 '우수한' 학생이 다른 학교의 '우수한' 학생과 견주어서 얼마나 더 뛰어난지 정확하게 알 수 있는 방법이 없었다(학교의 평판으로 짐작할 수는 있었지만 그 역시 편견이 심했다). 대부분은 학교 성적표를 중요하게 생각지도 않았다. 사회 계층을 불문하고 좋은 일자리는 대개 개인적인 인맥과 추천을 통해 얻었다. 대저택에서 새로운 청소부를 구한다고 하면 기존 직원들 사이에 자리가 났다는 것이 알려지고 그중 한 명이 친지 중에 적합한 젊은 여성 친척을 추천하는 경우가 대부분이었다. 탄광에 새로운 갱도가 열리면 광부들은 아들과 형제를 데려왔다. 사무직도 다를 것이 없었다. 오래 일한 노동자나 고용주의 친지들 중에서 직원을 구했다. 대부분의 야심 찬 젊은이들이 등용되는 길은 인맥과 후원이었다. 교육은 이미 온 기회를 극대화할 수는 있겠지만, 기회를 찾을 수 있는 열쇠는 아니었다.

국가 공인 필기시험은 18세기에 학교가 아닌 해군에서 시작됐다. 이 시험은 굉장한 성공을 거두었고, 시험을 본 대위들과 중위들이 거둔 성과와 이전에 장교직을 돈으로 산 사람들의 성과는 극명한 차이를 보였다. 시험 제도의 개혁이 있었고 장교 지원자를 대상으로 한 시험은 결국 다른 직업에까지 적용되었다. 이 시험 모델은 영국 전체의 행정까지 개선했다. 대학도 이러한 선례를 따랐다. 수 세기 동안 학업 성취도 평가는 교수가 라틴어로 강의를 한 뒤 그에 대해 질문을 하면 학생들이 답하는 방식으로 진행되었으나 새로운 시험 방식이 도입되며 더 많은 학생들이 한 번에 시험을 볼 수 있었고, 이는 대학이 늘어나는 데 결정적인 역할을 했다. 또한 보다 객관적인 평가 방법이기에 학생의 능력을 보다 명확하게 판단할 수 있었다.

한편 직업 세계 전반은 더욱 성적을 중시하는 방향으로 변화해 갔다. 1853년 영국 식민지였던 인도의 공무원 조직이 직원 채용에 입학시험 통과를 요구하는 최초의 정부 조직이 되었다. 1858년에는 영국 본토의 공무원 조직도 그 뒤를 따랐다. 1871년 영국 육군은 마침내 장교직을 돈으로 매수하는 관행을 폐지하고 시험을 통한 경쟁으로 그 자리를 채웠다.

진화론적 관점에서 보면 어려운 시험은 경쟁자의 수를 줄이고,

같은 직종의 구성원이 된 사람들의 사회적 지위를 높이며, 사회의 눈에 그들의 특권이 정당하게 보이도록 만든다. 또한 배경이나 인맥과 관계없이 열심히 일하는 똑똑한 사람들에게 희망을 준다. 1839년에는 창업 자본만 있으면 누구나 약국을 개설해 약을 조제할 수 있었다. 하지만 19세기 말부터는 약국을 내고 약을 조제하려면 수년간 공부를 하고 여러 차례 시험을 통과해야 했다. 약사 일을 하려면 자격을 갖춘 약사가 되어야 했고, 자격을 갖춘 전문가 이외의 누구도 의약품을 유통할 수 없게 하는 법안이 통과되었다.

## 여학교가 증가하며 생긴 고민

1860년대에는 몇몇 부유한 부모들이 새로 세워진 여학생 대상 '고등학교High school'의 교장실 밖을 맴도는 모습을 자주 발견할 수 있었다. 교육의 모든 영역에서 그렇듯이 여성에 대한 진지한 학교 교육이 확대되고 있었고, 경제력이 좋은 집안의 딸에게는 선택지가 많았다. 오랫동안 특권층 영애들의 교육은 가정 교사를 통해 이루어졌지만, 더 나은 시설에서 더 광범위한 교육 과정을 제공하는 학교가 점점 늘어났기 때문이다.

1830년대와 1840년대에 중산층 소녀들을 대상으로 한 여학교는 피아노 연주, 그림 그리기, 프랑스어 등 여성의 사교술과 여성적인 '기량'을 기르는 데 초점을 맞췄다. 1860년대에는 남학생들이 배우는 것과 비슷한 과목을 여학교 교과 과정에 포함하려는 움직임이 있었다. 그러나 많은 부모들이 이 점을 우려했다. 새로운 교과 과정에 운동 과목 등이 포함되면 남학생에 비해 체력이 약한 딸들이 영구적인 정신적·신체적 손상을 입게 되는 것은 아닐까, 거기에서 더 나아가 딸들도 오늘날의 GCSE[9]와 A 레벨[10] 같은 시험까지 보게 하는 것은 아닐까 하고 말이다.

여기에서 문제가 되는 것은 품위나 여성으로서의 '올바른' 행동이 아니라 건강, 특히 월경이었다. 일반인이든 의학 전문가든 빅토리아 시대 사람들의 마음에 공통적으로 깊이 뿌리내린, 일반인과 의학 전문가 모두가 공통적으로 가지고 있는 생각은 남성의 신체가 인간 육체의 완벽한 '전형'이라는 것이었다. 여성이 가진 대부분의 특성은 이런 이상에서의 일탈로 여겨졌다. 월경은 생식 주기의 필수적인 부분으로 잘 알려져 있었음에도 사람들은 무의식적으로 그것을 약점으로 여겼다. 월경은 질병의 측면에서 언급되었고 월경 기간

---

9. GCSE(General Certificate of Secondary Education): 영국의 중등학교 교육 과정 또는 중등학교 졸업 자격 시험.

10. A 레벨(Advanced Level): 중등 교육과 대학 사이의 2년 과정으로, 영국을 비롯한 영연방 국가들의 대학 진학 준비 과정이다.

은 종종 예측할 수 없는 위험한 기간으로 여겨졌다. 사춘기는 소녀가 유보해 둔 힘과 에너지에 부담을 주는, 성장 단계 중에서도 특히 취약한 시기로 여겨지는 것이 보통이었다. 따라서 소녀를 자극하는 예상치 못한 일은 소녀의 앞날에 두고두고 영향을 미칠 것이라고 두려워했다. 소녀가 건강하고 행복한 여성이 되려면 주의 깊고 조심스럽게 행동하고 자제해 지성, 감정, 신체를 관리해야 했다.

그렇다면 부유한 부모들은 이 허약하고 혼란스러운 시기를 맞은 딸들을 어떻게 지도해야 했을까? 가장 일반적인 지도법은 신체적으로나, 정서적으로나, 지적으로나 휴식하게 하는 것이었다. 딸이 어떻게 운동하는지 주의 깊게 지켜봐야 했고 월경 중의 운동은 절대 금지해야 했다. 매달 하루는 침대에서 쉬는 것이 널리 권장되었다. 10대 소녀들은 계단을 뛰어다니는 등 자궁을 자극할 수 있는 모든 활동을 하지 말라는 권고를 받았다.

또한 월경 중에는 하복부에 붕대를 감아 충혈되어 더 무거워진 자궁의 무게를 지탱해야 한다는 가르침을 받았다. 목욕은 월경을 하는 소녀들에게 성가신 문제였다. 월경 기간에 씻는 것(물에 들어가서는 안 되지만)을 옹호하는 전문가가 있는가 하면, 물이 몸에 조금도 닿지 않게 해야 한다고 강경하게 주장하는 전문가들도 있었다. 속옷을 갈아입는 것조차 항상 허용된 것은 아니었다. 월경을 하는 동안은 소녀들이 몸을 따뜻하게 감싸서 갑작스러운 추위에 충격받지 않게 하고(따뜻한 침대에서 얼음 같은 바닥으로 내려서는 것도 그런 위험에 노출될 수 있으므로 불필요한 일이라고 자주 언급되었다), 식사를 열심히 챙기되 소박한 음식을 먹어야 하는 시기였다.

월경 한참 전부터 사교 활동을 최소한으로 제한해 정서적 휴식을 취해야 했다. 소녀를 흥분시킬 수 있는 모든 종류의 일은 피해야 했다. 차를 마시는 것은 소녀들에게 부적합한 일로 종종 지적되었다. 부모는 소녀들이 읽는 책도 경계해야 했다. 에밀리 브론테Emily Brontë의『폭풍의 언덕Wuthering Heights』과 같은 선정적이거나 낭만적인 책은 정서적 혼란을 일으키고 성욕을 과도하게 자극할 가능성이 높았다. 일부 부모들은 제인 오스틴의 소설에 대해서도 걱정을 했다. 소설을 읽는 소녀들은 그렇지 않은 소녀들보다 신체적으로 더 빨리 성숙한다는 믿음이 널리 퍼져 있었다. 사춘기를 일찍 맞거나 또는 사춘기 기간이 너무 짧은 것은 건강에 해가 되고 도덕성으로 흠이 될 것이라 생각했다.

따라서 10대 소녀들에게 적합한 책에 대한 논의가 광범위하게 이루어졌고 많은 가정에서도 격론의 주제가 되곤 했다. 차일드Child 부인은 저서『어머니의 책The Mother's Book』에서 "여자아이들은 어머니 모르게, 어머니의 허락 없이 어떤 책도 읽어서는 안 된다. 감정이 격하고 무언가에 열광하기 쉬운 시기인 열두 살에서 열여섯 살 사이에는 특히 더 그렇다"고 말하고 있다. 그에 이어 그녀는 시인 바이런

George Byron의 모든 작품과 앤 래드클리프Ann Radcliffe의 베스트셀러 소설을 비난하고 대신 읽어도 되는 추천 도서 목록을 제시했다. 13세와 14세 소녀들의 추천 도서 목록에는 히버Heber 주교의 전기, 니컬스L. Nichols의『자연 신학 교리 문답Catechism of Natural Theology』, 월터 스콧Walter Scott의『할아버지 이야기Tales of a Grandfather』("프랑스 역사"가 주요 내용이기 때문에 추천했다)가 포함되었다.

여성에 대한 교육이 부상하면서 가장 직접적인 위협을 받은 것은 지적 '휴식'이었다. 사춘기 이전에는 여아들을 남아들과 함께 교육해도 건강에 위협이 되지 않지만, 12세경부터는 여자아이의 교육이 남자아이의 교육과 매우 달라졌다. 같은 나이, 같은 계층의 남자아이들은 지적인 발전을 이루고 국가 고시에 응시하는 반면, 여자아이들은 학업에 제한을 받았고 이후 몇 년 동안 미래의 어머니가 되기에 적절한, 건강하고 정신적으로 흐트러지지 않은 성인으로 자라게 하는 가볍고 어렵지 않은 교육을 받았다.

1872년『타임스』의 한 기자는 "여성이 고등 교육 과정을 제대로 밟으려면 불임의 위험을 감수해야 할지도 모른다"고 주장했다. 저명한 정신과 의사 헨리 모즐리Henry Maudsley 박사는 "체력을 한 방향에 집중해야 한다면 다른 방향에서는 체력을 아껴야 한다"고 말했다. 시간이 흐르면서 이런 우려 중 일부는 사그라들기 시작했다.

1890년대에 이르자 여러 연구들이 이루어졌고 30년에 가깝게 여성에 대한 진지한 학교 교육이 이어지면서 지적 추구가 여학생에게 미치는 영향을 입증할 수 있게 되었다. 헨리 시지윅Henry Sidgwick 부인은 케임브리지 대학의 뉴넘과 거턴 칼리지에서의 경험에 대해 이야기하면서 대학에 다닌 젊은 여성들이 같은 계층의 대학에 진학하지 않은 여성들과 거의 비슷한 수준으로 건강하다는 신빙성 있는 주장을 내놓았다. 더 나아가서 그녀는 "연약한 여성도 건강에 아무런 피해 없이 시험을 대비한 교육 과정을 거칠 수 있다"고 주장했다. 다만 해당 여성이 자기 나름의 속도에 맞춰 과도하지 않게 꾸준히 공부하는 경우에 한해서라는 조건을 붙였다.

미국 여고생과 여대생의 건강에 관련한 여러 조사에서도 같은 결과가 나왔다는 것이 널리 알려지면서 학습 패턴을 조금 유연하게 적용한다면 여학생도 지적 활동을 감당할 수 있다는 시각이 생겼다. 사춘기에도 말이다. 여학생들이 월경 기간에는 휴식해야 하지만 그 이후에는 바로 다시 공부를 시작해서 남학생 못지않은 성과를 달성할 수 있다는 생각이 늘었지만 중요한 것은 여학생들에게 남학생의 학습 패턴을 모방하게 강요하지 말고 여학생의 신체에 맞는 학습 리듬을 허용한다는 전제 아래였다. 따라서 성별에 따른 별도의 학교와 대학이 필요했다.

그러나 이런 불안과 우려는 대부분 부유층 소녀들에게 한한 것이었기 때문에 대다수 소녀들의 삶과는 전혀 상관없는 일이었다.

19세기 말까지도 대부분의 12세 소녀들은 지적인 삶을 추구하거나 스포츠를 할 기회를 얻지 못했다. 10대 소녀 대부분이 심한 육체노동이 요구되는 직종에서 정규직으로 일하고 있었지만 그녀들에게 월경 기간 동안 쉴 수 있도록 한 달에 하루씩 휴가를 주는 것을 고려하는 공장주는 없었다. 다만 노동 계급 소녀에게 이해심을 보여주는 경우가 가끔 있었다.

메리 할리데이Mary Halliday가 쓴 『연 200파운드의 결혼 생활 Marriage on £200 a Year』이라는 지침서를 보면 한 장을 여주인과 하인의 관계를 다루는 데 할애하고 있다. 이 장에서 그녀는 당시 대부분의 작가들보다 훨씬 더 인간적인 접근법을 보여준다. 그녀는 여주인에게 "하인이 깔끔치 못하거나 열의를 보이지 않는다면 게으름이나 부주의함 이외의 다른 이유가 있을 수 있으며, 필요할 때는 여주인이 하인의 부담을 덜어주어야 한다"고 조언한다. 하인의 대부분이 12세에서 20세 사이의 여성이었기 때문에 수많은 젊은 여성들이 그런 배려를 크게 환영했을 것이다.

## 여학생에게 바느질 수업은 필수

빅토리아 여왕이 왕좌에 있던 동안 여학생들의 모든 교육 시간을 살펴보면 재봉 교육이 다른 어떤 교육보다 많은 시간을 차지했다는 것을 알 수 있을 것이다. 빅토리아 시대의 마지막 몇십 년간 무상 의무 교육은 읽기와 쓰기에 치중했고, 수학은 확실히 19세기 중 어느 때이든 4순위에서 벗어나지 못했다.

빅토리아 시대 여성들은 거의 숨 쉬듯이 바느질을 했다. 바느질은 보편적이고 필수적인 기술 중 하나였다. 사회의 모든 계층이 이 기술을 익혔다. 가정에서는 가족이나 가정 교사가, 학교와 대학에서는 전문 교사와 교수가 바느질을 가르쳤다. 귀족 소녀가 속옷을 직접 바느질해 만들 필요는 없었겠지만 바느질을 솜씨 좋게 해내는 것은 사회적으로 인정받는 일이었다. 또한 좀 더 장식적이고 정교한 바느질도 능숙하게 해야 했다. 그 당시에는 바느질을 못한다는 것은 생각할 수도 없는 일로, 21세기에 휴대폰을 사용하지 못하는 것에 비견할 만한 일이었다. 재봉 기술은 생계를 잇고, 가정 예산 내에서 돈을 절약하고, 자수나 장난감을 만드는 등의 여가 활동을 하거나, 사교 활동을 하거나, 유행을 따르거나, 사랑을 표현하거나, 자녀를 가르치는 데 있어 기초였다.

남성들과 소년들도 필요할 때를 대비해 기초적인 바느질 방법은 익혔지만, 바느질은 본질적으로 여성의 기술이었다. 물론 남성 재단사들이 바늘로 생계를 유지하는 것은 자연스러운 일이었고, 군인이나 선원들은 자신의 옷을 직접 수선하는 데 익숙했지만, 대부분의

그림 91. 전형적인 여성 교육, 『일하는 여성을 위한 안내서』 1838년.

남성들은 바느질을 해줄 여성을 찾을 수 없을 때 떨어진 단추를 다는 정도였고 바느질이 필요할 때는 여성의 도움을 구했다.

빅토리아 시대 사람들의 재봉 기술은 정말 뛰어났다. 당시에는 보통 실력이라고 평가받는 사람의 재봉 기술이 현재의 전문가들보다 높은 수준이었다. 중산층 소녀들을 대상으로 하는 잡지에 등장하는 설명들을 예로 들어보자. 이 소녀들은 전문적인 교육을 받은 적이 없었다. 학교를 다닌 사람도 거의 없었고 바느질 분야에서 일을 하려는 계획이 있는 사람도 많지 않았다. 잡지들은 여가와 소일거리로서의 바느질에 관심을 두었다. 잡지가 설명하는 항목들은 대부분 필수적인 것이 아니었다. 재미 삼아 만드는 장식적인 옷이었지만 실제로 만들려면 놀라운 기술이 필요한 것들이었다. 옷본에 대한 설명은 젊은 독자들이 다양한 바느질 기법에 능숙하다는 것을 전제로 했기 때문에 매우 간략하게 다루고 있다. 독자들이 모두 이해할 것으로 추정하기 때문에 기술적인 부분은 일일이 설명하지 않는 것이다.

『영 레이디스 저널』은 "가운데의 별은 피케로 골이 지게 짜거나 검은 실크에, 포인트 루스로 작업하고 바깥쪽 가리비 형태는 버튼홀 스티치로 작업하고, 나머지 부분은 새틴 스티치로 작업한다"고 간단히 적고 있다. 여기에 작은 디자인 그림이 있으면 충분한 설명으로 간주됐다. 이 잡지는 독자가 바느질을 시작하기 전에 천을 세탁하고 다림질하고 반반하게 펴야 하는 것을 알고 있고, 가로세로 2인치(약 5.1cm)인 정사각형 이미지로 표시된 도안을 가로세로 8인치(약 20.3cm) 혹은 10인치(약 25.4cm)의 정사각형으로 확대하는 법도 알고 있을 것이라고 가정한다. 또한 바느질에 어떤 장비가 필요한지, 어떤 품질과 두께의 실과 천이 가장 적합한지 정확히 알고 있으며, 약 30시간 정도의 작업을 요하는 복잡하고 정교한 디자인을 충분히 실물로 만들어낼 만큼 바느질에 능숙하다고 가정한다.

비튼 부부는 1853년 처음으로 잡지를 발간하면서 실리를 추구하는 기혼 독자들, 즉 중산층이지만 검소한 사람들의 관심을 끌기를 바랐다. 잡지에 양재 옷본을 포함시킨 것은 혁명적인 아이디어였다. 손으로 그린 옷본은 잡지 크기에 맞춘 것이고 축척도 표시되지 않았다. 옷마다 축척이 달랐고 대략적인 윤곽선만 그려져 있어서 독자가 확대해서 몸에 맞게 조정해야 했다. 삽화에는 보통 50단어 정도의 옷에 대한 대략적인 설명만 있을 뿐 만드는 방법에 대한 설명은 없는 경우가 많았다. 독자가 옷단과 솔기를 능숙하게 바느질할 수 있으며 옷감을 고르고 재단하는 데 익숙하다고 가정했기 때문에 안감을 대거나, 옷단을 처리하거나, 여밈을 만드는 방법에 대한 설명은 별도로 하지 않았다. 이 정도의 바느질은 누구나 가능하다고 전제한 것이다. '옷본'이라고는 했지만 결국 능숙하고 숙련된 양재사를 대상으로 한 도안에 불과했다. 이후의 잡지에는 실물 크기의 종이 옷본이 등장했지만 여기에도 설명은 없었다.

기혼 여성이라면 당연히 바느질이 능숙할 것이라 생각한다는 것은 곧 어린 시절부터 바느질을 배웠다는 의미다. 여아들은 대개 서너 살 때부터 어머니나 다른 가족, 하녀, 가정 교사 등에게 바느질을 배웠다. 어린 소녀들은 천 조각과 밝은색 실로 단순한 헝겊 인형을 만들면서 취미 생활을 하는 동시에 직물을 다루는 데 필요한 손재주를 익혔다. 대부분의 가정에서는 정기적이고 집중적으로 바느질 기술을 훈련시켰다. 여덟 살, 아홉 살 소녀들이 바느질해 만든 정교한 작품들을 보면 중산층 가정에서 이 수준이 될 때까지 얼마나 긴 시간 동안 인내심을 갖고 교육을 시켰는지를 알 수 있다.

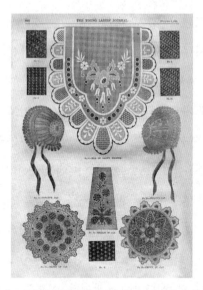

그림 92. 『영 레이디스 저널』의 정교한 바느질 과제, 1866년.

가난한 소녀들은 중산층 소녀들처럼 매혹적인 색상의 비단을 사용해 사치스러운 바느질 작업을 마음껏 할 수 없었지만, 부유한 소녀들보다 훈련이 부족하지는 않았다. 그렇기 때문에 가난한 소녀들은 바느질 교육의 초기 단계부터 간단하지만 실용적인 바느질 일감을 처리할 수 있었다. 다섯 살짜리 아이도 엄마가 바느질을 하기 전에 옷단을 정리할 수 있는 수준이었다. 이런 기회는 유용했을 뿐만 아니라 즐거움을 주었다. 많은 소녀들은 어머니나 자매들과 강도 높은 일대일 수업을 통해 바느질 기술을 배우고 함께 바느질을 하며 시간을 보내는 것을 즐거워했다. 누군가 억지로 시켜서 하는 것이 아니라 스스로 즐겁게 하는 경우가 많았다. 바느질 시간은 어머니가 바쁜 일과 속에서 딸에게만 관심을 쏟을 수 있고 이야기를 나눌수 있는 조용하고 친밀한 여가 시간이었던 것이다.

하루 한 시간 정도의 바느질 시간은 놀라운 결과를 낳았다. 눈에 보이는 완성품을 만드는 것은 어떤 아이에게든 높은 자부심과 자존감을 갖게 해주며 기술이 향상될수록 스스로 그 활동을 할 가능성이 높아진다. 따라서 바느질을 배우는 데에는 진정한 정서적 보상이 함께했다.

공식 기관의 노동 계급을 위한 교육이 일반화되자 1870년대부터는 바느질이 공식 교과 과정으로 인정을 받았다. 어린 학생들은 남녀 모두 바느질의 기초를 배웠지만, 이후 남녀가 구분되면(별개의 교실이 아니라 한 교실 안에서 서로 다른 자리에 앉는 경우라도) 남학생들은 바느질을 뒤로하고 대신 수학을 추가로 배웠다. 바느질 수업의 규모가 점점 커지면 새로운 교수법을 시행해야 했다. 한꺼번에 백 명에 달하는 학생들의 수업을 관리하기 위해 암기식 학습과 필사를 통해 읽기와 쓰기를 가르쳤던 것처럼, 바느질 담당 교사가 학생들 앞에서 시범을 보이고 학생들이 그 시범에 따라 연습을 반복하는 교육 시스템이 등장하기 시작했다.

19세기의 마지막 30년 동안 이런 교육 시스템을 위한 교사용 안내서가 여러 권 출판되었다. 이런 안내서들은 보통 골무를 끼고 실

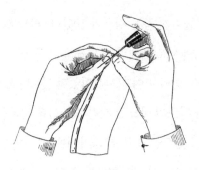

그림 93. 스티치 드릴.

을 꿰고 바느질감을 잡는 적절한 방법을 대략적으로 설명하는 것으로 시작했다. 아이들은 교사가 이끄는 이 훈련을 군대식으로 일제히 따르고 반복했다. 이런 훈련을 통해 특정한 동작이 자연스럽게 습관화되어 좋은 자세와 기법의 기초가 되는 것으로 여겨졌다.

교사용 설명서의 저자 중 한 명인 제임스James는 스티치 드릴[11]을 하는 방법을 이렇게 설명한다. "바늘을 잡고, 바느질을 시작할 위치에 바늘을 꽂고, 바늘땀을 만들고, 골무로 밀고, 바늘땀 끝을 잡고, 바늘을 당긴다." 각 자세에 따른 손 모양을 자세하게 그린 삽화가 함께 실려 있다면 어린 학생까지도 가장 빠르고 정확한 재봉 기술 중 하나인 이 방법을 익힐 수 있었다. 골무를 사용할 수 있고 훈련에 설명된 동작을 수행할 수 있는 사람이라면 일반적으로 골무를 사용하

---

11. 스티치 드릴(stitch drill): 골무를 사용한 효율적이고 복잡한 바느질 동작을 총칭하는 말. (저자 주)

지 않는 사용자보다 두 배 정도 빠르게 바느질을 할 수 있었다.

나는 현대의 옷과 과거의 옷을 모두 손바느질로 만들어보았고 골무 사용 방법을 가르치기도 했다. 골무를 사용하지 않는 학생의 나쁜 습관을 고치는 것은 교사에게 매우 어려운 과제다. 많은 학생들이 그런 습관을 버리면 오히려 일이 어려워진다며 그 기법을 받아들이려 하지 않는다. 하지만 의심을 버리고 바느질 기술을 충실히 따르면 몇 시간 안에 생각이 바뀌곤 한다. 바느질이 더 정교하고 훨씬 빨라지기 때문이다. 제임스를 비롯한 교사들은 바느질에 통달한 명인들이었다.

빅토리아 시대의 학생들은 이런 훈련을 기반으로 면 소재에 사용하는 네 가지 감치기 기법과 모직 플란넬에 사용하는 다른 두 가지 감치기 기법을 비롯한 다양한 바느질법은 물론이고 짜깁기와 뜨개질도 배웠다. 그들은 단춧구멍 만드는 법과 플라켓[12], 소매 다는 방법과 양말을 뜨는 방법까지 배웠다. 여학생들은 학교를 졸업하는 10세에서 11세가 되면 성인 여성과 아기, 어린이가 입는 모든 기본 속옷과 잠옷을 재단하고 바느질할 수 있어야 했다. 열 살짜리 아이가 해내기 힘든 과제처럼 보일 수 있겠지만 대부분이 이를 성공적으로 해냈다. 이들은 이후에 사용하게 될 이 기술들을 이미 집에서 연

---

12. 플라켓(placket): 트인 부분을 더 단단하게 만드는 것. (저자 주)

습하고 있었을 것이다.

　대부분의 학생들은 수업 시간처럼 모든 것을 손바느질로 만드는 대신 졸업 후 실생활에서는 재봉틀을 사용할 수 있기를 바랐다. 그럼에도 바느질 수업의 가치를 인정했다. 의류 산업뿐만 아니라 많은 제조업체 사장들도 노동 계급 소녀들이 받은 바느질 교육을 중요하게 여겼다는 점을 유념해야 한다. 바느질 수업을 통해 얻은 뛰어난 손재주 덕분에 소녀들은 다양한 산업 공정, 특히 시계 제작 작업장과 재봉틀 공장에서처럼 작은 부품을 완성하고 조립해야 하는 곳에서 매우 유용한 인력이었다. 많은 고용주들이 여자아이들을 고용한 것은 단지 저렴한 임금 때문만이 아니었다. 밀짚모자를 만드는 것과 같이 세밀함이 요구되는 많은 유형의 작업에서 여자아이들은 남자아이들이나 성인 남성보다 완성도가 높은 데다 작업 속도도 빨랐기 때문이다.

　중산층 여자아이들이 다니는 교육 기관은 노동 계급의 여자아이들이 다니는 곳과 달랐고, 바느질 실력도 훈련과 시험으로 키운 것이 아니었다. 바느질 실력은 같았지만 중산층 여자아이들의 경우 어머니를 도와 리넨으로 생활용품[13]을 만들거나 바느질 놀이를 하면서 키운 것이 보통이었다. 1868년에 발간된 『즐거움과 교육을 위

---

13. 리넨은 침대 시트, 식탁보, 수건, 냅킨, 담요, 커튼 등의 소재로 사용된다.

한 가정 안내서The Home Book for Pleasure and Instruction』는 인형 옷 만들기를 통해 바느질을 가르쳤다. 목표는 두말할 나위 없이 분명했다. "어린 소녀들은 인형 옷을 만들면서 장래에 꼭 필요한 바느질 기술과 재단 기술을 습득한다." 이어 자신의 작은 옷장을 채울, 완벽하고 정교한 옷을 만드는 데 필요한 도안, 원단과 테두리 장식의 유형, 작업 순서, 바느질 유형이 상세히 설명되어 있었다. 성인 여성을 대상으로 하는 잡지에 실린 옷본에는 바느질 방법이 자세히 나와 있지 않는 반면 이 책은 어린 소녀들도 따라 할 수 있도록 상세히 설명하고 있었다.

## chapter 13
# 여가 생활

빅토리아 시대 초기의 노동자에게는 여가가 거의 없었다. 근무 시간이 12시간 미만인 사업장은 많지 않았고, 많은 사람들이 그보다 상당히 긴 시간을 일해야 했다. 일요일은 보통 쉬는 날로 노동자에게는 자유 시간이 주어졌지만, 가축과 말을 돌보는 시골 사람들은 일요일에도 여러 가지 집안일을 해야 했다. 또한 대부분의 여성에게는 일요일도 평상시와 다름없이 요리와 집안일을 하는 날에 불과했다. 한편 월요일에는 비공식적이긴 하지만 대체로 여유롭게 근무했다. 월요일 아침에는 공장 노동자, 농부, 심지어 사무직원들도 출근을 늦게 했다. 빅토리아 시대 근로자들은 월요일은 적게 일하고 목요일이나 금요일에 월요일의 부족분을 만회하는 것을 선호했다. 나중에 살펴보겠지만, 이런 이유로 근로자들의 스포츠 활동은 주로 월요일에 이루어졌다.

　19세기가 진행되면서 월요일에도 열심히 일하라는 고용주의 압력이 거세졌고 이를 받아들이지 않을 경우에는 가혹한 벌금과 해고 위협으로 이어졌다. 일이 중심이 되는 사회 분위기였다. 1825년 잉글랜드 은행의 휴무일은 40일이었지만 1834년에는 4일로 줄었다. 한편 근로자들은 근무 시간 자체를 줄이기 위한 운동을 벌였다. 처음에는 고용주들이 우위를 점했지만 1870년대 초에 변화가 일어났다. 경기 침체로 이미 많은 회사가 단축 교대 근무를 하고 있었고 그 여파로 산업 전반에 걸쳐 토요일 반일 근무를 포함한 하루 10시간 근무에 동의하는 기업들이 늘기 시작했다. 1847년 공장법은 더 열악한 고용 환경에 처한 여성과 어린이들에게 국한하여 하루 10시간, 주당 58시간으로 근로 시간을 제한했다(그것도 면화 공장이나 탄광과 같은 특정 산업에서만). 산업가들의 우려에도 불구하고 이런 조치들의 결과는 근무 시간을 단축해도 큰 경제적 피해가 발생하지 않는다는 것을 보여주는 살아 있는 증거가 되었다.

　1874년이 되어서 고용주들은 근로 시간을 단축해도 수익이 감소하지 않는다는 놀라운 사실을 알게 되었다. 근로자들은 더 효율적으로 일했고, 기계는 더 빠른 속도로 돌아갔으며, 식사 시간이 단축되고, 공정은 간소화되었다. 월요일에도 성실하게 근무하게 되었다. 사실상 근로자들은 늦게 출근해 운동과 잡담으로 때우던 월요일 관습을 자유로운 토요일 오후와 평일 저녁의 한두 시간과 바꾼 것이었다.

1837년에 오전 7시에 공장에서 일을 시작한다는 것은 주 6일 동안 오후 8시에 일을 마친다는 것을 의미했다. 1874년부터는 근로자들이 이전과 마찬가지로 오전 7시에 근무를 시작했지만 월요일부터 금요일까지는 오후 6시에, 토요일에는 오후 2시에 일을 마쳤다. 새로운 세대의 근로자 중 한 명이었던 앨버트 구드윈의 아버지는 새로운 근무 방식으로 인해 주어진 여가 시간을 활용할 무언가를 찾아야 한다고 생각했다. 그뿐만 아니라 새 세대 근로자들은 누구나 마찬가지였을 것이다. 이에 따라 스포츠, 음주, 정원 가꾸기, 여행 등 여가와 연관된 새로운 산업이 생겨났고 다양한 활동이 가능했다.

일부 사람들에게는 여전히 여가가 보장되지 않았다. 가정부 해나 컬윅은 아침 6시부터 밤 11시까지 일했고 그녀의 일기에는 정기적으로 할당된 자유 시간에 대한 기록이 없다. 하지만 그녀는 가끔씩 낮과 저녁에 쉬는 시간을 갖곤 했다. 예를 들어, 브라이턴의 한 가정에서 일하던 어느 평일에는 "엘렌과 함께 부두를 산책"했다. 이웃집 하인들과 함께 집을 떠나 몇 시간을 보낸 날도 있었다. 저녁 에 자유 시간을 허락받은 날에는 오후 티타임 후 설거지를 하고 고용주 가족을 위해 데울 필요가 없는 저녁 식사를 준비해 둔 뒤, 저녁 7시경 집을 떠나 밤 10시 이후 돌아왔다. 그녀처럼 자유 시간이 거의 주어지지 않는 사람들에게조차 '여가'가 빠른 속도로 보편적인 경험이 되어 가고 있다는 것은 부인할 수 없는 사실이었다. 이제 이 귀중한 여가 시간 동안 무엇을 할지 선택해야 했다.

## 남성들이 즐긴 스포츠

19세기 남성들에게 가장 인기 있는 소일거리는 아마 스포츠 관 람과 운동이었을 것이다. 여가의 시대가 도래한 이후 정기적으로 가장 많은 관중을 끌어모은 것은 경마였다. 대도시 인근에서 벌 어지는 하루 동안의 행사에 보통 1만 명의 관중이 모였지만, 철도 가 생기고 나서는 그 수가 보통 3만 명에 이르렀다. 그랜드 내셔널 Grand National이나 애스콧Ascot과 같은 주요 경기에는 6만 명 이상의 관중이 모였다. 부유층은 돈을 치르고 임시 또는 영구 그랜드스탠 드[1]와 울타리를 두른 구역에서 (1870년대 말 폐쇄형 코스가 일반화되기 전까 지는) 무료(였던) 경마장 주변에 몰려드는 노동자 계급 대중으로부터 어느 정도 사회적 보호를 받으면서 고급스러운 서비스를 받을 수 있 었다.

---

1. 그랜드스탠드(grandstand): 야외 경기장의 지붕이 씌워져 있는 관람석.

그림 94. 경마 경기를 하는 날, 1850년.

경마장 주변은 다양한 노점이 서고 사이드 쇼[2]가 펼쳐지는 소란스러운 장소였다. 1862년에 만들어진 노래 〈블레이던의 경주Blay-don Race〉는 이 모습을 "향신료 노점상과 원숭이 공연, 사과주를 파는 여인들"이라고 묘사한다. 도박이 많은 사람들의 관심을 끌었다. 1851년의 체스터 컵Chester Cup에서는 약 100만 파운드의 돈이 오간 것으로 추정된다.

한편 술이 자유롭게 공급되었기 때문에 경마장에서는 폭력 사태가 종종 발생했다. 보통은 흔한 난투극이었지만, 『버밍엄 머큐리Birmingham Mercury』에 따르면, 1855년 애스턴 파크에서는 1만 1천

---

2. 사이드쇼(sideshow): 손님을 끌기 위해 따로 보여주는 소규모 공연.

명의 관중이 '영국인'과 '러시아인' 무리로 나뉘어 크림 전쟁[3]을 방불케 하는 싸움을 벌였다. 그중 많은 사람들이 경마장 주변의 울타리를 부수어 무기로 사용했다. 이 사태는 인근 마을까지 확산되어 16명이 병원 신세를 졌다.

경마가 이런 위험한 행동들 때문에 신문의 헤드라인을 자주 장식하기는 했지만, 경마만이 유일한 인기 스포츠는 아니었다. 복싱도 엄청난 인기를 끌었으며 18세기 중반에 이미 인기 스포츠로 자리를 잡았다. 여관과 술집 밖, 헛간, 마을 공터에서는 맨손 복싱을 하는 모습을 쉽게 볼 수 있었다. 사람들이 도시로 이주하면서 복싱도 그들을 따라갔다. 복싱은 주로 노동자들의 스포츠였지만 열렬한 복싱 팬 중에는 신사와 귀족도 많았다. 비공식적인 시합과 조직적인 시합, 유명 선수들의 지역 연맹전, 신사들의 스파링 경기, 상금이 걸린 노동 계급 선수들의 경기 등 다양한 경기가 치러졌다.

다양한 사회 계층의 남성들이 운동으로, 힘을 키우기 위해, 재미로, 돈을 벌기 위해 복싱을 했다. 중산층 남성만이 복싱의 매력에 끌린 것은 아닌 것 같다. 작가 헨리 르무안Henry Lemoine은 1780년대 후반에 출간한 『현대의 남성성-영국 복싱의 기술과 실제Modern Manhood; or the Art and Practice of English Boxing』에서 요란하고 종종

---

3. 크림 전쟁(Crimean War): 1853년 발발한 크림 전쟁에서는 제정 러시아가 튀르키예, 영국, 프랑스, 사르데냐 공국 연합군과 맞서 싸웠다.

불법이 난무하는, 돈을 건 시합과 거액의 도박이 벌어지는 복싱의 세계를 묘사했다. 유명한 복싱 선수들은 그리 대단치 않은 상금을 놓고 겨루었고, 젊은 귀족 남성들은 선수들이 받는 상금보다 훨씬 더 많은 돈을 걸었다. 걸출한 선수였던 톰 크립Tom Cribb은 자신만큼 이나 유명한 미국의 흑인 선수 톰 몰리노Tom Molineaux를 물리치면서 런던의 레스터 광장 근처 팬턴가에 술집을 차릴 수 있는 만큼의 돈을 벌어 은퇴했다(톰 크립은 결국 경마에 베팅해 재산을 탕진했지만, 그 술집은 지금도 여전히 그 자리에 있다). 관중 2만 명이 레스터셔에서 열린 크립과 몰리노의 경기를 지켜봤고, 톰 크립의 부유한 후원자였던 바클리 대위는 이 경기로 1만 파운드(술집뿐 아니라 지방에서 상당한 규모의 토지를 살 수 있는 액수)를 땄다.

이 시기 동안 '유대인 멘도자Mendoza the Jew'와 같이 엄청난 인기를 모았던 선수들이 현역에서 물러난 후 경영하는 복싱 학원의 인기가 높아졌다 이내 하락했다. 복싱 학원은 나이 든 프로 선수들의 소득원이자 공개적인 경기를 할 생각이 없는 사람들의 연습장인 동시에 대중 앞에서 싸우려는 사람들의 훈련장이 되었다. 부유한 사람들이 가난한 사람들과 가까이 어울렸고, 챔피언 자리를 걸고 벌이는 시합들은 피로 얼룩진 긴 싸움이 되었으며, 링 밖에서의 반응 역시 링 안에서만큼이나 폭력적이 되곤 했다. 헨리 르무안은 복싱을 기술, 힘, 용기를 증진하는 동시에 영국 남자들을 전쟁에 완벽하게 대비하도록 하는 무술로 보았다. 한 세대도 더 지난 후의 사람인 도널드 워커Donald Walker는 르무안의 여러 가지 기술적 조언을 재활용했다. 그는 복싱이 인격을 형성시키는 "남자다운 스포츠"라고 칭송하면서 영국인의 페어플레이 정신을 기른 것이 바로 복싱이라고 주장했다. 그는 전국에서 모여든 엄청난 수의 관중에 대해 보도한 19세기 중반의 신문들이 그랬듯이 이 스포츠의 계속되는 인기를 기록했다.

그림 95. 메이스(Mr. Mace)와 고스(Mr. Goss)의 복싱 경기, 1863년.

현재의 복싱 규칙은 퀸즈베리 후작Marquis of Queensbury이 만든 것으로 알려졌으나, 사실은 존 그레이엄 챔버스John Graham Chambers가 만들었으며 당시 열렬한 복싱 지지자였던 귀족인 퀸즈베리 후작의 이름으로 홍보되었다. 이 규칙이 일반적으로 받아들여지기 전에는 한 라운드가 얼마든 길어질 수 있었고, 선수 중 한 명 이상이 바닥에 쓰러져야만 중단됐다. 쓰러진 선수는 이 시점부터 30초를 세는 동안 일어나 바닥에 표시된 선으로 이동해 다시 싸울 준비를 해야 했다.[4] 경기는 선수가 의식을 잃거나 패배를 인정할 때만 끝나기에 몇 시간 동안 계속되기도 했다. 상대가 쓰러졌을 때 머리로 들이받거나 발로 차는 등의 동작은 금지되었지만, 몇 가지 레슬링 동작은 여전히 허용되었다.

1867년부터 퀸즈베리 후작의 규칙은 3분 동안의 라운드와 라운드 사이의 1분 휴식을 규정했다. 이 규칙은 사실상 모든 레슬링 동작을 금지했고 항상 글러브를 착용하도록 권고했다. 글러브(혹은 '머플러')는 19세기의 대부분 동안 사용되었지만 보통 연습이나 시범 경기용이었다. 글러브는 헝겊을 덧댄 가죽으로 만들어졌다. 선수들의 손에도 헝겊을 감았다. 처음에는 아마추어 선수들만 퀸즈베리 후작의 규칙을 따랐지만 결국 상금을 두고 싸우는 프로 선수들도 의무적

---

4. '어느 선에 이르다(come up to scratch)'는 여기에서 유래해 '일정 수준에 도달하다'라는 뜻으로 쓰인다. (저자 주)

으로 글러브를 끼게 되었다. 1892년 존 L. 설리번John L. Sullivan은 퀸즈베리 후작의 규칙에 따라 글러브를 끼고 싸운다는 조건으로만 세계 챔피언 타이틀 방어전에 나서겠다고 선언했다. 경기는 불이 환하게 밝혀진 경기장에 1만 명의 관중이 모인 가운데 열렸다. 당시의 복싱 경기는 야외에서 열리는 게 일반적이었으며, 관람객은 격식을 차린 야회복을 입는 게 관행이었다.

시간이 흐르면서 복싱은 보다 질서 있고 잘 관리된 스포츠로 발전해 더욱 도시적인 스포츠가 되었다. 1837년에는 지방에서도 복싱이 번성하고 있었다. 선수권 대회는 대개 런던에서 열렸지만, 시골 사람들은 수많은 소규모 지역 대회의 열렬한 팬이었고, 많은 사람들이 직접 시합에 참가했다. 1850년대에도 마찬가지였다.

1900년대에 들어 시골 마을에서는 이런 열기가 식었지만 대도시의 빈민 거주 지역에서는 여전히 강력한 힘을 발휘했다. 특히 런던의 경우 종교 지도자들이 노동 계급의 남성과 소년들의 참여를 간절히 바라며 이 스포츠를 홍보했다. 베스널 그린의 제이Jay 신부와 같은 이들은 복싱 경기장과 클럽을 만들어 남성들을 교회 생활로 끌어들였다. (아마도 근육질이었을) 기독교인들은 이 스포츠를 공동체의 구심점으로, 술집으로부터 주의를 돌리는 수단으로, 빈민가에 사는 노동 계급 남성을 위한 구원의 길로 보았다. 이들 단체는 복싱의 계속되는 인기와 선수들의 사회적 지위 향상에 의지해 번창했고 노동자들이 권투 경기에 참가하는 것을 반대하는 중산층에 맞서며 복싱의 입지를 강화하는 데에도 도움을 주었다. 비공식적인 주먹다짐과 요란한 싸움은 여전히 일상생활의 일부였고 술집에서 즐기는 주먹다짐은 영국의 오랜 전통이 되었다.

덜 폭력적이고 보다 신사적인 스포츠를 선호하는 19세기 사람들에게 가장 인기 있는 스포츠는 크리켓이었다. 크리켓은 1860년 영국에서 가장 인기 있는 스포츠로 자리매김했다. 도시 사람들과 시골 사람들 모두가 크리켓을 했다. 노동 계급에도 크리켓을 즐기는 사람들이 많았지만, 복싱보다 중산층 관중에게 더 인기가 많았다. 시골에서는 농장 경영자와 성직자가 마을 팀을 이끄는 것이 보통이었고 교외 도시에서는 직장인과 상점주가 중심이었다.

더 도시적인 환경에서는 크리켓을 많이 하지 않았지만 일부 지역, 특히 북부 도시에서는 크리켓이 인기를 끌었다. 셰필드의 한 기자는 "월요일 오후, 일이 없거나 많지 않은 일을 마치고 나면 대규모 제조 회사들 사이에서 크리켓 게임이 벌어진다"고 전했다. 버밍엄에 있는 R. 티민스 앤 선스Timmins & Sons의 노동자들은 배트, 위킷[5], 공 등 다양한 스포츠 장비를 마련해 공동으로 썼다.

초창기의 크리켓 경기는 보통 지역 행사로 열렸다. 게임을 보는

---

5. 위킷(wicket): 야구의 홈 베이스에 해당하는 위치에 나무로 만든 스텀프(stump, 세로 막대) 세 개를 같은 간격으로 세우고 그 위를 잇는 베일(bail, 가로 막대)을 올려놓은 것.

그림 96. 크리켓을 하는 사람들, 1850년.

것보다는 하는 것이 중요했다. 복장 규정은 관대했고 규칙은 조정할 수 있었다. 1830년대의 크리켓 선수들은 하의로는 일상적인 바지(항상 흰색만 입지는 않았다)를 입었지만 일부는 구식 브리치스[6]를 입었다. 머리에는 주로 높은 검은 모자를 썼지만 밀짚모자를 선호하는 선수도 있었다. 상의로는 평범한 셔츠에 플란넬 재킷을 입었지만, 군복 스타일의 재킷을 입는 경우도 종종 있었다.

1836년 시골에서 벌어진 경기에서 타자의 정강이가 부러지는 정도를 넘어 박살이 난 일이 널리 알려지면서 정강이 보호대가 도입되었다. 정강이 보호대가 널리 사용되면서 1845년『펀치』에 실린 만

---

6. 브리치스(breeches): 무릎 바로 아래서 여미게 되어 있는 반바지.

화에는 군용 재킷에 피크트 캡[7]을 쓰고 바지 위에 커다란 패딩 튜브를 대고 있어 정강이와 발목이 마치 두 개의 단열 처리된 하수관 같은 크리켓 선수의 모습이 담겨 있다. 정강이 보호대의 디자인은 다양했는데 긴 나무줄기를 꼬아 만든 끈으로 묶기도 했다. 1850년에는 속에 말총을 채우고 끈과 버클로 다리에 고정하는 21세기와 비슷한 형태의 정강이 보호대를 광고하기 시작했다. 1850년대에는 글러브도 일반화되기 시작했는데, 이 무렵부터 높이가 높은 모자가 대부분 플란넬 모자로 대체되고 크리켓 화이트[8]가 필수 복장이 되었다. 크리켓의 인기가 절정에 달한 1860년의 크리켓 선수들은 현대의 크리켓 선수도 바로 알아볼 수 있는 옷과 장비를 사용했다.

크리켓 규칙은 1744년에 처음 발표되었고 정기적으로 개정·갱신되었다. 특히 공을 던지는 방식은 언더암[9]에서 라운드암[10], 오버암[11]으로 변화했다. 오버암 투구는 긴 세월 동안 너무 위험하다고 여겨져 금지되었다가 1864년에 와서야 금지가 풀렸다. 이런 기술적인 변화가 일어나는 동안에도 크리켓은 계속 성장했고, 순회 팀들이 철

---

7. 피크트 캡(peaked cap): 앞쪽에만 챙이 달린 모자.

8. 크리켓 화이트(cricket white): V 자 형태로 목이 파인 흰색 니트 스웨터.

9. 언더암(underarm): 팔을 내려서 공을 던지는 방식의 투구.

10. 라운드암(round-arm): 옆으로 팔을 휘둘러서 공을 던지는 방식의 투구.

11. 오버암(overarm): 팔을 위로 들어서 공을 던지는 방식의 투구.

도망을 최대한 활용해 전국을 돌며 크리켓에 대한 관심을 발생지인 영국 남부의 시골에서 전국으로 확산시켰다.

1864년 W. G. 그레이스Grace는 영국의 우수 팀들에서 뛰며 '최고의 크리켓 선수'의 반열에 올랐다. 그레이스는 크리켓 최초이자 (현재까지도 거의 틀림없이) 최고의 슈퍼스타다. 그의 명성과 인기가 워낙 대단해서 선수 명단에 그의 이름이 오른 경기의 입장권은 가격이 두 배로 뛸 정도였다.

그레이스는 최고 수준의 크리켓 선수인 3형제 중 둘째였고, 세 사람 모두 오랫동안 걸출한 경력을 쌓았다. 크리켓을 무척 좋아하는 그들의 아버지는 아들들이 어릴 때부터 크리켓을 가르쳤다. 아버지의 종용으로 다섯 명의 아들 모두가 집의 잔디밭에서 배트와 공을 들고 연습을 했고 그사이 딸들은 외야수 역할을 했다(딸들에게는 공을 치거나 던지는 것이 허락되지 않았다). 그레이스 가족은 확고한 중산층이었고 W. G. 그레이스는 직업을 갖기 위해 의과대학에 다녔다. 이 때문에 경기장 밖에서 그는 계속 '아마추어' 선수였다. 출전과 후원 계약을 통해 돈을 벌었는데도 말이다(그는 지역 보건의[12]로 일했지만 실제로 환자를 진료한 경험은 극히 적었을 것으로 짐작된다).

이때까지만 해도 크리켓은 관람을 위한 스포츠이기보다는 주로

---

12. 지역 보건의(General Practitioner, GP): 병원이 아닌 지역 담당 의료 기관에서 일반적인 진료를 하는 의사.

그림 97. W. G. 그레이스, 1875년.
역사상 가장 유명한 크리켓 선수.

직접 하는 운동이었기 때문에 리버풀에는 60개가 넘는 클럽이 있었고 이들 모두가 경기장이 필요했다. 클럽 팀들은 지역 신문에 적절한 경기 시설이 부족하다는 불만을 담은 투고를 하곤 했다. 카디프의 93개의 크리켓 팀들 역시 경기장을 찾는 데 어려움을 겪고 있었다. 그중 상당수는 스코틀랜드의 유산을 이어가고 있다고 주장하는 칼레도니아 크리켓 클럽Caledonian Cricket Club 등의 독특한 커뮤니티에 소속되어 있었다.

　1860년대와 1870년대에 이르자 이런 대중들의 참여는 대규모 관중으로 진화했다. W. G. 그레이스의 활약도 한몫을 했다. 그는 눈에 띄는 잘생긴 외모에 현란한 플레이로 경기를 지배했다. 스포츠 잡지 『베일리스Bailey's』에 보도된 기사는 그의 기량에 대한 호평 일색이었다.

> 그러나 북부의 힘은 워낙 강했다. 북부 팀 선수 열한 명은 그레이스가 포함되지 않은 어느 팀이든 감당할 수 있을 정도의 가공할 힘을 갖고 있었다… 첫날의 당황스러운 상황에 대한 이 위대한 타자의 설욕은 너무나 압도적이었다. 300타수 중 200안타를 기록했고, 총 436점 중 268점이 그가 낸 점수였다.

그레이스는 다음 세기까지 이어진 선수 생활을 통해 크리켓에 대한 대중의 관심을 불러일으켰다. 크리켓 경기를 보지 않는 사람도 그의 이름은 알았다. 그의 영웅적인 이미지와 슈퍼스타로서의 위치는 수천 명의 사람들에게 크리켓을 배우고자 하는 의욕을, 그게 아니라도 최소한 티켓을 구매하고자 하는 의욕을 갖도록 했다.

크리켓이 인기 스포츠로 발전하는 과정은 19세기 말을 지배하게 된 남성 스포츠, 즉 축구의 역사가 걷게 될 길을 미리 보여주었다. 현재 우리가 축구와 럭비라고 부르는 종목은 수 세기 동안 다양한 모습으로 존재해 왔다. 한 공동체의 모든 남자가 공을 가운데에 두고 다른 공동체의 남자들과 난투를 벌이는 대혼전에서부터 술집 밖에서 벌어지는 6인 경기에 이르기까지, 각 그룹의 선수들은 그 나름의 전통적인 규칙을 지키며 경기에 임했다. 더비의 세인트피터 교구와 올세인츠 교구 사이의 연례 축구 경기는 공을 들고 강을 헤엄쳐 내려가거나 공의 속을 빼서 누군가의 셔츠 속에 숨기는 등의 어리둥절한 전술들로 유명했다. 하지만 가벼운 축구 경기가 훨씬 더 흔했다. 스포츠 신문『벨스 라이프Bell's Life』는 이미 1830년대 초부터 술집 팀 간의 축구 경기를 다루었다. 교회의 지원을 받는 클럽도 있었다. 축구는 복싱, (영국 교회에서 오랫동안 악덕으로 여긴) 경마에 연관된 과음과 도박 문화와 동떨어진 무해한 스포츠라는 명성을 얻었다. 고용주들 역시 초기 축구의 옹호자들이었다.

오늘날의 주요한 영국 축구 클럽 중 상당수는 지역 축구 시대에 탄생했다. 맨체스터 유나이티드는 한때 '올덤13로드Oldham Road'라고 불렸으며, 스리 크라운스Three Crowns란 술집을 기반으로 했고 그 술집의 단골 남성들을 대상으로 선수를 모집했다. 에버턴 역시 매우 비슷한 방식으로 에버턴 마을의 술집 퀸스 헤드Queen's Head에서 탄생했다. 하지만 퀸스 파크 레인저스는 술집 팀이 아닌 켄티시 타운의 드룹 스트리트 보드 스쿨이라는 학교 팀으로 출발했다. 볼턴 원더러스는 J. F. 라이트 목사가 설립한 그리스도 교회 축구 클럽Christ Church Football Club(4년 후 글래드스턴 호텔로 이전했다)으로 스포츠 경력

13. 올덤(Oldham): 그레이터맨체스터주에 속한 도시.

을 시작했다. 웨스트햄은 A. F. 힐스 조선소에서 결성되어 '템스철공Thames Ironwork'이라는 이름으로 통했고, 아스널Arsenal은 울위치 무기arsenal 공장 단지의 노동자들이 만든 클럽이었다.

　놀라운 점은 어떤 클럽에도 공통적인 경기 규칙이 없었다는 것이다. 공을 집어 들고 달려도 되는가? 골대의 크기는 적당한가? 한 팀에 몇 명의 선수가 뛰어야 하는가? 경기 시작 전에 이런 규칙을 정하기 위해 논쟁을 벌여야 했다. 1844년 『벨스 라이프』는 제13 기병 연대 F 부대와 D 부대의 경기를 다룬 기사에서 양쪽 팀에 12명의 선수가 경기를 뛰었다고 보도했다. 또 몇 주 후 치러진 재경기에 대한 보도에서는 각 팀에 15명의 선수가 뛰었다고 언급하고 있다.

　1845년 럭비 스쿨[14]의 졸업반 학생 세 명이 학교에서 하고 있는 럭비 경기의 규칙을 적어달라는 요청을 받았다. 이렇게 발표된 규칙은 많은 클럽이 상대 팀과의 경기 전 분쟁을 해결할 때 참고하는 기준이 되었다. 1863년에는 럭비 경기 규칙에 대한 두 번째 합의가 발표됐다. 축구협회Football Association가 만든 이 규칙도 영향력이 컸다. 게임에 대해 서로 시각이 달랐던 이 두 가지 지침이 분리되어 현재 우리가 알고 있는 럭비와 축구가 되었다.

　1895년 럭비는 다시 럭비 유니언Rugby Union과 럭비 리그Rugby

---

14. 럭비 스쿨(Rugby School): 영국 중부의 도시 럭비시에 있는 유명한 퍼블릭 스쿨. 이 학교에서 럭비가 탄생했기에 학교 이름을 따왔다.

League라는 두 가지 형태로 나뉘었다. 이 두 형태의 럭비에는 지역별로 강력한 지지층이 있었지만, 축구의 인기에 비교하면 둘 모두 보잘것없어 보일 정도였다. 크리켓이 '직접 하는' 스포츠보다는 관람하는 스포츠로 진화하면서 스포츠에 직접 참여하려는 사람들의 에너지가 축구로 흘러 들어가는 것처럼 보였다. 그러나 스포츠에 직접 참여하는 사람들은 크리켓을 하던 한 세대 전의 중산층보다는 노동 계급일 가능성이 훨씬 더 높아졌다.

이 장을 시작하면서 언급했듯이, 스포츠의 발전 여부에는 노동 환경 변화가 큰 몫을 했다. 크리켓이 유행했던 1850년대와 1860년대는 사무직 노동자들에게 여가가 생긴 시기다. 19세기 중반에는 사무직 일자리가 많이 생겼고 그에 따라 관련 직종의 노동자 수도 늘어 상당수의 남성들이 자유 여가 시간을 갖게 되었다. 이전보다 사무직 근무 시간이 표준화되었고 대부분 근무 시간은 이전보다 줄었다. 1870년대와 1880년대에는 공장 노동자들의 근무 시간을 제한하는 제도가 시행되었으며, 이는 많은 비율의 노동 계급 남성들도 적으나마 여가를 누릴 수 있게 되었다는 것을 의미했다. 주 56시간 근무제가 정착되면서 남성 근로자들은 토요일 오후와 평일 저녁에 쉴 수 있게 되었다.

1850년대의 화이트칼라 노동자들은 운동과 오락을 즐길 여가가 생기자 크리켓이라는 새로운 스포츠를 생각해 냈다. 1870년대에는 노동 계급에게도 여가 시간이 생겼고 그들 역시 즐길 거리가 필요해졌다. 당시 크리켓은 이미 상류층의 스포츠로 자리를 잡았기 때문에 그들은 계급과 무관하게 즐길 수 있는 축구로 눈을 돌렸다.

축구의 인기가 급등한 것은 버밍엄 축구 팀들의 부상에서 엿볼 수 있다. 1870년 버밍엄에서는 축구 팀을 찾아볼 수 없었다. 하지만 1880년에는 800개가 넘는 축구 클럽이 결성되었고 영국의 거의 모든 대도시와 산업 도시에서 축구는 이렇게 극적으로 성장했다. 초기 축구 클럽 역시 크리켓이나 럭비 팀들처럼 경기장을 구하기 어려웠고, 그들 중 상당수는 럭비나 크리켓 선수들과 시설을 공유했다. 부지를 임대하거나 사들일 수 있게 되기 전까지는 공원을 사용해야 했던 팀도 많았다.

축구가 더 표준화되면서 축구 유니폼도 더욱 확실하게 정해졌다. 1840년대와 1850년대의 선수들은 몰스킨 트라우저와 웨이스트코트에 뜨개질로 만든 조끼, 심지어는 트위드 슈트까지 잡다한 평상복을 입는 것이 보통이었다. 하지만 1870년대에는 일반적인 복장이 등장했다. 대부분 칼라가 없는 운동 경기용 저지jersey 셔츠, 무릎 아래까지 오는 브리치스를 입고 긴 양말을 신었다. 머리에는 다양한 피크트 캡이나 부드러운 소재의 필박스 해트[15]를 썼다. 초기에는 다

---

15. 필박스 해트(pillbox hats): 알약을 담아 파는 얇고 둥근 상자를 닮은 작고 가벼운 모자로 챙이 없는 게 특징이다.

양한 스타일의 작업용 부츠를 신었고, 축구를 위해 특별히 디자인된 신발은 없었다. 팀 컬러는 도입된 지 얼마 되지 않아 빠르게 보편화되었지만 주로 저지에만 적용되었고 양말은 여전히 제각각이었다.

1867년 『라우틀리지의 축구 안내서Routledge's Handbook of Football』는 "한 팀은 한 가지 색상, 예를 들어 빨간색 줄무늬 유니폼을, 다른 팀은… 다른 색, 그러니까 파란색 유니폼을 입는 식으로 처리하는 것이 좋다. 이런 방법은 혼동을 막는다"고 제안했다. 마지막으로, 복장을 완성하는 부츠는 19세기 말에 가까워지면서 더욱 전문화되었다. 각 선수는 끈을 묶는 부츠와 신축성 있는 부츠, 다양한 종류의 스터드가 있는 부츠와 없는 부츠를 선택할 수 있었다. 이제는 경기장에 나선 축구 선수를 곧바로 알아볼 수 있게 되었다.

축구협회의 규칙을 받아들인 후에도 축구는 계속 변화했다. 일례로, 1870년경까지만 해도 심판은 깃발로 경기를 통제했고, 호루라기 사용은 조지프 허드슨Joseph Hudson의 원통형 에어패스트 호루라기가 경찰들 사이에서 이름을 날린 1880년경에 일반화되었다. '구슬'이 들어간 이 새로운 호루라기는 여러 테스트를 통해 소리가 1마일(약 1.6km) 이상 떨어진 곳에서도 들린다는 것을 보여주었다. 그렇기에 집요하게 범인을 추적해야 하는 경찰과 떠들썩한 관중 사이에서 선수들에게 들릴 수 있을 만큼 큰 소리로 신호를 보내야 하는 심판에게 무척 유용했을 것이다.

1863년의 규칙에 따르면, 현재 우리가 '골대'라고 부르는 것은 간격이 8피트(약 2.4m) 떨어진 두 개의 수직 기둥으로 이루어졌다(기둥의 높이는 명시하지 않았다). 골로 인정받으려면 공이 골대 사이를 통과하거나 "골대 사이의 공간을 넘어야" 했다. 이처럼 골인에 대한 규정이 애매하다 보니 공이 골대 사이를 지나쳤는지 아닌지를 두고 상대 팀과 입씨름을 하면서 경기장 난입과 싸움이 주기적으로 발생했다. 강한 슛이나 높이 찬 슛은 골인지 아닌지 거의 구분할 수 없었다. 2년이 되지 않아 규칙이 변경되었고, 이후에는 골대 사이에 8피트 높이로 줄을 연결했고 공이 그 위로 지나가면 골로 인정하지 않았다. 두 기둥 위에 가로대를 설치한 것은 그다음이었다. 골대에 그물이 생긴 것은 리버풀 시티의 엔지니어 존 브로디John Brodie가 영국 축구협회를 설득해 1889년 특허를 받은 자신의 축구 골대를 시험한 후였다.

　　변화한 것은 골대만이 아니었다. 경기장 표시는 1902년에야 현대적인 형태를 갖추었다. 페널티 구역은 1937년에 도입되었다. 최초의 경기 규정에는 경기장 규격이나 표시에 대한 조항이 전혀 없었고, 경기장 모서리에 4개의 깃발을 꽂아두었을 뿐이었다. 경기장은 최대 220×100야드(약 201.2×91.4m)[16]까지 선수들이 원하는 크기로

___
16. 현재 축구협회에서 권장하는 축구 경기장은 110×70야드(약 100.6×64m) 크기로, 이때의 축구장 최대 크기의 절반 정도다. (저자 주)

만들 수 있었다. 1891년부터 골라인, 터치라인, 센터 서클, 골키퍼 구역이 모두 공식화되었고 경기장에 이를 표시하였다. 구장을 관리하는 그라운드맨들은 (종종 테니스 동호회에서 빌려온) 라인 페인팅 기계를 사용하여 표시했다. 규칙, 경기장 표시, 골대, 골 망 등이 점차 바뀌었지만 진흙투성이 경기장에서 공을 쫓고 차는 게 핵심인 축구는 빅토리아 시대의 나머지 기간 동안 노동자들에게 가장 인기 있는 여가 활동으로 남았다.

크리켓과 마찬가지로 축구도 관람하는 스포츠로 빠르게 변신했다. 1901년이 되자 경기하는 사람보다 관람하는 사람이 더 많아졌다. 1872년 최초의 잉글랜드 컵[17] 결승 경기는 2천 명이 지켜보았다. 1888년에는 관심이 계속 커져 1만 7천 명이 결승전을 관람했다. 1895년에는 총 11만 명이 크리스털 팰리스 경기장을 찾았다. 축구는 영국인의 삶에서 완전히 새로운 역할을 맡았다. 빅토리아 시대가 끝나고 에드워드 시대가 시작되자, 축구는 공을 차는 것보다는 친구들과 함께 관람석에서 즐기는 오락이 되었다.

---

17. 잉글랜드 축구협회 챌린지 컵(The Football Association Challenge Cup, The FA Cup): 잉글랜드 축구협회에서 주관하는 토너먼트 축구 대회로, 아직도 개최되고 있는 가장 오래된 축구 대회이다.

# 소년들이 즐긴 스포츠

1890년대에 어린 시절을 보낸 프레드 바우턴Fred Boughton은 글로스터셔의 딘 숲에서 죽마를 타고 캣Cat 놀이를 했다. '캣'은 땅에 찔러 넣을 수 있도록 양쪽 끝을 날카롭게 만든 약 9인치(약 22.9cm) 길이의 막대기였다. 소년들은 손에 든 막대로 번갈아 가며 캣을 쳐서 멀리 날려 보냈다. 가장 멀리 날린 사람이 이기는 놀이였다. 비슷한 시기에 런던 이스트엔드 베스널 그린에 사는 월터 사우스게이트 Walter Southgate는 거리에서 축구와 크리켓을 하고 있었다. "즉석에서 마련하는 것 외에는 아무런 기구가 없었다. 길에 떨어진 코트를 골대로, 가로등 기둥을 크리켓 스텀프[18]로, 거친 나뭇조각을 크리켓 배트로, 종이를 뭉쳐 끈으로 감은 것을 공으로 사용했다."

19세기 내내 소년들은 영국 전역의 공터, 길거리, 마당에서 친구들과 어울려 다양한 스포츠 게임을 하며 놀았다. 그들의 아버지와 나이 많은 사람들이 즐겼던 스포츠와 마찬가지로 축구, 럭비, 핸드볼, 테니스, 스쿼시, 야구, 라운더스[19], 크리켓의 다양한 변형이 존재

---

18. 크리켓 스텀프(cricket stump): 위킷을 구성하는 세 개의 세로 막대. 위킷(wicke)은 경기장 중앙에 약 20미터 간격으로 세워 놓은 두세 개의 기둥 문. 직경 4cm의 나무 장대 셋을 엮어 그 사이를 공이 통하지 못하도록 한 것으로, 위쪽에 횡목이 달려 있다.

19. 라운더스(rounders): 야구와 비슷한 구기 종목.

그림 98. 남자아이들의 길거리 축구, 1888년.

했던 것 같다. 변형된 규칙에 대한 정확한 기록은 없지만 지역마다 고유의 경기 방식이 있었고 종종 특유의 경기장이나 경기장 표시법이 있었다.

　타인위어주의 버들 보드 스쿨은 운동장에 벽을 세워 둘로 나눈 뒤 한쪽은 남학생, 다른 한쪽은 여학생이 사용하게 했는데, 남학생들은 이 벽에 대고 공치기(공을 치고 받고 하는 운동을 통틀어 이르는 말)를 했다. 공치기의 인기가 높아지자 학교는 벽을 지금의 높이인 19피트(약 5.8m)로 높이고 벽에 지지대를 설치해 더욱 튼튼하게 했다. 그러자 예상치 못한 결과가 뒤따랐다. 긴 벽을 따라 60피트(약 18.3m) 간격으로 세워진 지지대가 한 경기와 다른 경기의 구분하는 경계선이 된 것이다.

　잉글랜드 남서부 지역에서도 공치기가 인기를 끌었는데 그 흔적

그림 99. 파이브스 게임, 1868년.

이 교회나 술집의 벽에 남아 있다. 공치기 선수는 손바닥으로 벽을 향해 공을 치고, 다른 선수는 앞의 선수가 친 공이 바닥에 떨어져 한 번 튕긴 후 쳤다. 이런 식으로 번갈아 치다가 자기 차례에 공을 놓치거나 공을 쳤는데도 벽의 정해진 구역에서 벗어나면 실점하게 된다. 이튼의 남학생들은 이 게임을 '파이브스Fives'라고 불렀다. 그들은 장갑을 끼고 예배당 벽을 이용해 게임을 했다. 두꺼운 바닥과 얇고 높은 벽, 그리고 버팀벽[20]이 있는 예배당의 독특한 건축 양식은 공이 회전하고 튕겨 나가는 방식에 영향을 주었다.

  럭비와 같은 스포츠는 잉글랜드의 퍼블릭 스쿨들에서 발전한 것으로 알려져 있다. 럭비는 그 이름에서 알 수 있듯이 럭비 스쿨의 학

---

20. 버팀벽(buttress): 건축물을 외부에서 지탱해 주는 벽. 고딕 성당에서 많이 볼 수 있다.

생들이 즐기던 운동에서 유래한 것으로 유명한데, '남성 스포츠' 부분에서 살펴본 것처럼 다른 많은 스포츠에 럭비의 규칙이 도입되었다. 더 넓은 관점에서 보면, 퍼블릭 스쿨 졸업생들이 학교 너머까지 럭비 규칙을 퍼뜨린 것이 사실인 듯하다.

빅토리아 시대 초기 잉글랜드의 퍼블릭 스쿨은 놀라울 만큼 자율적인 곳이었다. 실제 수업 외의 학교생활은 학생들의 자치에 맡기고 교사들은 거의 간섭하지 않았다. 그 덕분에 학생들은 수업 외 시간에 즐길 만한 다양한 운동 경기와 놀거리를 만들어냈고, 세대에서 세대로 이어지면서 종목마다 경기절차, 규칙, 경기장, 시간 등이 점차 변화해 갔다. 학교 문화 내에서 남학생들의 전통이 된 모든 경기는 당연히 다른 곳에서 하는 경기와는 그 형태와 규칙이 조금씩 달랐다. 외딴 동굴에 고립된 종(種)의 물고기들처럼, 각 학교들은 자신만의 노선을 따라 발전하는 고립된 공동체를 형성했다.

퍼블릭 스쿨 남학생들은 빅토리아 시대 사회에서 영향력이 있는 인물들로 성장했기 때문에, 후대를 위해 가장 철저히 기록된 것이 이 남학생 집단의 경기라는 것은 놀라울 것도 없는 일이다. 다른 소년들이 했던 경기에 대한 정보는 훨씬 적다.

대부분의 종목은 경기를 할 때 엄격하게 지켜야 하는 규칙들이 있었다. 소년들은 누가 경기를 할 수 있고 누가 할 수 없는지를 마음속으로 분명히 알고 있었다. 소녀들은 몇 가지 수비 포지션은 맡을 수 있지만 공을 치거나 골을 넣을 수 없는 경우가 많았다.

한편 퍼블릭 스쿨을 다닐 형편이 안 되는 소년들은 노동 시장에서 정규직으로 일했다. 1880년에 의무 교육이 도입된 후에도 학교를 떠나는 학생들의 평균 연령은 10세에서 12세 정도였는데, 이는 노동자들이 즐겨 했던 대부분의 경기를 노동 계급 소년들이 독자적으로 조직했다는 의미다. 이런 경기는 교대 근무를 끝내고 숨을 돌릴 수 있는 시간에 열렸다. 공장 운동장에서도 학교 운동장 못지않게 많은 경기가 열렸을 것이다.

퍼블릭 스쿨의 경기와 가난한 소년들의 경기를 차별화시킨 결정적인 요소는 어른들의 참여였다. 1860년대 초부터 운동에 대한 관심이 일기 시작하면서 갑자기 교사들이 소년들의 경기에 주목하게 되었다. 퍼블릭 스쿨 교장들은 제자들의 경기를 조직하고 참여하는 데 교사들이 관여하게 해 공동체 의식을 고취하고, 특히 대부분의 상류층 소년들과 대개 중산층인 교사들 사이에 형성되어 있던 계급의 장벽을 허물려고 했다.

19세기 초반에는 퍼블릭 스쿨에서 폭력적인 반항이 자주 일어났다. 1818년 윈체스터에서는 상황이 너무 심각해져 소년들이 학교 일부를 점거하고 방어벽을 친 뒤 경찰 여럿을 동반한 치안 판사의 해산 요청을 무시한 채 24시간을 버티다가 지역 민병대가 동원된 후에야 항복했다. 이 사건을 계기로 1860년대와 1870년대 퍼블릭 스쿨에서는 학생들을 통제하기 위한 목적으로 교사가 주도하는 단체 운동 경기를 늘렸고 1880년대에는 필수 교과 과정으로 채택했다. 어른들은 소년들이 해오던 게임을 정돈하고 체계화하여, 성인들이 즐기기에도 매력적인 게임으로 만들었다.

이즈음 빅토리아 시대의 의사들은 의학적 이해를 기반으로 남성의 근육 발달을 중요하게 생각하고 청소년기의 활발한 야외 활동을 처방으로 내놓았다. 브라운Brown 박사는 "운동을 충분히 하지 않는 청소년은 온전히 성장하고 발달할 수 없다"고 주장했다. 건강한 남성은 어린 시절의 충분한 운동, 특히 신선한 공기까지 마실 수 있는 야외 운동을 통해 만들어진다고 생각한 것이다. 몸을 움직임으로써 뇌도 자극할 수 있을 것이라는 믿음이 있었다. 정신에 해를 끼칠 정도로 운동을 지나치게 하지 않는 한은 말이다.

실외 단체 경기는 이상적인 운동으로 여겨졌다. 달리기는 어느 한 부위의 근육만 과도하게 발달시키지 않고 전반적인 체력을 증진시킬 뿐만 아니라 폐를 단련하고 혈액 순환을 촉진하는 데 효과 있는 운동이었다. 한편 추위 속에서 몸을 부딪치는 것은 남자아이를 강하게 만드는 데 도움이 되었을 것이다.

저명한 사상가들은 단체 경기를 통해 신체적 이점 외에 도덕적, 사회적 이점도 얻을 수 있다고 보았다. 성직자이자 베스트셀러 작가인 찰스 킹슬리Charles Kingsley는 단체 경기 활동의 이점을 "단순히 대담함과 인내심뿐만 아니라 절제력, 자제력, 공정성, 타인의 성공을 시기하지 않고 공감하는 능력을 키우고 살아가는 데 필요한 '양보와 타협'을 배움으로써 세상에 나갔을 때 크게 도움이 되며… 그런 것들이 없다면 그 사람의 성공은 항상 한쪽으로 치우쳐 온전한 것이 되지 못할 것"이라고 요약했다. 소년들은 단체 경기를 통해 개인보다 전체를 중시하는 연대 의식을 발전시켰다. 경쟁이 치열한 스포츠에서, 용기 있게 도전하고 어려움을 견디는 태도는 빅토리아 시대 남성들이 찬미하고 추구하는 가치를 담고 있었다.

퍼블릭 스쿨은 버블 보드Buddle Board 운영 위원회와 같은 곳에서 다양한 체육 지원을 받았지만 노동 계급 학교에는 이런 지원이 거의 없었다. 찰스 쿠퍼와 같은 경험을 겪는 것이 훨씬 더 흔한 일이었다. "학교 운동장이 좁아서 운동 경기를 하려면 길거리로 나가야 했다. 학교에서는 운동을 전혀 가르치지 않았고 운동에 필요한 물품도 제공하지 않았다. 배트, 크리켓 공, 축구공, 하키 스틱도 없었다."

마침내 보어 전쟁[21]이 발발하면서 노동 계급 학교에도 체육 교육이 도입되었다. 영국은 1899년에 군대에 자원한 젊은이들의 신체 단련 수준이 형편없는 것에 충격을 받았다. 바로 전투에 투입할 수

---

21. 보어 전쟁(Boer Wars): 1899년 영국이 남아프리카의 금과 다이아몬드를 차지하기 위해 보어인(남아프리카 공화국의 네덜란드계 백인)이 건설한 트란스발 공화국과 오렌지 자유국을 침략해 벌어진 전쟁. 이 전쟁으로 두 나라는 1902년 영국령 남아프리카에 병합되었다.

있는 사람은 9명 중 2명 꼴에 불과했던 것이다. 이에 많은 학교에서 군대식 훈련을 빠르게 정규 교과 과정에 통합하고 퇴역 군인을 고용해 수업을 진행했다.

1880년대에는 단체 운동의 혜택을 노동 계급 소년들에게 확대하려는 더 실질적인 시도가 나타났다. 그중 하나는 젊은이들이 직장 생활의 어려움을 해소하는 공간을 제공할 목적으로 설립된 소년 클럽과 청년 클럽이다. 클럽들은 도서관은 물론이고 스포츠 시설까지 갖추고 다양한 저녁 수업을 하며 소년들이 알코올의 유혹에서 벗어나 긴장을 풀 수 있는 아늑한 공간을 제공했다.

1886년에 설립된 리버풀의 고든 인스티튜트는 1887년에 대형 체육관을 개관하고 크리켓, 라운더스, 축구, 수영, 복싱, 체조, 육상 클럽을 조직했다. 거의 같은 시기에 맨체스터에서도 비슷한 시설을 갖춘 홈 청소년 클럽Hulme Lad's club이 문을 열었다. 1907년 에드워드 시대에는 지역마다 클럽들이 있었으며, 맨체스터에 1만 명, 런던에 1만 명, 다른 많은 도시에도 비슷한 수의 소년이 소속되어 있었다. 설립자들의 교육적 기대와는 상관없이, 대부분의 소년들의 가장 큰 관심사는 스포츠 시설로 드러났다.

빅토리아 시대 소년들은 단체 운동 외에도 수영과 격투기라는 전통 스포츠를 즐겨 했다. 1860년대에 성장 과정을 겪은 앨프리드 이러슨Alfred Ireson은 "확 트인 자연에 둘러싸인 시골은 남녀 모두에게

그림 100. 싸움은 소년 시절에 흔히 겪는 일이었다.

재미와 오락거리를 제공한다. 나는 이곳에서 수영과 싸움을 배웠
다. 이런 것들은 소년의 삶에서 큰 부분을 차지했다"고 추억했다. 남
자아이들은 수 세기 동안 옷을 벗고 연못, 개울, 호수, 강에 뛰어들었
는데, 오래전부터 내려온 전통 여름 놀이였다. 대부분의 물가에는
큰 나뭇가지에 묶인 밧줄이 있었다. 이 밧줄을 타고 뛰어내리면 더
운 오후에 발가벗은 어린 소년들이 득시글거리는 물속으로 커다란
물보라를 일으키며 뛰어들 수 있었다. 이러슨은 "여름 동안은 학교
점심시간을 닌강river Nene(노샘프턴셔주를 흐르는 강)에서 멱을 감으며 보
냈다"고 기록하고 있다.

산업 도시도 시골 마을 못지않게 수영하기 좋은 환경을 제공했
다. 선창과 운하의 옛날 사진에서는 알몸으로 수영을 하는 사람들

을 흔히 볼 수 있다.

리즈 앤 리버풀 운하에 있는 버링턴 스트리트 다리 근처는 테이트 앤 라일 공장에서 유출되는 물 때문에 수온이 높아 많은 사람들이 즐겨 찾았다. 1890년경에 촬영된 사진에서는 서른 명쯤의 벌거벗은 소년들과 옷을 입은 또 다른 십여 명의 사람들이 포즈를 취하고 있다. 검시관들의 기록을 보면 안타깝게도 어린 소년들이 익사하는 것은 흔한 일이었다. 이후의 장에서 살펴볼 퍼블릭 배스에 있는 실내 수영장 플런지 풀plunge pool의 인기가 점차 높아졌고 그에 따라 실내 수영장의 규모가 커지면서 남자아이들의 수영 장소는 난방이 되는 실내 수영장으로 옮겨 갔다. 그러나 덥고 화창한 날에는 여전히 강둑과 운하가 아직 사춘기가 오지 않아 부끄러움을 모르는 아이들을 유혹했다.

마지막으로 격투, 난투, 복싱, 일반적인 다툼은 신분이 높은 상류층부터 극빈자에 이르기까지 영국 남성들이 소년 시절에 겪어야 하는 일 중 큰 부분을 차지했다. 어른들과 부모들은 암묵적으로 싸움을 부추겼다. 자신을 지키기 위해 용감하게 맞서는 것은 소년과 남성에게 요구되는 미덕이었고, 싸움에서 도망치는 것은 그 반대였다. 싸움을 일으키는 것은 비난을 받았지만 자신을 지키기 위해 싸우는 것은 당연한 일이었다.

싸움에 관련된 문제를 덮거나 최소한 사회적으로 용인될 수 있도록 만드는 데 사용할 수 있는 여러 가지 속임수가 존재했다. "존중"과 관련된 복잡한 규칙은 싸움을 벌일 기회를 제공했다. 상대의 모자를 떨어뜨리는 것과 같은 행동은 보편적으로 인정되는 결투 신청이었다. 거의 모든 싸움에 일정한 규칙이 있었다. 대개는 비공식적인 규칙이었지만, 그럼에도 대부분의 소년들은 알고 있었다. 어떤 종류든 칼이나 무기는 "불공정하고", "용납할 수 없고", 비겁한 것으로 여겨졌고, 자신보다 훨씬 작은 사람에게 싸움을 거는 것도 마찬가지였다. 쓰러진 사람이 일어나지 않는 것은 싸움이 끝났다는 신호였다. 주먹질은 가장 찬양받는 싸움 기술이었고, 할퀴는 것은 여성스러운 행동으로 여겼으므로 소년들이 절대 또래 앞에서 하면 안 되는 행위였다.

결국 싸움의 목적은 가급적이면 많은 또래들이 구경하는 가운데 상대방을 때려눕혀 위신을 세우는 것이었다. 대등한 두 소년이 사람들이 인정하는 "명예로운" 방식으로 싸우면 양쪽 모두의 위상을 높일 수 있었다. 당연히 다른 소년들에게 둘러싸여 일대일 시합을 하는 것, 성인 복싱에 가까운 방식의 싸움이 이상적이었다. 프레드 바우턴은 "버나드 파커의 양철 건물에 가면 도미노 같은 조용한 게임도 하지만 복싱을 하는 사람들도 있었다. 창고에는 분필로 '오늘 밤의 빅 매치. 빌 웨트 대 잭 프로스트, 10라운드. 늦지 마세요'라고 쓴 안내문이 있었다"고 회상했다.

# 소녀와 젊은 여성들이 즐긴 스포츠

걷기와 맨손 체조 외에 상류 계급의 소녀들에게 사회적으로 처음 허용된 스포츠는 양궁과 크로케[22]였다. 둘 다 몸을 지나치게 움직이지 않고, 여성들에게 "부적절한" 복장을 하지 않아도 되며, 여럿이 안전하게 할 수 있는 운동이었기 때문이다. 그럼에도 기혼 여성은 거의 참여하지 않았다. 미혼 여성보다 품위를 지켜야 한다는 사회적 압력이 컸고, 언제라도 임신할 가능성이 있으므로 유산을 유발할 위험이 있는 활동에 참여하는 것을 경계했던 것이다.

스포츠로서의 양궁은 18세기에 애슈턴 레버Ashton Lever와 토머스 에저턴Thomas Egerton 같은 귀족들이 레버의 비서였던 토머스 워링Thomas Waring의 열정적인 인도에 따라 신사들을 위한 클럽들을 만들면서 새로운 생명을 얻었다. 양궁장과 양궁 클럽은 초창기부터 여성을 받아들였다. 여성들은 남성들 옆에서 경기를 하기도 하고, 때로는 여성들끼리 경쟁을 벌이기도 했으며, 남자와 직접 경쟁하는 경우도 있었다. 19세기 중반에는 대회에 참가하는 여성 궁사들이 남성 참가자보다 많을 때도 있었다(권말 도판 22 참조).

---

22. 크로케(croquet): 철 기둥 문 아홉 개를 세우고 나무로 만든 공을 나무망치로 때려 두 철 기둥 사이로 통과시키고 다시 돌아와서 속도를 겨루는 경기.

밀짚으로 만든 과녁을 받침틀에 올려 다양한 거리로 배치하고, 선수들은 아쟁쿠르 전투[23]에서 영국 궁수들이 썼을 법한 큰 활로 합의된 수의 화살을 쐈다. 과녁을 맞히면 득점을 했고, 과녁 중앙에 가까울수록 점수가 높았다.

양궁은 귀족들의 전유물로, 특별한 최신 유행 의상을 입고 하는 활동이었다. 양궁용 보디스[24]는 여러 의상 컬렉션에 남아 있으며, 특히 맨체스터 인근의 플랫 홀 잉글랜드 복식 갤러리에서 초기의 실물들을 확인할 수 있다. 특히 고급 소모사[25]와 실크 소재로 만든 영국 왕립 궁수회Royal British Bowmen(1787년에 여성에게 정회원 자격을 부여했다)의 시그니처 색상인 밝은 녹색의 양궁용 보디스는 코르셋으로 조인 균형 잡힌 몸매를 유지하면서도 입은 사람이 어깨를 충분히 움직일 수 있게 몸에 휘감는 형태다. 알록달록한 깃털 하나가 달린 모자는 양궁 대회에서 흔히 볼 수 있는 것이었다.

1874년 『베일리스』에 실린 한 기사는 데번의 파우더햄 성에서 열린 양궁 대회의 모습을 묘사하고 있다. "과녁들 사이를 오가는 여

---

23. 아쟁쿠르 전투(Battle of Agincourt): 1415년 프랑스 북부 아쟁쿠르 마을 근처에서 일어난 전투. 대규모 프랑스군을 상대로 영국이 결정적인 승리를 거둔 것으로 유명하며, 이 전투에서 영국 장궁병이 크게 활약했다.

24. 양궁용 보디스(archery bodice): 옆에 길이를 조정할 수 있는 끈이 달려 있고, V 자 모양으로 파인 목선에 롤 칼라(목을 감싸듯 목에 붙은 칼라)가 달려 있는 조끼.

25. 소모사(worsted wool): 길고 품질이 좋은 양털 섬유를 잘 빗어서 짧은 섬유와 불순물을 제거하고 섬유를 평행 상태로 가지런히 하여 꼬아 만든 실.

궁수들이 입은 드레스의 찬란한 빛깔"에 혀를 내두를 정도라며 다소 냉소적인 어조로 보도하면서 여성들이 보여주는 최신 유행에는 한 페이지를, 실제 양궁 결과에 대해서는 단 세 줄을 할애했다.

그만큼 고위층의 양궁 대회에 초대받은 여성은 장비에 많은 투자를 해야 했다. 여성용 세트의 경우 (1868년에 출간된『홈 북Home Book』에 따르면) 2~5파운드나 됐는데, 대부분의 중산층 소녀들이 감당할 수 있는 수준을 훨씬 넘어서는 금액이었다. 여성용 활은 일반적으로 남성용 활보다 시위를 당기기가 쉬웠다. 1908년 올림픽에서 금메달을 딴 퀴니 뉴올Queenie Newall과 같은 여성들은 남성과 같은 드로 웨이트[26]의 활을 사용했지만 말이다. 여성용 양궁 장비는 나무(보통 주목) 활 외에 화살 세트, 화살통, 소맷단을 깔끔하게 정리하고 활시위나 화살의 깃털로부터 손목을 보호하는 가죽 암 브레이스arm brace, 시위를 당기는 손가락을 보호하는 작은 가죽 핑거 탭finger tap으로 구성됐다.

앤서니 트롤럽의 1875년 소설 『총리The Prime Minister』에서 총리의 아내 글렌코라는 자신들이 주최하는 하우스 파티에서 활을 쏠 수 있도록 0.5에이커(약 2023.4㎡, 약 612평) 면적의 잔디밭 삼면에 흙으로 둑을 쌓으라는 분부를 내린다. 돌아다니는 손님들이 제 위치에서

---

26. 드로 웨이트(draw weight): 활시위를 완전히 당기기 위해 잡아당겨야 하는 무게.

그림 101. 1866년의 크로케 경기.

벗어난 화살에 맞아 다치는 것을 막는 후방 방어벽으로 삼을 목적이었다. 그다음에는 이 잔디 덮인 둑에 짚으로 만든 과녁을 설치한다. 며칠 동안 이어지는 친선 경기를 통해 남녀가 함께 연습하고, 사교 활동을 한다. 1875년에는 양궁이 예전처럼 유행의 선두에 있지 못했다. 그럼에도 소설을 읽는 대중은 여전히 귀족 여성들이 궁술 애호가일 것이라고 기대했다.

크로케는 양궁만큼 귀족이 독점하는 오락이 아니었다. 1862년에는 거의 알려지지 않은 스포츠였지만, 『영 레이디스 저널』의 말을 빌리면, 1868년에는 "유행하는, 거의 없어서는 안 될" 게임이 되었을 정도로 인기가 급속히 높아졌다. 크로케를 하는 데 필요한 것은 잔디밭과 2실링 정도에 구입할 수 있는 크로케 세트가 전부였다. 물론 잔디밭이 제한 요인이었다. 잔디 깎는 기계가 발명되면서 중산층 저택에서는 잔디밭을 꾸밀 수 있었지만 노동 계급 가정에서는 불가능한 일이었다.

크로케는 성별과 나이에 상관없이 할 수 있는 가족형 게임으로 여겨졌으며, 특히 다른 신체 활동을 할 기회가 거의 없는 여자아이들을 사로잡았다. 크로케를 할 때는 달리거나 뛰어오를 필요가 없고 걷기만 하면 된다. 코르셋과 크리놀린을 입은 여자아이들이 생식 기능에 무리가 갈까 염려하지 않고 야외에서 신선한 공기를 마시며 할 수 있는 게임이었던 것이다. 프랜시스 킬버트 부목사는 클리퍼드 소(小)수도원에서 열린 남녀 혼성 크로케 파티를 "잔디밭 사방으로 공이 날아다니는 크로케 게임이 여섯 번이나 펼쳐지는 동안 매우 즐거웠다"고 묘사했다. 그는 이 스포츠 파티에서 앨런 양, 브리지스 모녀, 오즈월드 양이 활약했다고 언급했다. 15년이 안 되어 크로케의 인기는 식었다. 그러나 크로케는 여성이 스포츠 활동에 참여해도 아무런 피해를 유발하지 않는다는 것을 보여주었고, 여성이 격심한 운동을 하면 부상을 입으리란 두려움은 사라지기 시작했다.

론 테니스lawn tennis는 1870년대 중반에 크로케의 인기가 시들해질 무렵에 발전했다. 테니스는 20년도 되지 않아 대부분의 중상류층을 잔디밭으로 끌어들였고, 정원에 테니스 코트를 꾸미는 것은 존경과 부의 상징이 되었다. 소녀들은 테니스가 도입된 초기부터 열정적으로 시합에 임했다.

물론 테니스는 난데없이 나타난 스포츠가 아니다. 프랑스에서 리얼 테니스[27]가 영국으로 건너온 것은 15세기였다. 헨리 8세는 열정적인 테니스 플레이어로 알려져 있으며 테니스화를 교체하기 위해 상당한 비용을 지출했다고 한다(관련 지출에 대한 기록이 남아 있다). 17세기 이후 모든 테니스 코트는 1625년 햄프턴 궁에 만들어진 코트를 원형으로 했는데, 이는 테니스의 확산에 불리하게 작용했다. 코트를 만드는 데 돈이 많이 들었던 것이다. 무엇보다 경기 중에 코트를 벗어난 공이 멀리 굴러가지 못하도록 코트 주변에 현대의 스쿼시와 비슷한 방식의 벽을 설치해야 했다. 이렇게 벽을 세우다 보니 관중석은 30명 정도로 수용이 제한되는 작은 규모가 될 수밖에 없었다.

리얼 테니스는 이러한 특성으로 인하여 특권 계층, 즉 궁정인을 위한 스포츠라는 인식이 퍼지면서 대중의 참여를 이끌어내지 못했다. 하지만 마침내 테니스 경기장은 야외로 옮겨졌고, 테니스의 비밀스러운 성격은 사라졌다.

'론 테니스의 발명가'라는 칭호의 주인이라고 주장하는 사람은 둘이다. 1874년 월턴 클롭턴 윙필드Walton Clopton Wingfield 소령이 새

---

27. 리얼 테니스(real tennis): 로열 테니스(royal tennis), 코트 테니스(court tennis)라고도 알려진 전통적인 라켓 스포츠로 실내에서 경기를 한다.

로운 게임에 대한 특허를 내고 기본 장비 세트를 팔기 시작했다. 리버풀의 상인인 해리 젬Harry Gem은 그보다 15년 앞서 포르투갈인 친구 아우구리우 페레라Augurio Perera와 함께 이 게임을 발명했다고 주장했다. 그들은 해리 젬의 잔디 크로케 경기장에서 나무와 동물의 내장을 이용한 줄로 만든 일반적인 리얼 테니스 라켓과 (코르크와 끈으로 만든 이전의 딱딱한 공과 달리) 공기를 채워 잔디에서 튀어 오르는 고무 공으로 테니스를 쳤다. 그들은 라켓과 함께 네트, 코트 표시선(크기는 줄였지만)와 득점 체계의 대부분을 리얼 테니스에서 빌려 왔다. 이 새로운 게임은 1839년 고무의 탄성을 높이는 원리[28]를 발견해 공이 튀어 오르게 만든 미국인 찰스 굿이어Charles Goodyear와 1827년 잔디 깎는 기계를 발명한 에드윈 버딩Edwin Budding이 아니었다면 불가능했을 것이다.

잔디밭은 론 테니스가 인기 스포츠로 등극하는 데 결정적인 역할을 했다. 크로케의 인기가 시들해지면서 크로케 전성기에 조성된 잔디 경기장들이 남아돌았고 이를 테니스 코트로 바꾸는 것은 어렵

---

28. 고무의 탄성·내열성·내약품성·신장성을 늘리기 위하여 생고무 또는 디엔(diens) 계열 합성 고무에 황을 섞어 가열하는 것을 가황이라고 한다. 찰스 굿이어가 고무 가황법의 원리를 발견한 것은 1839년이고, 그 원리를 바탕으로 고무를 단단하게 만드는 데 성공한 것은 1843년이다. 그해 영국인 엔지니어 토머스 행콕(Thomas Hancock)도 고무 가황법 관련 특허를 냈고 자신이 독자적으로 고무 가황법을 개발했다고 주장했다. 고무 가황법 특허를 놓고 굿이어와 행콕은 법적 분쟁을 벌였지만, 행콕이 굿이어의 가황법을 베꼈다는 증거를 찾지 못해 굿이어는 패소했다

지 않았다. 흰색 페인트로 줄을 몇 개 긋고, 네트를 걸고, 라켓 두 개와 공 한두 개만 있으면 유행하는 이 새로운 오락을 즐길 수 있었다.

테니스는 크로케보다 확실히 더 역동적이고, 달리기와 재빠른 방향 전환이 필요한 운동이지만(그 결과는 가쁜 호흡과 땀 배출) 이전에 유행했던 크로케와 유사하다 보니 '연약한' 여성들의 신체가 상하지 않을까 걱정하는 사람들도 쉽게 받아들였다. 테니스를 처음 배우는 소녀들은 가볍게만 하라는 조언을 들었지만, 시간이 흐르면서 좀 더 실질적으로 운동 능력을 키울 수 있게 되었다. 앞서 등장했던 크로케 애호가 프랜시스 킬버트는 1874년 7월 처음 론 테니스를 경험한 뒤 "멋진 게임이지만 여름에 하기에는 다소 덥다"는 평을 남겼다.

새롭게 고안된 테니스를 처음 하는 소녀들은 유행하는 평상복 차림으로 경기에 참여했다. 소녀들은 유행이 지난 크리놀린 드레스가 아닌 허리를 조이는 코르셋과 뒤쪽을 부풀린 긴 드레이프트 스커트 draped skirt를 입었다. 1879년에는 값비싼 드레스를 보호하기 위해 테니스를 칠 때 앞치마를 입는 것이 보편화되었고 모자는 필수 아이템이 되었다. 1890년대에는 테니스 코트에 스위스 벨트 스타일의 코르셋이 등장했다. 이 코르셋은 여전히 허리는 꽉 조이지만 엉덩이 위를 높게 재단해 다리를 자유롭게 움직일 수 있고, 가슴 아래는 낮게 재단해(실제로 가슴 아래에 착용해 가슴을 떠받치거나 조이지 않았다.) 팔을 활발하게 움직일 수 있는 디자인이었다. 기존의 코르셋에 비해 팔다리의 움직임이 자유로운 이 코르셋 덕분에 젊은 여성들은 더 활기차게 활동할 수 있는 동시에 가는 허리를 미덕으로 삼던 사회적 요구에 부응할 수 있었다. 테니스를 칠 때는 이런 코르셋 위에 일상복보다 프릴과 테두리 장식이 적은 흰색 드레스를 입는 것이 보통이었다. 1890년경부터 잡지의 패션 플레이트들은 일반적으로 몸통 부분이 느슨하고 커프스와 칼라가 꽉 조이는 테니스 드레스들을 묘사하기 시작했다(권말 도판 21 참조).

로티 도드Lottie Dod는 윔블던 전영 론 테니스·크로케 클럽에서 다섯 번이나 여성 테니스 챔피언 자리에 올랐다. 스물한 살에 테니스를 그만둔 뒤 1904년에는 여자 골프 챔피언이 되었고, 이후 1908년 올림픽에서는 양궁 은메달을 땄다. 그 밖에도 아이스 스케이팅 선수, 승마 선수, 조정 선수, 요트 선수로 활약하며 뛰어난 스포츠 능력을 보여주었다. 하지만 그녀의 놀라운 스포츠 경력은 론 테니스로 시작되었고, 처음 대중에게 운동 능력과 재능을 인정받은 것도 이 종목을 통해서였다.

19세기 말에 론 테니스는 젊은 여성들이 가장 애호하는 스포츠가 되었고, 라크로스[29]나 하키가 여성 스포츠로 자리 잡는 데 기반이

---

29. 라크로스(lacrosse): 고무공과 '크로스', 또는 '라크로스 스틱'이라고 불리는 긴 손잡이가 달린 라켓으로 즐기는 단체 운동. 라크로스 스틱의 머리 부분에는 그물이 있어 라크로스 공을 잡을 수 있게 되어 있다.

되었으며,많은 신설 여학교에서 론 테니스를 정규 과목으로 채택하기 시작했다. 1900년에는 1868년 크로케 클럽으로 시작했던 윔블던을 비롯해 약 300개의 클럽이 론 테니스협회에 속해 있었다.

빅토리아 시대의 마지막 10년 동안, 여성의 운동과 관련된 이전의 두려움은 많이 줄었으나 의료계, 교육계, 부모들은 여전히 월경 기간에는 신체 활동을 쉬어야 한다는 주장을 옹호했다.

## 정원 가꾸기와 공원 산책

스포츠 이외의 여가 활동을 하려는 사람들은 점차 정원 가꾸기에 관심을 갖게 되었다. 19세기 초에는 정원 가꾸기가 부유층만의 여가 활동이었지만 이후 노동자 계층도 자기 소유의 작은 땅을 가꾸는 일에서 즐거움을 얻었다. 노동자들은 주로 채소를 키웠지만 단지 먹거리를 위해서라기보다는 즐거움을 얻으려는 목적도 있었다. 1830년대에서 1850년대까지는 원예의 전성기였다. 주로 도시의 남성 노동자들이 모여 화초를 키우며 경합을 벌이기도 했다. 직조공이나 편물공, 목수, 못 만드는 사람 등 소규모 재택 작업장에서 일하는 남성들이 꽃에 열정을 쏟았다. 집과 작업장 주변의 작은 땅과 마당, 창턱에 놓는 화분과 용기에 식물을 키우며 뛰어난 원예 기술자들로 거듭난 그들은 가장 강한 씨앗을 선별하고, 고도의 주의와 세심함을 기울여 번식시키고, 인내심을 가지고 수년에 걸쳐 새로운 품종을 육성하는 데 애썼다.

전통적으로 인기 있는 원예 식물은 히아신스, 영국앵초, 튤립, 폴리안서스, 라넌큘러스, 아네모네, 카네이션, 패랭이꽃이었지만, 곧 펠라고늄과 달리아, 후크시아, 풀협죽도, 국화가 다채로운 색채의 향연에 합류했다. 원예가들은 꽃 박람회에 자신이 키운 꽃을 출품하는데, 우승작을 키워낸 사람은 상금을 받았고, 성공한 원예가들은 자신이 만든 씨앗이나 구근을 판매해 돈을 벌 수 있었다. 1840년대부터 1890년대까지는 더럼주의 도던에서 8월 첫째 주말에 꽃 박람회가 열렸다. 이 행사를 주최한 화훼협회의 거의 모든 구성원은 광부였다. 화훼협회 구성원이었던 광부의 아들인 토머스 쿠퍼는 "풍성한 색채를 자랑하는 아름다운 화단들이 있었다. 그 색채는 눈으로 봐야만 믿을 수 있을 정도였으며 구석구석이 꽃이 든 상자나 통으로 빠짐없이 장식되어 있었다"고 회상했다.

시골에서는 오두막집 둘레에 있는 작은 땅을 이용해 텃밭을 가꿨는데 이런 땅도 없는 시골 주민은 경작지를 임대할 수 있었다. 여기에는 주로 식구들을 먹이기 위한 감자와 양배추를 재배했는데, 같은 작물을 심더라도 (주인의 밭에서 온종일 일한 후) 자기 땅을 돌볼 때 느끼는 뿌듯함은 남성 농업 노동자들에게 큰 자부심과 만족감을 가져다

주었다. 플로라 톰슨Flora Thompson은 1880년대 옥스퍼드셔에서의
생활을 회상하며 "대부분의 남자들이 땅을 파거나 괭이질을 할 때
노래를 부르거나 휘파람을 불었다"는 애정 어린 기억을 공유했다.

오로지 즐거움을 위한 식물 재배의 인기가 높아졌다. 길 가장자
리와 오두막집 벽 둘레에 꽃을 심었고, 다양한 과일과 채소를 재배
했다. 부유한 이웃들은 텃밭을 가꾸는 사람들에게 실용적이고 생산
성이 높은 루바브(rhubarb, 줄기를 주로 먹는 새콤한 맛의 채소)를 재배하라
는 선의의 조언을 했지만, 플로라 톰슨이 기억하듯이 대부분의 텃밭
에는 구스베리gooseberries와 딸기가 꽃무Wallflowers, 수염패랭이꽃
sweet williams, 핑크스pinks와 함께 자리를 잡았다.

1850년대에는 중산층과 상류층도 원예의 즐거움을 알게 되었
다. 특히 여성과 성직자들이 적극 참여하기 시작했다. 원예라는 새
로운 여가 시장에 편승해 이들에게 도움을 주는 다양한 분야의 책과
잡지가 출판되었다. 정원 디자인, 꽃, 창가의 세련된 화분 배열, 잔
디 깎는 기계나 정원 도구에 대한 광고로 가득한 아름다운 삽화들은
몇 시간이고 구경할 만했다.

꽃꽂이는 오래전부터 미적 기술을 요하는 바람직한 가정 활동으
로 인정받아 왔다. 식물학도 전통적으로 소녀, 여성, 성직자의 활동
이 용인되는 분야였다. 원예는 사람들에게 즐거움을 주는 동시에
관련 기술을 성장시키는 매력적인 취미 활동이었다.

그림 102. 원예, 1868년. '영국 여성의 찬란한 아름다움'.

1868년『홈 북』은 "다양한 형태의 꽃밭은 영국 소녀의 즐거움, 소일거리, 자부심, 영광이 되지 않을 수 없다"고 말했다. 오래지 않아 정원 가꾸기는 시각적 취향, 식물학적 전문 지식을 기반으로 질서와 정돈을 구현하는 가정적 미덕의 표본으로 자리 잡았다. "원예를 취미로 하는 숙녀"들을 위해 남성용 원예 기구보다 더 가볍고 작은 정원 도구 일체가 새롭게 고안되었다. 또한 넓은 정원을 갖추지 못한 사람들을 위해 창턱에 두는 화분과 실내 약초 재배실을 만드는 데 필요한 다양한 조언이 담긴 책들이 출판되었다. 왕실은 원예 유행의 얼리 어답터였다. 빅토리아 여왕의 부군인 앨버트 공은 궁전 내에 자녀들이 각자 가꿀 수 있는 정원이 필요하다고 주장했다.

중산층이 땅을 파고, 잡초를 뽑고, 시든 꽃을 따내는 일에서 즐거움을 발견한 것과 같은 시기에 공원 조성 운동이 본격적으로 진행되었다. 리버풀은 이 부분에서 선두에 있었다. 버컨헤드 공원은 도시 생활과 도시 주택이 노동 계급 가족에게 미치는 나쁜 영향을 완화하기 위한 방법으로 착안되었다. 머지사이드 부두가 호황을 누리고 사람들이 일자리를 찾아 이 지역으로 몰려들면서 이들을 수용하기 위해 지었던 테라스 하우스[30]는 극도로 과밀화되었다. 처음에는 한 가족당 한 층씩 1층에 방 두 개, 2층에 방 두 개, 이후에는 각 층에 방 하나씩 지어졌던 건물이었지만 사람들이 몰리면서 층마다 여러 가구가 거주하게 되었다. 나무는커녕 풀 한 포기 없이 테라스 하우스만 즐비한 거리에서 눈에 띄는 것은 술집뿐이었다.

공원은 사람들에게 깨끗한 공기를 마시며, 술을 멀리하고 건전한 오락과 여가를 즐길 수 있는 공간이 되어줄 것이라는 기대 속에서 탄생했다. 버컨헤드 공원은 국가 기관이 공공 자금으로 조성한 최초의 공원이다(런던의 왕립 공원들은 왕실의 채무를 청산하려는 목적으로 국가에 내놓은 것이었으므로 버컨헤드 공원과는 성격이 달랐다). 구불구불한 산책로와 나무, 호수로 조경된 풍경이 펼쳐지는 버컨헤드는 최고의 귀족 정원 설계를 본떴다. 마음을 가라앉히는 자연의 힘과 차분하고 질서 정연한 배치가 인근에 사는 사람들에게 도덕적, 사회적 나침반

30. 테라스 하우스(terrace house): 여러 주택이 나란히 일렬로 연결되어 있는 주택 양식. 주택 밀도를 높이기 위해 이웃과 벽을 공유하는 방식으로 짓는다.

역할을 하리라는 기대를 모았다. 현존하는 길을 따라 직접 산책을 해본 나는 버컨헤드 공원은 여전히 아름다운 장소라고 확실히 말할 수 있다. 가난한 사회 구성원에게 이런 장소를 마련해 주고자 했던 사람들은 돈을 아끼거나 일을 허투루 하는 것을 용납하지 않았다.

버컨헤드 공원은 다양한 활동을 할 수 있는 넓은 공원으로 계획되었다. 크리켓 경기장을 비롯해 스포츠를 즐길 수 있는 넓고 개방된 공간, 시골에서의 어린 시절을 추억하고 싶은 사람들을 위한 야생 관목 숲, 꽃을 좋아하는 사람들을 위해 조성한 화단, 암석 정원, 다리와 정자가 있는 호수, 넓은 산책로와 혼자 조용히 사색하고 싶은 사람들을 위한 좁고 구불구불한 길 등이 있었다. 버컨헤드는 영국은 물론이고 해외의 여러 공원을 조성하는 데도 영감을 주었다(뉴욕 센트럴 파크 등의 모델이 되었다).

리버풀을 비롯한 여러 곳에 조성된 공원들은 큰 인기를 모았다. 버컨헤드는 개장 첫 주에만 4만 명이 찾았다. 다양한 꽃과 나무를 비롯해 아름다운 자연으로 둘러싸인 공원을 산책하면서 칙칙하고 지저분한 도시 생활을 잠시 잊을 수 있을 뿐만 아니라 돈도 들지 않았기 때문이다. 빅토리아 시대 초기의 도시 공원을 담은 자료 영상은 가장 좋은 옷을 차려입고 이 새로운 사교 공간에서 즐기고 있는 사람들의 모습을 보여준다. 뮤직홀이 있는 공원도 많았다. 무료 공연이 흔했고, 스포츠 경기를 관람할 기회도 있었다. 공원은 여러 계층이 함께하면서 여가를 공유할 수 있는 흔치 않은 장소였다.

공원에서의 여가, 원예, 스포츠가 이렇게 인기를 누렸음에도 빅토리아 시대 남성과 일부 여성, 소년들 사이에서 가장 흔한 여가 활동은 음주였다.

## 남자들의 공간, 펍

빅토리아 시대의 펍에 들어서면 가장 먼저 느껴지는 것은 온기다. 자원이 부족한 시대였기에 집에서든 직장에서든 연료를 아끼느라 늘 냉기가 감돌았던 반면 펍에는 연료를 아낌없이 쓰는 벽난로가 있었다. 따뜻한 공간에서 맥주를 즐길 수 있는 펍은 남자들을 끌어들이며 동네 아지트 역할을 톡톡히 했다. 시골 마을의 펍(대부분의 마을에 여러 개의 펍이 있었다)은 외관만 보아서는 가정집과 구분하기 어려웠다. 문 위에 걸린 간판만이 차별점이었다. 내부도 일반 가정집과 큰 차이가 없었다. 보통 앞쪽에 있는 가장 큰 방이 공용 공간으로 사용되었지만 바bar는 설치하지 않는 게 일반적이었다

지금까지도 영국 시골 곳곳에 빅토리아 시대의 마을 펍들이 원형 그대로 남아 있다. 내가 가장 잘 아는 펍은 데번에 있는 드루 암스The Drewe Arms다. 짚으로 지붕을 이은 이 펍은 교회 근처에 있다. 앞문으

로 들어서면 왼쪽에 약 12×8피트(약 3.7×2.4m) 크기의 그리 넓지 않은 공용 공간이 있고 출입구 맞은편에 위치한 벽난로가 방을 후끈하게 데운다. 바닥은 돌이 깔려 있으며 벽은 하단을 약 6피트(약 1.8m) 높이의 나무 패널로 마감하고 흰색으로 칠했다. 방 가장자리에는 붙박이 목제 벤치가 있고 그 앞에는 아무 장식도 없는 목제 테이블 한두 개와 의자가 놓여 있다. 특히 벤치는 농업 노동자들이 긴 하루 일과 끝에 진흙이 잔뜩 묻은 장홧발로 들어와 쓰러져도 견딜 수 있도록 튼튼하게 만들어졌다. 겨우 12명 정도가 편하게 앉을 만한 이며, 방으로 들어가는 문 한쪽에는 작은 해치[31]가 있고 이 해치를 통해 맥주와 음식을 날랐다.

남성들은 보통 거기서 정기적으로 술을 마시는 사람들이 누군지에 따라 마을 펍을 선택했고, 각 펍은 본질적으로 구성원들이 서로를 잘 아는 소규모 클럽을 형성했다. 많은 도시 펍들 역시 비슷했다. 일반 주택의 앞방에 벽난로와 간단한 가구가 비치되어 있었다. 그들은 해치나 뒤쪽 창고에 달린 하프도어[32]를 통해 맥주와 진을 냈다. 마을 펍과 마찬가지로 도시에도 이런 식의 작은 술집들이 많았다. 노동자 거주 지역에 서른 집 건너 한 개 정도 펍이 있는 것은 드문 일

---

31. 해치(hatch): 음식을 전달하기 위해 부엌과 식당 사이의 벽에 만들어놓은 창구.
32. 하프도어(half-door): 아래위가 분리되어 아래쪽은 닫아도 위쪽은 열어둘 수 있는 문.

이 아니었다. 몹시 비좁은 집에 사는 남성들에게 펍은 울거나 부산스러운 아이들에게서, 난방이 되지 않는 추운 방에서 벗어날 수 있는 안식처이자 도피처가 되었다.

데번의 또 다른 펍인 엑서터 시의 웰컴 인The Welcome Inn은 빅토리아 시대의 모습을 거의 그대로 간직하고 있다. 노동자 거주 지역 내에 지어진 이곳은 아직도 원래의 가스 조명과 드문드문 놓여 있는 석유램프가 유일한 빛이다. 벽은 짙은 갈색으로 칠해져 있어 공장에서 일을 마치고 온 사람들이 더러워진 옷차림으로 벽에 기대도 때가 타지 않을까 신경 쓰지 않아도 된다. 벽난로에서는 불이 계속 타올라 실내를 따뜻하게 만들고 있다.

하지만 빅토리아 시대의 모든 펍이 이렇지는 않았다. 대단히 웅장한 궁전 같은 펍도 있었다. 1840년대에서 1860년대에는 반짝이는 정교한 타일을 깔고 화려한 가구를 맞춰 넣은 도시형 펍이 절정의 인기를 누렸다. 투자할 자금이 넉넉한 양조장들은 잠재 고객까지 찾아올 만큼 매력적인 펍을 만들기 위해 전력을 다했다. 펍의 안팎이 화려한 색상의 타일, 큰 창, 밝고 쾌적한 조명, 반짝이는 금속 장식, 윤이 나는 목공예품으로 빛나고 있었다. 펍은 그 지역에서 가스 조명, 이후에는 전기 조명을 채택한 최초의 건물인 경우가 많았다.

내가 가본 펍 중 가장 화려한 펍은 버컨헤드에 있는 스토크 호텔 펍이다. 이 펍은 사람들을 음주 문화에서 벗어나게 하기 위해 만들어진 버컨헤드 공원에서 멀지 않은 곳에 있다. 나무로 된 바가 건물 중앙에 있고 바깥쪽으로 작은 방들이 배치되어 있으며 방마다 따뜻한 분위기의 큰 벽난로가 있다. 바는 음료가 제공되는 작은 해치가 이어진 밀폐된 공간이다. 빛을 산란시키는 불투명 유리, 무늬가 있는 바닥과 벽의 타일, 벽지, 심지어 천장의 회반죽까지 어디에나 화려한 장식이 눈에 띈다. 이러한 펍은 이 시기 가장 주요한 투자 대상이기도 했다. 주로 새롭게 건설된 지역에 시장의 선점을 위해 일반 주택 펍이 자리 잡기 전 들어섰다.

펍은 단순히 술을 마시는 장소를 넘어 스포츠 단체의 클럽 하우스, 토론 모임의 장소, 원예협회의 회의실 등 다양한 사회적 기능을 했다. 또한 많은 펍이 다양한 종류의 계 조직을 운영했다. 셜록 홈즈 시리즈 중 한 단편인 「푸른 카벙클의 모험The Adventure of the Blue Carbuncle」에서는 술집 주인이 거위 클럽을 운영한다. 단골 손님들로부터 매주 소액을 받고 크리스마스에 거위를 주는 것이다.

글로스터셔주 버클리의 몇몇 펍은 친목회를 운영했다. 이 모임의 회원들은 돈을 모아두었다가 몸이 아픈 회원이 생기면 일정 금액을 내어주는 등의 일을 했다. 또한 1년에 한 번씩 수익금을 분배했다. 5월 첫째 주 수요일은 '행진'의 날로, 버클리 암스, 화이트 하트, 마리너스 암스를 근거지로 하는 클럽 회원들이 브라스 밴드와 실크 플래카드를 앞세우고 마을을 돌며 부유한 시민들의 집으로 행진했다.

그림 103. 맥주에 당밀과 소금 덩어리를 섞는 파렴치한 양조업자, 1850년.

부유한 집에서는 사과주와 맥주를 내놓고 이들을 맞이했다.

하지만 빅토리아 시대의 음주 문화에는 어두운 면이 있었다. 지주와 양조업자들은 맹물부터 극소량을 사용해도 취기를 높이는 유독한 물질인 디기탈리스, 사리풀, 마전자와 인디언 베리[33]까지 다양한 물질을 술에 타는 것으로 악명이 높았다. 또한 음주 문화는 알코올 중독, 빈곤, 폭력을 수반했다. 이 책에 나오는 빅토리아 시대의 삶을 설명해 준 사람들 중 많은 수가 알코올이 가정에 미친 영향에 대해서 기록하고 있다.

앨리스 폴리의 굶주린 어린 시절에는 과음한 아버지로 인해 벌어

---

33. 인디언 베리(Indian berry): 인도 아대륙 말라바르 지역에서 나는 신장 모양의 베리. 술에 섞는 가장 흔한 첨가물이며 당밀, 물과 함께 사용된다. (저자 주)

진 흉포한 소동이 간간이 끼어들었다. "아버지가 주방에서 어머니를 따라다니며 끈질기게 조르던 모습이 기억난다. '돈 좀 줘, 메그. 돈 좀 달라고. 목이 막히는 것 같아.' 결국 자포자기한 어머니는 마침내 돈을 식탁 위에 내던졌다." 그러면 앨리스는 그 돈은 갖고 술집에 가 주전자에 맥주를 받아 와야 했다. 그렇게 가족들의 식비를 술로 탕진하는 악순환이 이어졌다. 앨버트 굿윈의 할머니도 1870년대에 알코올 중독을 겪었다. 조금이라도 가치가 있는 물건을 모두 전당포에 잡혔고 그 전표마저 팔았으며, 그 돈으로 술판을 벌였다. 심지어 옷, 담요, 프라이팬, 주전자까지도 전당포 신세를 면치 못했다.

부유한 남성들도 가난한 사람들 못지않게, 아니 종종 더 많이 술을 마셨다. 하지만 그들은 집과 클럽에서 술을 마셨다. 고객이 모두 남성이고 분위기가 편안했던 클럽들은 이후 회원제 펍으로 변했다. 남성들의 사교 공간에는 늘 술이 함께했다. 이런 어두운 그림자를 영국인의 삶에서 몰아내기 위한 금주 운동이 진행되었고 밴드 오브 호프[34]를 비롯한 금주 운동 단체들이 엄청난 수의 여성과 어린이 회원을 모았다. 하지만 술집이 주는 온기와 동료애의 유혹에 빠진 남성들이 금주를 실천하기는 쉽지 않았다.

---

34. 밴드 오브 호프(Band of Hope): 1847년 영국 리즈에서 노동 계급 아동들을 위해 조직된 금주 운동 단체. 금주를 실천하고 음주의 해악을 가르친 이 단체에 등록한 회원 중에는 심지어 여섯 살짜리 아이도 있었다. 1995년 '호프 UK'로 명칭을 바꾸었고 지금까지도 어린이와 청소년들에게 알코올 중독, 약물 남용의 해악을 교육하고 있다.

# 아이들의 놀이

어린이들의 여가는 일과 학교의 일정에 맞춰야 했다. 지금의 어떤 영국 놀이터를 방문하든 빅토리아 시대의 놀이를 목격할 수 있을 것이다. 다양한 술래잡기 놀이, 브리티시 불도그[35], 그랜마 풋스텝[36], 왓츠 더 타임 미스터 울프?[37]는 지금도 아이들이 가장 즐기는 놀이다. 한쪽 구석에서는 구슬치기를 하는 아이들을 발견할 수 있고, 파이브 스톤스 앤 잭스[38]도 여전히 인기가 있다. 여자아이들은 아직도 줄넘기를 많이 한다. 하지만 굴렁쇠나 팽이 같은 빅토리아 시대의 장난감은 거의 사라졌다. 굴렁쇠 굴리기와 팽이치기는 아이가 장난감을 계속 움직이게 해야 하는 놀이다. 굴렁쇠를 길에 굴린 후에 막대로 계속 쳐서 쓰러지지 않게 해야 한다. 기술이 뛰어난 아이는 움

---

35. 브리티시 불도그(British bulldog): 술래 외의 사람들이 운동장 한쪽 끝에서 다른 쪽 끝으로 가려고 시도하는 가운데, 중앙에 선 불도그(술래)가 모든 방법을 동원해 이들을 저지하는 놀이. 불도그가 쓰러뜨린 사람이 불도그가 된다.

36. 그랜마 풋스텝(Granma's Footstep): 무궁화꽃이 피었습니다와 비슷한 놀이.

37. 왓츠 더 타임 미스터 울프(What's the time, Mr Wolf?): 술래가 늑대가 되고, 다른 사람들은 "지금 몇 시인가요, 늑대 씨?"라고 외친다. 늑대가 시간을 말하면 그 수만큼 걸음을 옮긴다. 늑대가 "점심/저녁 시간"이라고 외치면 늑대는 돌아서서 다른 사람을 잡고, 늑대에게 잡힌 사람이 새 늑대가 된다. 늑대가 아닌 사람이 늑대를 치면 놀이는 다시 시작된다.

38. 파이브 스톤스 앤 잭스(Five Stones and Jacks): 돌 다섯 개를 가지고 하는 우리나라의 공기와 비슷한 놀이.

그림 104. 굴렁쇠 굴리기와 줄넘기, 1868년.

직이는 굴렁쇠 사이를 통과하기도 한다. 팽이치기는 좀 더 간단하다. 원뿔 모양 나무 조각에 긴 줄을 감아 던지면서 요령 있게 줄을 잡아당겨 회전을 준다. 팽이의 회전 방향에 맞춰 줄로 팽이를 치면 계속 돌게 할 수 있다.

빅토리아 시대 아이들은 현대의 학교 운동장에서 벌어지는 대부분의 활동에 큰 어려움 없이 참여할 수 있을 것이다. 학교 운동장에서 하는 축구는 오늘날의 체육 시간에 가르치는 공식적인 축구 경기보다 초기 빅토리아 시대의 체계적이지 못한 비격식 축구 경기에 더 가깝다. 또 여전히 많은 아이들이 테니스 크기의 공을 리듬에 맞춰 벽에 튕기고 있다. 지금도 아이들이 즐겨 하는 놀이의 규칙과 우리가 스포츠라고 여기는 활동들은 대부분 빅토리아 시대의 놀이에서 유래했다. 당시는 놀이의 규정화, 표준화가 진행되는 시기였으므로 현재 이들 놀이의 규칙은 학교나 지역에 따른 차이가 있을 뿐이다.

『홈 라이프Home Life』1868년판에 등장하는 오렌지 앤 레몬Oranges and Lemons 놀이에 대한 설명은 내가 어린 시절에 그 놀이를 하던 방식과 동일하다. 아이들이 한 줄로 두 명의 다른 친구들이 만든 아치 밑으로 지나가면서 다음과 같은 가사의 노래를 부른다. "여기 네 머리를 자르려는 도끼가 있다." 이 노래가 끝나는 순간 아치를 만들고 있던 두 아이는 그 아래를 지나가는 아이를 잡으려 시도한다. 최근에 나는 친구 집 옆 놀이터에서 이 놀이를 하는 소리를 들었다. 아이들은 그때와 같은 규칙을 사용하고 있었다. 다만 노래에 팝 스타의 이름을 넣은 것이 다른 점이었다. 이처럼 예나 지금이나 아이들은 기존 게임 규칙을 유지하면서도 자신들의 조건에 맞게 놀이 방법을 조금씩 바꾸는 데 탁월한 재능을 타고나는 것 같다.

1877년『밀 힐 스쿨Mill Hill School』은 아이들이 놀이터에서 외치던 숫자 세기 노래를 기록했다. 굴뚝 청소부가 등장하는 이 노래("굴뚝 청소부 이버 위버에게 아내가 하나 있었네. 그는 그녀를 지켜주지 못했지. 또 다른 아내가 있었지만 그녀를 사랑하지 않았네. 굴뚝 위로 올라가 그녀를 밀어버렸네.")를 거의 100년이 지나서 웰시풀의 열한 살 소녀가 똑같은 가사로 녹음했다. "왕비, 캐롤라인 왕비는 테레빈유에 머리를 담갔네. 그녀는 왜 그렇게 예뻐 보였을까? 크리놀린을 입었기 때문이지"라는 노래는 1888년 에든버러에서 불렸고 플로라 톰슨이 옥스퍼드셔주 밴버리 인근의 시골에서 보낸 어린 시절을 기반으로 쓴 소설 『캔들퍼드로 날아간 종달새Lark Rise to Candleford』에도 등장한다. 캐롤라인 왕비는 빅토리아 여왕보다 훨씬 앞선 시대의 인물이고[39] 크리놀린은 1850~1860년대의 의복이지만, 그동안 가사는 계속 남아 있었고 현재까지도 20세기와 21세기 버전으로 이어지고 있다.

또 다른 예로, 나는 어린 시절에 "엄마, 엄마, 몸이 아파요. 병원에 보내줘요. 빨리, 빨리, 빨리. 선생님, 선생님, 나는 죽는 건가요. 그래, 너도 죽고, 나도 죽지. 마차가 몇 대가 필요하지? 하나, 둘, 셋, 넷…"이라는 빅토리아 시대의 줄넘기 노래를 부르며 놀았던 추억이 있다. 영문학 관련 학술지 『노트 앤 쿼리Notes and Queries』 1864년 12월 호에 기록되어 있는 이 노래를 나는 1970년대에 노팅엄에서 줄넘기를 하며 불렀다.

빅토리아 시대 말, 사진 기술의 발달로 움직이는 피사체를 찍을 수 있게 되자 사진작가들은 유행처럼 거리에서 노는 아이들의 모습을 사진에 담았다. 런던 이스트엔드에서 요크셔의 마을에 이르기까지, 아이들은 분필로 벽에 그림을 그렸고, 누더기 뭉치를 끈으로 묶어 만든 공을 포장 상자의 널빤지나 대충 깎은 막대기를 배트 삼아

---

39. 영국의 캐롤라인 왕비는 두 명이 있는데 조지 2세의 아내인 캐롤라인 왕비는 17세기 말에서 18세기 전반에 살았던 인물이고, 조지 4세의 아내인 캐롤라인 왕비는 18세기 말에서 19세기 초에 살았던 인물이다.

을 치거나, 벽에 던지면서 놀았다.

시골 아이들이 땅바닥 위에 막대기로 칸을 그려 놀던 사방치기는 도시로도 퍼져 나갔다. 다만 도시에서는 포장된 거리에 분필이나 숯 덩어리로 칸을 그렸다. 사방치기를 하는 아이들의 모습은 전국에서 찍은 사진에 등장한다. 이것은 여자아이들이 주로 하는 몇 안 되는 놀이 중 하나지만, 글래스고에서 한 무리의 남자아이들이 나선형 버전의 이 놀이를 하는 모습이 포착되었다. 두 명의 아이가 엎드려서 던진 돌이 선 안에 들어갔는지 아닌지를 확인하려고 하고 있고, 다른 한 명은 중간 칸에 있다.

또한 표적 맞히기 놀이도 즐겨 했는데, 스키틀이나 볼링 게임에서 착안한 것으로 보인다. 정식 장비를 구하기 어려웠던 아이들이 형편에 맞게 썩은 사과부터 맥주병까지 다양한 물체를 울타리 난간이나 벽 꼭대기에 올려놓고 공이나 돌멩이를 던져 맞히는 것으로 형식을 변형한 것이다. 구하기 쉬운 맥주병(돌려주어도 큰 값을 못 받기 때문에 주변에 방치되는 경우가 많았다)은 스키틀 게임을 즐기기에 안성맞춤이었다. 아이들이 노는 장면을 촬영한 빅토리아 시대의 사진에는 멋쩍어 보이는 소년들이 등장하곤 한다. 이들은 돌을 손에 쥔 채 어색한 포즈를 취했다가 사진작가가 가고 나면 다시 게임을 시작했다.

큰 볼링공을 대체할 만한 것은 쉽게 구할 수 없었다. 가장 먼저 생각나는 대체재인 사과, 양배추, 그 외의 과일들은 아이들 놀이에 이용하기보다는 식량으로 사용해야 했다. 하지만 구슬은 훨씬 쉽게 구할 수 있었다. 적당한 크기의 돌이나 마로니에 열매를 찾는 것부터가 재미있는 놀이였다.

1850년대부터는 탄산음료 병이 도시 어린이들에게 훌륭한 구슬 재료가 되어주었다. 금주 운동이 무알코올 탄산음료에 대한 관심을 이끌어 내면서 음료 자체, 라벨, 광고뿐 아니라 병 디자인에서도 많은 상업적 혁신이 이어졌다. 가장 성공적인 디자인은 병 안에 유리 구슬을 넣어 빠져나가려는 탄산의 힘으로 병목을 마개처럼 막는 방식이었다. 내용물을 마시려면 손가락으로 구슬을 강하게 내리눌러 개봉해야 했다. 음료 회사들은 제조비를 낮추기 위해 빈 병을 가져오면 돈을 주고 회수해 세척 후 재사용했다. 이 환경 친화적인 제도는 재활용의 초기 사례였지만, 아이들에게 병 안의 유리 구슬은 그저 구슬치기용으로 딱 맞는 놀잇감이었다. 병을 깨고 꺼낸 완벽한 구형의 단단한 구슬을 가져가면 친구들의 부러움을 샀다.

밖에서 놀이를 즐기는 아이들에게는 공통점이 있는데, 바로 나이였다. 빅토리아 시대에는 11, 12세가 지난 아이가 실없는 놀이에 참여하는 경우를 보기 힘들었다. 대부분이 그보다 훨씬 어렸다. 6세와 7세 아이들에게는 놀이 시간이 주어졌지만 그런 자유는 나이가 들면 곧 사라졌다. 학교에 다니는 나이가 되면 학업과 노동으로 하루 일과가 채워지기 때문이다. 노동은 가족의 생계를 위해 꼭 필요한 것이었고, 아이들 스스로가 일하는 쪽을 선호하기도 했다.

1860년대에 헨리 메이휴가 인터뷰한 한 소녀는 노점상으로서 일하는 생활이 집에서 지루하게 지내는 것보다 훨씬 더 즐겁다고 이야기했다. 집에는 장난감도 같이 놀 사람도 없지만 거리에서 일을 하면 다른 이들을 볼 수도 이야기를 나눌 수도 있으며, 가끔 다른 아이들과 함께 놀 수도 있기 때문이라는 것이다. 그녀에게 일은 놀이와 사회적 상호 작용의 토대였다. 당시 그녀는 일곱 살이었다.

실내 놀이는 중산층 아이들만 즐길 수 있었다. 노동 계급의 아이들은 같이 놀 사람, 놀이 공간을 찾아 집 밖으로 나왔다. 그들의 집은 좁고 사람들로 가득 차 있었기에 테이블 아래 앉아 인형이나 장난감 병정을 가지고 노는 것이 아이가 실내에서 할 수 있는 유일한 오락이었다. 반면에 중산층의 아이들, 특히 여자아이들은 집 밖으로 나갈 기회가 없었다. 남자아이들은 형제나 사촌들과 함께 정원에서 놀 수 있었지만, 걱정이 많은 부모들은 여자아이들이 정원에 나가는 것조차 쉽게 허락하지 않았다.

이런 아이들에게는 장난감이 더 필요했다. 이들을 위한 장난감이 시중에 많이 나와 있었다. 실내용 스키틀은 현재 남아 있는 빅토리아 시대의 어린이 장난감 중 인형과 함께 가장 대표적인 것이다. 스키틀은 대단히 단순했다. 나뭇가지를 2~6인치(약 5.1~15.2cm) 길이로 자르고 나무껍질을 벗겨서 만든 것들이었다. 간단히 칼로 나무를

그림 105. 다양한 장난감을 가진 운 좋은 아이, 1887년.

깎아서 형태를 잡은 것도 있었고, 매끄럽게 다듬고 페인트를 칠한 것도 있었다. 시골의 많은 노동 계급 어린이들은 모양을 내지 않거나 페인트를 칠하지 않은 스키틀 세트를 가지고 있었을 것이다. 그저 단순한 나무 막대에 불과한 이 장난감은 주인 외에는 아무도 장난감이라 여기지 않아 화덕에 던져져 생을 마감했을 수도 있다.

현존하는 당시 인형은 대부분 거의 같은 방식으로 만든 것이다. 나무토막을 둥글게 다듬어 머리와 몸통 형태를 대충 잡은 뒤(때로는 머리와 몸통을 나누는 깊은 홈만 만들었다) 페인트를 칠했다. 장난감 병정은 몸통 아래쪽의 가운데를 톱질해서 조잡하게 다리를 만들기도 했는데, 빨래 집게와 유사한 모양이었다(이런 인형을 페그 돌[40]이라고 불렀다).

---

40. 페그 돌(peg doll): '클로즈 페그 돌(clothes peg)'이라고도 한다. 구형 머리에 원기둥 모양의 몸통 아랫부분을 둘로 나눠 다리를 만든 인형이다.

스키틀과 이런 유형의 인형은 마룻널 사이로 떨어졌다가 긴 시간이 흐른 후 발견되어 가보가 되거나 박물관에 전시되기도 한다.

나무를 깎아 만든 팽이와 동물 인형, 이후에는 기차도 어린이들에게 좋은 장난감이 되었다. 이런 장난감들은 대부분의 가정에서 쉽게 구할 수 있었고, 부유한 노동 계급이나 중하층 가정에서는 페인트가 칠해진 제품도 아이를 위해 구매했다. 수공업자나 소규모 상점주의 아이들은 페인트칠한 나무 장난감 소를 가지고 놀 수 있었다.

양철로 만든 장난감은 너무 비쌌기 때문에 두 명 이상의 하인을 부리는 경제력 있는 가정에서나 아이에게 양철 기차를 선물할 수 있었다. 납으로 만든 병정 장난감을 아이에게 사줄 수 있다는 것은 부의 표시였으며, 밀랍 인형이나 도자기 머리 인형도 마찬가지였다.

대량 생산으로 장난감 가격이 저렴해지면서 더 많은 어린이들이 장난감을 접할 수 있게 되었다. 새로운 재료와 제조 기술이 발전함에 따라 장난감에도 더 밝고 다양한 색상을 사용할 수 있게 되었고 내구성과 유연성도 향상되었다. 1839년 고무 가황법 덕분에 고무가 들어가는 장난감의 기능이 향상되어 아이들은 더 즐겁게 장난감 놀이를 할 수 있었다. 특히 공의 탄성이 더 커졌다. 새총 역시 고무의 주요 수혜자였다. 태엽을 감아 작동시키는 장난감도 마찬가지였다. 고무 밴드로 구동되는 작은 배는 연못이나 욕조를 가로지를 수 있었다. 회전목마 축소 모형도 만들 수 있었고, 풍차처럼 돌아가는 날개를 단 헬리콥터가 공중에 꽤 오래 떠 있을 수 있었다.

1860년대부터 새로운 잉크와 염료가 빅토리아 시대의 생활 곳곳에 밝은 색채를 더했다. 거기에 인쇄 기술이 비약적으로 발전하면서 그림책, 장난감에 붙이는 인쇄 라벨과 종이에 비교적 저렴하게 이런 색상들을 넣을 수 있게 되었다. 그 덕분에 평범한 나무, 심지어는 판지로 만든 장난감에도 이런 라벨을 붙여 생동감을 불어넣을 수 있었다. 최초의 조각 그림 맞추기와 장난감 극장[41]은 이런 여러 기술이 집약된 혁신의 결과물 중 하나였다. 보다 전통적인 장난감도 저렴한 비용으로 이런 혁신의 혜택을 봤다. 조악한 나무배는 양면에 그럴듯하게 인쇄된 배 도안을 붙이자 훨씬 더 매력적인 장난감이 되었다.

컬러 인쇄의 혁명으로 스크랩북도 인기를 얻기 시작했다. 신문이나 잡지를 오려두거나 특이한 물건을 모아 무언가를 장식하거나 책에 넣어 기념품으로 삼는 것은 오래전부터 아이들, 특히 여자아이들에게 권장하는 활동이었다. 다채로운 색상의 인쇄물을 구할 수 있게 되자 이런 활동이 훨씬 더 매력적인 취미가 되었다. 이에 인쇄업자들은 이런 목적을 위해 밝은 색채의 도안을 만들게 되었다. 오늘날 많은 어린이들이 스티커를 모아 스티커 북에 붙이는 활동을 즐기

---

41. 장난감 극장: 당시 인기 있던 연극이나 오페라의 무대, 배우, 장면 등을 인쇄하여 종이나 판지에 붙인 것. 이를 잘라서 조립하면 극장 미니어처를 만들 수 있다.

듯이, 빅토리아 시대의 어린이들은 책이나 각종 상자, 심지어 방화막(벽난로 앞에 치는 철망)에도 그림을 정성스레 오려 붙였다.

빅토리아 시대의 마지막 몇 년 동안 정밀 공학이 크게 발전해 태엽 완구들이 나오기 시작했는데, 가격이 어마어마하게 비싸 의사나 변호사 정도는 돼야 구매할 수 있었다. 1838년 당시 매우 부유한 성인들을 위한 장난감이었던 애니매트로닉스 피규어[42]는 대단히 정교한 기계여서 너무 많이 사용하면 쉽게 파손됐다. 1901년의 태엽 기차는 선물 받은 어린이가 조심성 있게 다루다면 몇 년은 가지고 놀 수 있었다.

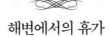

## 해변에서의 휴가

빅토리아 시대 동안 근로 실태가 계속 변화해 온 덕분에 발전한 여가 중 하나는 휴가였다. 19세기 말에는 온 가족이 함께 휴가를 즐길 수 있게 되었다.

---

42. 애니매트로닉스 피규어(animatronics figure): 모터, 기어, 전자 회로 등을 사용하여 실제 생물처럼 움직이거나 소리를 낼 수 있는 조형물을 만드는 기술을 말하지만 빅토리아 시대 애니매트로닉스 조형물은 주로 손잡이를 돌리거나 줄을 당기는 등의 간단한 방법으로 움직임을 구현했으며, 인형의 눈을 깜박이거나 팔다리를 움직이는 등 제한된 범위의 동작을 수행하는 정도였다. 하지만 당시에는 매우 혁신적인 기술이었다.

부유한 사람들이 건강을 위해 바닷가에서 몇 주간 휴가를 보냈던 19세기 초와는 상황이 크게 달라졌다. 브라이턴에서 스카버러에 이르는 브리튼섬 해안 주변의 많은 도시에는 다양한 레저 시설을 갖춘 우아한 리조트들이 들어섰다. 고객들은 부유하고 잘 차려입은 사람들이었다. 여성들의 흔한 바닷가 패션은 굵직한 줄무늬의 밝은색 면 드레스인 반면, 남성들의 바닷가 패션에는 해군복의 요소들이 영향을 미쳤다.

처음에는 바다 자체가 그런 사람들을 해안으로 끌어들였다. 부유층은 해변으로 가 몸에 좋은 깨끗한 공기를 마시고 운동 삼아 해안가를 산책했다. 좀 더 원기 왕성한 여행자의 경우, 해수욕이 혈액 순환을 촉진하고 몸에 활력을 불어넣으며 몸속의 독소를 제거하는 데 도움을 주는, 강강제 같은 역할을 한다고 여겼다. 당시의 해수욕은 단순히 허리 깊이의 물에 들어가 수면 아래에 몸을 두세 번 담근 뒤 물 밖으로 나와 물기를 닦고 평상복으로 갈아입는 것을 의미했다.

남성은 보통 해수욕을 알몸으로 했지만, 여성의 경우에는 품위 유지를 위한 특별한 의복, 즉 수영복을 입고 했다. 보통 수영복을 입는 데 걸리는 시간은 10분에서 15분을 정도였고 당시의 수영복은 움직임을 거의 완벽하게 제한했기 때문에 수영을 하는 것이 불가능했다. 1850년대의 수영복은 남에게 보이기 위한 것이 아니었기에 디자인도 단순하고 값도 저렴했다. 수영복의 가장 중요한 목적은 단순히 몸을 가리는 것이었으므로 수영복이 바닷물로 인해 망가지는 것 같은 문제는 전혀 고려하지 않았다. 수영복은 사실상 모직 자루 같은 모양이었는데 측면에 팔을 넣을 수 있는 단순한 모양의 구멍이 있었고 목 부분을 끈으로 묶는 것이 전부였다. 가능한 한 몸을 많이 가릴 수 있도록 품이 넉넉하고 길이가 길었으며 보통 어두운 색의 플란넬로 만들어졌다.

철도 산업의 발전은 여행 경비를 낮춰 휴가 시장을 대중화했다. 중산층도 여름에 몇 주씩 집을 빌리는 부유층의 휴가 방식을 따라 할 수 있게 되었으며 이후 기차 요금이 더 떨어지자 노동자 계층도 당일치기 해변 여행을 즐기기 시작했다.

19세기 중반이 되자 해안선을 따라 베이딩 헛bathing hut이 속속 생겼다. 베이딩 헛은 바퀴가 달린 작은 목조 창고로, 앞면에 계단이 갖춰져 있었다. 빅토리아 여왕의 통치가 시작되고 나서 30여 년 동안 해수욕객은 해변으로 이어지는 언덕 위에서 옷을 완전히 차려입은 채 베이딩 헛에 들어가는 것이 관례였다. 그런 다음 당나귀가 베이딩 헛을 끌고 모래밭을 지나 허리 깊이의 물까지 들어가는 동안 해수욕 복장으로 갈아입고 나서 베이딩 헛의 계단을 밟고 물속으로 들어갔다.

노동 계급에 속하는 베이딩 헛의 주인, '디핑 우먼dipping woman'은 옷을 갖춰 입은 채로 바다에 서서 해수욕을 하는 사람들이 한 번에

그림 106. 베이딩 헛, 1873년. 물속의 여성들은 자루 같은 낡은 옷을 입은 반면,
계단 위의 여성은 상하가 구분되는 새로운 복장을 선보이고 있다.

몇 분씩 물에 몸을 담근 후 다시 베이딩 헛으로 들어가 물을 닦고 옷을 갈아입는 것을 도왔다. 해수욕을 마치면 베이딩 헛을 원래 있던 언덕까지 끌고 올라가고 해수욕객은 베이딩 헛에서 나와 몸을 씻고 옷차림을 정돈했다. 해수욕을 할 때는 밀물이 가장 몸에 좋은 것으로 권장되었다. 해변의 쓰레기나 다른 해수욕객으로 인해 오염되지 않아 더 깨끗한 물이라고 생각했기 때문이다.

1870년대 초에는 많은 사람들이 의료 행위로 해수욕을 하기보다는 운동과 재미를 위해 바다에서 수영하게 되었다. 대부분의 인기 있는 해변은 성별에 따라 구분되었고, 리조트들은 휴가객들이 '남성 전용'과 '여성 전용' 해변을 찾는 데 도움을 주는 지도를 발행했다. 웨일스 출신의 부목사 프랜시스 킬버트는 1872년 웨스턴슈퍼메어에서 휴가를 보내면서 알몸으로 바다에 뛰어들며 느낀 즐거움을 기록했다. "야외에서 옷을 벗고 알몸으로 바다에 뛰어들면 파도가 하얀 거품을 일으키고 붉은 아침 햇살이 해수욕하는 사람의 알몸에 비치는 가운데 자유를 맛볼 수 있었다."

그러나 나체 해수욕은 오래가지 못했고 곧 사회적 개탄의 대상이 되었다. 남성들은 해변에서 반드시 옷을 입어야 했고, 남녀 혼욕이 서서히 자리 잡기 시작했다. 1873년 프랜시스 킬버트는 알몸 해수욕을 즐긴 지 불과 1년 만에 빨간색과 흰색 줄무늬 드로어즈를 입고 수영해야 했다. 그는 일기에서 몇몇 소년들이 자신을 "무례하게도 홀딱 벗고 다니는 남자라고 부르기는 했지만 근처를 산책하던 젊은 여성들은 아무런 이의가 없는 것 같았다"고 언급했다.

해변 위쪽에서는 옷을 갖춰 입고 즐기는 오락이 빠른 속도로 늘어나고 있었다. 선견지명이 있는 지역 의회들은 새로운 산책로, 정원, 앉을 자리를 마련했다. 늘어나는 휴가객들에게 식음료를 제공하는 새로운 사업체들이 생겨났고, 극장, 콘서트홀, 야외 뮤직홀은 저녁까지 공연했다.

비록 아직은 낯설지만 휴가를 위해 여행을 떠난다는 개념이 빅토리아 시대 사람들에게 자리 잡기 시작했다. 이전 세기에는 오락과 여가가 축제나 경마를 보러 가는 당일 여행을 넘어서는 경우가 거의

그림 107. 여성들은 대개 옷을 모두 갖춰 입고 해변에서의 여유를 즐겼다. 1876년.

없었다. 전통적으로 상류층은 계절마다 런던을 떠나 별장에서 휴가를 즐기다 돌아왔다. 하지만 사업이나 기타 사회적 의무에서 벗어나 오로지 즐길 목적으로 정해진 시간과 장소를 확보한다는 생각은 새로운 것이었다. 평소에 생활하는 곳과는 '별개'의 장소인 해변에서의 삶은 다른 행동 규칙을 요구하는 것처럼 느껴졌다. 더 밝고 격식이 덜한 옷차림을 할 수 있고 더 가볍고 어쩌면 경박하기까지 한 행동도 가능했다.

이제 물에서 첨벙거리는 것이 유희가 되었고, 1870년대에는 디핑 우먼이 물가에서 사라졌다. 해안이 점점 더 자유로워지면서 일반적으로 남성은 여성보다 대담했으며 품위 있는 옷차림을 고민하지 않아도 됐다. 남성들은 수영복 차림으로 긴 시간을 보냈고, 빨리 옷을 갈아입을 필요성 없이 움직임의 자유를 즐겼다. 피부로 맞는 바다 공기와 햇볕은 또 다른 혜택이었다. 남성들은 이에 대해 걱정하지 않았다. 그런 걱정은 햇볕을 받아 주근깨가 생기거나 살이 타는 것을 추하게 여기는 여성들에게나 해당되는 것이었기 때문이다.

많은 젊은 남성들이 좀 더 몸매가 드러나는 수영복을 입고 자기 몸을 과시하는 것을 즐긴 듯하다. 남성용 수영복은 당시의 다양한 운동복과 스포츠 복장의 스타일을 반영했으며 반소매에 허벅지 길이로 몸에 밀착되는 형태였다(현대의 웨트슈트wetsuit와 비슷한 모양). 19세기 말에는 젊고 건강한 남성들이 수영복 차림으로 (모든 옷을 갖춰 입은) 젊은 여성들이 보는 가운데 해변을 거닐거나 파도를 헤치며 남성미를 뽐냈다.

여성의 수영복도 변화하고 있었다. 이제 헐렁한 자루 대신 어울리는 소재로 만든 무릎 길이의 튜닉과 무릎 아래까지 내려오는 드로어즈를 입고 그와 대비되는 색상의 끈과 벨트로 허리를 장식했다. 수영복의 소재는 플란넬 대신 서지를 선택했다. 같은 모직이긴 하지만 서지는 꼬임이 단단한 방적사로 훨씬 빽빽하게 직조한 것이었다. 이런 기술적인 차이로 수영복 옷감은 물을 훨씬 덜 흡수했다. 그러나 이런 수영복은 헐렁하고 형태를 잡아주는 디자인이 아니었으므로 평생 코르셋을 입고 살아온 많은 여성들을 불안하게 했다.

그 결과, 1868년 『영국 여성의 가정지』에는 새로 발명된 해수욕용 코르셋에 대한 기사가 실렸다. "강철이 아닌 고래 뼈로 만들어진 아주 작은 크기의 코르셋으로, 해수욕을 할 때 입는 용도"라고 설명하고 있다. 1877년 패션 잡지『퀸 The Queen』은 "새로운 해수욕용 코르셋"에 대한 질문에 답변을 내놓았다. 일부 여성들은 헐렁한 수영복에서도 코르셋의 익숙한 느낌을 원했다. 하지만 대부분의 경우 수영복은 투피스 튜닉과 드로어즈, 아니면 탈착할 수 있는 스커트가 딸린 '콤비네이션'으로 이루어졌다. 이런 수영복은 무릎 바로 아래까지 몸을 덮었지만 팔은 노출된 채로 남겨두었다. 수영복은 허리에서 형태를 잡아주고 물속에서 옷이 방해가 되지 않도록 천을 단단히 고정하는 것이 중요했다.

나는 그 시기의 패션 기사에서 많이 언급된 빅토리아 시대 투피스 수영복을 입어본 적이 있다. 꽤 괜찮은 경험이었다. 몸이 드러나지 않는 것이 마음에 들었고, 젖었을 때 현대 수영복보다 약간 무겁긴 했지만 성가시거나 움직임을 방해할 정도는 아니었다. 다만 마르는 데 시간이 오래 걸렸다. 나나 많은 빅토리아 시대 여성들이 비교적 빨리 수영복을 벗기로 선택한 데에는 그 이유가 크게 작용했다. 하지만 물에 들어가기 전 마른 상태로 해변에서 입고 있기에는 지금의 수영복보다 훨씬 더 편안했고 변덕스러운 영국 날씨로부터 몸을 보호할 수도 있었다.

직물로 만든 이 옷은 입기 쉽고 편안했으며 수영하기도 좋았고,

젖었을 때나 말랐을 때나 형태가 유지되었다. 물론 고르게 몸을 태우는 데 관심이 있는 사람을 위해 디자인된 것은 아니었다. 빅토리아 시대 여성은 몸을 태운다는 생각에 몸서리를 치는 것이 보통이었다. 흰 피부는 여성들의 목표였고 생계를 위해 야외에서 일해야 하는 사람들과 차별화에 도움을 주었다. 당시에는 자외선 차단제 같은 것이 없었기 때문에 태양을 피하는 것이 상책이었다.

1890년대에는 베이딩 헛 역시 점점 사라졌다. 대신 산책로를 따라 옷을 갈아입는 오두막이나 텐트가 들어섰다. 사람들은 여기서 옷을 갈아입고 물가로 걸어 내려갔다. 노동자 계급(그중 부유한 사람들이긴 했지만)도 해변에서 휴가를 즐길 수 있게 되면서 더 많은 사람들이 해수욕을 했다. 리조트가 크게 유행했고, 도시들은 서로 경쟁하며 제각기 고객들의 다양한 구미에 맞추어 매출을 극대화하기 위해 노력했다.

예를 들어 블랙풀은 공장 노동자들을 끌어들이기 위해 재미있는 축제에 투자한 반면, 해안에서 몇 마일 떨어진 사우스포트는 부유한 공장주들을 유치하기 위해 골프 코스와 우아한 쇼핑가 조성에 투자를 했다.

노동 계급 고객들이 모이는 해변에서는 펀치와 주디 쇼[43], 하얀

---

43 펀치와 주디 쇼(Punch and Judy shows): 영국의 전통 인형극으로 주로 해변 휴양지와 공공 행사 등 야외에서 진행되는 인기 있는 오락의 형태였다.

얼굴에 광대 옷을 입은 피에로 순회 공연단, 고객들을 태울 당나귀 타기, '페니 릭'[44] 판매대가 있었다. 중산층 고객이 이용하는 해변에는 모래사장에서 멀리 떨어진 곳에 상점이 있었고 그 전면에 값비싼 매장이 포진했다.

전차 노선, 공원과 식물원, 아이스 링크, 무도회장, 스포츠 시설들이 휴가객을 해변에서 도시로 유인했다. 이러한 해안 주변 도시들에서는 관광업이 가장 중요한 사업으로 자리 잡았다. 1900년에는 영국 인구의 절반이 종종 해변에서 짧은 휴가를 보낼 수 있었던 것으로 보인다.

---

44. 페니 릭(penny lick): 19세기 말과 20세기 초에 영국에서 인기 있었던 아이스크림 판매 방식으로 작은 유리잔이나 컵에 넣어 담아 팔았다. 손님이 아이스크림을 먹고 용기를 반납하면 물로 간단히 헹궈 다음 손님에게 아이스크림을 담아 판매했다. 1페니로 살 수 있었기 때문에 이런 이름이 붙었다. 그러나 이 방식은 용기를 통해 전염병을 전파시킬 우려가 있었기 때문에 1920년대 초에 와서는 유리잔이나 컵 대신 종이나 과자 컵을 사용하는 방식으로 바뀌었다.

## chapter 14
# 저녁 식사

빅토리아 시대의 '일반적인' 저녁 식사를 묘사하는 것은 불가능한 일이다. 사는 곳과 경제력에 따라 달랐고 빅토리아 여왕의 재위 기간 동안 동안 식재료 자체에도 급격한 변화가 있었기 때문이다. 하지만 빅토리아 시대 초기, 중기, 말기의 표본 가정을 통해 어떤 음식과 음료를 먹고 마셨는지 좀 더 자세히 파악해 보자.

### 빅토리아 시대 초기의
### 저녁 식사

1837년 전형적인 평일, 옥스퍼드셔주 테임에 사는 프레더릭 호블리의 어머니와 남동부에 사는 농업 노동자의 아내는 '서퍼supper' 라고 불리는 저녁 식사 때 가족들에게 몇 조각의 빵을 쥐여주는 것이 전부였다. 가족들이 항상 함께 모여 식사를 하는 것은 아니었다. 때로는 혼자서 자기 몫의 빵을 먹는 것을 선호했다. 각자가 긴 하루 일과를 마치고 각각 다른 시간에 집으로 돌아왔기 때문이다.

그들이 먹은 빵은 현지에서 재배한 밀을 갈아 만든 밀가루를 사용해 동네 빵집에서 구운 것을 사 왔을 가능성이 높다. 대개의 가정에는 직접 빵을 구울 수 있는 기구가 없었기 때문이다. 빵을 구울 수 있는 오븐이 있고 그 연료비를 감당할 수 있는 부유한 농부들이나 집에서 빵을 구울 수 있었다. 도시든 시골이든 노동 계급 사람들은 빵집에서 식사용 빵을 사 먹은 지 오래였다.

그들은 밀로만 만든 비싼 빵보다는 밀과 보리를 섞어 만든 빵을 주로 먹었을 것이다. 같은 돈으로 순수한 밀가루 빵보다 거의 두 배나 더 많은 양의 잡곡 빵을 살 수 있었을 테니 말이다. 재정이 좀 더 넉넉할 때는 푸딩을 만들어 저녁에 집에 돌아오는 가족에게 내놓을 수 있었을 것이다. 푸딩은 밀가루, 물, 약간의 지방을 섞은 반죽을 공 모양으로 빚은 후 허브를 조금 넣어 끓는 물에 익힌 것이었다. 푸딩이 준비되면 맥주 한 잔과 함께 상에 냈다.

1837년 같은 날, 앨리스 폴리의 할머니와 같은 랭커셔주에 사는 공장 노동자의 아내는 가족을 위해 소금을 넣은 삶은 감자 한 냄비를 준비했을 것이다. 가끔 예산이 허락할 때는 베이컨 한 조각을 구운 뒤 다져서 감자에 넣었다. 가족들은 동네 펍에서 주전자에 담아 온 맥주로 입가심을 했을 것이다. 식단에 변화를 주기 위해 가끔은 오트밀과 물로 만들어 소금으로 간을 한 죽을 먹었다.

1837년 영국 북부와 남부에서 먹는 음식에는 큰 차이가 있었을 것이다. 남부 사람들은 여전히 빵과 맥주로 이루어진 전통적인 식단에 의존하고 있었지만, 북부 사람들은 보통 밀 대신 귀리와 감자를 먹었다. 감자는 미국에서 들어온 것이었다. 이처럼 식사 메뉴는 단순했지만 북쪽의 공장 노동자들은 아일랜드 일부 지역의 사람들에 비해서나 남쪽의 농장 노동자들보다 더 잘 먹었다. 같은 해 코크 카운티의 오두막에 사는 가족은 흉작으로 인해 아무것도 먹지 못했을 것이다. 어느 가정이든 생계비를 버는 가장에게 그들이 감당할 수 있는 한 가장 좋은 음식을 가장 많이 주었을 것이다.

상류층으로 갈수록 식사의 질은 훨씬 좋아졌다. 잉글랜드나 스코틀랜드 저지대의 장이 서는 마을이라면 거의 어디에나 있는 목수나 대장장이 등 숙련된 장인의 집에서는, 하루 세 끼 중 가장 주가 되는 식사가 정오에 이루어졌다. ('티tea'라고 부르든 '서퍼'라고 부르든) 저녁 식사는 빵과 버터를 기본으로 식은 고기 한 점, 피클 약간, 뜨거운 코코

---

1. '티(tea)'라는 단어는 영국에서 '차(茶)'라는 뜻 외에 저녁 식사, 특히 이른 저녁에 따뜻하게 요리한 음식으로 먹는 저녁 식사라는 뜻으로도 쓰인다.

아 한 잔을 곁들였다. 어떤 날에는 케이크 한 조각을 먹기도 했다.

이 역시 한 세대 후에 해나 컬윅이 일하게 된 런던에 사는 사무원 가족의 저녁 식사와 현격하게 차이가 났다. 아버지가 퇴근하고 집에 돌아오는 저녁이면 트라이프[2] 양파 스튜와 함께 큰 빵 한 조각을 먹었고, 디저트로 롤리폴리 푸딩이 그 뒤를 따랐다. 사무원의 아내는 하녀 한 명의 도움을 받아 약 3시간 전부터 식사를 준비하기 시작했을 것이다. 요리 시간이 가장 많이 걸리는 디저트를 가장 먼저 만드는 것이 보통이었다. 화덕의 가장 뜨거운 부분인 중앙의 불 바로 위에 큰 냄비를 놓고 물을 끓였다(다행히도 화덕은 하루 종일 불이 켜져 있어 필요한 조리 온도에 이르는 데 어려움은 없었다).

롤리폴리 푸딩을 만들려면 먼저 슈에트[3]의 모든 막과 혈관을 조심스럽게 제거한 후 작게 썰어야 했다. 꼭 해야 하지만 시간이 많이 걸리는 지루한 작업이다. 다음으로 깨끗한 그릇에 밀가루와 슈에트를 2 대 1 비율로 섞고 찬물을 붓고 섞어 푸딩 반죽을 만든다. 반죽을 테이블 위에 0.5인치(약 1.3cm) 두께로 펴고 그 위에 잼을 넉넉히 바른 다음 소시지 모양으로 만다. 천을 물에 적시고 짜낸 뒤 밀가루를 뿌린 다음 잼을 듬뿍 바른 반죽을 감싼다(천은 푸딩을 상에 낼 때 제거

---

2. 트라이프(tripe): 소·돼지·양 등의 위 또는 내장을 통칭하는 말이다.

3. 슈에트(suet): 소·양 등의 복부에 있는 기름. 요리에 풍미를 더하는 재료이다. 고체 덩어리 형태로 판매되기 때문에 사용하기 전 잘게 썰어야 한다.

한다). 냄비의 물이 끓자마자 천으로 싼 반죽을 담근다. 천에 뿌린 밀가루가 끓는 물에 반응해 풀처럼 되어 반죽이 풀어지지 않도록 밀폐시킨다. 반죽이 완전히 익을 때까지 2시간 동안 계속 끓인다. 이제 아내나 하인은 불을 꺼트리지 않고, 냄비의 물이 마르지 않도록만 하면 된다.

이제 트라이프 양파 스튜를 요리할 시간이다. 트라이프는 그날 아침 하녀가 사 왔을 것이고 찬물에 헹구기만 하면 된다. 양파는 껍질을 벗기고 다지고, 트라이프는 가로세로 2인치(약 5cm)의 사각형으로 썰어 냄비에 넣은 뒤 화덕의 가장 덜 뜨거운 부분에 올려 30분 정도 뭉근히 끓인다(주로 우유를 데울 때 쓰는 위치다.). 스튜가 끓는 동안 빵을 자른다. 남편이 돌아왔을 때는 저녁 식사가 준비가 모두 끝나 있을 것이다. 이 요리를 만드는 데 3시간밖에 걸리지 않았다. 음료는 맥주가 나올 가능성이 높았고 차나 코코아가 대신할 수도 있다.

사회 계층의 꼭대기로 올라갈수록 저녁 식탁은 더 화려했다. 유행에 민감한 중산층 이상은 오후 5시에 저녁 식탁에 앉았다. 이미 런치나 다과(茶菓)를 먹었을 수도 있다. 하지만 저녁 식사가 가장 중요한 끼니였고 그들은 이것을 '디너'라고 불렀다. 제인 칼라일이 살았던 것과 같은, 성공한 법정 변호사[4]의 타운 하우스에 소속된 주방

---

4. 법정 변호사(barrister): 영국에는 법정 밖에서의 법률 서비스를 하는 사무 변호사와 법정에서의 변론을 맡는 법정 변호사가 있다. 최근에는 이 둘의 구분이 사라져 가고 있다.

직원은 고용주의 가족들만 식사할 때에는 멀리거토니 수프[5], 소갈비 구이, 요크셔푸딩[6], 호박과 감자, 댐슨damson(자두) 푸딩 등의 메뉴를 준비했을 것이다.

가족끼리만 먹는 디너에서는 댐슨 푸딩을 제외한 모든 음식을 한번에 테이블 위에 차리며, 이런 서빙 방식을 '아 라 프랑세즈[7]'라고 불렀다(권말 도판 6 참조). 수프는 가족 중 여성이 앉는 테이블 위쪽에 놓였다. 수프 접시는 그녀의 한쪽 옆에 쌓여 있고 국자는 커다란 수프 튜린[8] 옆 식탁보 위에 놓인다. 식탁의 가장 안쪽에는 집안의 가장이 앉았고 그의 앞에는 덮개로 덮인 소고기구이가 있다. 채소와 요크셔푸딩은 뚜껑이 덮인 튜린에 담겨 식탁 가운데에 놓였고, 식탁 한가운데에는 생화를 꽂은 작은 꽃병이 서 있다. 촛대는 식탁을 중앙으로 가로지르는 선을 따라 식탁 양 끝에 놓이고 소금, 후추, 기타 소스가 담긴 양념 통은 꽃병 근처에 놓인다. 식사하는 사람마다 앞에는 접은 냅킨과 작은 롤빵, 왼쪽에는 수프 스푼, 오른쪽에는 나이프가 놓여 있다. 와인 잔은 나이프 끝 가까이에 놓인다.

---

5. 멀리거토니 수프(mulligatawny soup): 인도에서 기원한 수프로 닭고기와 버터에 익힌 채소를 넣고 커리와 향신료로 맛을 낸다.
6. 요크셔푸딩(Yorkshire pudding): 밀가루, 달걀, 우유를 섞은 반죽을 구워 만드는 영국식 푸딩.
7. 아 라 프랑세즈(à la française): 프랑스풍이란 뜻.
8. 튜린(tureen): 채소·수프를 담아 상에 낼 때 쓰는, 뚜껑이 있는 큰 그릇.

디너는 집안의 여주인이 수프를 접시(테두리가 넓고 얇은 그릇)에 담으면 하인이 그 접시를 다른 가족에게 전달하는 것으로 시작한다. 모든 사람이 수프 접시를 받으면 하인은 수프 튜린과 국자를 치우고 방을 나간다. 손님이 함께 식사할 경우에는 수프 접시 대신 다른 음식 접시가 들어오지만 일상적인 가족 식사에서는 그 공간이 비어 있었다. 수프를 다 먹었을 때쯤 부엌에 있던 하인이 다이닝 룸에 돌아와 수프 접시와 수프 스푼을 치운다. 이제 가장은 고기를 자르기 시작한다. 사이드보드⁹에서 새로운 접시들과 식기를 가져온다. 고기를 자르는 동안 하인은 가족들에게 접시를 주고 그들이 채소가 담긴 그릇을 전달하는 것도 돕는다. 이후 하인은 모든 사람에게 와인이 제공되었는지 확인하고 다시 방에서 나간다. 모든 사람이 식사를 마치고 종을 쳐서 신호를 보내면 하인이 다시 돌아와 식탁을 정리한다. 하인이 식사하는 사람들 앞에 새로운 접시와 식기를, 테이블 머리에 푸딩을 놓으면 여주인이 가족들의 접시에 푸딩을 나눠준다.

'아 라 프랑세즈'는 21세기의 많은 가정에 여전히 남아 있는 서빙 형태다. 적어도 1년 중 하루(크리스마스)는 많은 사람들이 테이블에서 칠면조 고기를 자르고 채소를 나눠주는 식사 방식을 따른다. 물론 이 빅토리아 시대의 변호사 가족이 손님을 대접하는 경우였다면 음

---

9. 사이드보드(sideboard): 상에 내갈 음식을 얹어두는 작은 탁자. 서랍이 달려 있어 그 안에 나이프, 포크 등을 보관한다.

식이 더 많이 있었을 것이고, 하나의 메인 코스에 디저트 하나가 따라오는 것이 아니라 두 개의 코스가 마련되었을 것이다.

수프를 먹고 나면 수프를 치운 빈 공간을 다른 요리로 채우고 첫 번째 코스 요리가 끝나면 테이블을 정리하고 두 번째 코스의 음식들을 차린다. 다시 상을 치우고 그 자리를 여러 종류의 치즈와 샐러드로 채우며 마지막에는 테이블을 정리하고 디저트를 위한 상을 차린다. 여기에 필요한 모든 접시와 식기, 잔은 사이드보드에 준비되어 있다. 사용한 그릇과 식기는 재빨리 치운다.

## 빅토리아 시대 중기의
## 저녁 식사

한 세대가 지난 후 1865년에 이 가정을 살펴보면 여러 가지 변화를 관찰할 수 있을 것이다. 프레더릭 호블리의 삶은 완전히 달라졌을 것이다. 그는 교육을 받은 덕분에 학교 교장의 자리까지 올라갈 수 있었고, 자신의 뿌리였던 노동 계급에서 벗어났다. 그러나 그의 어린 시절 이웃들은 여전히 농장 노동자의 일상을 살았다. 빅토리아 시대 중반에 그들은 맥주 마시기를 그만두게 되었을 것이다. 맥주가 열량과 비타민 공급원으로서 유용했지만 주취를 유발할 위험이 있다는 경고에 설득당한 것이다.

차에는 영양가가 전혀 없기는 하지만 여유가 있는 사람들은 차를 마셨다. 빵에 의존하는 것은 변하지 않았지만, 일주일에 한 번 정도 베이컨을 즐길 수 있었다. 베이컨에는 푸딩과 냄비에 끓인 허브를 곁들였다. 큰 변화는 아니었지만 음식의 맛과 식사를 하는 사람의 기분에는 큰 영향을 미칠 수 있는 정도였다.

랭커서주에 사는 사람들의 사정은 그리 좋지 않았을 것이다. 앨리스 폴리의 어머니가 회상했듯이 경기가 극히 좋지 않았고 임금은 하락했으며, 실업이 만연했다. 폴리 가족은 이제 약간의 베이컨도 즐길 수 없었고, 음료는 물뿐이었다. 하루 종일 먹을 수 있는 것이라고는 죽과 삶은 감자가 전부였다. 19세기는 대체적으로 식생활이 개선된 시기였지만, 꾸준히 진행된 것은 아니었다. 랭커셔주의 직조공들은 빅토리아 여왕의 치세 동안 여러 번 생활 수준이 상당히 하락했던 여러 집단 중 하나였다.

또 다른 아일랜드 가족이 오두막에서 살게 되었을 것이고(그들 이전에 살았던 가족은 굶주려 죽었을 가능성이 높다) 그들의 생활은 이전에 살았던 가족보다 더 나았을 것이다. 백만 명이 죽고, 또 다른 백만 명이 고향을 등졌다. 이렇게 사람들을 최악의 상황으로 내몰았던 감자 마름병이 끝나자, 삶은 다시 번성하기 시작했다. 더 넓은 땅을 소유했고, 새로운 주민들은 더 다양한 작물을 심을 수 있었다. 감자는 여전히 그들의 식단에서 중요했지만 이제는 빵과 버터도 먹었기 때문에 고구마, 감자 등에 전적으로 의존하지는 않았다.

숙련된 장인들은 사업이 안정적으로 유지된다면 하루에 한 끼는 고기를 먹을 정도로 그 어느 때보다 풍성한 식사를 했을 것이다. 식사 뒤 디저트로 먹는 푸딩에는 커스터드를 곁들이는 경우가 많아졌다. 커스터드 가루가 상점에서 흔히 구할 수 있는 상품이 되었기 때문이다. 달걀과 우유를 재료로 하는 커스터드는 이전 세대 가정에서는 엄두조차 낼 수 없는 것이었지만, 이제 여윳돈이 생긴 상위 노동 계층의 주부는 미스터 버드 커스터드 파우더와 우유를 사서 합리적인 비용으로 커스터드를 만들 수 있게 되었다. 간편식 역시 여성의 작업량을 상당히 줄여주었다. 더 이상 슈에트를 직접 다듬지 않고, 손질된 제품을 사서 쓸 수 있었다.

해나 컬윅을 요리사로 두었던 런던의 사무원은 급성장하는 집단의 일원이 되었다. 새로운 산업과 비즈니스가 급증하면서 중하층의 일자리가 많아졌다. 가족들은 여전히 탄수화물과 값싼 부위의 고기를 주로 먹었다. 도시가 확장되면서 신선한 농산물을 구하기 더 어려워졌고, 시골에서 들어오는 운송 수단이 발전했음에도 과일과 채소 가격은 중하층 근로자들의 임금보다 더 빠르게 상승했기 때문이다. 하지만 그 대신 합리적인 가격의 새롭고 다양한 가공식품을 이용할 수 있게 되었다. 도시에서 판매되는 미심쩍은 '생(生)'우유보다 믿을 만한 농축유를 살 수 있었다. 농축유에 물을 타서 만든 마카로 니 푸딩은 삶은 양고기와 감자에 곁들여 내는 훌륭한 디저트였다.

변호사 가정은 형편이 훨씬 나았다. 땅이 있는 부유한 친구와 고객들이 시골에서 보내준 신선한 채소, 유제품, 사냥한 짐승의 고기, 텃밭의 산물이 식탁을 더욱 풍성하게 만들었다. 실패한 변호사의 아들이었던 소설가 앤서니 트롤럽은 소설의 인기로 집안을 다시 일으켰다. 그는 1860년대부터 새로운 부와 지위에 걸맞은 생활과 식사를 할 수 있었다. 그의 가족은 도시에 살면서도 산지에서 직송된 신선한 채소와 최고급 식재료를 구입할 수 있는 경제력이 있었고 농작물 재배자, 철도 회사, 소매업자들이 매우 효율적으로 협력한 덕분에 제철을 맞은 아스파라거스가 수확한 날 바로 식탁에 올랐다. 이 가정은 또한 최신 유행에 맞춰 저녁 식사 시간을 1시간이나 늦췄다. 빅토리아 시대 중기에는 비튼 부인의 기록대로 오후 6시에 저녁 식사를 시작했다.

## 빅토리아 시대 말기의
## 저녁 식사

한 세대를 또 지나 1901년에는 각 계층의 저녁 식사 사이에 상당한 격차가 생겼다.

케이트 테일러는 서픽주 페이크넘에 사는 농업 노동자 가정의 열네 번째 아이였다. 그녀가 기억하는 식사는 여전히 농업에 종사하는 가정의 전형적인 식사였다. 일상적인 식단에 잼이 추가되었고, 잼을 바르는 빵에는 되돌릴 수 없는 변화가 있었다. 롤러 제분기가 오랫동안 사용되어 온 맷돌을 대체했다. 롤러 제분기는 잘 팔렸다. 밀가루를 훨씬 빨리 생산해 제조 공정에 드는 비용이 훨씬 저렴해지면서도 훨씬 더 하얗게 보이는 밀가루를 만들어주었기 때문이다. 영국 대중은 오랫동안 흰색 밀가루가 품질이 좋다고 생각했다.

그러나 영양적인 면에서 보면 흰색 밀가루는 바람직하지 않았다. 밀을 맷돌로 갈면 씨눈이 전분과 함께 갈려 섞인다. 반면 롤러 제분기를 사용하면 전분은 더 잘게 분쇄되고, 씨눈만 체로 걸러낼 수 있다. 제분업자와 소매업자가 이렇게 하는 데에는 두 가지 중요한 이유가 있었다.

첫째, 이미 언급했듯이 밀가루가 더 하얘야 소비자에게 더 매력적으로 보이기 때문이고, 둘째는 제분 과정을 거치면 씨눈에서 기름이 나와 밀가루가 더 빨리 산패될 수 있었다. 현지에서 소량씩 정기적으로 제분해 판매할 때는 이것이 문제가 되지 않지만, 대규모 기업들은 고효율 롤러 제분기로 제분한 밀가루를 다량 저장해 놓고 전국에 운송하고자 했다. 따라서 반드시 씨눈을 제거해야 했다.

안타깝게도 당시에는 밀의 영양 성분의 대부분이 씨눈에 있다는 사실을 아무도 알지 못했다. 더 흰 새로운 밀가루와 그것으로 만든 더 흰 새로운 빵에는 필수 미네랄과 비타민(특히 비타민 B)이 부족했다. 다양한 음식을 충분히 섭취하는 사람들에게는 이것이 큰 문제가 아니었지만, 빵이 주된 음식인 사람들에게는 이런 영양 결핍이 장기적으로 심각한 건강상의 문제를 일으킬 수 있었다.

당시 노동자들의 식단은 흰 밀가루 빵에 잼, 차, 푸딩을 곁들인 것이었고, 일주일에 한두 번 양지머리나 양 목덜미 등의 값싼 부위의 고기를 먹었다. 이제는 감자도 함께 먹었다. 감자는 북쪽 지방에서와 마찬가지로 남쪽에서도 인기를 얻게 되었다.

빅토리아 시대 말 랭커셔주의 공장에 다니는 앨리스 폴리의 가족은 건강한 생활 방식을 되찾게 되었다. 죽 대신 흰 빵과 잼이 식탁에 올랐고 차를 더 자주 마실 수 있게 되었다. 베이킹파우더를 이용할 수 있게 되고 버터보다 훨씬 저렴한 마가린이 새롭게 등장하면서 집에서 빵이나 과자를 구울 수 있게 되었다. 특히 록 케이크[10]가 인기를 끌었다. 감자가 여전히 주식이었지만 때로는 튀김 전문점에서 생선튀김과 감자튀김을 간식으로 즐기게 되었다. 고기도 가끔씩 식탁 위에 등장했다.

---

10. 록 케이크(rock cake): 겉이 울퉁불퉁하고 속에 말린 과일이 든 작은 쿠키.

(해나의 후임 요리사가 일을 돕는) 런던에 사는 사무원 가정은 다양하고 새로운 가공식품을 충분히 활용했다. 뉴질랜드산 냉동 양고기는 동료들 사이에서 가장 인기가 높은 재료였다. 가격이 저렴해 트라이프, 족발, 간, 소꼬리 같은 부위들과 함께 자주 먹을 수 있었다. 우스터소스와 버섯 케첩과 같은 다양한 소스는 식단에 활기를 더했고, 모두 구멍가게에서 구입할 수 있었다. 공장에서 생산한 비스킷도 인기가 많았다. 비교적 가격이 저렴한 데다 요리할 필요 없이 가벼운 식사를 대신할 수 있었기 때문이다. 트롤럽 가족의 동료들과 변호사 가족의 동료들은 자신들이 먹는 것과 상대가 먹는 것 사이에서 큰 차이를 알아채지 못했을 것이다. 식사 방식의 변화는 뚜렷이 보였겠지만, 새로운 가공식품이 그들의 식생활에 미친 영향은 눈에 잘 띄지 않았다. 격식 있는 '아 라 프랑세즈' 디너 방식은 1865년까지 여전히 사회적으로 통용되었고 비튼 부인이 자신의 책에 이 오랜 식사 방식을 따르는 몇 가지 격식 있는 저녁 식사 계획을 포함시키기도 했지만, 1901년에는 완전히 사라졌다. 이제 모든 격식 있는 자리는 '아 라 뤼스'[11]로 준비했다.

'아 라 뤼스' 정찬에서는 저녁 식사를 일련의 긴 코스들로 나누고, 각 코스마다 전용 그릇과 커트러리를 사용했으며, 대기하는 하인이

---

11. 아 라 뤼스(á la russe): 러시아풍이라는 뜻.

요리를 자르고 접시에 담아 서빙했다. 지금의 우리가 정찬으로 인식하는 방식인 것이다. 테이블 위에는 소금, 후추, 기타 조미료가 담긴 양념 통과 롤빵만 둘 뿐 음식은 올려 놓지 않는다. 테이블 중앙에는 과일, 꽃, 촛대 등을 진열할 자리를 남긴다. 식기도 더 장식적으로 변했다. '아 라 프랑세즈' 방식의 정찬에서는 모든 여분의 숟가락과 잔을 사이드보드에 놓았지만, 이제 사이드보드는 음식을 놓는 곳으로 바뀌었고 커트러리와 잔은 식사를 하는 사람들의 앞쪽 테이블 위에 놓이게 되었다.

'아 라 뤼스' 정찬의 식사 방식은 간단했다. 각 코스에 맞는 완벽한 식기 세트가 차려져 있고, 바깥쪽에 있는 식기부터 사용해서 식사하는 동안 차례로 안쪽의 식기를 사용하는 것이었다. 그러나 잔은 식사하는 사람으로부터 바깥쪽을 향해 놓았다. 가장 먼저 사용하는 잔은 식사하는 사람과 가장 가까운 곳에 놓았고, 식사가 진행됨에 따라 대각선으로 이동했다.

'아 라 뤼스' 정찬에서는 주인이 가진 식기, 윤이 나는 은 식기, 티한 점 없는 도자기, 테이블 한가운데서 촛불에 반짝이며 예술적인 장식이 빛나는 잔의 뛰어난 품질을 뽐냈다. 음식은 관리할 수 있는 선에서 가능한 한 많은 코스로 나누었고, 식사를 하는 사람들은 고기를 자르거나 담거나 나누어주는 데 참여하지 않았다. 이런 식으로 정찬을 대접하려면 하인과 식기가 더 많이 필요했다. 하지만 전문가들에게 고기를 써는 일을 맡기고 음식을 테이블에 내놓는 순간까지 주방에 보관할 수 있다는 이점이 있었다.

이 시기에는 다양한 식기와 커트러리를 이용하는 에티켓에 관한 변화가 있었다. 이 매너들은 끊임없이 진화했으며 부유한 미식가들은 세련되고 다양한 식탁 매너를 발전시키는 데 영향을 미쳤다. 완두콩을 포크로 찍어 먹을지 퍼 먹을지, 자몽을 먹을 때 칼을 사용할지 숟가락을 사용할지, 파르페를 디저트 포크로 먹을지 숟가락으로 먹을지, 롤빵을 반으로 자를 때 손을 사용할지 칼을 사용할지 등 모든 사소한 세부 사항에 대해 논쟁이 벌어졌다. 가장 고급스러운 환경에서 식사를 하는 사람들만이 이런 (입 밖에 내지 않는 경우가 많은) 규칙을 따라갈 수 있었다. 규칙은 끊임없이 변화했기 때문에 식탁 매너 경쟁에서 뒤처진 사람들은 비웃음거리가 될 수 있었다.

빅토리아 여왕의 통치 말기에는 상류층의 저녁 식사가 오후 8시에야 시작되었다. 가정 조명, 특히 주방을 밝히는 기술이 출현하지 않았다면 불가능했을 변화였다. 오후 8시의 정찬을 위해서는 겨울의 경우 요리사들이 날이 어두워지고도 한참 후까지 일해야 했고, 한여름에도 희미한 조명 아래서 설거지를 해야 했다. 촛불 아래에서 설거지하기는 어려웠고, 석유램프도 개선되기는 했지만 늦은 시간에도 정찬을 할 수 있게 된 것은 1860년대에 가스등이, 1880년대에 전기 조명이 널리 도입된 이후였다.

## 요리 배우기

'디너'나 '티'를 준비하는 대부분의 사람들은 하위 중산층 여성들 (자기 어머니나 가정부 일을 하는 집의 여주인)로부터 요리를 배웠다. 노동 계급 어머니들은 열 살짜리 아이를 가르치기 위해 귀중한 재료를 망칠 위험을 감수할 수 없었을 뿐만 아니라 대부분은 요리 지식이 별로 없었다. 평생 빵과 감자만 먹으며 서너 가지 간단한 요리법을 사용했기 때문에 요리 기술을 발전시킬 기회가 거의 없었다.

그러나 19세기의 마지막 20년 동안 학교에서 요리 수업을 통해 노동 계급 소녀들에게 하인이나 가정주부로서의 미래를 대비할 수 있게 하려는 시도가 있었다. 보드 스쿨들은 요리 교과 과정을 고안하고 교과서를 출간했다.

나는 이런 교과서 중 하나를 소장하고 있다. 이 교과서의 표지에는 '메이블 루이스Mabel Lewis'라는 이름, '1889년'이라는 날짜, '11세'라는 글자가 적혀 있다. 이 책에는 백여 개의 간단한 레시피가 명료하게 설명되어 있다. 삶은 감자와 같은 아주 간단한 요리부터 토드인 더 홀[12], 스테이크 앤 키드니 푸딩 등 영국인들이 좋아하는 친숙

---

12. 토드 인 더 홀(toad in the hole): 요크셔푸딩 반죽에 소시지를 넣어 구워낸 영국의 전통 요리.

한 요리까지 그 종류가 다양하다. 이런 요리법들은 정규직으로 일하는 숙련된 장인의 가족이 감당할 수 있는 범위 내에 있었고, 아내를 도울 하녀 한 명 정도를 고용할 수 있는 사무원이나 그와 비슷한 처지의 노동자의 가정에 적합했다. 따라서 이 책에 실린 요리법은 일정 수준 이상의 소득을 가진 가정이 아니면 만들기 어려웠다. 양고기 1파운드(약 453.6g), 감자 2파운드(약 907.2g), 양파 0.5파운드(약 226.8g), 물, 소금, 후추를 넣은 아이리시 스튜Irish stew는 대부분의 노동 계급 가정에서는 운이 좋아야 축일이나 휴일에 먹을 수 있을 만큼 비현실적인 음식이었다.

이 교육의 성공 여부는 어쩔 수 없이 돈이라는 성가신 문제에 달려 있었다. 어떤 식으로든 의미가 있는 요리 수업이 되려면 학교는 요리 장비에 투자해야 했고 여학생의 가족은 재료비를 마련할 수 있어야 했다. 많은 학교는 더 많은 사람을 교육하기 위해 이미 취업한 소녀들을 대상으로 저녁 요리 수업을 하면서 거기에 필요한 비용을 여주인이 지불하도록 장려했다.

하지만 더 일반적인 상황은 메리 할리데이의 1893년 작품인 『연 200파운드의 결혼 생활』에 등장한다. "여주인은 그런 가정에서 보통 그렇듯 직접 요리를 한다… 똑똑한 아이라면 여주인을 보면서 곧 요리에 대한 지식을 얼마간 얻을 수 있다." 여주인이 요리를 잘하고, 시간과 인내심을 갖고 요리를 가르치는 경우라면 아이는 귀중한 기술을 습득할 수 있었을 것이다. 그러나 많은 젊은 중산층 여주인들에게 요리는 엄청난 부담이었다. 요리사를 쓸 형편이 안 되면 여주인은 가족을 위해 직접 식사를 만들고 동시에 아이에게 요리를 가르쳐야 했다.

당시의 문헌에는 중산층 소녀들의 교육에 대한 비판이 가득했다. 여자아이들이 가정 관리와 요리를 배워야 할 때 그림 그리기나 피아노 연주와 같이 유행하는 '잔재주'를 배우는 데 시간을 낭비하고 있다고 생각했다. (대부분 남성인) 정치 평론가들은 사회 상류층 소녀들이 부엌일에 대한 지식이 부족할 경우 하인들을 제대로 감독할 수 없게 되고, 사회 하류층 소녀들은 자라서 요리 솜씨가 형편없어 남편들이 괜찮은 음식을 찾아 값싼 식당인 촙하우스chophouse나 클럽을 찾게 만들 거라고 걱정했다. 실제로 대부분의 젊은 신부는 가정을 책임질 시기가 되었을 때 준비가 부족해 극도의 긴장감을 느꼈다. 어쩌면 이것은 부족한 요리 교육 때문이라기보다는 스무 살 정도의 나이에 그런 큰 책임을 지는 것이 벅찼기 때문일 수도 있다.

요리 책은 젊은 여성에게 배워온 것들을 상기시키고 할 수 있는 요리들을 늘리는 데 중요한 역할을 했을 뿐 아니라, 요리 책 작가가 항상 곁에 있기에 혼자는 아니라는 안도감을 선사했다. 비튼 부인의 요리 책이 긴 세월 동안 그토록 인기를 얻었던 이유 중 하나는 아주 간단한 요리법조차 상세하게 설명했기 때문일 것이다.

예를 들어 감자 삶는 법만 보더라도 '감자 삶는 법', '껍질째 감자 삶는 법', '햇감자 삶는 법'의 세 가지 항목이 있는데, 수플레나 고기 파이 요리법만큼이나 자세히 설명한다. 또한 도움이 필요할 정도로 독자를 당황스럽게 만드는 어려운 용어가 전혀 없다. 비튼 부인은 달걀을 삶는 법이나 빵 한 조각을 굽는 방법을 알고 싶은 여성에게 간단명료하고 실용적인 용어로 답을 제시한다. 비튼 부인의 요리책 을 비롯해 다양한 저자가 쓴 요리책들은 젊은 여성이 중요한 디너파 티를 계획하고 그에 필요한 요리를 하는 것뿐 아니라 열두 살짜리 하녀가 기초적인 요리 지식을 갖추는 데에도 도움을 줄 수 있었다.

1901년경에는 거의 모든 근로자가 빅토리아 여왕의 통치 초기보 다 더 잘 먹고 있었다. 대부분의 아일랜드 가정의 생활도 나아지고 있었다. 감자, 버터, 빵과 함께 양질의 베이컨이 가끔 식탁에 올랐 다. 모든 집은 아니지만 대부분의 집에서 굶주림을 걱정하지 않게 되자, 가정에서 음식에 대해 고려해야 할 다른 사항이 생겼다.

## 식품 과학과 식이 요법

1862년 8월, 런던에 사는 66세 상인 윌리엄 밴팅William Banting 은 계단을 오르는 데 애를 먹고 있었다. 40대부터 꾸준히 살이 쪄 그의 몸무게는 이제 14스톤(약 88.9kg)이 넘었고, 그의 건강과 삶의 질은 빠르게 악화되고 있었다. 키가 5피트 5인치(약 165.1cm)에 불과한 단신이었기 때문에 빅토리아 시대 기준으로 14스톤의 몸무게를 가진 그는 상당히 비만인 편이었다.

체중을 줄이고 싶었던 그는 스스로 식단을 고안해 단 9개월 만에 2.5스톤(약 15.9kg)을 감량하는 데 성공했으며 다른 사람들이 이용할 수 있도록 자신의 식단과 감량 방법을 공개했다. 윌리엄 밴팅은 홍보에 일가견이 있었고 빅토리아 시대 사회의 관심사를 제대로 짚어냈다. 얼마 지나지 않아 그의 이름에서 따온 '밴트하다(to bant)'가 '식이 요법을 실천하다'라는 뜻의 동사로 쓰이게 되었다.

그 이전에도 많은 체중 감량 식단이 공개되었고 날씬하게 해준다는 다양한 약이 판매되고 있었지만, 윌리엄 밴팅의 식단은 그 어떤 방법보다 체중 감량 효과가 있고 오래 지속할 수 있는 식이 요법으로 입증되었다. 그의 식단은 전분, 지방, 설탕의 섭취를 줄인다는 단순한 수칙에 기반을 두고 있었다. 먼저 아침 식사로 소고기, 양고기, 콩팥, 구운 생선 등과 같이 베이컨 혹은 돼지고기를 제외한 모든 종류의 차가운 고기 4~5온스(약 113.4~141.7g), 우유나 설탕을 넣지 않은 차를 큰 잔으로 한 잔(또는 두 잔), 소량의 비스킷이나 아무것도 바르지 않은 토스트를 먹도록 했다.

주된 식사를 하는 정오에는 연어를 제외한 모든 생선이나 돼지고

기를 제외한 모든 육류 5~6온스(약 141.7~170g), 감자를 제외한 모든 채소, 아무것도 바르지 않은 토스트 1온스(약 28.3g), 익혀서 퓌레[13]로 만든 과일, 모든 종류의 가금류 혹은 사냥한 짐승의 고기, 클라레 또는 셰리주 두세 잔이 허용됐다. 식단을 지키는 중에는 어느 때이든 포트와인[14], 샴페인, 맥주가 금지되었다. 낮에 간식을 먹는다면 과일 2~3온스(약 56.7~85g), 러스크[15] 몇 개, 우유나 설탕을 넣지 않은 차 한 잔만 먹어야 했다. 마지막으로 저녁 식사는 3~4온스(약 85~113.4g)의 고기나 생선에 클라레 한 잔이 허용되었다.

육류, 생선, 과일을 허용하는 밴팅의 식단은 음식과 영양에 대한 빅토리아 시대의 새로운 이해에 영향을 받았고, 이 식단을 통해 많은 대중과 과학자들이 이 주제에 관심을 갖게 되었다.

독일의 화학자 유스투스 폰 리비히 남작Justus Freiherr von Liebig 은 1830년대 말과 1840년대 초에 가장 큰 돌파구를 만들었다. 그는 당시로서는 음식에 대한 가장 정확한 화학적 분석을 내놓았을 뿐 아니라 음식이 체내에서 화학적으로 재구성된다는 것을 보여주었다. 한 실험에서 그는 옥수수 자체에 포함된 지방의 양은 미미한데도 옥

---

13. 퓌레(purée): 과일이나 삶은 채소를 으깨어 물을 조금만 넣고 걸쭉하게 만든 음식.

14. 포트와인(port wine): 포르투갈 원산의 어두운 붉은빛 또는 어두운 자줏빛 포도주. 단맛이 강하고 발효 중에 브랜디를 첨가해 알코올 함량이 높다.

15. 러스크(rusk): 식빵 등을 얇게 썰고 겉에 설탕과 달걀흰자를 섞은 것을 발라 오븐에 구워낸 과자.

수수를 먹은 거위에게 지방이 축적되는 현상을 연구했다. 그 결과로 거위의 체내에서 음식과 그 구성 성분이 분해되어 새로운 형태로 다시 합성되면서 지방이 만들어진다고 정확하게 이론을 전개했다. 그는 식품을 크게 두 가지로 나누었다. 하나는 신체를 형성하는 영양소인 질소(오늘날 우리가 단백질이라고 부르는) 식품이고, 다른 하나는 동물이 내는 열과 에너지의 주요 공급원인 비질소 식품(탄수화물과 지방)이라고 생각했다.

한편 미국의 보몬트Beaumont 박사는 총상을 입어 영구적으로 위가 노출된 환자를 대상으로 실험하면서 위장의 작용을 연구하고 있었다. 보몬트 박사는 살아 있는 위장에 음식을 넣고 위가 음식을 소화하는 과정을 관찰할 수 기회를 얻었고 이를 통해 소화는 이전의 생각처럼 발효, 분해 또는 부패에 의한 것이 아니라 위액의 작용에 의한 것임을 알 수 있었다.

음식의 화학적 작용을 실제 요리에 적용하려 노력한 비튼 부인은 『비튼 부인의 가정생활 백과』를 쓸 때 리비히의 연구를 많이 참고했다. 그녀는 다른 사람들과 마찬가지로 이 새로운 정보가 일상생활과 밀접하게 관련되어 있으며 식품의 화학적 구성과 역할을 이해함으로써 더 경제적이고 영양가 있는 음식을 제공할 수 있다고 생각했다. 공급되는 식자재에 맞는 조리 방식을 따른다면 낭비가 줄어들 것이라고 말이다. 요리법은 영양가와 소화율에 대한 견해에 영향을 받았다. 일라이자 액턴은 리비히 남작의 조언을 토대로 1845년에 요리를 하는 사람들에게 육수를 만들 때 고기를 천천히 가열하라고 조언한 바 있다. 고기를 찬물에 넣고 천천히 끓이면 육즙과 영양분을 최대한 추출할 수 있다는 것이었다. 또한 이런 새로운 과학적 정보를 고려해 기존의 모든 수프와 육수 요리법을 점검할 필요가 있다고 이야기했다. 이후 발표한 책에서 삶은 고기라는 주제를 다루면서 다시 리비히의 연구를 언급했다. 고기를 먹을 때라면 끓는 물에 고기를 넣어 고기의 모든 좋은 성분이 빠져나가지 않도록 하는 것이 권장되었다. 비튼 부인은 이 문제에서도 일라이자 액턴의 조언을 따랐다. 그리고 나머지 사람들은 식품계의 두 거물, 리비히와 액턴이 이끄는 방향을 따랐다.

한편 다른 것은 몰라도 미화와 과장에서는 누구에게도 뒤지지 않는 제조업체들은 리비히와 다른 사람들의 연구 결과를 바탕으로 한 다양한 제품들을 시장에 선보였다. 리비히 자신도 건강식품 생산을 여러 차례 시도했다. 그의 육류 추출물 제품은 우루과이의 프레이 벤토스Fray Bentos사에서 제조되었다. 우루과이의 목장주들은 소가 남아돌아서 세계 시장에서 판매하는 데 애를 먹고 있었다. 포장지에는 1파운드(약 453.6g)의 육류 추출물에 38파운드(약 17.2kg)의 소고기에 해당하는 영양분이 함유되어 있다는 주장이 적혀 있었다. 하지만 그런 추출물이 소고기의 영양소를 온전히 대체할 수 있다는 그의 믿음에는 근거가 없었고, 리비히는 그에 대한 비판을 들어야 했다. 그런데도 이런 육류 추출물은 건강 보조 식품으로서의 영양가는 충분히 갖고 있었기 때문에 계속 판매되었다.

식품 과학은 불량 첨가물 문제에도 관심을 가졌다. 질이 떨어지는 식품을 고급 상품으로 둔갑시키려는 시도는 새로운 것이 아니었다. 오래전부터 부도덕한 판매자와 중개인들은 변질되거나, 썩었거나, 품질이 표준 이하인 상품의 판매 가격을 높이기 위해 다른 값싼 물질을 더해 부피를 늘리거나 원가를 줄이는 등 다양한 속임수를 사용해 왔다.

독일의 화학자 프리드리히 크리스티안 아쿰Friedrich Christian Accum은 1820년, 「식품에서의 독극물 혼입Adulteration of Food and Culinary Poisons」이라는 논문을 발표했다. 그는 과학적 분석을 통해 이런 부정직한 사업에 수많은 물질이 사용된다는 것을 폭로했다. 이 논문이 센세이션을 일으킨 것은 그의 발견과 분석이 이전의 것보다 발전된 것이기 때문이기도 하지만 범인을 지목해 망신을 주었기 때문이기도 했다. 하지만 안타깝게도 이 연구가 가시적인 결과로 이어지지는 않았다. 다른 화학자들이 그 기법을 개선해 다시 한번 자신들의 연구 결과에 대중의 관심을 끌어보려 노력했다. 뒤늦게 법이 도입되었지만(1860년에 제정된 최초의 식품 의약품법Food and Drugs Act) 그 효과는 미미했다. 추가적인 분석을 위한 자금이 없었고 당국

의 기소 의지도 부족했기 때문이다. 1872년 법이 개정된 후 벌금의
규모가 커지고 이런 범행에 대한 기소가 증가하면서, 유해 물질 혼
입이라는 관행을 완전히 근절시키지는 못했지만 이전만큼 대놓고
불순물을 섞지는 못하게 만들었다.

이 기간 동안 식품에 첨가된 물질은 너무나 놀라웠다. 당국과 대
중의 무사안일한 태도도 놀랍기는 마찬가지였다. 밀가루와 빵에 백
악(분필의 재료)과 명반을 넣는 경우는 너무나 흔한 일이었고 우유가
너무 묽으면 불투명한 흰색으로 보이도록 백악을 첨가했다. 사과
주와 포도주에는 단맛을 내기 위해 납 화합물까지 넣었다. 코코아
를 걸쭉하게 만드는 데에는 벽돌 가루가 즐겨 사용되었다. 찻잎에
는 실제 찻잎이 들어 있지 않거나 아주 얼마 안 되는 찻잎을 넣고 붉
은 납으로 염색한 다양한 생울타리용 식물의 말린 잎을 채우는 경우
가 많았다. 대부분의 사람들은 이런 교활한 사기 방법들을 알고 있
었고, 정보에 밝은 총명한 여성이라면 신중히 물건을 구매해 최악의
식품은 피할 수 있었다.

바로 이런 이유 때문에 중산층을 대상으로 한 요리 책의 대부분
은 좋은 마케팅과 식료품 쇼핑의 모범적인 실례를 다룬 부분을 두고
있었다. 여성들이 구입한 농산물의 품질을 판단하기 위해 집에서
할 수 있는 간단한 테스트들에 대한 지침도 있었다. 비교적 쉽게 알
아낼 수 있는 속임수도 있었지만(빵에 백악과 명반이 많이 들어가면 끈적해

진다) 아무리 아는 것이 많은 헌신적인 여성이라도 가정에서는 할 수 없는 정도의 화학적 분석이 필요한 경우도 있었다.

이 주제에 대한 결론은 평판이 좋고 믿을 만한 소매업체의 물건만을 구매하라는 일반적인 조언으로 흐지부지되기 일쑤였다. 하지만 대다수의 사람들은 여러 가게를 돌아다니며 비교하거나 좋은 공급업체의 물건을 골라 살 만할 여유가 없었기 때문에 형편에 맞는 제품을 구입하는 것 외에는 다른 선택지가 없었다. 가장 저렴한 식품은 당연히 불순물이 가장 많이 섞인 식품이었고, 먹을 수 없는 대체물이 가장 많이 혼입되는 것은 빵, 밀가루, 차였다. 그렇지 않아도 영양이 부족한 가난한 가정들은 빵과 밀가루 대신 섞인 백악, 파이프 점토, 명반으로 인해 더 굶주려야 했다. 대부분의 사람들이 이 사실을 알고 있었지만 할 수 있는 일은 없었다.

이 시기에 식단에 대해 대중의 관심이 높아진 것은 놀라운 일이 아니었다. 식품의 질과 건강을 동일시하는 여러 과학적 발견이 있었기 때문이다. 윌리엄 밴팅의 식단이 유명했다고는 해도 '감량' 식단 중에서 유명했다는 이야기다. 다른 많은 사람들이 보다 구체적인 건강 식단과 식이 요법을 책으로 발표했다. 1890년대에는 '포도 요법'이 잠깐 인기를 끈 적이 있었다. 2주 동안 음식은 빵과 포도(빵보다는 포도를 주로 먹게 했다)를 먹고, 음료는 포도 주스와 물만 마시도록 하는 식단이었다. 독일의 식품 과학자 외트커Oetker 박사의 것과 비슷한 식이 요법도 있었는데, 여기에는 식단과 함께 운동이 포함되었다. 지금의 우리라면 스텝 에어로빅으로 볼 수 있는 격렬한 운동을 하루에 두 번씩 하고 밴팅의 식단과 비슷하게 육류, 생선, 과일을 섭취했지만 밴팅이 허용했던 클라레과 셰리주는 제외했다.

1880년대와 1890년대에 앨린슨 박사가 발표한 채식 식단과 채식에 가까운 식단은 다른 식단보다 균형 잡힌 접근 방식을 제시했다. 그는 "평범한 사람보다 더 건강하기를" 원하는 사람들에게 이 식단들을 권장했으며, 저녁 식사로 고기와 두 가지 채소 대신 파스타, 채소, 콩류를 추천했다. '이상하게' 보이지 않으면서(따라서 여전히 고기를 먹으면서) 건강을 유지하고자 하는 사람들에게 제안한 그의 일반 식단 역시 밴팅의 요법과는 큰 차이가 있었다. 아침 식사로는 흑빵(통밀이나 호밀, 기타 혼합 곡물로 만든 빵을 총칭), 버터, 코코아 한 잔, 때때로 죽과 함께 흑빵과 과일조림을 먹는다. 낮에 먹는 디너는 살코기나 생선 4온스(약 113.4g)와 두 가지 채소 외에 우유 푸딩이나 과일조림, 과일 파이로 이루어진다. 하루의 마지막 식사는 흑빵과 버터, 익힌 채소나 과일조림을 먹고 연한 차 한 잔을 마시는 것이다.

대부분의 현대 영양학자들은 윌리엄 밴팅의 식단보다는 앨린슨 박사의 식단을 추천하겠지만, 당시의 식품 과학을 굳건한 토대로 삼고 있는 것은 둘 다 마찬가지였다. 밴팅이 리비히의 연구에 의존했다면, 앨린슨은 과학적 분석을 통해 드러난 사실, 즉 롤러 제분기로 생산한 밀가루에는 씨눈과 겨가 들어 있지 않고, 따라서 이 밀가루로 만든 흰 빵에는 생명의 필수 요소가 부족하다는 점을 활용했다. 이 점을 걱정한 앨린슨은 제분 공장을 사들여 직접 빵 회사를 차리고 씨눈과 겨가 함유된 밀가루로 빵을 만들었다.

빅토리아 여왕의 통치 말기 영국에서는 음식을 완전히 새로운 방식으로 이해했다. 다만 이런 이해와 일반적인 관행을 오늘날의 기준과 비교하는 것은 복잡한 문제다. 생활 방식이 엄청나게 변화하면서 우리가 음식과 식단에 대해 '안다'고 믿는 것들 중 많은 것이 바뀌었다. 중앙난방으로 높은 온도를 유지하는 집, 학교, 사무실, 기타 실내 공간에서 생활할 때 신체에 요구되는 것은 그보다 훨씬 더 온도가 낮았던 빅토리아 시대의 생활 공간과 근무 공간에서 요구되는 것과는 매우 다르다. 일상에서의 신체 활동 수준도 빅토리아 시대의 일반적인 수준과 현격히 다르다.

나는 이런 차이들을 아주 기본적인 수준에서 직접 경험해 보았다. 겨울 내내 난방이 거의 되지 않는 빅토리아 시대의 집에서 살며 당시의 농경 생활 및 가정의 일상적인 생활을 하자 식욕과 입맛이 바뀌는 것을 느꼈다. 21세기 생활에서는 무시했을 음식들이 맛있게 느껴졌다. 빵과 기름, 돼지 족발, 잼을 얇게 바른 슈에트 페이스트리를 맛있게 먹었고 현대인이 즐기는 '지중해 음식'이라는 것은 전혀 매력적이지 않았다. 이국적인 음식을 떠올렸을 때 상상되는 맛은 변변치 않게 느껴졌고, 롤리폴리 푸딩이나 브론brawn(돼지머리 편육)을 떠올리면 군침이 돌았다. 내 몸은 빅토리아 시대에서 살려면 탄수화물과 동물성 지방이 필요하다고 외치고 있었다.

또한 빅토리아 시대의 사람들이 강한 향을 싫어한 것도 이해가 되기 시작했다. 19세기 요리에는 "밍밍하다"는 모욕적인 표현이 자주 사용된다. 허브, 향신료, 심지어 양파와 같은 단순한 향채소조차 잘 사용되지 않았기 때문이다. 나는 스스로도 놀랄 정도로 향신료가 덜 들어간 음식에 빨리 적응했고, 입맛이 완전히 변해버렸다. 이것이 다른 식사 방식에 익숙해져서 미각이 다시 민감해진 것인지, 생활 방식 때문인지는 확실치가 않다. 다양한 종류의 감자에서 미묘한 맛의 차이를 강하게 느끼게 되었고, 그레이비의 폭발적인 풍미가 느껴졌고, 마늘 한 쪽이 온 가족이 먹는 매시트포테이토의 양념이 될 수 있다는 것을 알게 되었다.

탄수화물과 지방을 더 많이 섭취해서 체중이 늘었을까? 그렇지 않다. 운동과 일을 더 많이 해서 체중이 줄었을까? 그렇지도 않다. 몸은 기회만 주어진다면 필요에 맞게 음식 섭취량을 조절하는 것 같다.

## chapter 15
# 목욕 문화

뜨거운 물로 목욕을 하려면 요리나 빨래 등과 같이 화덕이나 코퍼를 이용해야 할 다른 일이 없고 화덕이나 코퍼의 온도가 물을 데우는 데 적당한 정도까지 올라간 하루의 끝 무렵까지 기다려야 했다. 이 밖에도 많은 것을 준비해야 했는데, 집 안에 배관이나 욕조를 갖춘 전용 욕실이 거의 없던 때에는 특히 더 그랬다. 빅토리아 시대에는 목욕을 하려면 많은 노력이 필요했을 뿐만 아니라 목욕의 목적도 우리 시대와는 상당히 달랐다.

이 시대의 목욕은 일상적인 것이 아닌, 비정기적이고 특별한 것이었으며, 몸을 청결히 한다는 개인위생의 측면보다는 혈액 순환을 개선하여 질병을 예방하기 위한 건강적 측면이 더 강했다. 따라서 현대인이 생각하는 목욕이 되기까지는 긴 시간이 필요했다.

# 건강을 위한 목욕

빅토리아 시대 초기에 목욕은 건강을 위해 하는 것이라는 측면이 강했고 다양한 방법으로 진행되었다. 먼저 목욕물의 온도에 따라 뜨거운 물, 따뜻한 물, 찬물로 하는 목욕이 있었으며, 목욕물의 종류에 따른 해수 목욕, 담수 목욕, 진흙 목욕도 있었다. 여기에 날씨가 좋을 때 야외에서 피부를 노출하는 풍욕과 일광욕도 있었다. 또 몸을 물에 담그는 정도에 따라 족욕, 좌욕, 전신욕이 있었다. 목욕의 목적을 살펴보면 피부 트러블을 치료하기 위한 목욕, 간과 소화 장애를 치료하기 위한 목욕, 류머티즘을 치료하기 위한 목욕, 신경 쇠약을 치료하기 위한 다양한 목욕법이 있었다. 마음을 달래고 신경을 가라앉히기 위해, 또는 혈액 순환을 촉진하고 기운을 돋우기 위해 물에 몸을 담그기도 했다.

치료를 목적으로 한 목욕 요법이 유행했던 1850년대에 포터블 배스Portable Bath 사는 그 혜택을 톡톡히 본 소매업체 중 하나였다. 의사들이 새로운 치료법으로 목욕 요법을 처방하기 시작하자, 이 회사는 부유층을 포함한 대부분의 사람들이 어떤 종류의 욕조도 소유하지 않고 있다는 사실을 이용해 돈을 벌었다. 다양한 욕조를 제작한 뒤 신문과 잡지에 대대적인 광고를 해 욕조 판매는 물론이고 주,

그림 108. 1850년대의 수상 욕탕 덕분에 신사들은 인근 강에서
진흙을 묻히지 않고 안전하게 목욕할 수 있었다.

월, 연 단위로 대여해 주었다. 이뿐만 아니라 뜨거운 물까지 공급했
는데, 병자를 방해하지 않기 위해 슬리퍼를 신은 남성들이 운반하도
록 했다. 목욕 요법을 시행하려면 개인 의료 클리닉을 찾는 것보다
장비를 구입하거나 임대하는 것이 훨씬 저렴했기 때문에 포터블 배
스사의 이런 서비스는 큰 인기를 끌었을 것이다.

　이 당시 목욕은 '수 치료hydrotherapy'를 의미했으며 이는 유럽의
오랜 전통인 온천수 치료에서 비롯했다. 온천수 치료는 온천수에
몸을 담그는 것 말고도 유명한 온천에 여행을 가서 미네랄이 함유된
물을 마시는 것을 포함하였는데, 이 미네랄들이 특정 질병과 증세
를 치료할 수 있다고 여겼기 때문이다. 그러나 이 시대의 많은 시사

평론가들은 온천수 치료의 효과에 대해 목욕 외에도 여행 중에 경험하는 신선한 공기와 운동이 상당한 영향을 미쳤을 것이라고 지적했다. 이에 맞춰 많은 온천 리조트에서는 산책로를 제공하는 등 '건강'과 '치료' 측면을 적극적으로 홍보했다.

19세기 초 유럽에서는 샘물의 새로운 용도가 개발되고 있었다. 이 방면에서 가장 영향력 있는 사람은 슐레지엔[1] 지역에서 태어나고 활동했던 자연 요법 의사 빈첸츠 프리스니츠Vincenz Priessnitz였다. 그의 치료법에는 전통적인 방식으로 물을 마시는 것은 물론이고 폭포수 아래에 서서 물을 맞거나, 솟구치는 물줄기 위에 앉아 있거나, 물을 흠뻑 적신 침대 시트로 몸을 감싸는 등 다양한 방법으로 몸이 많은 양의 물을 접하게 하는 것이 포함되었다. 이즈음 냉수욕이 등장하기 시작했다. 특히 남성이 냉수욕을 많이 했는데, 냉수욕이 몸에 기력을 더하는 강장제 역할을 하며, 냉수가 몸을 자극해 혈액을 더 원활하게 순환시킨다고 믿었다. 냉수욕을 자주 함으로써 몸을 추위에 적응시키면 몸이 튼튼해져 병에 잘 걸리지 않고, 병에 걸리더라도 빨리 회복할 수 있다고 생각했다.

젖은 시트로 환자를 감싸는 것은 전적으로 프리스니츠가 창안한 방법이다. 물을 흠뻑 적신 리넨 시트로 온몸을 겹겹이 감싸면 21세

---

1. 슐레지엔(Schlesien): 지금의 폴란드 남서부 지역, 체코, 슬로바키아, 독일에 걸쳐 있는 지역으로 역사 속에서 다양한 국가의 지배를 차례로 받으며 여러 문화의 교차로가 되었다.

기의 웨트슈트를 입은 것 같은 반응을 서서히 보이기 시작한다. 시트에 감싸여 몸을 움직이지 못하는 동안 시트를 적신 물이 체온으로 따뜻해지면서 발생하는 온기가 마음을 달래고 진정시키는 것으로 알려져 언론으로부터 열광적인 반응을 얻었다. 『간단한 질문과 위생에 관한 사실Simple Questions and Sanitary Facts』이라는 정기 간행물은 "냉습포 요법[2]은 사람의 관리하에 건강을 지키고 질병을 치료하는 간단하고도 거의 확실한 방법이다… 놀랍도록 짧은 시간에 열과 염증을 감소시킨다. 심신이 고단하거나 지나치게 흥분한 상태일 때 가장 효과적으로 진정시킬 수 있는 방법이며, 때때로 신경 과민 상태에 빠지는 사람들에게 더할 나위 없는 평화를 가져다준다"고 주장했다.

이 혁신적인 수 치료법은 제임스 윌슨James Wilson 박사를 통해 영국에 전해졌다. 슐레지엔을 여행하다가 수 치료법을 직접 경험한 그는 동료이자 친구인 제임스 걸리James Gully 박사를 설득해 광천(鑛泉)이 있는 휴양지로 유명한 우스터셔주 몰번에서 수 치료 클리닉을 시작했다. 유료로 운영했지만 상업적 감각이 뛰어난 두 사람 덕에 인기를 끌었다. 그러나 당시의 과학 지식으로는 수 치료법에 대한 효과를 충분히 설명할 수 없었다. 면역 체계에 대해 오늘날과 같은 지식이 없던 두 의사는 정체된 체액을 몸에서 없애는 데 해답이

---

2. 냉습포(冷濕布) 요법: 찬물에 적신 천이나 차가운 성질의 약품 따위를 사용하는 찜질.

있다고 생각했다. 특히 아픈 사람의 조직에 혈액이 과도하게 모인다고 생각했기 때문에, 물로 신체를 '자극'해 혈액 순환을 활성화함으로써 환자의 몸속에 쌓인 노폐물이나 불순물을 소변이나 대변, 구토 혹은 피부의 모공을 통해 배출시킬 수 있다고 믿었다. 이렇게 신체를 '자극'하는 것이 초기 빅토리아 시대 의학의 주요 목표 중 하나였다. 윌슨 박사와 걸리 박사는 자신들의 치료법이 다른 의사들이 자주 사용하는 독성 물질보다 안전하고 자연적인 대안이라고 생각했다.

나는 몰번에서 행해졌던 냉습포 요법을 체험한 데 이어 냉수 좌욕을 해본 경험이 있다. 냉습포 요법은 전통 수 치료 전문가인 지역 보건의 존 하컵John Harcup 박사가 시행했다. 그는 몇 년 전 실시한 일련의 실험을 통해 매일 5분간 냉수욕을 한 사람들의 백혈구 수가 상당히 증가했다는 사실을 발견했다고 설명했다. 윌슨 박사와 걸리 박사는 백혈구가 질병과 싸우는 데 어떤 역할을 하는지 알지 못했지만, 수 치료는 그들의 주장과 거의 같은 방식으로 면역 체계를 자극하는 것 같다.

하컵 박사는 냉습포 요법의 진정 효과가 매우 좋다면서 내가 분명히 잠들 것이라고 했지만 나는 썩 만족스럽지 못했다. 젖은 시트 속에 갇힌 내 몸은 결국에는 따뜻해지기 시작했지만 그렇게 되기까지는 예상했던 것보다 훨씬 오래 걸렸고 눈을 감고 있었는데도 떨면서 깨어 있었다. 물론 냉습포 요법을 옹호하는 사람들은 나처럼 한 번이 아니라 지속적으로 하면 그 효과를 체험할 수 있다고 말할 것이다. 매일 수 치료를 한다면 혈액 순환이 더욱 원활해져 체온이 오르면서 시트가 훨씬 더 빨리 따뜻해지고 남은 시간까지 따뜻함이 유지된다고 주장하는 사람도 있을 것이다.

다음은 냉수 좌욕이었다. 좌욕은 앉아서 하는 목욕이라는 것이 가장 좋은 설명이겠지만, 물의 깊이 때문에 '엉덩이 목욕'이라고 알고 있는 사람도 많다. 대부분의 빅토리아 시대 사람들은 좌욕을 할 때 4~5인치(약 10.2~12.7cm) 정도의 높이로 물은 채운 욕조에 들어가 욕조 가장자리에 발을 내밀고 앉았다. 그러면 엉덩이, 허벅지 위쪽, 하복부만이 물에 잠겼다. 좌욕의 이점이라고 주장되는 것 중 하나는 "머리에서 나쁜 체액을 끌어 내리는" 것이다. 좌욕은 여러 가지 소화기 문제, 특히 소화 불량이 있거나 장이 좋지 않은 사람에게 추천됐다. 허리 통증이 있는 사람에게도 자주 좌욕을 하도록 권장됐다. 파이 체바스는 『부인들을 위한 조언』에서 좌욕을 거의 모든 "여성 질환"에 대한 치료법으로 옹호하는 것 같다. 그에 따르면 좌욕으로 생리통, 분만통, 유산을 비롯한 수많은 질병을 고칠 수 있다.

내 경험상으로는 냉수 좌욕의 효과가 그렇게 기적적이지 않았다. 내가 거의 섭씨 0도에 가까운 찬물이 5인치(약 12.7cm) 정도 높이로 든 욕조에 몸을 담그자 관리자가 내 몸 위로 찬물을 더 많이 부었다.

이런 냉수 좌욕이 내 면역 체계에 도움이 되었는지는 의심스럽다. 당시 나는 피곤하고 목이 약간 아픈 상태였다. 다음 날이 되자 목소리가 나오지 않았고 6주 동안 회복되지 않았다. 그 이후로 나는 냉수욕의 효과에 의혹을 갖게 되었다.

19세기 말에는 과학의 발전으로 인해 냉수욕의 의학적 근거를 설명할 수 있게 되었는데 혈액 순환을 촉진하는 효과는 여전히 인정받았지만 울혈을 막는다는 주장은 신빙성을 잃었다. 의사들은 냉수욕을 더 이상 권유하지 않았고 아주 일부에서만 냉수욕을 추천했는데 건강하고 튼튼한 사람에게만 해당한다는 단서 조항을 붙였다. 이후, 냉수욕 대신 건강 증진을 위해 다양한 온수욕이 도입되었다.

헬스 스파[3] 이외에 가장 널리 사용된 것은 좌욕과 족욕이었을 것이다. 둘 다 간편하며 비용이 적게 들었고 많은 사람들이 의학적으로 지지했다. 따뜻한 물이 담긴 대야에 10분 정도 발을 담그기만 하면 되는 족욕은 좌욕보다 가정에서 쉽게 해볼 수 있었다. 그렇기에 노동 계급이 할 수 있었던 최초의 목욕이었다. 어떤 형태든 대야는 누구에게나 있었고, 거기에 따뜻한 물 한 주전자만 따르면 되니까 말이다. 족욕은 감기 치료법으로도 추천되었는데, 실제로도 많은 사람들이 그 효과를 잘 알고 있었기에 족욕을 애용했다. 바지를 걷

---

3. 헬스 스파(health spa): 사람들이 짧은 기간 동안 머물며 음식·운동 등으로 건강을 돌보는 건강 관리 시설.

어 올린 남성이 담요를 어깨에 두른 채 김이 나는 대야에 발을 담그고 의자에 앉아 있는 당시의 사진이나 그림을 흔히 찾아볼 수 있을 정도로 말이다. 이것은 독감에 걸린 모습을 나타내는 전형적인 이미지가 되었다.

심신의 긴장을 풀기 위해서는 따뜻한 물이나 미지근한 물로 목욕했다. 또한 미지근한 물로 부드럽게 몸을 닦으면 열이 가라앉는다고 믿었기 때문에 열이 날 때도 이 방법을 권유하였다. 이가 날 때 등 어린아이들에게 발열 증상이 있는 경우에는 미지근한 물로 목욕을 시켰고 피부 트러블이 있을 때는 더 따뜻한 물로 목욕했다.

더 뜨거운 온도로 하는 증기욕과 튀르키예식 목욕도 있었다. 증기욕은 현대식 사우나의 사촌 정도로 이해하면 된다. 증기욕 시설은 일반적으로 증기욕 전용 건물에 설치되지만 필요한 경우 가정에도 만들 수 있었다. 먼저 수증기를 가둘 수 있도록 텐트를 친 뒤 바닥에 끓는 물이 담긴 얕은 팬을 놓고 그 위에 의자를 놓는다. 옷을 벗은 환자가 의자에 앉으면 머리부터 바닥에까지 닿는 큰 담요를 두른다. 증기로 가득 찬 이 임시 텐트 안에서 환자는 심호흡을 하고 증기를 마신다. 끓는 물에 다양한 물질을 넣을 수도 있는데, 그 재료에 따라 유황 목욕, 증류주 목욕, 허브 목욕 등이 있었다.

반면에 튀르키예식 목욕탕은 대부분의 사람들에게 사치였으며 이국적인 신비에 싸인 곳이었다. 튀르키예식 목욕은 고급 목욕탕에서만 가능했고 실제로 튀르키예식 목욕탕(찰스 디킨스는 1888년『런던 사전Dictionary of London』에서 열 곳을 열거했는데, 그중 네 곳만 여성이 이용할 수 있었다)은 이용료가 비싸서 상류층만 이용할 수 있었다. 대부분의 사람들은『간단한 질문과 위생에 관한 사실』에 실린 기사로 튀르키예식 목욕을 알게 되었을 것이다. 이 기사에 따르면 목욕하는 사람이 먼저 옷을 벗고 뜨거운 방에 들어가서 "5~10분 동안 머물다가 시원한 방으로 이동해 10분을" 보낸다. 그리고 "따뜻한 방"으로 이동한다. 여기서는 종업원이 전신을 문질러 각질을 제거하고 근육을 주물러 몸을 부드럽게 이완시켜 준다. 그런 다음 "비누칠을 하고 몸을 문지른 뒤 따뜻한 물, 미지근한 물, 마지막으로 찬물"로 헹궈낸다. 한 번 더 찬물에 몸을 담근 후 탈의실로 다시 들어가 따뜻한 수건으로 몸을 말린다. 이처럼 복잡한 과정을 거쳐야 하는 튀르키예식 목욕은 긴 시간과 엄청난 자원이 필요했기 때문에 대부분의 사람들은 꿈도 못 꿀 일이었다.

가정에서 쉽게 할 수 없던 또 다른 형태의 목욕은 '두시 배스douche bath'였다. "깃털 펜 굵기부터 남자 팔뚝 굵기까지 다양한 굵기의 물줄기를 분사"하는 목욕으로, 물줄기는 "위, 아래, 옆에서 신체의 특정 부위를 향해 강한 힘으로 분사"되었다. 광천으로 유명한 몰번에서는 '폴링 두시falling douche'가 진행되었는데 서 있는 사람의 머리 위부터 엄청난 양의 물을 마치 폭포수처럼 쏟아내는 방식이다.

이 목욕을 경험한 한 사람은 "물이 어깨로 바로 내리꽂혀 나를 볼링 핀처럼 깔끔하게 넘어뜨렸다"고 회상했다. 그 외에도 환자가 앉아 있는 동안 물줄기를 위로 분사하는 것부터 비를 흉내 낸 장치까지 개인의 취향에 맞춘 다양한 두시 배스가 있었다.

## 청결을 위한 목욕

1900년대에 들어서면서 목욕의 주목적은 더 이상 질병 치료가 아니었다. 박테리아와 바이러스에 대한 새로운 지식이 알려지면서 질병을 무작정 두려워하지 않게 되었고, 물은 더 이상 조심스럽게 여겨야 할 대상이 아니었다. 목욕의 의학적 효능은 점차 사라지고 있었지만 사람들에게는 어느새 목욕이 습관으로 자리 잡았다. 이제 사람들은 몸을 깨끗이 하기 위해 목욕을 하고 싶어 했다.

아연으로 도금된 주석 욕조를 문 뒤쪽 고리에 걸어 놓은 가정집 은 빅토리아 시대의 전형적인 광경이 아니었다. 20세기 초에 이르러서야 욕조는 가난한 가정에서도 흔히 볼 수 있는 물건이 되었다. 욕조의 소매가가 아동복 세트의 두 배 정도였기에 노동 임금으로 생활하는 가정에서 장만하기에는 비싼 편이었기 때문이다. 그럼에도 욕조에 가장 먼저 투자한 것은 광부 가정인 듯하다. 물론 광부들에게는 몸을 잘 씻는 일이 가장 절실하기도 했지만, 노동 계급 가정보다 소득이 훨씬 많았던 것도 큰 몫을 했다. 광부들은 더럽고 힘들고 위험한 일을 한 덕분에 당시 영국 노동자 중 임금이 가장 높았다.

욕조를 구입한 뒤에 부딪히는 첫 번째 문제는 욕조를 채울 만큼 충분한 물을 데우는 것이었다. 코퍼가 있다면 이 일을 하기 훨씬 쉬웠다. 코퍼는 밑 부분에 석탄 화실이 있었고 벽돌 받침대가 큰 냄비를 받치고 있는 모양이었다(불을 땔 때 나오는 연기는 굴뚝으로 배출됐다). 조리를 주로 하는 영역이나 불을 피우는 곳에서 떨어진 곳, 부엌방[4]에 두는 코퍼의 유일한 목적은 한 곳에 고정되어 물을 끓이는 냄비 역할이었다.

코퍼를 사용하려면 먼저 물을 채워야 했다. 도시에 살고 운이 좋은 경우라면 집 안에서 수도나 펌프를 사용할 수도 있었을 것이다. 하지만 거리에 있는 펌프를 다른 집들과 공유했을 가능성이 더 높다. 시골에 산다면 동네 개울이나 우물을 이용했을 것이다. 보통 크기의 욕조를 채우려면 다섯 양동이 정도의 물이 필요했다. 물을 길어 오는 곳과 얼마나 떨어져 있느냐에 따라 코퍼를 채우는 데 10분에서 1시간까지 소요되었다.

다음에 할 일은 코퍼에 불을 피우는 것이었다. 연료는 비쌌지만

---

4. 설거지나 음식물의 뒤처리 또는 식료품이나 식기류를 보관하는 작은 방을 말한다. 현대의 보조 주방 같은 곳이라 생각하면 된다.

코퍼는 더 저렴한 재료를 태울 수 있도록 만들어져 있어 품질이 좋은 가정용 석탄이 필요치 않았다. 주로 화덕의 잉걸불에서 골라낸 숯덩이를 사용했고, 불에 태울 수 있는 것이면 무엇이든 사용해서 코퍼의 온도를 유지했다. 찬물 다섯 양동이를 데우려면 1시간 정도가 걸렸다. 코퍼가 이미 가열되어 있다면 30분 정도면 가능했다. 마지막 단계는 코퍼에서 뜨거운 물을 퍼서 욕조로 옮기는 것이었다.

모든 가정에 코퍼가 있는 것은 아니었다. 일부 고급 주방의 화덕에는 불을 피우는 곳 한쪽에 물탱크가 내장되어 있었다. 여기에 계속해서 물을 채워두면 언제든지 뜨거운 물을 사용할 수 있었다. 이런 물탱크의 용량은 보통 1갤런(약 4.5L), 때로는 2갤런(약 9.1L)이었다. 물론 이렇게 적은 양으로 욕조를 다 채울 수는 없고, 보통 찬물을 섞어 사용했다. 그것으로도 충분치 않으면 화덕에 주전자를 올려 물을 데워 보충하기도 했다. 더 단순하고 저렴한 조리용 화덕만 있는 가정에서도 이 방법을 사용했다. 이 경우 물을 데우려면 큰 냄비와 주전자가 여러 개 필요했고, 모든 냄비의 물을 같은 온도로 데우려면 냄비의 위치를 수시로 바꿔야 했다. (화력이 집중되는 부분에 따라 화덕의 각 부분 온도가 달랐다.) 따라서 코퍼가 있든 없든, 더운 물을 욕조에 채우려면 세심한 노력이 필요했다.

욕조의 위치도 중요했다. 보통 욕조는 집에서 가장 따뜻한 부엌에 두었다. 불이 있는 유일한 공간이 부엌이었기 때문이다. 따뜻한

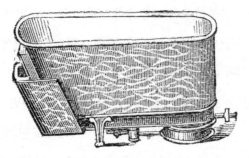

그림 109. 욕조, 1880년.

곳에서 목욕하는 것이 훨씬 더 쾌적할 뿐만 아니라 목욕물의 온도도 더 오래 유지할 수 있었다. 그래서 욕조 밑에 깔개, 수건, 신문지를 깔아 바닥의 냉기를 차단하려 했다.

이처럼 욕조 목욕을 하려면 준비하는 데 적지 않은 노력을 들여야 했으므로 한 사람만을 위해 목욕물을 데우지는 않았다. 한 사람이 목욕한 다음 따뜻한 물 한 주전자를 보충하면 다른 사람이 목욕을 하는 데 충분했기 때문에 온 가족이 이 목욕물을 함께 사용하는 것이 당연했다. 또 다 쓴 목욕물도 허투루 버리지 않고 빨랫감을 담가두곤 했다. 나는 빅토리아 시대 욕조에 물을 채우고 빨랫감을 담가 빨래를 한 뒤 남은 물을 비우는 일을 직접 해본 결과, 특히 날씨가 춥고 해가 짧을 때는 매우 고생스러운 일이라는 것을 알게 되었다.

19세기 말 중상류층 가정에 욕조가 부엌 외의 공간에 따로 설치되기 시작했을 때는 하인들이 직접 목욕물을 채워야 했다. 주방 화덕에서 데운 물을 금속 용기에 담아 욕조가 놓여 있는 위층 탈의실로 운반했다. 여러 번 왔다 갔다 해야 했고, 당연히 물을 비울 때도 계단을 오르내려야 했다. 이처럼 많은 노동력이 필요했기 때문에 하인이 없는 일반 가정에서 욕조를 설치하고 목욕하는 것은 거의 불가능한 일이었다. 하지만 실내 배관이 보편화되고 최초의 전용 욕실이 등장한 1870년대부터는 목욕이 훨씬 쉬워졌다.

가스를 연료로 사용하는 온수 탱크는 전용 욕실에 온수를 공급하는 데 특히 유용했다. 어니스트 해밀턴Ernest Hamilton 경도 집에 이런 목욕 시설을 설치하는 데 투자했다. 하지만 그는 1860년대 말과 1870년대 초, 어린 시절에 사용했던 욕실이 만족스럽지 못했다고 회상했다.

우리가 실제로 온수 탱크에서 공급받은 물은 전혀 따뜻하지 않았다. 우르르거리는 소리가 연이어 나다가 죽은 집게벌레와 청파리가 가득한 녹물이 나왔을 뿐이다. 이 상태는 몇 분간 지속되다가 완전히 멈췄다. 찬물과의 유일한 차이는 죽은 생명체와 녹이 든 물의 색뿐이었다. 둘 다 얼음처럼 차가웠다.

오늘날 우리는 타일이 깔린 깨끗한 욕실에서 정기적으로 몸을 씻는 데 너무 익숙해서 빅토리아 시대 사람들도 목욕을 할 기회가 주어지자마자 달려들었을 것이라고 상상할 것이다. 정말 온수욕이 시간과 비용을 투자할 만한 가치가 있는 필수적인 일이었을까? 여유가 있는 사람이라면 바로 욕조를 구입했을까?

빅토리아 시대 사람들의 생각은 달랐다. 실용적인 측면을 고려해야 했다. 부유한 사람들의 경우에도 주택 소유가 일반적인 일은 아니었다. 부유한 세입자는 욕실을 원할지 모르지만 집주인은 집세를 올릴 수 있을 때만 욕실을 설치했다. 건물에 배수관을 연결하는 것은 비용이 많이 들고, 구조적으로 튼튼한 건물과 배관을 설치해도 좋을 만큼 큰 건물에만 적합한 일이었다. 집에서의 목욕과는 다른 인기 있는 대안도 있었다. 바로 퍼블릭 배스 운동이다.

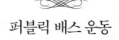

## 퍼블릭 배스 운동

21세기의 영국인들은 '퍼블릭 배스public bath'라는 말에 수영장을 떠올리지만, 퍼블릭 배스의 원래 목적은 수영장과는 거리가 있었다. 빅토리아 시대에 처음 도입된 퍼블릭 배스는 말 그대로 일반인들이 이용할 수 있는 대중 목욕탕이었다. 퍼블릭 배스는 욕실은커녕 집에 수도도 없는 사람들에게 당시 개인위생 부문의 발전으로 인한 혜택을 주기 위해 만들어졌다. 초기의 퍼블릭 배스 건물은 세탁실과 연결된 경우가 많았기 때문에 사람들은 비좁고 장비가 부족한 집에서 어렵게 빨래를 하는 대신 대형 싱크대에서 흐르는 물로 매주 빨래를 할 수 있었다.

이 아이디어는 리버풀에 사는 한 여성에 대한 신문 기사에서 시작된 것 같다. 빅토리아 여왕이 즉위하기 5년 전인 1832년, 콜레라가 유행하면서 수십만 명이 사망했다. 특히 큰 항구 도시에서 사망자가 많이 나왔다. 키티 윌킨슨Kitty Wilkinson은 남편 톰과 함께 리버풀의 빈민가에서 살고 있었다. 그러나 그들은 코퍼를 갖고 있어서 비교적 쉽게 물을 끓일 수 있었다. 그들이 사는 거리에서 코퍼 시설이 있는 유일한 집이었다. 전염병이 돌자 윌킨슨 부부는 자신들의 코퍼 시설을 이웃에게 개방하고, 마당까지 빨래 건조장으로 바꿔 이웃들이 지하실, 이후에는 부엌에서도 빨래를 할 수 있게 해주었다. 그 대가로 받은 것은 석탄과 물 비용으로 한 집당 일주일에 1페니를 받은 것이 전부였다.

1832년 당시에는 콜레라가 어떻게 전염되는지 알지 못했다. 다만 옷과 침구를 삶아 사용하면 어느 정도 감염을 막을 수 있다는 인식이 널리 퍼져 있었다. 대부분의 노동 계급이 중고 의류에 의존했고 가족 구성원 여러 명이 침대를 같이 썼기 때문에 이런 위기의 순간에 윌킨슨 부부가 발휘한 너그러움과 이타심은 큰 역할을 했다. 그들은 집을 개방하면 콜레라 감염 위험이 커진다는 사실을 알고 있었지만 두려움에 떠는 많은 가정에 실질적인 도움을 주었다.

　이 이야기를 들은 언론은 곧바로 키티 윌킨슨을 "빈민가의 성인"이라고 칭송했다. 세탁은 여성의 영역이었기 때문에 톰이 아닌 키티가 칭송을 받았다. 이 이야기가 뉴스로서 더 가치가 있었던 것은 그녀가 노동 계급 자선가일 뿐 아니라 아일랜드에서 태어나 어린 나이에 이주해 온 여성이었기 때문이다. 당시 빅토리아 시대의 모든 사회 집단 중 가장 낮게 여겨진 것이 아일랜드 이민자 출신 노동자였다. 그런 그녀가 중산층조차 의무라고 쉽게 인정하지 않는 자선을 베푼 것에 많은 사람들이 고무되었다.

　여기에 자극을 받아 공중 세탁장과 공중목욕탕 건설 운동이 시작되었다. 지역 공제 조합District Provident Society과 부유한 자선가 윌리엄 래스본William Rathbone이 지원에 나섰다. 다양한 정치적 묘안이 동원된 끝에 영국 최초의 공중목욕탕과 세탁장이 문을 열기에 이르렀다. 거의 10년이 지난 1842년 5월 리버풀에 프레더릭 스트리트 배스가 개장했다. 톰과 키티 윌킨슨 부부는 그곳의 관리자가 되었다. 개장 초기에는 그곳에서 주로 세탁을 했지만, 곧 노동 계급 사람들이 세탁뿐만 아니라 목욕까지 할 수 있는 장소가 되었다. 4년 만에 로비를 통해「목욕 및 세탁소법Baths and Wash House Act」이 의회를 통과했고, 1846년부터 지방 정부가 세금으로 관할 구역 내에 이런 시설을 건설할 수 있는 권한을 갖게 되었다.

그림 110. 퍼블릭 배스 운동이 본격적으로 진행되기 직전인 1844년의 사설 목욕 시설.

1846년 리버풀은 폴가에 프레더릭 스트리트 배스보다 6배는 많은 인원을 수용할 수 있는 두 번째 퍼블릭 배스를 개장했다. 1년 후, 런던 글래스 하우스 야드에도 퍼블릭 배스가 문을 열었고, 곧이어 런던의 가장 가난한 주택가인 화이트채플에 굴스턴 스퀘어 세탁장과 목욕탕이 문을 열었다. 10년도 안 돼서 리버풀에는 세 번째 퍼블릭 배스가 세워졌고 프레더릭 스트리트의 기존 시설을 새로 꾸몄으며, 런던에는 퍼블릭 배스가 일곱 곳(웨스트민스터에 둘, 메릴본에 하나, 블룸즈버리에 하나, 하노버 스퀘어에 하나, 세인트마틴인더필즈에 하나, 이스트엔드의 포플러 배스) 더 세워졌다.

퍼블릭 배스는 여러 구역으로 나뉘어 있었다. 남성 구역과 여성 구역이 있었고, 사용 요금이나 사회적 계층에 따라 더 세분화되었다. 가장 시설이 좋고 사용 요금이 비싼 곳은 가구가 잘 갖춰진 넓은 방에 욕조, 충분한 온수, 탈의장과 더불어 수건과 비누도 제공했다. 상대적으로 요금이 저렴한 퍼블릭 배스는 기본적인 시설만 있고 비좁았지만 편안하게 목욕할 정도의 물은 충분히 제공하였다.

퍼블릭 플런지 풀은 가장 저렴한 공중목욕탕으로 탕 주위에 있는 칸막이 중 하나에서 옷을 갈아입고 큰 탕을 많은 사람들과 함께 이용하는 방식이었다. 플런지 풀의 이용료는 처음에 0.5페니였다가 1페니로 올랐다. 열한 살에서 열두 살 사내아이의 벌이로도 감당할 수 있을 정도, 즉 가난한 사람도 부담 없이 이용할 수 있는 수준으로 요금을 정한 것이다. 초기의 플런지 풀은 규모가 크지 않고 탕의 물은 미지근했으며 비누는 제공되지 않았다(사실 비누 사용이 허용되지 않았다). 하지만 물에 몸을 담그고 열심히 몸을 문지르는 것만으로도 기본적이나마 목욕 효과는 있다고 여겼다. 남자아이들은 알몸으로 탕에 들어갔고(20세기 초가 될 때까지 대부분의 공공 수영장에서조차도 수영복 착용이 의무가 아니었다), 이것이 성별을 엄격하게 구분하여 구역을 나눈 중요한 이유 중 하나였다.

욕탕의 물은 일주일에 한 번씩 교체되었으며, 초기의 많은 시설에서는 파이프를 이용해 강물을 끌어와 여과하지 않은 채 사용했다. 그럼에도 일주일 동안 몸에 쌓인 흙먼지와 때를 씻어내는 데는 충분했기에 플런지 풀에서 목욕하고 나면 훨씬 깨끗해졌다.

이렇듯 플런지 풀의 원래 목적은 청결이었지만 처음의 목적과는 다른 방향으로 빠르게 발전했다. 아이들은 플런지 풀에서 즐거운 시간을 보냈다. 플런지 풀은 노동 계급 소년들이 물속에서 장난을 치고 떠들며 친구들과 시간을 보내는 사교 공간이 되었다. 게다가 난방이 되는 따뜻한 공간에서 시간을 보내본 적이 별로 없는 사람들에게는 큰 위안을 주는 장소가 되어 주었을 것이다. 미지근한 물에 몸을 담그는 것은 가난한 소년들이 추위에서 잠시라도 해방될 수 있는 흔치 않은 기회였을 것이다. 그들에게 플런지 풀에서 보내는 시간은 재미가 우선이고 청결은 나중 일이었다. 아이들이 공중목욕탕 앞에서 입장료로 쓸 1페니를 구걸했다는 이야기가 많이 전해진다.

플런지 풀이 인기를 끌면서 더 큰 풀들이 계속해서 만들어졌고, 새로 생긴 시설에서는 부유한 고객들의 기분을 해치지 않도록 아이들을 계층별로 구분하여 각각 다른 풀에 입장시켰다. 아이들을 계층에 따라 2급 또는 3급 풀을 사용하게 한 것이 불공평해 보일 수도 있지만, 오히려 그 덕분에 아이들은 아마도 처음으로 어른들의 잔소리에서 벗어나 자유롭게 놀 수 있는 공공 공간을 얻었을 것이다.

1852년 건설된 런던 웨스트민스터의 세인트제임스 배스의 설계 초안에는 남녀로 나눈 뒤 각 성별마다 2개의 계층으로 또 한 번 나눈 64개의 칸막이가 있었다. 1급 계층 구역의 온탕 요금은 6페니였고 2급 계층 온탕 요금은 단 2페니였다. 냉탕은 두 계층 모두 반값에

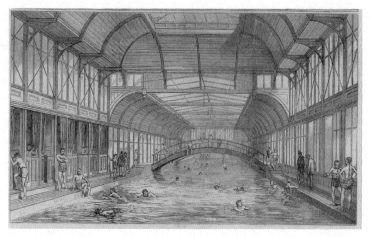

그림 111. 런던 템스강의 플로팅 배스(floating bath)는 1870년대에 상업적으로
큰 성공을 거뒀다. 체스터와 같은 다른 도시도 플로팅 배스를 보유하고 있었다.

이용할 수 있었다. 수영장 시설로는 각 계층마다 두 개의 커다란 플
런지 풀이 있었다. 세탁장은 목욕탕과 같은 요금을 받았다. 60칸의
세탁장, 60개의 건조실, 다리미와 그 밖의 필요한 장비가 제공되는
16개의 다림질 칸이 있었다. 세탁 시설 요금은 시간당 1페니였다.

성별에 대한 규정을 보면 중산층 고객을 대상으로 하든 노동 계
급 고객을 대상으로 하든 퍼블릭 배스는 주로 남성이 사용하도록 지
은 것이 분명히 드러난다(세탁장은 집안의 빨래를 담당하는 여성들만 사용했
지만). 여성용 목욕탕은 개수도 영업일도 적었다. 게다가 남성만을
위한 시설은 몇 곳 있었지만 여성만을 위한 시설은 없었다.

퍼블릭 배스에서 가장 먼저 사라진 것은 세탁 시설이었다. 첫 번

째 시설이 문을 열고 15년 후에는 '세탁장'이라는 단어가 거의 사라졌다. 첫 번째 설립 붐이 끝난 뒤 새로 지어진 퍼블릭 배스에는 세탁 시설이 아예 없는 경우가 많았다. 다음으로 사라져 간 편의 시설은 목욕탕이었다. 반면에 '플런지' 혹은 '수영장'은 점점 인기를 끌기 시작했다. 처음에 세워진 몇 개는 레크리에이션 시설이나 스포츠 시설이라기보다는 세탁 시설로 보이는 비교적 작은 규모였지만, 인기가 높아지면서 새로운 퍼블릭 배스는 점점 더 큰 수영장을 지어 이런 수요를 충족시켰다. 최초의 퍼블릭 배스가 문을 연 지 불과 10년 만에 이런 미래를 암시하는 조짐이 드러났다.

세탁장과 목욕탕이 결합된 시설의 초기 붐 속에 만들어진 세인트 조지 배스의 설명 첫 줄에는 "스위밍 배스Swimming bath, 66피트×30피트(약 20.1×9.1미터)"라는 정보가 담겨 있다. 수영 시설을 주요 장점으로 내세운 것이다. 목욕할 수 있는지, 요금이 얼마인지는 그다음이었고, 세탁 시설은 장점 목록의 맨 아래에 있었다. 세인트 조지 배스보다 요금이 더 비쌌던 올버니 배스는 "파커 교수의 수영 강좌"를 개설한다는 광고를 내보냈다.

적지 않은 수의 빅토리아 시대 목욕 시설이 영국 전역의 퍼블릭 배스에 지금까지 남아 있다. 학생 시절에 나도 그중 하나를 사용했는데, 뜨거운 물이 잘 나와서 무척 좋았다.

## chapter 16
# 성문화

부목사 프랜시스 킬버트의 취침 시간은 보통 밤 11시가 조금 지난 때였다. 가끔 손님이 오면 조금 더 늦게 잠자리에 들었고, 디너 파티가 있는 날에는 자정이 되어 집에 돌아오기도 했다. 1870년 4월 5일 화요일, 그는 절친한 친구 모렐과 유쾌하게 이야기를 나누며 밤 12시 반까지 깨어 있었다. 하지만 이것은 이례적인 일이었다.

노동자들은 훨씬 일찍 잠자리에 들었다. 노동에 지쳐 몸이 피곤한 데다 인공 조명을 오래 켜둘 형편이 안 됐기 때문이다. 특히 날씨가 춥고 일찍 어두워지는 겨울철에는 가능한 한 빨리 이불 속으로 파고들었다. 농업 노동자와 그 가족에게 추위와 어둠 속에서 밤에 깨어 있는 것은 합리적이지 못한 일이었다. 등잔을 켤 기름이나 양초를 살 돈이 없었고, 식량이 부족해 배불리 먹지 못한 상태에서 오래 깨어 있으면 배고픔의 고통만 심해질 뿐이었기 때문이다. 저녁

7시면 대부분의 가족들이 자지 않더라도 이불을 두르고 있었다.

올덤에 살던 인부의 아들 잭 우드Jack Wood는 19세기 초 일기에 더운 여름날 저녁이면 사람들은 더 늦게 잠자리에 들었다고 기록했다. "날씨가 좋은 날 저녁에는 사람들이 밤 11시나 12시까지 자기 집 앞 계단에 앉아 있다가 그 후 잠을 자러 조용히 들어가곤 했다."

빅토리아 시대 말에 이르러서야 연료 가격이 떨어져 집에 불을 켜고 난방을 할 수 있게 되었고 그에 따라 수면 시간은 줄어들었다. 1890년대의 젊은 제분소 노동자였던 엘렌 캘버트Ellen Calvert는 "오전 6시에 일을 시작하기 때문에 밤 10시에 잠자리에 들었다"고 한다. 밤 10시에 잠자리를 들었다는 것은 일을 마친 후 한 시간 정도 저녁 식사를 하고, 한 시간 정도 가족과 시간을 보낼 수 있었다는 뜻이다. 그리고 그 취침 시간은 다음 날을 위해 충분히 휴식을 취하기에 적절한 시간이었다. 하지만 빅토리아 시대의 부부는 잠이라는 휴식을 즐기기 전에 '성생활'이라는 복잡한 세계를 거쳐야 했다.

## 남성의 성생활

모든 남성이 강한 성욕을 타고났다는 것은 빅토리아 시대에 확실하게 자리 잡고 있는 진실이자, 의학계와 교회, 일반 대중이 믿고 있는 사실이었다. 하지만 남성의 올바른 성생활에 대한 지침은 명확하지 않았다. 19세기 내내 두 학파가 이 문제를 놓고 평행선을 달렸다. 첫 번째 입장은 남성이 아내, 정부, 매춘부를 통해 건강하게 성욕을 배출하도록 허용해야 한다는 것이었다. 이와는 정반대인 두 번째 입장은 남성이 자신의 도덕성은 물론이고 신체적 건강을 위해 욕구를 다스리고 정욕을 억제해야 한다고 주장했다.

성생활에 대한 상반된 인식으로 인해 싸움이 벌어지는 주된 격전지는 부부의 침실이었다. 남성은 신의 말씀에 따라 언제든지 아내에게 성행위를 요구할 기본적 권리가 있다고 믿었다. 여성은 이에 따라야 할 의무가 있었다. 그러나 '좋은' 남성이라면 어떤 경우에는 자제력을 발휘해야 한다는 강한 문화적 믿음도 존재했다. 임신 후기인 여성이나 출산 후 회복 중인 여성과의 성관계는 용납되지 않았다. 여성이 월경 기간이거나 몸이 아플 때, 주일에도 마찬가지였다. 이런 암묵적 규칙을 어긴 남성은 '짐승' 같은 존재로 취급됐다. 따라서 성욕을 적절히 절제할 줄 아는 것이 이상적인 태도로 여겨졌다.

그러나 남녀 모두가 강한 성욕은 곧 강한 남성성이라고 생각했으며 성욕이 강한 남자를 높이 평가했다. 여성들은 남편이 반기든 아니든 그들에게 강한 성욕을 기대했다. 성욕이 없는 남성은 "남자"라고 부를 수 없다는 것이 일반인들의 단호한 입장이었다.

의학적으로는 서로 다른 견해가 충돌했다. 남성이 정기적으로 사정하지 않으면 정자가 "신선"하지 못해 건강에 문제가 생길 수 있다는 생각이 오랫동안 이어져 왔다. 몽정은 청소년과 독신자에게 적절하고 자연스러운 정화 작용으로 여겨졌다. 일부 종교 기관은 남성이 깨어 있는 시간 동안 음탕한 생각을 머릿속에서 지워버린다면 그런 식의 배출을 막을 수 있다고 주장하긴 했지만 말이다. 이런 생각이 의사, 심지어 성직자를 포함한 많은 남성들에게 남성은 의학적으로도 규칙적으로 성관계를 갖는 것이 필요하다는 인식을 만들었다. 자위는 건전한 대안으로 여겨지지 못했다. 하우Howe 박사는 1884년 "합법적인 성교를 통한 주 3~4회의 사정은 건강한 남성에게 큰 영향을 주지 않지만, 자위행위나 몽정으로 주 3~4회 사정을 하는 것은 곧 심신을 쇠약하게 할 것"이라고 말했다.

남성의 다양한 건강 문제를 여성과의 성관계를 통해 극복할 수 있다고도 믿었다. 성교를 남성 건강을 위한 치료법이라 생각한 것이다. 우울, 초조, 무관심, 극심한 피로, 두통으로 고통받는 남성들은 모두 성행위 부족이 원인이라는 진단을 받았다. 얼마나 많은 의사가 남성 환자에게 아내, 정부, 심지어 매춘부와의 성관계를 처방했는지는 알 수 없다. 다만 오로지 문란한 성관계를 목적으로 진찰을 받는 남성 환자들에게 분노한 의사들의 불만을 여러 곳에서 찾아볼 수 있다. 성 건강과 관련된 다양한 문제에서 선구자 역할을 했던 의사이자 작가 액턴Acton 박사는 "대부분의 사람들, 특히 젊은이들은 동물적 성향에 탐닉할 변명을 찾을 때… 지나치게 기뻐하곤 한다"고 말했다. 그는 환자가 호소하는 증상이 "과장된 경우가 많다"고 생각하고, 성관계에 굶주린 그런 젊은 남성에게는 "소박한 식단"과 체조를 처방했다. 하지만 하우 박사의 환자는 다른 처방을 받았다. 그는 결혼이 선택지가 될 수 없는 상황에서 "사실을 받아들이고 남성의 불법적인 성행위를 처방하는 것이 의사의 유쾌하지 못한 의무"라고 적고 있다.

이런 의학적 견해는 여성은 엄격하게 순결과 정조를 지켜야 하는 하는 반면, 남성의 부정은 허용할 수 있다는 성적 이중 잣대에 대한 변명으로 널리 이용되었다. 여성 역시 이런 믿음을 가지고 있었고, 남편의 '욕구'를 충족시킬 수 없거나 남편이 성교를 꺼릴 경우 남편의 건강을 염려했다. 이런 걱정은 빅토리아 시대 이후에도 계속되었는데, 1920년대에 많은 아내들이 마리 스토프스Marie Stopes의 병원에 피임을 도와달라는 편지를 보낸 것을 보면 알 수 있다. 임신에 대한 현실적인 두려움보다 남편의 성관계 요구를 거부하는 죄책감이 더 지배적이었기 때문이다.

그러나 규칙적인 성관계가 필요하다는 의학적 견해만큼이나 지나친 성관계가 위험하다고 믿는 의견 역시 그 못지않았다. 지나친 성관계가 남성의 몸을 쇠약하게 만들어 나른함과 우울감을 가져올 수 있다는 견해였다. 남성의 생명력이 정자와 함께 빠져나가기 때문에, 지나친 성적 탐닉은 남성의 활력과 남성성을 박탈하며 이로 인해 남성이 여성화될 수 있다는 주장이다. 성관계를 얼마큼 하는 것이 지나친 것인지는 확실히 판단하기가 어려웠다. 대부분의 전문가들은 사람마다 차이가 있다는 것을 인정했다. 활력을 잃지 않고 일주일에 서너 번씩 성관계를 할 수 있는 남성이 있는 반면, 일주일에 한 번 하는 것도 지나치다고 생각하는 남성이 있다고 말이다. 의사들은 보통 일주일에 한 번 정도로 성행위를 조절하고, 성관계 직후 피로를 경험한다면 간격을 더 늘리라고 조언했다.

발기 부전은 보통 성관계에 지나치게 탐닉한 결과로 이해되었다. 결혼식과 첫 임신 사이의 간격이 긴 경우는 결혼 초기의 지나친 성관계에 따른 결과로, 남성의 능력이 감당할 수 있는 범위를 넘어서 좋은 품질의 정자를 생산할 수 없었기 때문이라고 해석되었다. 따라서 결혼 초기의 열정이 사라진 다음 성관계가 좀 더 통제되고 빈도가 낮아질 때까지 임신이 지연될 수 있다고 여겨졌다. 이런 식으로 성적 절제가 장려되었다.

대부분의 빅토리아 시대 남성은 성생활 내내 자제와 방종의 기간을 번갈아 거쳤다. 성행위의 대상을 엄격하게 아내로만 제한하는 사람들에게도 변동은 있었다. 많은 부부가 신혼 초에는 열정적인 밤을 보내지만, 출산에 간격을 두기 위해서나 건강 문제를 해결하기 위해 금욕을 선택하는 기간이 있었다.

중산층 사이에서 남성의 만혼이 인기를 끌면서 우려를 야기했다. 당시의 지배적인 의학적 견해는 남성의 욕망과 성적 에너지는 사춘기부터 점차 증가해 27세경에 정점에 도달한 후 서서히 감소한다는 것이었다. 그러나 중산층 남성들이 30대, 즉 아내와 가족을 부양할 만큼 부를 축적하는 시점까지 결혼을 미루기 시작하면서, 사람들은 이들이 순결을 유지하기 힘들 것이고, 인생에서 생식력이 가장 왕성한 시기를 놓쳐 자녀를 가질 수 있는 능력이 약화될 것이라고 생각했다. 성생활에 대한 이중 잣대를 없애고, 남성의 금욕을 여성의 순결과 일치시키기 위해 분투하던 운동가들은 유혹을 없애고 건강, 정서적 행복, 성적 만족감을 증진하는 수단으로 남성들의 이른 결혼을 장려하는 데 열심이었다.

하지만 대부분 사람들은 성장기 소년들이 너무 일찍 성관계를 시작하면 건강은 물론이고 정신적 발달에 해가 될 수 있다고 생각했기 때문에 너무 이른 결혼을 원하지 않았다. 대부분의 의사와 부모들은 젊은 중산층 남성의 결혼 시기를 20세부터로 보았다. 스물두 살에서 스물네 살 사이가 완벽한 결혼 정년기 나이로 여겨졌다. 이 정도의 나이면 성장이 끝날 때까지 충분한 시간이지만, 성적으로 방탕한 생활을 하거나 불만을 느낄 시간은 없을 것이라 생각한 것이다.

극히 단편적이긴 하지만, 지금까지 남아 있는 매춘부의 고객 관런 정보(매춘부가 남긴 것이 아니라 경찰 기록에 있는)를 보면 미혼 남성에 대한 강한 편견이 있었음을 알 수 있다. 당시에 성매매는 불법 행위가 아니었으나 그 과정에서 싸움이나 절도와 같은 범법 행위를 일으킨 사람은 경찰이 데려가 조서에 기록했다. 그 조서의 피의자 이름 란을 보면 종종 가명도 등장했지만 "미혼남"이란 통칭이 가장 많았는데, 성 매수자는 미혼남일 것이라는 인식이 강했다는 방증이라고 할 수 있다.

의사인 액턴 박사와 성직자이자 언론인인 헨리 메이휴와 같은 사람들이 우려 속에서 시작한 개인적인 조사는 이런 편견을 뒷받침했다. 특히 10퍼센트만이 결혼 허가를 받았던 군인들[1]이 매춘부의 고객 중 가장 큰 비율을 차지했다.

결혼 전 성 매수를 해왔더라도 결혼하면 중단하는 것이 빅토리아 시대 남성들의 일반적인 관습이었다. 성병에 대한 배우자 간의 논의는 이런 관습을 확고히 하는 방향으로 진행되었다. 부부는 남성이 혼인 전에 행했던 성행위가 결혼 후의 침실로 이어져 기혼남의 도덕적 이미지를 떨어뜨릴까 봐 두려워했다. 많은 허구적 담론들이 기혼남의 도덕성에 신빙성을 부여했는데, 일례로 소설에서 순결한 소녀를 유혹하는 난봉꾼은 미혼남이 대부분이었고 기혼남은 아주

---

1. 빅토리아 시대 일반 사병들이 결혼을 하려면 지휘관의 허가가 필요했고 군은 언제든 병사 10명 중 1명보다 많은 수가 그런 특권을 누려서는 안 된다는 방침을 고수했다. (저자 주)

드물게 등장했다. 엘리자베스 개스켈이 1853년 출간한 획기적인 소설『루스Ruth』의 벨링엄과 같은 '난봉꾼'은 결혼한 적이 없는 방종한 독신 남성으로 묘사되었다. 그러나 도덕적인 젊은 여성의 사랑으로 구원을 받아 방탕했던 과거를 청산하고 결혼하는 '개심한 난봉꾼' 역시 빅토리아 시대의 또 다른 상투적인 캐릭터였다.

## 자위에 대한 생각

19세기 후반에는 국가 전체가 강박 관념에 사로잡혔다 싶을 정도로 자위에 대한 공포가 컸다. 소년들은 이 '악'의 위험에 가장 취약하며 이에 대비하기 위해 교육과 보호를 받아야 하는 존재로 여겨졌다. 아버지, 어머니, 의사, 종교 지도자, 교사들이 청소년들에게 자위행위의 위험성과 유혹에 저항하는 데 필요한 자제력을 기르는 방법을 가르치는 데 나섰다.

19세기에 의학이 새롭게 발전하면서 자위로 인해 남성의 생명력이 소진될 수 있다는 오랜 염려가 증명되는 듯했다. 1850년대의 의사들은 임상 용어를 사용해 자위를 뇌의 연화, 광기, 뇌전증, 치매, 천식, 초조, 우울증, 히스테리, 자살과 연관 지었다. 남성의 정액이 새로운 생명의 매개체이기 때문에 그것을 생산하는 데는 엄청난 양의 에너지가 필요하다는 것이 기본적인 주장이었다. 이는 사정 후에는 고환이 정액을 생산하는 데 시간이 더 오래 걸리고 첫 번째 사정 이후 오래지 않아 이루어지는 두 번째 사정 때에는 '정자 수'가 적다는 사실로 쉽게 입증되었다.

도덕적 두려움 때문에 의학적 우려도 더욱 커졌다. 자위는 부도덕한 생활 습관으로 이어질 수 있는 관문으로 인식되었다. 자위로 자신을 학대하는 소년들은 매춘부를 이용하고 정부를 얻는 악덕의 희생양이 되기 일쑤이며, 이런 외설적인 행동을 하면 여성을 존중하지 않는 부적격한 남편이 될 것이라고 생각했다. 간단히 말해, 자위는 소년의 도덕적 무결성을 망치는 행위였다. 19세기 후반인 1880년대부터는 자위를 둘러싼 불안감이 동성애(이 장의 마지막 부분에서 살펴볼 것이다)에 대한 두려움과 겹쳐졌다. 대중은 동성애를 뚜렷이 인식하자마자 그것을 자위의 결과 목록에 추가시켰다.

퍼블릭 스쿨은 자기성애라는 전염병의 온상이었다. 1866년, E. B. 퓨지Pusey 박사는 이런 교육 기관 내 자기성애의 위험성에 대한 글을 『타임스』에 기고했다. 그는 50년 전까지는 이 저열한 관행이 거의 알려지지 않았지만 이제는 "우리 소년들을 괴롭히는 죄"가 되었고 이는 "체질을 약화시키고 많은 사람들의 고매한 지성을 해치고 있다"고 주장했다. 다른 성적 문제라면 이렇게 공공연히 논의되는 것은 상상조차 하기 어려웠을 것이다. 빅토리아 시대의 성 경험은 그 대부분이 베일에 가려져 있었지만, 자위만은 주목을 받았다.

퍼블릭 스쿨이 받았던 주요한 비판 중 하나는 남학생들이 서로에게 나쁜 습관을 전한다는 것이었다. 이런 식으로 한 명의 '타락한' 소년이 학교 전체를 악으로 이끌 수 있었다. 이 관행을 맹렬히 비판하는 사람들은 이것이 음란한 말과 은밀한 시범에서 시작된다고 믿었다. 학교들은 남학생들에게 개인 침대를 주고(이전에는 경제성과 온기를 이유로 침대를 공유하는 것이 일반적이었다), 긴 개방형 기숙사 대신 별도의 칸막이 안에 침대를 두는 방식으로 대응했다. 교과 과정에서 단체 운동과 스포츠가 부상한 것도 자위에 대한 두려움에서 나온 반응이었다. 대부분의 의료인과 교사들은 신체 운동이 자위에 대한 예방책이라고 믿었다. 한 교사는 "소년들이 지쳐서 잠자리에 들게 만들면 아무 문제가 없을 것이다"라고 말했다. 음식도 고려 사항 중 하나였다. 당시에는 따뜻한 음식을 많이 먹으면 성욕을 자극하게 된다고 생각했다. 이를 막기 위해 저녁 식사는 잠자리에 들기 몇 시간 전에 차가운 음식으로 가볍게 해야 했다. 1894년 듀크스Dukes 박사가 저서 『학교에서의 건강Health at School』에서 권장한 또 다른 방법은 침구를 줄이는 것이었다. 냉수욕과 마찬가지로 추운 잠자리는 욕정을 가라앉히는 데 도움이 된다고 여겨졌다. 저녁 온수욕의 위험에 대해서도 엄중한 경고가 있었다.

하지만 이런 모든 실제적인 조치와 퍼블릭 스쿨에서 일요일마다 정기적으로 이루어지는 단도직입적인 설교에도 불구하고, 아들에게 자제력을 발휘하라고 가르치고 순결을 지키라고 권고할 책임은 여전히 부모에게 남겨졌다. 19세기 말 미국의 지침서(이 책은 영국에서도 출간되었다)는 부모에게 아들과 대화를 나눌 것을 강권했다. 이것은 때때로 아버지가 책임져야 하는 영역이었고, 일부 남성들은 이후 상당히 어색했던 아버지와의 대화를 회상했다.

당시 존경받는 보수당 정치인이면서 8명의 아들을 둔 아버지였던 조지 리틀턴 경Lord George Lyttelton은 아들들을 퍼블릭 스쿨에 보낼 때 편지를 써주었다. 그들이 직면할 수 있는 도덕적 위험에 대해 "꼼꼼하면서도 단호한 어조"로 쓴 그 편지는 "이 편지를 받았다고 알리거나 받은 것에 대해 내게 어떤 말도 하지 않기를 바란다"는 글로 마무리된다. 그러나 일부 지침서는 아이가 훨씬 더 어릴 때 어머니가 이 주제에 대해 이야기를 꺼내야 한다고 분명하게 언급하고 있다. '사회적 순수성'을 추구하는 사회단체 백십자군White Cross Army의 설립자 제인 엘리스 홉킨스Jane Ellice Hopkins에 따르면, 소년의 어머니는 아들이 어릴 때(한 책에 따르면 4~5세일 때) 불순한 생각과 불순한 감정을 자극하는 모든 행동을 피해야 한다고 설명해 주어야 한다. 엘리자베스 블랙웰Elizabeth Blackwell 박사는 "어머니는 아이에게 필요 이상으로 자신의 몸을 만지거나 건드리면 안 된다고 경고해야 한다. 몸은 중요하고 고귀한 목적을 위해 만들어진 경이롭고 신성한 것이므로 장난을 치거나 어떤 식으로든 다치게 해서는 안 된다"면서 그런 교육을 지지했다.

거의 모든 다른 형태의 도덕적 과실과는 달리 자위는 가난한 사람들보다 중산층과 그 가정의 남자아이들 사이에서 더 큰 문제로 여겨졌다. 노동 계급 소년들은 항상 어머니의 눈이 닿는 좁은 집에서 지냈고, 어릴 때부터 과중한 야외 노동에 종사했으며, 밤늦게 따뜻한 음식을 많이 먹거나 온수욕을 즐긴 후 깃털 이불을 덮고 잠을 잘 가능성이 거의 없었기 때문이다. 형편없는 식단, 난방이 되지 않는 주거 공간, 과중한 노동으로 인해, 적어도 사회가 보기에 가난한 소년들은 학교에 다니는 중산층 소년들보다 '자기성애'로 인한 도덕적 위험에 빠질 가능성이 낮았다. 밤에 여러 소년들이 모여 있는 시설에서나 나쁜 습관이 전염될 수 있었다.

## 여성의 성생활

분별 있는 빅토리아 시대 여성이라면 고상하고 조신하여 성관계에는 관심이 없었으리라고 생각하는 것은 21세기의 흔한 오해다. 빅토리아 시대인 1857년 저명한 의사 윌리엄 액턴William Acton이 "대다수의 여성은 (그들에게는 다행스럽게도) 어떤 종류의 성욕에 의해서도 곤란을 겪지 않는다"고 한 말은 많은 사람들의 다양한 견해 중 하나였을 뿐이다. 그런 의견에 동의하지 않고 젊은 기혼 여성이 남편과의 성관계에 큰 즐거움을 느낀다는 사실을 공공연히 인정한 문헌이 많이 있다. 1838년 윌리엄 코빗은 "남성은 결혼 후 욕정이 줄어들고 여성은 그렇지 않은 것은 자연의 질서다. 여성들이 이 점에서 놀랍도록 예민하며 탐구심이 강하다"라는 글을 남겼다.

일반적인 의학적 견해는 여성이 성욕에 있어서 세 가지 집단으로 나뉜다고 주장했다. 첫 번째 집단은 성욕이 거의 혹은 전혀 없고, 두 번째 집단(세 집단 중 가장 수가 많다)은 보통의 성욕을 가지고 있으며, 세 번째 집단은 그 수는 적지만 격렬한 욕정의 지배를 받는다. 일반적으로 여성의 성욕에 대해 의혹을 가졌던 하우 박사조차 쾌락을 추구하는 여성의 성향을 언급하며 적어도 일부 여성에게는 오르가슴이 존재한다고 인정했다. 그는 여성용으로 만들어진 자위 기구를 다루면서 "부도덕한 여성 중개상을 통해 일반적인 성관계에서 발생하는 위험을 감수하지 않으려는 여학생을 비롯한 사람들에게 이런 기구가 판매된다"고 이야기했다.

나무와 가죽으로 만들어진 자위 기구는 19세기 중반에 현대적인 고무 딜도로 대체되었다. 고무 딜도는 더 쾌적하고 위생적인 장치로 비밀리에 인기를 끌었다. 여성의 자기성애는 빅토리아 시대의 주요한 논의 주제였지만 남성 자위만큼 중요하게 다뤄지지는 않았다. 여성의 자기성애는 남성의 성기 '남용'만큼 흔하지 않고 신체에도 덜 해로운 것으로 여겨졌다. 이는 도덕성을 저하시키기는 하지만, 몇몇 남성 평론가들이 지적했듯이 미래의 "실제" 성관계에서 누릴 즐거움을 망칠망정, 남성의 자위처럼 자신의 생명력을 낭비하는 일은 아니었기 때문이다.

올벗Allbutt 박사는 『아내를 위한 지침서The Wife's Handbook』에서 남편과 아내 모두 성관계 중에 행복한 마음 상태를 유지해야 한다고 주장했다. 이는 수정되는 순간에 양쪽 부모의 정신적 상태가 아이의 성격을 결정할 수 있다는, 대단히 모순적이긴 하지만 오랫동안 이어온 믿음에 따른 것이었다. 취중 성관계는 음탕하고 멍청한 아이를 만들고, 폭력적인 성관계는 잔인한 성격을 가진 아이를 만든다고 믿었다. 사랑이 없는 성관계는 차갑고 잔혹한 아이를 만들며, 열정이 없는 어머니는 활기가 없는 아이를 낳는 반면 욕정이 지나친 성관계는 자제력이 부족하고 충동적인 자손을 만든다고 믿었다. 부모가 사랑, 배려, 절제, 즐거움으로 결합할 때에야 완벽한 수정이 이루어진다고 여겨졌다.

하지만 이것은 성에 관한 다양한 전통 이론 중 하나에 불과했다. 빅토리아 여왕의 통치가 시작된 시기, 여전히 많은 사람들이 여성의 성적 관심은 어린 시절에는 잠재되어 있다가 첫날밤에 남편에 의해 "깨어난다"는 오랜 믿음을 고수했다. 그 순간부터 여성의 성욕은 남성들보다 강해져 음탕해진다고 여겨졌다. 그래서 남성의 확실한 통제가 필요했고, 아내의 육욕을 규율하는 것은 남편이 할 일이었다. 위에서 언급한 1838년 윌리엄 코빗의 첫날밤에 대한 논평은 이런 오랜 신념을 되풀이한 것이다. 이상적인 신부라면 얌전하고 순진하며 순결해야 하고, 신랑과의 육체적 연결보다는 정서적 연결을 추구해야 한다. 여성들은 결혼 전까지는 성관계에 대한 관심을 억누르고 숨겨야 한다는 강한 문화적 압력을 받았다.

결혼 후 그런 쾌락이 문화적으로 허용되면 욕망의 족쇄가 풀렸고, 그때부터 많은 여성들은 성적으로 해방될 수 있었다. 빅토리아 여왕은 앨버트 공과 능동적이고 서로 만족스러운 성생활을 즐긴 것으로 유명하다. 재위 기간 초기의 총리였던 멜버른 경Lord Melbourne에게 보낸 편지에서 그녀는 첫날밤에 "가장 기쁘면서도 당혹스러웠다"고 묘사했고, 일기에는 두 사람이 "잠을 많이 자지 못했다"고 기록했다.

다른 많은 기혼 여성들도 조심스럽게 말하기는 했지만 성관계를 즐겼다는 기록을 남겼다. 1840년대에 올덜리의 스탠리 남작Lord Stanley of Alderley의 아내 헨리에타 마리아Henrietta Maria는 20년 결혼 생활에 10명의 자녀를 두고 있음에도 남편이 집을 비운 동안 친구들에게 보낸 편지에서 "차가운 침대"를 한탄하곤 했다. 10년 후, 아이작 홀든Issac Holden과 그의 두 번째 부인 세라(결혼 전 성은 서그던

Sugden)는 아이작의 사업 때문에 오랫동안 떨어져 지내야 했다. 그녀는 집을 비운 남편에게 편지를 보내 그를 그리워하고 있으며 "서로의 품에 뒤얽혀" 있기를 고대한다는 이야기를 전했다.

과학은 성관계에 대한 이전부터의 통념들에 도전했다. 이전에는 난자가 수정되기 위해서는 여성이 쾌락을 경험해야 한다는 생각이 널리 퍼져 있었다. 이런 생각은 남성의 오르가슴이 정자의 사정과 불가분의 관계라는 '증거'에서 비롯되었다. 1814년 법조인을 위한 지침서에서, 새뮤얼 파Samuel Farr는 "정욕의 자극이나 성적 행위에서 오는 쾌락의 즐거움 없이는 수정이 이루어질 수 없다"고 썼다. 하지만 1850년대부터 의사들은 여성이 오르가슴 없이도, 또는 실제로 성행위를 전혀 '즐기지 않고도' 임신할 수 있다는 사실을 받아들이게 되었다. 강간을 통해서도 임신할 수 있다는 것이 밝혀졌다. 이런 새로운 이해 덕분에 원하는 않는 성관계를 통해 임신한 여성들이 명예를 찾았고, 사람들도 그들의 곤경에 공감하게 되었다. 하지만 이 연구는 여성에게 처녀 시절부터 결혼할 때까지 성행위를 하지 않도록 압력을 가하는 데 더 큰 영향을 미쳤다.

그러나 욕정에 대한 태도는 변화하기 시작했다. 조지 네이피 George Naphey 박사는 1869년 저서 『여성의 육체적 삶The Physical Life of Women』에서 성관계를 좋아하지 않는 것을 자랑스럽게 여기고 욕정에 초연한 것을 뽐내는 여성들이 있었다고 전하고 있다. 결혼 생활에서조차 욕정을 타락의 신호로 간주해 많은 부부에게 불행과 혼란의 원인이 될 정도였다. 1859년 벤슨Benson 목사와 결혼한 메리 시지윅Mary Sidgwick은 "파리에서 내가 울었던 그 밤들!"이라고 한탄하면서 "순진"하고 "얌전"한 여성이라는 자아상에 "순결"에 대한 새신랑의 믿음까지 더해져 신혼여행 당시 어려움이 많았다고 말했다.

1844년 소설가 찰스 킹슬리가 패니 그렌펠Fanny Grenfell을 만나 결혼하기 전 한 말에서도 성 경험이 없는 것이 이상적이라는 생각이 만연해 있었음을 알 수 있다. 그는 미래의 아내가 "천사 같지만 정욕이 없고 공감하지 못하는" 사람이 아니라 "나와 같이 열정적인" 사람이어야 한다고 말했다. 19세기 중반부터 여성의 '순결'이 더욱 강조되면서 성욕에 관해서는 여성이 남성보다 도덕적이고 자제력이 강한 존재로 인식되었다. 따라서 남성이 아내의 과도한 성생활을 통제해야 한다는 기존의 생각은 여성이 남편의 성행위를 억제하고 제한해야 한다는 쪽으로 바뀌었다. 이후 메리 시지윅은 남편인 벤슨 목사가 자신을 아내로 선택한 동기 중 하나가 "정도를 벗어나는 사랑의 감정으로부터 자신을 지키기 위해서"였다는 것을 깨달았다. 그는 그녀가 일곱 살 때부터 그녀를 알고 있었고 그녀가 열여덟 살(당시 그는 서른 살)이었을 때 결혼했다. 그는 아내의 "순수함"이 자신의 강력한 성욕에 제동을 걸 것이라고 믿었다.

그러나 여성의 성생활에 큰 영향을 미친 또 다른 요소는 임신과 출산의 빈도라는 불가피한 사항이었다. 많은 여성들이 여러 번의 힘든 출산 후 임신을 두려워하게 되고 늘어난 식구를 먹이기 위해 고투하면서 성관계를 두려워하게 되었다. 특히 노동 계급 여성에게 가장 큰 영향을 미쳤다. 19세기 말 세 자녀의 어머니였던 매기 프라이엇Maggie Fryett은 14명의 자녀를 낳은 자신의 어머니와 같은 운명만은 간절히 피하고 싶었다. 그녀는 어머니의 경험에 대해 이렇게 적었다. "나는 그런 일을 원하지 않았다. 그래서 나는 밤을 새워 옷을 수선하며 늦게까지 깨어 있었다… 내가 잠자리에 들 때면 남편이 잠이 들어 있도록."

## 피임

1843년 고무의 가황법이 개발되면서 피임 기구의 성능은 크게 향상되었다. 1820년대 이전까지 콘돔은 피임 기구라기보다는 남성의 건강을 개선하는 수단으로서 긴 역사를 지니고 있었다. 성관계를 하는 동안 콘돔을 착용함으로써 성병, 특히 대부분의 남성이 두려워하는 매독의 감염을 막을 수 있었다. 18세기 후반에는 런던에 콘돔만을 판매하는 두 개의 전문 상점이 생겼다. 양의 내장으로 만든 당시의 콘돔은 사용 전에 몇 시간 동안 물에 담가두면 부드럽고 유연해져 착용하기가 쉬웠다. 아랫부분을 리본으로 묶어 단단히 고정하고, 사용하고 나서는 조심스럽게 씻어 말린 뒤 다시 사용할 때까지 작은 상자에 보관했다. 그러다 보니 혼외 관계 등의 비정기적으로 이루어지는 성관계에서는 사용하기 힘들었다.

　나는 이 콘돔을 만들어보려 했지만 놀라울 정도로 정밀하고 복잡한 수작업이 필요했다. 양의 내장을 깨끗이 닦고 알칼리 용액에 담근 다음, 붙어 있는 모든 조직을 제거해 내장 벽만 남도록 해야 한다. 그리고는 구멍이 생기지 않도록 극히 조심스럽게 세척해야 한다. 닦아낸 내장을 세로로 잘라 나무로 만든 틀 위에 씌워두고 한쪽 끝에는 리본을 감고 다른 쪽 끝은 가는 실로 단단히 묶는다. 물기가 거의 마르면 콘돔을 틀에서 벗겨내 완전히 말린 후 상자에 넣는다. 이렇게 만들어진 콘돔은 2페니에서 6페니 사이의 가격에 판매되었다. 노동 계급이 부담 없이 사용하기에는 비싼 물건이었다.

　가황 고무로 만든 콘돔은 양의 내장으로 만든 콘돔에 비해 훨씬 더 쾌적하고 신뢰할 수 있는 선택지였다. 자궁 경부 캡[2]과 마찬가지로 콘돔을 고무로 만들면서 인기가 급증했다. 모양이 바뀌었고 가격이 더 저렴해졌으며, 내구성이 좋아졌고 착용하기 편해졌다.

　자궁 경부 캡은 여성이 남성 몰래 사용할 수 있다는 또 다른 장점

---

2. 자궁 경부 캡(cervical cap): 자궁 경부에 씌우는 피임 기구.

이 있었다. 올벗 박사의 『아내를 위한 지침서』에 적힌 자궁 경부 캡에 대한 설명을 보면 21세기의 것과 유사하다는 것을 알 수 있다. "페서리³는 둥근 접시 커버와 같은 형태고, 돔 부분은 얇고 부드러운 인도 고무로 만들어져 닿으면 접히며, 커버 부분을 둘러싼 테두리는 두꺼운 고무 고리로 만들어져 힘을 주면 쉽게 모양이 변한다. 페서리 속의 빈 부분은 성교 중에 자궁 경부를 덮어 남성이 사정했을 때 정액이 자궁으로 침투하지 않도록 하기 위한 것이다."

빅토리아 시대 여성들이 선택할 수 있었던 피임 기구는 이 두 가지뿐만이 아니었다. 1823년 사회 개혁가 프랜시스 플레이스Francis Place는 영국 노동 계급에게 스펀지의 피임 효과를 알리기 위해 팸플릿과 광고 전단을 배포했다. 스펀지 피임법은 유럽 대륙에서 주로 사용되었고 여행을 자주 하는 상류층 사이에서 잘 알려져 있었다. 스펀지 피임법 역시 자궁 경부 캡처럼 여성의 관리하에서 실행되었다. 작은 스펀지 조각에 긴 끈을 단 다음 명반을 탄 물처럼 정자를 죽이는 용액에 담근 뒤 성관계 전에 여성의 몸에 삽입했다. 관계가 끝나면 끈을 잡아당겨 스펀지를 꺼낸 후 씻어냈다.

리처드 칼라일Richard Carlisle은 대중에게 피임을 장려한 사회 운동가이자 작가였다. 그는 1만 부 이상 판매된 저서 『모든 여성의 책

---

3. 페서리(pessary): 자궁의 위치를 바로잡기 위해 질에 삽입하는 장치.

Every Woman's Book』을 통해 콘돔, 질외 사정, 스펀지 피임법을 권장했다. 프랜시스 플레이스와 마찬가지로 칼라일의 글은 남부끄러운 내용으로 치부되어 대중의 비난과 고발의 대상이 되었지만, 많은 사람에게 공유된 정보는 당국의 힘으로 막을 수가 없었다.

1834년에는 또 다른 피임 방법이 등장했다. 미국의 내과 의사이자 작가인 찰스 놀턴Charles Knowlton의 저서 『철학의 열매Fruits of Philosophy』에 처음 설명된 질 세정은 성교 직후(보통 5분 이내) 주사기를 이용해 질에 용액을 두세 번 분사하는 방식으로 이루어졌다. 정자가 자궁으로의 여정을 시작하기 전에 질 밖으로 밀어낸다는 논리였다. 그냥 물을 사용하거나 효과를 높이기 위해 정자를 죽이는 용액을 만들어 사용하기도 했다. 명반을 탄 물이나 황산아연 용액, 식초를 탄 물, 베이킹 소다(탄산수소나트륨) 또는 염화나트륨 용액이 권장되었다. 주사기에 용액을 채우고 여성이 대야 위에 쪼그리고 앉아 혼합물을 질 안으로 분사한 뒤 다시 흘러나오도록 했다.

다양한 피임 방법을 제안하고 피임법을 여성의 건강과 복지를 위한 도구로 사용해야 한다는 플레이스와 칼라일의 주장은 당시로서는 대단히 급진적인 것이었다. 플레이스는 주로 골반이 기형이어서 유산하거나 사산할 위험이 크고 신체가 허약한 여성을 임신으로부터 보호하는 데 관심을 두었다. 칼라일은 그보다 더 급진적이었다. 그는 피임을 함으로써 여성들이 임신 걱정 없이 성관계를 즐길 수 있어야 하며, 보다 평등하고 행복한 결혼 생활을 할 수 있어야 한다고 주장했다. 한 세기 후에도 충분히 공감을 얻을 만한 이런 미래 지향적인 사상들은 당시 사회, 특히 종교인들 사이에서 거부감을 불러일으켰다.

이들의 가르침 덕분에 영국 전체의 출산율은 1876년부터 감소하기 시작했고, 1920년대까지 해마다 계속 감소했다. 도시 중산층 가정에서는 1850년대부터 출산율이 감소하기 시작했다. 이런 변화는 새로운 피임 기구 자체의 영향보다는(정확히 얼마나 많은 제품이 판매되었는지에 대한 확실한 증거는 없다) 모든 사회 계층에 퍼진 인식의 변화를 반영하는 것이었다. 대가족을 꾸리는 것이 당연하다는 생각은, 대가족을 형성할지 말지는 개인의 능동적인 선택에 달려 있다는 생각으로 바뀌기 시작했다. 재정적 부담을 덜고 이미 낳은 자녀의 복지와 교육에 집중할 수 있는 보다 작은 규모의 가족을 바람직하게 여기는 인식도 생겼다. 임신 횟수가 줄어들어 아내가 건강해지면서 가계를 꾸리고 자녀와 남편을 돌보는 데 제 역할을 할 수 있게 되었다. 물론 이전에도 여러 가지 이유로 임신을 제한하는 사람들은 있었지만 이 시기의 변화는 사회 전반에서 일어난 새로운 반응이었다. 새로운 문화적 목표이자, 도덕적이고 현대적인 인간을 정의하는 새로운 방식이었다.

19세기 마지막 20년 동안 전형적인 중산층 가정의 자녀는 4~5명을 넘지 않는 경우가 많았다. 조사에 따르면 1861년에서 1869년 사이에 결혼한 영국인 부부는 평균 6.9명의 자녀를 두었고, 이런 수치는 빅토리아 여왕의 치세가 시작된 이래로 꾸준히 유지되었다. 그러나 1890년에서 1899년 사이에 결혼한 사람들은 평균 4.3명의 자녀를 두었다.

이런 출산율 감소의 정확한 원인을 설명할 수는 없지만 과거 어느 때보다 다양한 피임법이 존재했던 것은 분명하다. 당시의 여러 피임법에는 피임과 무관한 다양한 용도가 있었다. 질 세정은 여러 가지 의료 목적으로 사용되었다. 대부분의 의사와 조산사는 감염 가능성을 낮추길 바라면서 출산 후 질 세정을 했다. 비데 사용과 비슷한 일반적인 청결 요법으로 질 세정을 이용하는 사람도 있었다. 자궁 경부 캡 역시 여러 여성 문제에 의료적으로 사용되던 다른 질 페서리와 구별하기 어렵다.

피임 기구에 의존하지 않고도 임신 횟수를 줄일 수 있었다. 남성과 여성 모두가 성관계를 절제하는 것을 미덕으로 여겼으며 결혼 생활 중이라고 하더라도 성관계에 지나치게 탐닉하는 것은 남녀 모두의 건강에 해가 된다고 생각했다. 의료계, 종교계, 대중적인 지침서, 소설, 교육서, 학교 교과서들이 성욕을 절제하도록 압박했다. 가족의 규모를 제한하고자 하는 부부는 피임 기구보다는 금욕에 의지하는 경우가 훨씬 많았다. 질외 사정은 이런 절제의 연장선상에 있었을 가능성이 높다. "조심한다"라는 말은 빅토리아 시대가 끝난 직후부터 이 관행을 뜻하는 완곡한 표현으로 자리 잡았다.

## 낙태

낙태 역시 19세기 말 출산율 하락의 원인 중 하나였을 것이다. 불법 낙태의 실태와 범위는 알 수 없지만 생명을 없애는 이 일은 여러 가지 형태를 취했다. 파이 체바스 박사는 『부인들을 위한 조언』에서 태아는 '태동' 전에도 살아 있으며, 태동 전에 태아를 없애는 것 역시 낙태라는 점을 알리기 위해 애썼다. 태동은 여성이 배 속에서 아이가 움직이는 것을 처음 느끼는 순간이다. 전통적으로는 태동을 아기가 생명체가 되는 순간으로 받아들였다. 태동quicking에서의 'quick'이라는 단어 자체가 과거에는 '생명'이라는 의미였다. 태동 전의 태아는 생명체가 아니라는 생각은 태동 전에 태아를 없애는 것은 죄가 아니라는 굳은 신념으로 이어졌다. 파이 체바스 박사는 낙태를 하는 수많은 부부를 신랄하게 비난하며, 그런 부모는 "교수형은 아니더라도 추방시켜야 한다"고 독설을 내뱉었다.

낙태약은 사람들이 자신을 속이고 낙태와 '월경 유도'를 서로 관련이 없는 두 가지 다른 행동으로 인식하도록 만들었다. 낙태약으로 널리 알려진 '여성용 경구 피임약female pill'은 여성의 월경 주기를 규칙적으로 유지하고 생리통과 관련된 다양한 질병을 예방한다는 명목하에 처방전 없이 판매되었다. 대부분의 약국에서 수많은 브랜드의 '여성용 경구 피임약'을 구할 수 있었고, 직접 만들 수도 있었다. 인기 있는 잡지와 지침서에 여성용 경구 피임약 조제 방법이 소개되었다. 이 약들은 일반적인 강장제일 뿐 아니라 월경을 촉진하는 데 도움이 된다고 광고했다.

1883년에 품위 있는 중산층 부인을 대상으로 출간된 가정생활 지침서 『저에게 상담하세요Consult Me』에도 두 가지 여성용 경구 피임약 제조법이 실려 있다. 둘 다 알로에, 테레빈유(섭취 시 신부전을 유발할 수 있다), 로벨리아(니코틴과 유사한 설사약으로 임신부에게 특히 위험하다), 서양승마black cohosh(미나리과에 속하는 식물로 현재 갱년기 증상을 치료하는 천연 약초 제제로 사용된다)를 비롯해 "여성의 장애를 제거하고 두통, 기력 저하, 신경과민, 나쁜 혈색"에 좋다는 재료들이 포함되어 있다.

많은 여성들이 피임의 한 형태나 강장제로 인식하고 이런 유독성 물질을 매달 복용하는 것을 당연하게 여겼다. 어떤 목적으로 복용했든 임신한 여성은 낙태라는 결과를 얻었을 것이다. 빅토리아 시대의 한 여성은 가족계획을 위한 방법이라는 낙태약의 용도를 잘 알고 있었다. 페이스 도러시 오스거비Faith Dorothy Osgerby의 어머니는 1890년 딸의 출생을 막기 위해 노력했다는 것을 인정했다. 오스거비는 어머니가 "나를 없애기 위해 화약을 구해 매일 밤 세면대 위의 비누 접시에서 반죽으로 만들어 사용했다"는 말을 해주었다고 회상했다.

## 혼외 성관계

빅토리아 시대 동안 얼마나 많은 여성이 매춘으로 생계를 유지했는지를 보여주는 추정치들은 서로 큰 차이가 있다. 엑서터 주교는 매춘부의 수가 1839년 런던에서만 8만 명에 달한다고 생각했다. 하지만 『런던 시티 미션 매거진London City Mission Magazine』에서 익명의 필자가 지적했듯이, 그 수치는 15세에서 50세 사이의 런던 전체 여성 인구 5명 중 1명이 매춘부였다는 것을 의미하기에, 분명히 거짓 주장이다. 이 글의 필자를 비롯한 사람들은 이런 과장된 수치가 정확한 데이터가 아니라 불안감을 조성하고 다양한 '도덕적 사명'에 대한 지지를 얻으려는 바람에 근거한 것이라고 주장했다.

훨씬 더 현실적이고 정확한 추정치일 가능성이 높은 것은 경찰이 제공한 수치다. 이 수치들은 담당 지역을 살피는 경찰관이 집계한 것이고 기소된 매춘 여성뿐 아니라 그들이 알고 있는 모든 매춘 여성을 포함했기 때문이다. '첩'과 정부는 경찰의 눈에 띄지 않는 것이 보통이기 때문에 이런 수치도 너무 적게 잡은 것이겠지만, 최소한 그 지역을 잘 아는 사람들의 관찰에 근거한 것이었다. 1857년 메트로폴리탄 경찰은 관할 구역 전체의 매춘 여성 추정치를 8,600명으로 발표했다. 이는 엑서터 주교의 과장된 추정치의 10분의 1 정도에 불과했지만 그 지역의 여성 50명 중 한 명에 해당하는 비율이었기 때문에 전체 여성 대비 대단히 높은 수치였다. 왜 빅토리아 시대에 매춘이 끊임없이 논란거리가 되었는지를 설명해 준다.

당대의 문학에는 '타락한 여성' 이야기가 차고 넘쳤다. 종교적 성향을 띤 출판물은 세속적인 출판물보다 유혹에 굴복할 때의 위험성에 대한 도덕적 이야기에 더 많은 지면을 할애했다. 이런 이야기들은 침례교인 독자를 대상으로 한 『퀴버The Quiver』나 영국 국교회 독자를 대상으로 한 『선데이 앳 홈Sunday at Home』과 같은 잡지의 주된 주제였다.

엘리자베스 개스켈의 『루스』는 매춘에 대해 가장 자세하게 묘사한 이야기일 뿐 아니라 가장 용감하고 연민 어린 이야기이기도 하다. 이 소설은 제목과 같은 이름의 여주인공의 삶을 그리고 있다. 극빈 계층으로 태어나 양장점에서 노동을 착취당하던 루스가 아프고 절망에 빠져 있던 순간, 젊은 귀족 헨리 벨링엄이 그녀에게 도움을 주며 유혹의 손길을 뻗는다. 루스가 아이를 가지자 벨링엄은 그녀를 버린다. 용기 있는 개스켈조차도 자신의 여주인공에게 사회로부터의 용서와 완전한 평화를 허락하지는 못했다(루스는 이후 죽는다). 하지만 루스는 희망과 미래가 있는 자신의 아이를 사랑하고 보살핌으로써 일종의 구원을 얻는다.

이런 주제를 온정과 이해심 어린 태도로 다룬 대담함에 항의가 빗발쳤지만, 이 소설은 이후 타락한 여성에 대한 논의가 이어지는 데 큰 역할을 했다. 신문과 설교도 이런 대중적 논의에 가담했다.

많은 중산층 사람들, 특히 여성들이 타락한 여성을 위한 공동 주택과 갱생원 설립 기금을 모금하고 개인 방문을 했다. 이것이 당시에 인기 있는 자선 활동이었다. 찰스 디킨스도 우라니아 하우스Urania House라는 기관을 설립했으며, 시인 크리스티나 로세티 Christina Rossetti는 사회 복귀 훈련 시설에서 젊은 여성들과 함께 일하는 데 많은 시간을 쏟았다. 한편 곧 살펴보겠지만 정치계에서는 항의와 논란의 소용돌이 속에서 성병 퇴치를 위한 법안과 성교 동의 연령을 상향 조정하는 법안의 통과를 앞두고 있었다. 빅토리아 시대 사람들은 이 주제를 무시하거나 꺼려하지 않았다. 여러 면에서 21세기보다 더 공개적으로 이 주제에 대해 이야기했고 더 정기적으로 토론을 진행했다.

빅토리아 여왕 통치 초기에 논쟁의 중심은 성 건강과 성 산업 통제에 관한 것이었다. 정부가 사창가를 통제하는 유럽 대륙의 관행에서 영감을 받아, 질병 확산을 막기 위해 매춘 여성에게 건강 검진

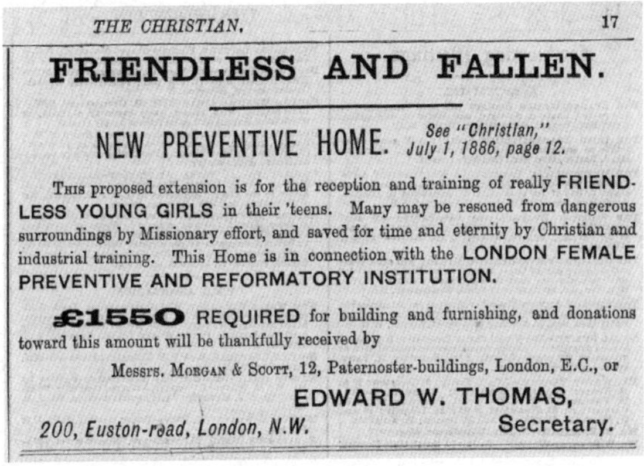
THE CHRISTIAN. 17

FRIENDLESS AND FALLEN.

NEW PREVENTIVE HOME. See "Christian," July 1, 1886, page 12.

This proposed extension is for the reception and training of really FRIENDLESS YOUNG GIRLS in their 'teens. Many may be rescued from dangerous surroundings by Missionary effort, and saved for time and eternity by Christian and industrial training. This Home is in connection with the LONDON FEMALE PREVENTIVE AND REFORMATORY INSTITUTION.

£1550 REQUIRED for building and furnishing, and donations toward this amount will be thankfully received by

Messrs. Morgan & Scott, 12, Paternoster-buildings, London, E.C., or

EDWARD W. THOMAS,
200, Euston-road, London, N.W. Secretary.

그림 112. 빅토리아 시대 모든 매체가 타락한 여성을 논했다.
자선을 호소하는 이 글은 1886년『크리스천(The Christian)』에 실린 것이다.

과 치료를 강제해야 한다는 제안이 나왔다. 이 제안을 옹호한 사람 중 가장 영향력을 발휘한 사람은 의사 윌리엄 액턴이었다. 영국 매춘의 본질을 다룬 그의 저서[4]는 빅토리아 시대 런던의 매춘 산업을 가장 완벽하게 설명했다고 할 만하다.

액턴은 이 책에서 조직적인 사창가가 아니라 주로 혼자 일하는 여성들이 고객을 숙박업소로 데려가 시간 단위로 방을 빌리는 형태의 매춘업계를 설명한다. 매춘부를 진한 화장을 하고 저속한 옷을 입는 것으로 정형화시킨 당시의 인기 만화들과 달리, 그는 대부분의

4. 『Prostitution, considered in its moral, social, and sanitary aspects, in london and other large cities and garrison towns, with proposals for the mitigation and prevention of its attendant evils』(1857년)

매춘 여성들이 화장을 거의 하지 않은 우아하고 단정한 차림이라고 묘사했다. 남성들은 저속한 외양에 혐오감을 느꼈으며 부정한 성관계의 대상에서도 자매, 아내, 딸에게 바라듯이 여성의 아름다움에 대한 빅토리아 시대의 일반적인 관점에 부합하는 모습이길 바라는 것 같았다.

액턴은 매춘부들이 주로 뮤직홀(권말 도판 24 참조), 극장, 댄스홀, 레스토랑에서 호객 행위를 한다고 설명했다. 그런 곳에는 평범한 여성, 즉 매춘부가 아닌 여성이 거의 없었다.

1850년대 런던에서 매춘부가 활동하는 지역으로 유명했던 곳 중 하나는 웨스트엔드였다. 낮에는 완벽하게 품위 있는 장소였던 공원과 유원지는 저녁이 되면 그 성격이 바뀌었다. 밤 10시가 되면 템스 강변의 크리몬 가든, 노스 울위치, 하이버리 반, 로셔빌의 공원에서 매춘 여성을 쉽게 찾을 수 있었으며 협상은 조용히 이루어졌고 여성보다는 남성들이 먼저 다가가는 경우가 많았다. 아가일 룸과 홀본의 카지노들은 도박과 흡연을 즐길 수 있는 장소일 뿐만 아니라 잘 차려입은 고급 매춘부를 찾기 좋은 장소였다. 알함브라 뮤직홀은 특히 매혹적인 발레단으로 유명했다. 밤이 깊어지고 뮤직홀과 극장이 문을 닫으면 헤이마켓 주변의 바, 카페, 클럽이 사람들의 이목을 집중시켰고 분위기는 요란해졌다.

웨스트엔드가 런던 매춘부들의 주요 호객 행위 지역이라면, 이스트엔드에서는 특정 선술집과 대부분의 뮤직홀 주변에서 더 저렴한 형태의 성매매가 이루어졌다. '쇼어디치 엠파이어'라는 이름으로 널리 알려진 런던 뮤직홀, 커머셜가의 로열 케임브리지 뮤직홀, 혹스턴 홀은 가장 큰 건물로 각양각색의 소란스러운 군중을 끌어들였다. 더 북쪽에 있는 윌턴 뮤직홀은 감리교 전도 시설로 개조되기 전 1859년부터 1888년 사이에 대단히 활기찬 곳이었다. 빅토리아 시대의 모든 뮤직홀 중에서 거의 훼손되지 않고 남아 있는 곳은 여기뿐이다. 오늘날에도 이곳을 방문하면 당시의 활기를 느낄 수 있다.

덜 부유한 지역에서는 매춘이 더 활발했다. 평범한 여성들도 늦은 시간까지 '수상쩍은' 지인들과 즐겁게 대화를 나누었다. 이런 지역에서는 남성들이 매춘부에게 직접 접근하는 것을 더 꺼렸는데 그 이유는 건장한 부두 노동자의 정숙한 아내를 매춘부로 오해할 수도 있었기 때문이다. 그렇기에 이곳에서는 매춘부들이 고객들에게 호객 행위를 하는 일이 더 흔했다. 웨스트엔드에서는 이런 행동이 용납되지 않았을 것이다. 그저 밤 외출을 나와 유쾌한 분위기에서 조용히 담배 피우기 위해 이곳을 찾은 신사라면 매춘부들의 호객 행위에 비위가 상했을 것이다.

윌리엄 액턴에 따르면 다른 도시에서도 비슷한 형태로 매춘이 이루어지고 있었던 것 같다. 다만 옥스퍼드와 케임브리지는 인구의 규모에 비해 매춘부가 부족한 것처럼 보였다. 그가 대도시 밖에서 가장 철저하게 조사한 곳은 수비대가 주둔하고 있는 도시 올더숏이었다. 이곳에 미혼 군인이 많았기 때문이다.

그는 이곳의 여성 수가 상대적으로 적었다고 기록하고 있다. 군인 1만 2천 명이 주둔하던 이 도시에는 매춘부로 알려진 사람이 243명 있었다. 그는 매춘 여성 한 명당 매일 밤 8명에서 10명의 고객을 받고 있었던 것으로 추정했다. '거래'는 육군과 해군이 찾는 킹스로드의 몇몇 주점과 번화가의 로열 밀리터리 호텔을 중심으로 이루어졌다. 이 지역에서 거주하고 일하던 여성들은 집주인에게 재정적으로 묶여 있었다. 집주인들은 방을 빌려주고 세입자들과 그 고객이 주인의 술집에서 술을 팔아줄 때만 호객 행위를 허용했다.

그러나 액턴이 작성한 보고서는 프랑스에서처럼 매춘업소 규제로 이어지지 못했고, 대신 1864년, 1866년, 1869년의 전염병 등 논란이 있는 다수의 법령으로 이어졌다. 전염병법은 매춘 여성에 대한 강제 건강 검진과 특별 격리 병원 수용을 허용하는 법이었다. 이런 법이 도입된 것은 남성, 특히 군인과 선원들을 성병으로부터 보호하기 위해서였다. 일반적으로 매춘부 4명 중 1명 이상이 성병을 앓고 있는 것으로 추정되었고, 성병 중에서도 가장 많이 걸리는 병은 임질이었다. 근거가 되는 증거가 부족하기는 하지만, 군대 환자 명부에 오른 남성의 3분의 1이 이런 병을 앓고 있었다는 수치가 있다. 당시에는 이런 성병이 전국으로 확산되는 것을 막을 수 있는 유일한 방법이 매춘부를 구속하는 것뿐이라고 생각했다. 남성 고객에 겐 어떤 규제도 없었다.

1869년에는 매춘부로 의심되기만 하면 주둔지 마을의 어떤 여성이든 체포해 본인의 의사와 상관없이 질 검사를 하고, 성병에 감염된 여성을 '성병 병원lock hospital'에 구금할 수 있었다. 병원에 구금된 여성들은 옷을 벗고 목욕을 한 후 환자복을 지급받았다. 이후 그들은 일주일에 두 번씩 현미경으로 질 내부를 검사 받고 하루에 네 번씩 세정제로 '질 세정'을 해야 했다. 보통은 6주 정도 구금되었지만 6개월 동안 구금된 사람도 있었다.

이 법은 곧바로 저항을 불러일으키며 새롭게 부상하는 여성 인권 운동의 주요 쟁점이 되었다. 전염병법은 현대 페미니즘이 시작된 계기로 여겨진다. 노동 계급의 정숙한 젊은 여성들이 법의 이름으로 성폭행, 심지어 강간까지 당하고 있다는 공포가 분노로 이어졌고, 사회 전반의 여성들이 힘을 모아 인권 옹호에 나서게 되었다. 남성의 성행위는 용납하는 반면 노동 계급 여성의 성행위는 처벌하고 감금하는 이 법의 심각한 불평등에 맞서 공정함과 직업, 정계의 권력 있는 자리를 쟁취하려는 보다 포괄적인 사회 운동이 진행되었다. 여성 참정권 운동과 악습에 맞선 사회적 투쟁은 빅토리아 시대의 나머지 기간과 불가분의 관계로 얽혀 진행되었다.

다행히 전염병법은 1884년에 폐지되었지만 비슷한 시기에 새로운 문제가 터져 나왔다. 백인 노예(매춘부)와 아동 매춘이 뉴스에 등장한 것이다. 1884년 언론인 앨프리드 다이어Alfred Dyer는 영국의 어린 소녀들이 벨기에 사창가로 팔려 간다고 보도했다. 그에 이어 1885년 또 다른 언론인 윌리엄 스테드William Stead가 '현대판 바빌론의 처녀 공물Maiden Tribute of Modern Babylon'이라는 제목으로 열 살도 되지 않은 어린 소녀들의 납치, 감금, 강간 문제를 다루는 글을 발표했다. 마일 엔드 로드에 있는 한 포주는 "책자를 나눠주겠다며 우리 집에 찾아오던 성직자에게 열두 살짜리 소녀를 20파운드에 판 적이 있다"고 말했다. 간식을 주겠다며 아이들을 집으로 유인하는 등의 끔찍한 일도 있었다. 좀 더 나이가 든 소녀들에게는 하녀 일을 알선해 준다거나 구빈원 문 앞에서 호의를 보여 친해지거나, 건전한 일자리를 제공한다는 말로 속여 성매매업소에 팔아넘겼다.

성매매업소에서는 아이들에게 약을 먹이고 구타한 뒤 침대에 묶어놓았고, 남성들은 거액의 돈을 지불하고 아이들을 학대했다. 더 끔찍한 것은 부모가 팔아넘긴 아이들의 이야기다. "달스턴의 B가에 사는 N부인은 고객을 설득하는 대신 높은 가격을 불렀다. 그녀는 딸이 예쁘고 매력적인 열세 살 처녀로, 시장에 내놓으면 더 높은 가격에 팔릴 것이라며 5파운드나 10파운드 이하로는 딸을 내주지 않으려 했다." 자신의 주장을 더욱 생생히 보여주기 위해(그리고 신문을 팔기 위해) 스테드는 실제로 런던 이스트엔드에 사는 한 어머니로부터 열두 살 난 딸 일라이자 암스트롱Eliza Armstrong을 사서 이런 일이 얼마나 적은 돈으로 얼마나 쉽게 이루어지는지 보여주었다. 이 신문 기사는 많은 사람들의 혐오와 분노를 불러일으켰고 이에 의회는 신속하게 대응했다. 1885년 성교 동의 연령을 13세에서 16세로 올리면서 어린 소녀들을 얼마간 보호할 수 있었다.

하지만 정치 운동이 진행되고 대중이 분노해도 성 산업에 종사하는 대부분 여성들의 현실은 달라지지 않았다. 대규모 산업 도시의 극빈층 거주 구역에서는 12세의 어린 나이에도 성 노동에 종사하는 경우가 있었지만, 성 노동자의 대부분은 10대 중후반이었고 매춘부로 일하는 30세 이상의 여성은 거의 없었다. 이들은 주로 숙소에서 혼자 살면서 다른 세입자보다 훨씬 높은 임대료를 냈다. 대부분은 좀 더 번화하고 오락거리가 많은 지역에서 일하며 시간 단위로 빌린 방으로 고객을 데려갔지만, 자신들의 숙소는 가장 가난한 사람들이 사는 거리에 있는 것이 보통이었다.

런던에 사는 매춘 소녀는 헤이마켓의 카페에서 고객을 만나고 옥슨던의 '여인숙'에서 일하면서 자신의 방은 화이트채플에 두었을 것이다. 고객을 자신의 숙소로 데려오는 여성들도 있긴 했지만, 그것은 집이 거래 장소와 충분히 가까운 경우에만 가능했다. 종종 공원에서 이루어지던 매춘은 비용이 덜 드는 방법이었지만 기소되거나 투옥될 위험이 있었을 뿐 아니라 폭력에 노출될 각오를 해야 하는 훨씬 더 위험한 일이었다.

돈 잘 버는 성 노동자가 받는 돈은 노동 계급 소녀가 벌 수 있는 임금보다 많았다. 매춘부는 하녀가 일주일간 고된 노동을 해야 벌 수 있는 돈을 2~3일 만에 벌 수 있었다. 집세가 높은 것을 감안하더라도 성 노동자는 대부분의 여성 공장 노동자나 하녀들보다 재정적으로 안정적이었고 보통 육체적으로도 덜 힘들었으며, 근무 시간도 훨씬 짧았고, 고용자인 주인이나 여주인, 부모의 감독과 간섭에서 벗어나 독립적으로 살아갈 수 있었다.

배우자 외의 상대와 성을 거래하는 사람들의 현실을 보여주는 두 가지 이야기가 있다.

메리 데이비스Mary Davies(결혼 전 성은 켈리Kelly)는 열아홉 살 때 사우스웨일스의 탄광에서 일하던 남편을 잃었다. 같은 지역에 사는 친지들과 소원했던 그녀는 카디프로 이주해 타이거 베이 주변에서 매춘부로 일하던 사촌과 함께 살게 되었다. 그녀는 1884년 런던으로 이주해 웨스트엔드에서 일하다가 파리로 가 몇 달을 지냈다. 곧 런던으로 돌아와 랫클리프 하이웨이의 사창가에서 잠시 살았던 그녀의 사회적 위치는 1887년 변화하게 되었다. 정식으로 결혼하지는 않았지만 조지프 바넷Joseph Barnett이라는 남자와 가정을 꾸리게 된 것이다. 바넷은 스미스필드 마켓에서 부두 노동자이자 짐꾼으로 일하는 남자였다. 두 사람은 한동안은 평범한 노동자 계급 부부로 살았다. 바넷의 연이은 실직으로 전당포를 들락거리고, 집세를 내지 못하게 되면서 이들의 결혼 생활은 한계에 이르렀다. 추운 날 밤 데이비스가 여전히 매춘부로 일하는 친구들에게 잠자리를 제공하면서 부부는 다투게 되었고, 결국 바넷은 데이비스를 떠났다. 그녀는 다시 매춘을 할 수밖에 없었다.

데이비스는 '잭 더 리퍼[5]'의 마지막 희생자였고 그 살인 사건의 사후 조사를 통해 그녀의 삶에 대해 알 수 있었다. 끝도 없이 계속되는 가난 속에서 상황에 따라 가정주부와 성 노동자 사이를 오가야 했던 그녀의 삶은 당시에는 보기 드문 삶이 아니었던 듯하다.

두 번째 이야기는 런던의 노동 계급 사람들을 인터뷰한 언론인이자 사회학자 헨리 메이휴가 전한 것이다. 『모닝 크로니클』에 처음 게재되었다가 책으로 출간된 그의 인터뷰는 여성들의 삶과 그녀들이 자신의 삶을 바라보던 시각을 엿볼 수 있게 한다.

한 젊은 여성(그는 인터뷰 대상자의 이름이나 주소를 기록하지 않았다)은 자신과 노모를 부양하기 위해 대규모 기성복 제조업체에서 슬롭 slop(바지)을 재봉하는 '슬롭 메이커slop maker'로 일했다. 일이 끊이지 않을 때는 하루 18시간씩 주 6일을 일해 한 칸짜리 방세를 내고 하

---

5. 잭 더 리퍼(Jack the Ripper): 1888년 런던의 화이트채플 지역과 그 주변의 빈민가에서 활동한 신원 미상의 연쇄 살인범. 빈민가에 사는 여성들을 살해해 런던 시민들을 공포로 몰아넣고 온갖 추측을 자아냈지만, 현재까지도 그 정체가 밝혀지지 않았다.

루 두 끼 식사를 해결할 수 있을 정도의 돈을 벌었다. 하지만 일거리가 없을 때는 공장에서 4일 치 일거리만 보내주기도 했다. 굶어 죽거나 어머니를 구빈원에 보내는 대신, 그녀는 우연히 만난 한 남자와 관계를 갖게 되었다. 남자는 성관계를 맺고 대가를 지렀다. 그녀는 중산층과 다를 바 없는 도덕적 태도로, 자신은 필요에 의해 그렇게 했지만 아무리 일이 힘들더라도 '정숙한' 여자로 남았더라면 훨씬 좋았을 것이라고 이야기했다. "처음 일하러 갔을 때만 해도 나는 순결했고 열두 달을 그렇게 지냈어요. 나는 순결을 지키기 위해 무척 애썼지만 결국 나와 어머니가 먹을 것과 입을 것조차 구할 수 없다는 것을 알게 되었죠."

하지만 그녀는 노동 계급의 실용주의를 받아들여 자신의 행동이 합리적이었다고 생각했고, 이웃들이 자신을 비난하지 않을 것이라는 것을 알기 때문에 기록을 남기기로 한 자신의 결정에 확신을 갖고 있었다. "가게에 있던 어린 여자애들이 내게 편한 길을 가라고 조언해 줬어요. 그 애들은 자기들이 얼마나 편안하게 시간을 보내는지 이야기했고, 먹을 것과 마실 것, 좋은 옷을 충분히 얻을 수 있다고 조언했죠."

대도시 극빈층의 젊은 여성들은 보다 자발적으로 매춘을 선택했다. 그들은 매춘이 젊은 시절에 독립과 즐거움을 누릴 수 있는 유일한 현실적 기회라고 생각했다. 특히 런던과 같은 지역에서는 많은 젊은 여성들이 15세 정도에 또래의 젊은 남성과의 충동적인 관계로 성생활을 시작했다. 이런 단기 연애를 반복하는 것이 보통이었다. 이는 빅토리아 시대의 사람들보다는 오늘날의 우리에게 더 친숙한 패턴이다. 이 젊은 여성들 중 다수는 전통적인 결혼 생활을 이어갔지만 일부는 매춘부로 일하는 과도기를 거쳤다. 이런 여성들에게 상업적 성관계의 문화적 함의는 부유한 사회 구성원들과 크게 달랐던 것 같다. 그들에게 매춘은 희망과 도덕성의 포기라기보다는 생애 주기의 한 단계였다.

물론 결혼 이외의 모든 성관계가 상업적 거래는 아니었다. 대부분의 도시 노동자들에게 결혼의 정의는 교회나 도덕적인 사람들이 원하는 것보다 유동적이었다. 처음 봤을 때 결혼한 사람인지 결혼하지 않은 사람인지 구분하기 어려운 경우가 많았으며 새로 이사 온 젊은 커플이 자기들이 결혼했다고 주장하면 사람들은 대개 그 말을 믿었다. 그렇지 않다는 것을 증명하기는 매우 어려웠다. 그들은 법적 부부가 아니더라도 마음속으로 자신들이 결혼했다고 믿었고, 동거 생활만으로도 충분히 결혼이 성립된다고 생각했다. 집을 옮기는 것이 비공식적인 이혼 및 재혼 절차가 되었다. 친구, 가족, 이웃들은 자녀를 부양하고 부부의 일상적인 행동이 사회 규칙에 부합하는 한, 동반자 관계가 바뀌고 이어지는 것이 합법적인지 아닌지를 따지지 않았다.

계층의 사다리를 더 올라가면, 결혼하지 않은 커플로 유명한 사람들을 많이 발견할 수 있다. '조지 엘리엇George Eliot'이라는 필명으로 글을 쓴 소설가 메리언 에번스Marian Evans와 철학자이자 비평가인 조지 루이스George Lewes는 공개적으로 부부처럼 살았던 가장 유명한 커플일 것이다(그는 첫 번째 부인 애그니스와 이혼하지 못했다). 당시 사회적 규범에서 이혼은 쉽지 않은 일이었다. 또한 사촌 간 결혼은 합법이었지만 남성은 죽은 아내의 여동생이나 아내의 이모와는 결혼할 수 없는 등 관련 법이 복잡해 꽤 많은 커플이 합법적이지 않은 결혼 생활을 해야 했다. 빅토리아 시대의 근친상간 법은 유전적 문제를 고려하기보다는 성경에서 규정하는 근친의 범위에 근거했다. 이때까지 유전학은 아직 알려지지 않은 과학이었다. 찰스 다윈Charles Darwin 자신도 사촌과 결혼했다.

한편 교회는 남편과 아내가 결혼을 통해 말 그대로 한 몸이 된다고 믿었다. 따라서 아내의 여동생은 남편 자신의 여동생과 같다고 보았다. 아내가 젊은 나이에 세상을 떠나는 일이 흔하던 빅토리아 시대에는 홀아비가 아내의 여동생과 결혼하는 것이 이상적인 해결책이라고 생각하는 사람이 많았다. 아내의 여동생은 죽은 언니의 자녀들에게 자연스럽게 애정을 갖게 되며 아이들 입장에서도 낯선 사람이 집에 들어오는 것이 아니기 때문이다. 하지만 근친상간 법상 죽은 아내의 여동생과의 결혼은 금지되었기에 에셀 글래디스 헉

슬리Ethel Gladys Huxley는 아버지와 함께 노르웨이로 가서 죽은 언니의 남편인 초상화 화가 존 콜리어John Collier와 결혼했다. 실제로 임종 때 남편이 여동생과 재혼하게 해달라는 유언을 남기는 아내들도 있었다. 법이 모호했기 때문에 콜리어 집안과 헉슬리 집안을 비롯한 많은 가족이 법을 피하기 위해 해외에서 결혼했다.

동성애 관계에 대한 법은 매우 명확했다. 남성의 동성애 행위는 1535년부터 불법이었으며, 1828년에는 이 법이 다시 제정되고 강화되었다. 그러나 빅토리아 여왕이 통치하는 동안 동성 관계에 대한 태도는 변화했다. 경찰의 단속이 더욱 광범위하게 진행되자 오히려 언론들이 더 외설적인 기사들을 실으면서, 남성의 동성애 행위가 더 드러났다. 요컨대 더 많은 사건이 재판에 회부되고 더 많은 사람들이 그 소식을 듣게 되었던 것이다.

하지만 19세기의 대부분 동안에는 동성애에 대한 인식이 변화될 여지가 얼마간 남아 있었다. 볼턴Boulton과 파크Parke의 예를 살펴보자. 두 젊은이는 웨스트엔드의 극장과 상점가에서 여장을 하고 공개적으로 남성들에게 추파를 던지곤 했다. 그들은 2년이 넘는 기간 동안 때로는 완벽한 여장을 하고, 때로는 남자 옷을 입고 여성스러운 화장을 하고 향수를 뿌린 채로 관습에 얽매이지 않는 화려하고 대담한 생활을 이어갔다. 재판을 통해 그들이 옥스퍼드와 케임브리지의 보트 경주, 스트랜드 극장과 알함브라 극장, 홀본의 카지노, 웨스트엔드의 호텔들에서 열린 여러 무도회에 참석했다는 것이 공개되었다.

결국 그들은 체포돼 1870년 피고석에 앉게 되었다. 그러나 법정에 나와 증인 선서를 하고 두 사람과 성관계를 가졌다고 증언할 사람이 아무도 없었고, 판사도 너그러웠던 덕분에 그들은 무죄 판결을 받았다. 언론은 계속 열렬히 관심을 가졌지만, 그들을 비난하는 것이 아니라 오락거리로 보고 용인하는 것이 일반적인 분위기였다. 볼턴과 파크는 이 사건 이후 보다 분별 있게 살겠다는 현실적인 결정을 내렸지만 그들이 동성 커플이었는지 여부는 대중에게 공개되지 않았다.

대중이 동성애를 인식하고 그에 대한 불안감이 커지게 만든 것은 남성 동성애의 상업적 측면이었다. 런던을 기반으로 한 전국지(지역 통신원은 존재하지 않았다)의 보도 때문에 일반 대중은 런던은 문란한 도시이고 런던 사람들은 행실이 좋지 않다고 인식하게 되었다. 웨스트엔드는 갖가지 성매매로 명성이 자자했고, 피카딜리 서커스는 남성 '크루징⁶'의 중심지로 여겨졌다. 1880년대에는 대중의 우려가 커지면서 동성애는 도덕성이 결여된 사람들이 저지르는 행위로 인식되었다. 자제력이 없는 사람의 불명예스럽고 음란한 행동으로 본

---

6. 크루징(crusing): 이성이나 동성을 만나기 위해 공원에서 거닐거나 차를 몰면서 배회하는 일.

것이다. 당시 영국인들의 정신 속에는 동성애자로 태어날 수 있다는 개념이 거의 존재하지 않았다(유럽 대륙에서는 그런 생각이 논의되고 있었지만).

동성애는 주로 부유층의 특성으로 받아들여졌다. 노동 계급 소년과 남성도 종종 동성애 행위에 연루되었지만, 대중은 그들의 동기가 오로지 돈이라고 생각했다. 평판이 나쁘고 방종한 부유층 남성이 동성애 행위를 원하지 않았다면 그런 접촉을 추구하지 않았을 노동 계급 남성을 희생양으로 삼아 타락시킨다는 것이 일반적인 생각이었다. 군인들이 동성애에 특히 취약한 것으로 여겨졌다. 군인들의 멋진 제복은 주목을 끌었고 낮은 급여는 그들을 유혹으로 이끌었다. 가족들이 들이대는 도덕의 잣대로부터 벗어나 돌아다니는 부유한 남성들의 눈에 띌 수 있는 지역에 주둔하고 있는 군인(특히 근위병)은 노동 계급 동성애자의 전형이 되었다. 이 시대의 동성애 관련 유명한 기소 사건 중에는 젊은 근위병과 관련된 것이 여럿 있다.

동성애 행위에 연관된 남성을 알아볼 수 있는 여러 가지 외적 징후가 있다는 것이 일반적인 믿음이었다. 상당히 의도적인 행동도 있었다. 1830년대에 남성 파트너를 찾는 남성은 손등을 두드리거나 웨이스트코트의 겨드랑이에 엄지손가락을 집어넣고 나머지 손가락으로 가슴을 두드리곤 했다.

여성적인 행동은 동성애를 향한 욕망과 연관된 것으로 인식되는 것이 보통이었지만 꼭 그런 것만은 아니었다. 오히려 남성이 이성애에 지나치게 탐닉하고 있다는 신호일 수도 있었다. 여성스러운 남성은 남자를 좋아하는 사람이라고 알리는 것이 아니라 성적으로 통제되지 않는 사람임을 드러내는 것이었다.

보다 명백한 신호는 면도였다. 깔끔하게 면도한 남성이 반드시 남성 동성애자인 것은 아니었지만, 남성적인 동성 파트너를 찾는 대부분의 남성은 면도를 하고 있었다. 아마추어 연극과 여성의 복장에 지나치게 관심이 많은 젊은 남성들에 대해 "무서울 정도로 깨끗하게 면도를 했다"는 묘사가 있을 정도였다. 반대로 남성 파트너에게 전혀 관심이 없다는 것을 알리고 싶을 때는 휘파람을 불었다. 성문제를 다룬 프랑스 작가 샤를 페레Charles Féré는 동성애를 향한 욕망을 가진 사람은 휘파람을 불 수 없다고 단언했다. 이 '사실'은 곧 영국에서도 상식이 되었다.

악명이 높은 1895년 오스카 와일드Oscar Wilde의 재판(와일드는 동성 파트너와의 성관계로 2년의 노역형을 선고받았다)은 대중이 더 이상 남성 동성애에 관용을 베풀지 않는다는 것을 보여주었고, 동성애를 향한 적대감을 부추겼다. 이때부터 남자들끼리도 사람들 앞에서 악수 이외에 서로 접촉하는 것을 극히 조심했다. 이 재판을 전환점으로 같은 남성에게 육체적으로 끌리는 것에 대해 대중은 점점 더 공격적인 태도를 보이고 있었지만, 그와는 반대인 반응도 나타나기 시작했

그림 113. 근위병. 노동 계급 동성애자의 전형.

다. 동성 간의 사랑에 대한 다른 관점이 발전하기 시작했다.

1898년, 해블록 엘리스Havelock Ellis와 존 시먼즈John Symonds는 『성적 도착Sexual Inversion』이란 책을 출간했다. 동성애의 본질에 대해 유럽 대륙에 퍼지고 있던 새로운 사상을 다뤘으며, 최초로 영국의 사례를 다수 포함한 책이었다. 이 책을 판매한 서적상에 100파운드의 벌금이 부과되면서 사실상 판매가 금지되긴 했지만, 이 책은 성에 대한 새로운 사고의 시작을 알렸다.

이 책은 적으나마 여성 동성애도 다루고 있었다. 저자인 엘리스의 아내 에디스Edith(결혼 전 성은 리스Lees)는 레즈비언이었으며 결혼 생활 내내 여성과 관계를 맺었고 엘리스도 이를 알고 있었다. 엘리스는 이 책에서 에디스와 그녀의 친구들의 증언을 토대로 여학생의 짝사랑, 침대 공유, 진한 애무, 구강성교 등 여성 동성애를 가장 혼하게 일어났던 일부터 드물게 일어났던 일까지 차례로 설명하고 있다. 하지만 레즈비언 관계는 불법이었던 적이 없기 때문에 언론이 크게 주목하지 않았다. 중산층 여성을 대상으로 한 이 소규모 사례 연구에서 구강성교까지 간 여성은 거의 없었다. 하지만 손을 이용한 성적 자극은 상당히 흔한 것으로 묘사되었고, 순결이나 남성과의 결혼에 전혀 장애가 되지 않았다. 해블록 엘리스는 아내와 그녀의 친구들 외에도 유명한 남장 여자의 사례와 많은 매춘부들이 남성과의 성관계에서 돈을 받는 반면 동성 파트너와의 성관계에서는 쾌락과 편안함을 추구했다는 자신의 의견을 담았다. 하지만 사회 전반에서는 침묵했다.

**맺음말**

빅토리아 시대의 하루가 끝에 이른 지금, 우리 눈에 보이지 않는 숨겨진 것들이 얼마나 많이 남아 있는지, 그리고 이런 탐험이 얼마나 짤막하고 일시적인지 그 어느 때보다 확실히 느낀다. 프레더릭 호블리나 앨리스 폴리와 같은 사람들이 남긴 기록이 아무리 훌륭하다고 해도 그들의 생각과 기억은 이야기의 일부분에 불과하다. 지금까지 남아 있는 물건들 역시 선택된 몇 가지 물건일 뿐, 한때 존재했던 삶의 방식을 증거하기에는 대표성이 부족하다.

하지만 이것 역시 역사 탐구가 지닌 매력이다. 증거들을 이어 붙이고 단서를 찾아, 사실과 의견을 판별하려는 열망 말이다. 나는 그런 탐색을 즐겨왔다. 말이 끄는 합승 마차에 올라타고, 당시 신문과 잡지의 투고란을 뒤져 교통 체계에 대한 불만을 찾고, 지도에서 경로를 추적하고, 요금 체계를 계산했다. 이 책을 쓰기 전에는 전혀 매력적이지 않았던 삶의 영역이 나를 놀라게 만들었다. 잔디에서 크로케를 즐기며 여성들을 감탄케 한 프랜시스 킬버트부터 경기마다 규칙을 놓고 협상하는 축구 선수들의 이야기, 가난한 사람들에게 세탁 시설을 제공하려는 의도에서 추진된 스포츠인 수영, 코르셋 디자인의 방식을 선도한 테니스에 이르기까지 스포츠의 생동감과 장난기가 복병이 되어 나를 기습 공격했다. 이 모든 것이 나에게는 뜻밖의 새로운 사실이었고, 나로 하여금 21세기의 스포츠 행사를 그 어느 때보다 호의적인 시선으로 바라보게 만들었다.

이런 탐색은 나를 굶주림, 질병, 과로, 학대라는 참혹한 길로 이끌었다. 빅토리아 시대는 가난한 사람들에게 재앙인 시대였다. 그 시대 사람들의 유골에서 영국 역사상 그 어느 때보다 신체에 심각한 영향을 끼친, 평생에 걸친 고난의 가장 생생하고 논란의 여지가 없는 증거를 발견할 수 있다. 빅토리아 시대를 거치면서 기대 수명이 서서히 증가해 흑사병이 처음 유행한 14세기 후반의 최저점보다 상당히 높아지긴 했지만, 빅토리아 시대 영국에서 장기적이며 신체를 변형시키는 영양실조를 겪을 확률은 우리가 알고 있는 그 어떤 때보다도 높았다. 이런 사실은 이 시대가 자랑하는 엄청난 발전 속에서 쉽게 묻힐 수 있는 것들이지만, 일반인들을 조사하면 자주 드러나는 것들이기도 하다.

나는 연구 과정에서 절박한 상황을 어떻게든 헤쳐나간 사람들에게 깊은 연민을 느끼고 감탄했다. 어부 토니 위저는 새벽에 속옷 차림으로 주방에서 자신과 아내가 각각 고된 낚시와 집안일을 시작하기 전에 침대에서 먹을 차 한 잔과 비스킷을 준비했다. 가정부 해나 컬윅은 두 시간에 걸쳐 고용주의 아침 식사를 준비한 후에야 자신도 식사를 할 수 있었다. 추운 1월의 새벽부터 해 질 녘까지 들판에 홀로 서서 아무것도 먹지 못하고 까마귀를 쫓다가 해가 진 후에야 귀가할 수 있었던 여섯 살짜리 윌리엄 아널드도 잊을 수 없다. 여러 면에서 지극히 평범한 이 모든 사람의 인내심, 의지, 가족에 대한 사랑과 헌신이 내게는 영웅적인 것으로 보인다.

그들 중 누구라도 만나 이야기할 수 있다면 나는 "감사합니다"라고 말할 것이다. 그들의 노력이 없었더라면 우리의 삶을 훨씬 편안하고 건강하게 만든 모든 놀라운 발전은 일어나지 않았을 것이다. 세상을 만드는 것은 혁신적인 아이디어나 권력을 가진 자들의 조치가 아니라 모든 사람이 그동안 쌓아온 노력이다. 우리는 빅토리아 시대 영국인들에게 빚을 지고 있다.

## 본문 이미지 출처

1. ⓒ Bacup Natural History Society, c.1900. 2. Illustrated London News, 1850. 3. Illustrated London News, 1895. 4. Illustrated London News, 1886. 5. The Times, 1897. 6. Needlework Magazine, 1898. 7. New York Journal and Advertiser, 1898. 8. Cassell's Household Guide, 1869. 9. Health Culture, 1911. 10. Health Culture, 1911. 11. Good Words Magazine, 1876. 12. Illustrated London News, 1850. 13. Illustrated London News, 1850. 14. Good Words Magazine, 1876. 15. Cassell's Family Magazine, 1884. 16. Wisbech Prison Particular Bookⓒ Wisbech & Fenland Museum. 17. Illustrated London News, 1850. 18. Cassell's Family Magazine, 1884. 19. Cassell's Family Magazine, 1884. 20. Cassell's Family Magazine, 1884. 21. The Sunlight Yearbook, 1897. 22. Good Words Magazine, 1880. 23. Women's Penny Paper, 1874. 24. Common Sense Clothing, 1869. 25. The Englishwoman's Domestic Magazine, 1863. 26. Common Sense Clothing, 1869. 27~8. Common Sense Clothing, 1869. 29. New York Journal and Advertiser, 1891. 30. Punch, 1856. 31. The Graphic, 1895. 32. Cassell's Family Magazine, 1889. 33. The Ladies' Cabinet, 1839. 34. The Englishwoman's Domestic Magazine, 1862. 35. Punch, 1857. 36. Good Words Magazine, 1875. 37. The Englishwoman's Domestic Magazine, 1863. 38. London Labour and the London Poor, 1861. 39. Punch, 1858. 40. Daily Telegraph, 1876. 41. The Times, 1873. 42. The Sunlight Yearbook, 1897. 43. The Ladies' Cabinet Magazine, 1839. 44. Illustrated London News, 1850. 45. The Young Ladies' Journal, 1863. 46. Quiver Magazine, 1875. 47. Woman at Home, 1902. 48. The Women's Penny Paper, 1892. 49. New York Journal and Advertiser, 1898. 50. The Young Ladies' Journal, 1866. 51. Illustrated London News, 1850. 52. Illustrated London News, 1850. 53. The Christian Magazine, 1870. 54. The Windsor Magazine, 1900. 55. The Penny Illustrated Paper, 1870. 56. The Christian Magazine, 1886. 57. Illustrated London News, 1847. 58. Illustrated London News, 1862. 59. Illustrated London News, 1887. 60. Sunday at Home Magazine, 1866. 61. Illustrated London News, 1850. 62~3. Good Words Magazine, 1884. 64. The Englishwoman's Domestic Magazine, 1853. 65. Illustrated London News, 1857. 66. Royal Commission Report, 1842. 67. Illustrated London News, 1862. 68. The Graphic, 1889. 69. Cassell's Household Guide, 1869. 70. Cassell's Household Guide, 1869. 71~6. Cassell's Household Guide, 1869. 77. Illustrated London News, 1850. 78. Good Words Magazine, 1875. 79. The Child's Companion Magazine, 1850. 80. Quiver Magazine, 1875. 81. The Graphic, 1872. 82. Cassell's Family Magazine, 1884. 83. Cassell's Household Guide, 1869. 84. The Sunlight Yearbook, 1887. 85. Cassell's Family Magazine, 1884. 86. Quiver Magazine, 1875. 87. Good Things, 1848. 88. The Housewife's Friend, 1899. 89. Illustrated London News, 1846. 90. The Graphic, 1894. 91. The Workwoman's Guide, 1838. 92. The Young Ladies' Journal, 1866. 93. Longman's Complete Course of Needlework, 1904. 94. Illustrated Times, 1858. 95. Illustrated London News, 1863. 96. Illustrated London News, 1850. 97. The Sunlight Yearbook, 1875. 98. Illustrated London News, 1888. 99. The Home Book, 1868. 100. The Child's Companion Magazine, 1868. 101. The Young Ladies' Journal, 1866. 102. The Home Book, 1868. 103. Illustrated London News, 1850. 104. The Home Book, 1868. 105. The Sunlight Yearbook, 1887. 106. Punch, 1873. 107. Good Words Magazine, 1876. 108. Illustrated London News, 1850. 109. Cassell's Household Guide, 1880. 110. Pictorial Times, 1844. 111. Illustrated London News, 1875. 112. The Christian Magazine, 1886. 113. Punch, 1873.

## 도판 출처

1. ⓒ Lion Television Limited. Photographer: Felicia Gold. 2. ⓒ Lion Television Limited. Photographer: Laura Rawlinson. 3. ⓒ Lion Television Limited. Photographer: Laura Rawlinson. 4. ⓒ Lion Television Limited. Photographer: Laura Rawlinson. 5. Cassell's Household Guide, 1869. 6. Our Dining Room at York, 1838, Best, Mary Ellen (1809~91)/Private Collection/The Bridgeman Art Library. 7. Baby's Birthday, 1867. (oil on canvas), Hardy, Frederick Daniel (1826-1911)/ⓒWolverhampton Art Gallery, West Midlands, UK/The Bridgeman Art Library. 8. A Chelsea Interior, 1857 (oil on canvas), Tait, Robert Scott (fl.1845~75)/Carlyle's House, London, UK/National Trust Photographic Library/John Hammond/The Bridgeman Art Library. 9. 2010EE8072-01 ⓒVictoria and Albert Museum, London. 10. 2006BB1093-01 ⓒVictoria and Albert Museum, London. 11. 2006AG4301-01 ⓒVictoria and Albert Museum, London. 12. 2006AM0993-01 ⓒVictoria and Albert Museum, London. 13. 2008BU0053-01 ⓒVictoria and Albert Museum, London. 14. 1000LM0575-01 ⓒVictoria and Albert Museum, London. 15. 1991-1-1 Garden Seat Omnibus 7061 ⓒWardown Park Museum. 16. Cassell's Household Magazine, 1889. 17. Mrs Winslow's Soothing Syrup advert, 1870. 18. The Child's Companion, 1879. 19. Benjamin Disraeli, 1826. Illustration for John Player Dandies cigarette card series. ⓒLook and Learn History Picture Library. 20. Cassell's Household Guide, 1869. 21. The Girl's Own Paper, 1886. 22. Cassell's Household Guide, 1880. 23. Lambeth Baths Gymnasium advert, 1881. 24. The Music Hall, 1889 (oil on canvas), Sickert, Walter Richard(1860~1942)/Musée des Beaux-Arts, Rouen, France/Giraudon/The Bridgeman Art Library.

**도판 1** | 빨래는 발이 젖고, 뜨거운 김이 나며, 무거운 것을 많이 옮겨야 하는 고된 일이었다. 나는 빅토리아 시대의 빨래를 직접 경험하면서 빨래를 하는 날이면 울화통이 터지는 적이 많았던 이유를 이해할 수 있었다.

**도판 2**

세면대 위에 입식 목욕을 할 때 필요한 따뜻한 물이 담긴 주전자, 씻을 그릇, 접시에 담긴 비누, 머리빗, 머리핀, 밴덜린 병, 옷솔, 손거울 등이 놓여 있다. 이런 도구들은 빅토리아 시대에 가장 일반적으로 사용되던 개인 위생 도구였다.

**도판 3**

집안일에는 다양한 '제품'을 가내에서 직접 만드는 일이 포함되었다. 나는 가장 벗기기 힘든 때를 지울 때 사용하는 정련제나 금속 세정제로 벽돌 가루가 무척 효과적이라는 것을 알게 되었다.

**도판 4**

19세기 말에는 완전 폐쇄형 화덕이 주된 조리 기구로 사용되었다. 오븐이 한 개 있는 이런 유형의 화덕은 내가 빅토리아식 농사를 경험하던 때 그 가치를 입증했다.

**도판 5**

이와 같이 오븐 두 개가 장착된 화덕은 더 큰 주방에 적합했다. 하지만 많은 사람들이 오븐 두 개보다는 오븐 한 개와 물을 끓이는 보일러를 두는 편을 선호했다.

**도판 6** 메리 엘렌 베스트, 『요크에 있는 우리의 다이닝 룸Our Dining Room at York』(1838년) 속 삽화. 모든 음식을 한번에 차려내는 '아 라 프랑세즈(프랑스식)' 차림을 묘사했다. 음식이 차례대로 나오는 코스 차림인 '아 라 뤼스(러시아식)'가 유행하기 전 1860년대까지는 이 방식이 일반적이었다.

**도판 7** 프레더릭 대니얼 하디, 〈아기의 생일Baby's Birthday〉, 1867년. 부유한 노동자 계급이나 중하층 가정에서 누릴 수 있었던 편안한 집의 모습을 보여준다. 그림 맨 오른쪽에 있는 초기 양식의 '개방형 화덕'에 주목.

**도판 8** 로버트 스콧 테이트, 〈첼시의 실내A Chelsea Interior〉, 1857년. 제인 칼라일과 토머스 칼라일이 살던 전형적인 중산층 주택. 토머스 칼라일이 평상복으로 입은 따뜻한 스모킹 재킷smoking jacket(과거 남자들이 흡연 시입던, 흔히 벨벳으로 만든 상의)과 가구 등에서 이 시대의 색상과 패턴에 대한 애정이 드러난다.

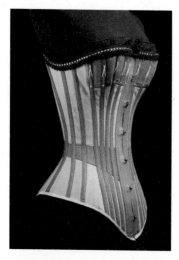

**도판 9**

면 코르셋, 1890년. 이런 디자인의 코르셋은 중하층이 이용하기에 알맞은 가격이었다.

**도판 10**

금속 후프 크리놀린, 1860년경. 1850년 대의 크리놀린과 달리 앞면이 평평하다. 크리놀린을 바꾸는 것만으로도 비교적 저렴한 비용으로 낡은 드레스를 최신 스타일로 연출할 수 있었다.

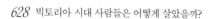

**도판 11**

새로 발명된 화학 염료가 1856년 이후 패션계에 큰 변화를 가져왔다. 하지만 그 후 15년 동안은 선명한 색상의 옷을 만들지 못했다. 이 옷은 1869년에 만든 옷이다.

**도판 12**

타탄 벨벳 웨이스트코트, 1850년. 웨이스트코트는 남성이 여성보다 더 돋보일 수 있는 패션 아이템이었다.

**도판 13**

1868년 에드윈 홀리스 퍼크스가 입었던 이 옷은 남자아이들이 파자마 하의를 닮은 판탈레트 위에 입는 전형적인 스타일이었다.

**도판 14**

1830년대 남성용 프록코트. 옅은 색, 꼭 맞는 허리선, 플레어스커트(밑이 나팔꽃 모양으로 퍼져 자연스럽게 주름이 잡히는 스커트)처럼 퍼지는 옷자락이 최신 유행이었다.

도판 15

가든 시트 합승 마차, 1890년경. 후기의 개선된 스타일의 합승 마차로 차 앞바퀴와 뒷바퀴 사이가 훨씬 더 넓고, 외부 계단이 있으며, 지붕에도 좌석을 갖췄다. 1870년대와 1880년대에는 이런 유형의 합승 마차가 주를 이루었고, 이후에는 트램이 이를 대체했다.

도판 16

양초 공장에서 일하는 아이들, 1889년.

도판 17

어린이 모니터가 더 어린 아이들을 가르치고 있다. 모니터는 대중 교육 비용을 획기적으로 낮추는 데 기여했다.

도판 18

윈슬로 부인의 수딩 시럽은 아편 성분이 함유된 당시의 수많은 제품 중 하나로, 놀랍게도 아기용 약물이었다.

**도판 19**

빅토리아 시대의 유명한 소설가 벤저민 디 즈레일리를 그린 카드, 1826년. 그가 스물 두 살 때 모습이다.

**도판 20**

『커셀의 가정 안내서』의 미용 체조에 관한 설명. 바느질감을 들고 몸을 구부린 채 긴 시간을 보내는 사람들에게 잘 맞는 형태의 부드러운 운동이다.

**도판 21**

잔디 테니스는 유행하는 정장 차림으로 진행되었다. 1886년.

**도판 22**

양궁은 남녀에게 동등하게 개방된 최초의 스포츠였지만, 주로 최상위 계층만 즐겼다.

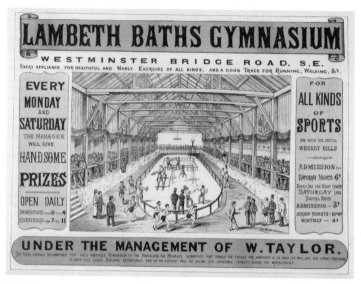

**도판 23**

런던의 램버스 퍼블릭 배스는 겨울철이면 욕탕의 물을 빼 체육관으로 바꿨다. 저렴한 가격 덕분에 노동 계급 사람들도 이용할 수 있었다.

**도판 24**

월터 리처드 시커트, 〈뮤직홀The Music Hall〉, 1889년. 뮤직홀은 매매춘을 원하는 사람들을 비롯한 여러 계층의 사람들을 끌어들였다.